普通高等教育经济学管理学重点规划教材
国家级一流本科专业建设教材

财务管理学练习册

（第五版）

任海峙　安　宁　主编

上海财经大学出版社
SHANGHAI UNIVERSITY OF FINANCE & ECONOMICS PRESS
上海学术·经济学出版中心

前　言

本书是《财务管理学（第五版）》（任海峙、安宁主编）的配套练习册，旨在满足财务管理学课程的教学需要，帮助读者把握本课程的总体框架、基本内容和重要知识点，促进学生对财务管理学课程的深入理解。

本书与《财务管理学（第五版）》的章节内容保持高度衔接，力求通过各种题型的全面练习，使读者掌握主教材的知识点，把握重点，化解难点，能对财务管理学知识融会贯通，学有成效。

本书由任海峙和安宁合作编写，任海峙副教授负责第一章、第三章、第四章、第七章、第九章和第十二章的练习题及答案的编写，安宁副教授负责第二章、第五章、第六章、第八章、第十章、第十一章、第十三章和第十四章的练习题及答案的编写。

本书编写过程中难免疏漏，恳请各位读者不吝赐教。

编　者

2024 年 2 月

目　录

第一章　总　论

一、名词解释

1. 财务管理　　2. 财务管理目标　　3. 企业价值最大化
4. 自利行为原则　　5. 双方交易原则　　6. 信号传递原则
7. 引导原则　　8. 有价值的创意原则　　9. 比较优势原则
10. 期权原则　　11. 净增效益原则　　12. 风险报酬权衡原则
13. 投资分散化原则　　14. 资本市场有效原则　　15. 货币时间价值原则

二、判断题

1. 进行企业财务管理,就是要正确权衡报酬增加与风险增加的得与失,努力实现两者之间的最佳平衡,使企业价值达到最大。（　）
2. 股东财富最大化是用公司股票的市场价格来计量的。（　）
3. 因为企业股东、经营者在财务管理工作中的目标是完全一致的,所以,他们之间没有任何利害冲突。（　）
4. 在市场经济条件下,报酬和风险是成反比的,即报酬越大,风险越小。（　）
5. 以企业价值最大化作为企业财务管理的目标,有利于社会资源的合理配置。（　）
6. 利润最大化目标的优点是考虑了货币时间价值和风险价值两个因素。（　）
7. 财务分析是财务管理的核心工作环节。（　）
8. 股东、经营者和债权人之间构成了企业最重要的财务关系。（　）
9. 个人独资企业对企业的债务承担无限责任。（　）
10. 纯利率是指没有风险情况下的社会平均资金利润率。（　）

三、单项选择题

1. 企业支付工资和其他营业费用属于资金的(　　)。
A. 筹资活动　　B. 投资活动　　C. 营运活动　　D. 分配活动
2. 下列各种观点中,既能考虑货币时间价值和投资风险,又有利于克服管理上的片面性和短期行为的财务管理目标是(　　)。
A. 利润最大化　　B. 每股收益最大化　　C. 股东财富最大化　　D. 企业价值最大化
3. 财务管理的核心工作环节是(　　)。
A. 财务预测　　B. 财务决策　　C. 财务预算　　D. 财务控制

4. 以每股收益最大化作为财务管理目标，其优点是（　　）。
A. 考虑了货币时间价值　　B. 考虑了投资的风险价值
C. 有利于企业克服短期行为　　D. 反映了投入资本与收益的对比关系
5. 下列各项中，能反映上市公司股东财富最大化目标实现程度的最佳指标是（　　）。
A. 总资产报酬率　　B. 净资产收益率　　C. 每股市价　　D. 每股利润
6. 影响企业价值的两个最基本的因素是（　　）。
A. 时间和利润　　B. 利润和成本　　C. 风险和报酬　　D. 风险和贴现率
7. 出资者对债务负无限连带责任的经济组织是（　　）。
A. 上市公司　　B. 股份有限公司　　C. 个人独资企业　　D. 有限责任公司
8. 企业与其所有者之间的财务关系反映的是（　　）。
A. 经营权与所有权的关系　　B. 债权债务关系
C. 投资与受资关系　　D. 债务债权关系
9. 企业与其债权人之间的财务关系反映的是（　　）。
A. 经营权与所有权的关系　　B. 债权债务关系
C. 投资与受资关系　　D. 债务债权关系
10. 企业与其被投资单位的财务关系反映的是（　　）。
A. 经营权与所有权的关系　　B. 债权债务关系
C. 投资与受资关系　　D. 债务债权关系
11. 企业与其债务人之间的财务关系反映的是（　　）。
A. 经营权与所有权的关系　　B. 债权债务关系
C. 投资与受资关系　　D. 债务债权关系
12. 股东与经营者发生冲突的根本原因在于（　　）。
A. 行为目标不一致　　B. 利益动机不同
C. 掌握的信息不一致　　D. 在企业中的地位不同
13. 下列各项中，（　　）属于信号传递原则的进一步运用。
A. 自利行为原则　　B. 比较优势原则　　C. 引导原则　　D. 期权原则
14. 自利行为原则的依据是（　　）。
A. 理性的经济人假设
B. 商业交易至少有两方、交易是“零和博弈”、各方都是自利的
C. 分工理论
D. 投资组合理论
15. “沉没成本”概念的提出是基于（　　）。
A. 自利行为原则　　B. 资本市场有效原则
C. 引导原则　　D. 净增效益原则
16. “机会成本” 概念的提出是基于（　　）。
A. 自利行为原则　　B. 比较优势原则
C. 风险报酬权衡原则　　D. 净增效益原则
17. 如果资本市场是完全有效的市场，则下列说法中正确的是（　　）。

A. 拥有内幕信息的人将获得超额收益　　B. 价格能反映所有可得到的信息
C. 股票价格不波动　　D. 投资股票将不能获利

18. 下列关于财务管理“引导原则”的说法中，错误的是（　　）。
A. 引导原则只在信息不充分或成本过高，以及理解力有局限时采用
B. 引导原则有可能使你模仿别人的错误
C. 引导原则可以帮助你用较低的成本找到最好的方案
D. 引导原则体现了“相信大多数”的思想

19. 下列关于“有价值创意原则”的表述中，错误的是（　　）。
A. 任何一项创新的优势都是暂时的
B. 创意可能减少现有项目的价值或者使它变得毫无意义
C. 金融资产投资活动是“有价值创意原则”的主要应用领域
D. 成功的筹资很少能使企业取得非凡的获利能力

20. 比较优势原则的依据是（　　）。
A. 理性的经济人假设
B. 商业交易至少有两方、交易是“零和博弈”、各方都是自利的
C. 分工理论
D. 投资组合理论

21. 各类银行、证券公司、保险公司和信托投资公司等均可以被称为（　　）。
A. 金融市场　　B. 金融机构　　C. 金融工具　　D. 金融对象

22. 在没有通货膨胀的条件下，纯利率是指（　　）。
A. 投资期望收益率　　B. 银行贷款基准利率
C. 平均收益率　　D. 没有风险的社会平均资金利润率

四、多项选择题

1. 企业财务管理的内容主要包括（　　）。
A. 筹资管理　　B. 投资管理　　C. 营运资金管理　　D. 利润分配管理

2. 企业的财务关系包括（　　）。
A. 企业与其所有者之间的财务关系　　B. 企业与其债权人之间的财务关系
C. 企业与被投资单位之间的财务关系　　D. 企业与其债务人之间的财务关系
E. 企业与税务机关之间的财务关系

3. 下列说法中，正确的有（　　）。
A. 企业的总价值与预期的报酬成正比
B. 企业的总价值与预期的风险成反比
C. 在风险不变时，报酬越高，企业的总价值越大
D. 在报酬不变时，风险越高，企业的总价值越大
E. 在风险和报酬达到平衡时，企业的总价值达到最大

4. 以“企业价值最大化”作为财务管理目标的优点有（　　）。
A. 考虑了货币时间价值　　B. 考虑了投资风险价值

C. 有利于社会资源的合理配置　　　　　　D. 有助于精确估算非上市公司价值
E. 有利于克服管理上的片面性和短期行为

5. 为了协调经营者与所有者的冲突，股东必须支付（　　）。
A. 约束成本　　B. 监督成本　　C. 激励成本　　D. 经营成本

6. 为了协调所有者与债权人的冲突，可采取的措施包括（　　）。
A. 在借款合同中加入限制性条款　　　　B. 债权人提前收回借款
C. 提高借款利率　　　　　　　　　　　D. 债权人对企业强行接收或吞并

7. 根据财务管理的信号传递原则，下列说法中正确的有（　　）。
A. 少发或不发股利的公司，很可能意味着自身产生现金的能力较弱
B. 决策必须考虑机会成本
C. 过度依赖贷款可能意味着财务失败
D. 理解财务交易时，要关注税收的影响

8. 下列各项中，属于净增效益原则应用领域的有（　　）。
A. 委托代理理论　　　　　　　　　　　B. 机会成本和机会损失
C. 差额分析法　　　　　　　　　　　　D. 沉没成本概念

9. 下列各项中，（　　）属于自利行为原则的进一步引申。
A. 双方交易原则　　　　　　　　　　　B. 信号传递原则
C. 资本市场有效原则　　　　　　　　　D. 投资分散化原则

10. 下列有关双方交易原则的表述中，正确的有（　　）。
A. 一方获利只能建立在另一方付出的基础上
B. 承认在交易中，买方和卖方拥有的信息不对称
C. 双方都按自利行为原则行事，谁都想获利而不是吃亏
D. 税收的存在使得一些交易表现为“非零和博弈”

11. 资本市场有效原则对投资者和管理者的意义在于（　　）。
A. 投资者是在徒劳地寻找超额投资回报
B. 市场为企业提供了合理的价值度量
C. 管理者的管理行为会被正确地解释并反映到价格中
D. 管理者对会计报表的粉饰行为不会引起证券价格的上升

12. 下列说法中，正确的有（　　）。
A. 理财原则的正确性与其应用环境有关
B. 双方交易原则承认市场存在非对称信息
C. 双方交易原则是以自利行为原则为前提的
D. 有价值的创意原则主要用于间接投资项目

13. 下列说法中，正确的有（　　）。
A. 双方交易原则是以自利行为原则为前提的
B. 信号传递原则是自利行为原则的延伸
C. 引导原则是信号传递原则的一种应用
D. 理财原则是财务假设、概念和原理的推论

14. 假设市场是完全有效的，基于市场有效原则可以得出的结论有（　　）。

A. 在证券市场上，购买和出售金融工具的交易的净现值为零

B. 股票的市价等于股票的内在价值

C. 账面利润始终决定着公司股票价格

D. 财务管理目标是股东财富最大化

15. 下列有关比较优势原则的表述中，正确的有（　　）。

A. 要求企业把主要精力放在自己的比较优势上，而不是日常的运行上

B. “人尽其才、物尽其用”是比较优势原则的一个应用

C. 优势互补是比较优势原则的一个应用

D. 比较优势原则主要是针对直接投资项目领域，而不是金融投资项目领域

16. 下列关于“引导原则”的表述中，正确的有（　　）。

A. 应用该原则可能帮助你找到一个最好的方案，也可能使你遇上一个最坏的方案

B. 应用该原则可能帮助你找到一个最好的方案，但不会使你遇上一个最坏的方案

C. 应用该原则的原因之一是寻找最优方案的成本太高

D. 在财务分析中使用行业标准比率是该原则的应用之一

17. 财务管理的环境主要包括（　　）。

A. 经济环境　　B. 金融环境　　C. 法律环境　　D. 政治环境

18. 下列说法中，正确的有（　　）。

A. 通货膨胀时，金融资产的名义价值不变，而按购买力衡量的价值下降

B. 通货膨胀时，实物资产的名义价值上升，而按购买力衡量的价值不变

C. 通货膨胀时，金融资产的名义价值上升，而按购买力衡量的价值不变

D. 通货膨胀时，实物资产的名义价值不变，而按购买力衡量的价值下降

19. 金融市场利率由（　　）构成。

A. 纯利率　　B. 名义利率　　C. 通货膨胀补偿率　　D. 风险补偿率

20. 风险收益率包括（　　）。

A. 通货膨胀补偿率　　B. 违约风险收益率　　C. 流动性风险收益率D. 期限风险收益率

五、简答题

1. 简述企业的财务活动。
2. 简述企业的财务关系。
3. 财务管理的环节有哪些？
4. 简述将利润最大化作为企业财务管理目标的优缺点。
5. 简述将股东财富最大化作为企业财务管理目标的优缺点。
6. 试述企业价值最大化是财务管理的最优目标。
7. 简述财务管理的原则。

参考答案
（第一章）

第二章　财务管理的价值观念

一、名词解释

1. 货币时间价值　2. 复利终值　3. 复利现值　4. 名义利率
5. 年金　6. 普通年金　7. 预付年金　8. 递延年金
9. 永续年金　10. 偿债基金　11. 风险　12. 系统风险
13. 非系统风险　14. 风险报酬　15. 变异系数　16. β 系数
17. 资本资产定价模型

二、判断题

1. 企业 3 年分期付款购物，每年初付 5 000 元，折现率为 8%，该项分期付款相当于企业现在一次性现金支付 12 885.5 元。（　）

2. 在每期付款金额、付款次数及折现率相同的情况下，预付年金的终值大于普通年金的终值。（　）

3. 递延年金终值的大小与递延期有关，在其他条件相同的情况下，递延期越长，则递延年金的终值越大。（　）

4. 名义利率指 1 年内多次复利时给出的年利率，它等于每个计息周期的利率与年内复利次数的乘积。（　）

5. 预付年金和普通年金的区别仅在于付款时间不同。（　）

6. 在年金中，系列等额收付的间隔期间只需要满足"相等"的条件即可，间隔期间可以不是 1 年。（　）

7. 利用普通年金现值系数的倒数，可以把年金现值转化为年金，称为年偿债基金。（　）

8. 普通年金现值是一系列复利现值之和。（　）

9. 货币时间价值是货币随着时间自行增值。（　）

10. 永续年金，既可以求现值，也可以求终值。（　）

11. 风险与报酬是对等的，高风险的项目必然获得高报酬。（　）

12. 标准离差反映风险的大小，可以用来比较不同投资方案的风险程度。（　）

13. 证券组合的期望收益率等于组合中各证券的期望收益率的加权算术平均数。（　）

14. β 系数衡量的是个别股票的特有风险。（　）

15. 当投资组合中的资产种类足够多时，投资组合的风险为零。（　）

16. 投资组合中各资产只要不是完全正相关，就可以分散风险。（　）

17. 市场风险是指那些影响所有企业的因素引起的风险，也叫可分散风险。（　　）

18. 某企业于年初存入银行 10 000 元，假定年利率为 12%，每年复利两次，则第五年年末的本利和为 17 623 元。（　　）

19. 普通年金终值系数×偿债基金系数=1。（　　）

20. 资本资产定价模型认为风险资产的收益是该资产相对于市场的系统风险的线性函数。（　　）

三、单项选择题

1. 一定时期内每期期初等额收付的系列款项是（　　）。

A. 预付年金　　B. 永续年金　　C. 递延年金　　D. 普通年金

2. 普通年金属于（　　）。

A. 永续年金　　B. 预付年金

C. 每期期末等额支付的年金　　D. 每期期初等额支付的年金

3. 某公司本年存入银行一笔款项，第 n 年年末可以从银行取出的本利和应用（　　）来计算。

A. 复利终值系数　　B. 复利现值系数　　C. 年金终值系数　　D. 年金现值系数

4. 某投资者于第一年年初向银行借款 10 000 元，预计未来每年年末等额偿还借款本息 2 000 元，连续 10 年还清，则该项贷款的年利率为（　　）。

A. 20%　　B. 14%　　C. 16.1%　　D. 15.1%

5. 一项 3 年期的借款，年利率为 8%，若每半年复利一次，则实际利率为（　　）。

A. 8%　　B. 4%　　C. 8.16%　　D. 4.16%

6. 某企业分期付款购入一台设备，前三年年初不需付款，后五年每年付款 50 万元，假设折现率为 10%，其现值为（　　）万元。

A. 199.5　　B. 156.64　　C. 181.36　　D. 142.3

7. 某项年金，前三年没有现金流入，后五年每年流入 500 万元。若年利率为 10%，则其现值为（　　）万元。

A. 1 994.59　　B. 1 565.68　　C. 1 813.48　　D. 1 424

8. 下列各项中，无法计算出确切结果的是（　　）。

A. 后付年金终值　　B. 即付年金终值　　C. 递延年金终值　　D. 永续年金终值

9. 某公司从本年起每年年末存入银行一笔固定金额的款项，则第 n 年年末可以从银行取出的本利和应用（　　）来计算。

A. 复利终值系数　　B. 复利现值系数　　C. 年金终值系数　　D. 年金现值系数

10. 若折现率为 10%，每年年初收款 500 元与每年年末收款 500 元，两者第三年年末终值相差（　　）元。

A. 505　　B. 165.50　　C. 665.50　　D. 105

11. 某公司于年初存入银行 10 000 元，假定年利息率为 12%，每半年复利一次，则第五年年末的本利和为（　　）元。

A. 13 382　　B. 17 623　　C. 17 908　　D. 31 058

12. 某公司向银行借入 230 000 元，借款期为 9 年，每年的还本付息额为 46 000 元，则借款利率为（　　）。

A. 13.06%　　B. 13.71%　　C. 15.36%　　D. 16.50%

13. 项目 A 和 B 的期望值不同，A 的标准差比 B 的小，关于 A 和 B 的风险的说法中，正确的是（　　）。

A. A 的风险小　　B. B 的风险小

C. A 和 B 的风险相同　　D. 无法比较 A 和 B 的风险

14. 在投资报酬不确定的情况下，按估计的各种可能收益水平及其发生概率计算的加权平均数是（　　）。

A. 实际投资报酬率　　B. 期望投资报酬率　　C. 必要投资报酬率　　D. 无风险报酬率

15. 投资者对某项资产合理要求的最低报酬率，称为（　　）。

A. 实际报酬率　　B. 必要报酬率　　C. 预期报酬率　　D. 无风险报酬率

16. 下列说法中，正确的是（　　）。

A. 一个项目的风险越大，投资者遭受的损失就越大

B. 一个项目的风险越大，投资者要求的报酬率就越高

C. 一个项目的风险越大，投资者获得的报酬率就越高

D. 项目的风险和报酬不存在必然联系

17. 某项目的风险系数为 0.6，标准离差率为 16%，无风险报酬率为 15%，在不考虑通货膨胀因素的情况下，该项目的投资报酬率为（　　）。

A. 31%　　B. 27.8%　　C. 24.6%　　D. 1%

18. 如果一个投资组合由完全负相关且标准差相同的两种股票组成，两种股票的投资比重相同，则（　　）。

A. 非系统风险可全部消除

B. 该组合的风险报酬为零

C. 该组合的投资报酬大于其中任何一种股票的投资报酬

D. 该组合的标准差大于其中任何一种股票的标准差

19. 通过投资多样化可以分散的风险是（　　）。

A. 系统风险　　B. 总风险　　C. 非系统风险　　D. 市场风险

20. 某公司投资于 A、B、C 三个项目，三个项目的投资额分别为 800 万元、1 200 万元、2 000 万元，预期报酬率分别为 15%、10%、25%，则该投资组合的预期报酬率为（　　）。

A. 15%　　B. 18.5%　　C. 21.5%　　D. 25%

21. 如果某项资产的系统风险大于整个投资组合的风险，则可以判定该项资产的 β 系数（　　）。

A. 等于 1　　B. 小于 1　　C. 大于 1　　D. 等于 0

22. 针对期望报酬率相同但概率分布不同的项目，下列关于项目风险的判断中，正确的是（　　）。

A. 概率分布越均匀，风险越低　　B. 概率分布越集中，风险越低

C. 概率分布越分散，风险越低　　D. 概率分布越集中，风险越高

23. 下列关于投资组合的表述中，正确的是(　　)。

A. 投资组合能够消除大部分系统性风险

B. 投资组合的总规模越大，承担的风险越大

C. 投资组合的方差越小，其报酬越高

D. 一般情况下，随着组合中资产数量的增加，组合整体风险降低的速度会减慢

24. 下列风险中，投资者可以通过投资组合予以消减的是(　　)。

A. 宏观经济状况变化引起的风险　　B. 世界能源状况变化引起的风险

C. 发生经济危机引起的风险　　D. 被投资企业出现经营失误引起的风险

25. 一项投资组合的必要报酬率为 18%，如果无风险报酬率为 4%，市场风险报酬率为 10%，那么这项资产组合的 β 系数为(　　)。

A. 1　　B. 1.4　　C. 4　　D. 0.8

26. 证券市场线反映了个别资产或投资组合的(　　)与其所承担的系统风险 β 系数之间的线性关系。

A. 风险报酬率　　B. 无风险报酬率　　C. 通货膨胀率　　D. 必要报酬率

27. 甲公司股票的 β 系数为 1.5，无风险利率为 4%，市场上所有股票的平均报酬率为 10%，则甲公司股票的报酬率应为(　　)。

A. 14%　　B. 12%　　C. 10%　　D. 13%

四、多项选择题

1. 实际工作中以年金形式出现的有(　　)。

A. 采用直线法计提的各年的折旧费　　B. 租金

C. 奖金　　D. 特定资产的年保险费

2. 一项年金，每年复利一次，折现率为 8%，前五年没有资金的收付，从第六年开始到第十年，每年年末有 5 000 元收入，以下计算该项年金现值的公式中，正确的有(　　)。

A. $P=5\,000\times(P/A,8\%,5)\times(P/F,8\%,5)$

B. $P=5\,000\times(P/A,8\%,6)\times(P/F,8\%,4)$

C. $P=5\,000\times[(P/A,8\%,10)-(P/A,8\%,5)]$

D. $P=5\,000\times[(P/A,8\%,10)-(P/F,8\%,4)]$

3. 下列各项中，属于普通年金形式的有(　　)。

A. 零存整取储蓄存款的整取额　　B. 定期定额支付的养老金

C. 年资本回收额　　D. 偿债基金

4. 递延年金的特点包括(　　)。

A. 年金第一次收付发生在第一期以后　　B. 没有终值

C. 年金现值的计算与递延期无关　　D. 年金终值的计算与递延期无关

5. 下列各项中，能够衡量风险的指标有(　　)。

A. 方差　　B. 标准差　　C. 期望值　　D. 标准离差率

6. 下列关于标准离差与标准离差率的表述中，正确的有(　　)。

A. 标准离差反映概率分布中各种可能结果对期望值的偏离程度

B. 如果各方案的期望值相同，则标准离差越大，风险越大
C. 在各方案期望值不同的情况下，应利用标准离差率衡量方案的风险程度，标准离差率越大，风险越大
D. 标准离差和标准离差率的评价结果是相同的

7. 下列各项中，属于可分散风险的有（　　）。
A. 银行调整利率水平引起的风险
B. 公司劳资关系紧张引起的风险
C. 公司诉讼失败引起的风险
D. 市场呈现疲软现象引起的风险

8. 在投资比例相同的情况下，下列对相关系数的表述中，正确的有（　　）。
A. 如果两项资产的相关系数为0，则投资组合能降低风险
B. 如果两项资产的相关系数为-1，则两者的风险可以充分抵消
C. 如果两项资产的相关系数为1，则不能抵消任何风险
D. 两项资产的相关系数越大，投资组合的风险分散效果越好

9. 下列关于β系数的说法中，正确的有（　　）。
A. β系数等于1，说明一个项目的系统风险与资本市场的系统风险相同
B. β系数大于1，说明一个项目的系统风险大于资本市场的系统风险
C. 市场组合相对于自己的β系数是1
D. β系数和标准差反映的都是系统风险

10. 下列风险中，投资者不能通过投资组合予以分散的有（　　）。
A. 发生金融危机引起的风险
B. 社会经济衰退引起的风险
C. 公司新产品研发失败引起的风险
D. 通货膨胀引起的风险

11. 下列关于风险的表述中，正确的有（　　）。
A. 预期报酬率的标准差越大，投资风险越大
B. 预期报酬率的标准离差率越小，投资风险越大
C. 预期报酬率的标准离差率越大，投资风险越大
D. 预期报酬率的标准差越小，投资风险越大

12. 根据资本资产定价模型，影响某种证券的预期报酬率的因素有（　　）。
A. 无风险利率
B. 市场证券组合报酬率
C. 该种证券的β系数
D. 通货膨胀率

13. 下列关于β系数和标准差的表述中，正确的有（　　）。
A. β系数测度系统风险，而标准差测度非系统风险
B. β系数测度系统风险，而标准差测度整体风险
C. β系数测度财务风险，而标准差测度经营风险
D. β系数只反映市场风险，而标准差还反映特有风险

五、计算分析题

1. 某公司于年初向银行借款500 000元购买设备，借款合同规定该笔借款的期限为5年，借款利率为10%，每年年末等额偿还本息。公司于当年年末开始还款。

【要求】 计算该公司每年的还款额。

2. 某公司每年年初存入银行 10 000 元，银行存款利率为 8%。

【要求】 计算该公司第十年年末的本利和。

3. 某公司租用一台设备，租期为 10 年，每年年初支付租金 5 000 元，折现率为 8%。

【要求】 计算租金的现值。

4. 李某年初存入银行一笔现金，从第三年起，每年年末取出 1 000 元，到第六年年末全部取完，假设银行存款利率为 10%。

【要求】 计算李某需要一次存入银行多少钱。

5. 某公司为偿还 5 年后到期的 50 000 元债务，从现在起每年年末存款一次，假设年利率为 10%。

【要求】 计算该公司每年年末存款的金额。

6. 某 IT 公司准备租赁办公设备，期限是 10 年，假设年利率是 10%，有以下几种付款方案可供选择：

(1)立即支付全部款项，共计 20 万元；

(2)从第四年开始每年年初付款 4 万元，至第十年年初结束；

(3)第一到八年每年年末支付 3 万元，第九年年末支付 4 万元，第十年年末支付 5 万元。

【要求】 判断该公司选择哪一种付款方案比较合适。

7. 小张现在存入银行 100 000 元，希望以后的 10 年中，每年年末都能从银行获得 15 000 元的收入以改善生活质量。

【要求】 计算利率为多少才能满足小张的投资需求。

8. 有 A、B 两家公司，A 公司属于新兴的人工智能行业，B 公司属于传统行业。假设未来的经济情况只有繁荣、正常、衰退三种可能，A、B 两家公司可能实现的投资报酬率及其发生的概率如表 2—1 所示。

表 2—1　　**A、B 两家公司未来经营情况**

经济状况	发生概率	A 公司的期望报酬率	B 公司的期望报酬率
繁荣	0.30	100%	20%
正常	0.40	15%	15%
衰退	0.30	−70%	10%

【要求】 通过计算比较 A、B 两家公司风险的大小。

9. 某公司准备扩大生产规模，根据市场预测，预计每年的报酬及其概率如表 2—2 所示。假设专家测算该方案的风险系数为 0.5，无风险报酬率为 5%。

表 2—2　　**公司未来经营情况**

市场情况	预计每年报酬(X_i)	概率(P_i)
繁荣	120 万元	0.2
一般	100 万元	0.5
衰退	60 万元	0.3

【要求】 计算该方案的风险报酬率和风险报酬额。

10. 某公司拟投资于由A和B两项资产组成的投资组合，其中：A资产的期望报酬率为10%，计划投资额为400万元；B资产的期望报酬率为15%，计划投资额为600万元。

【要求】 计算该投资组合的期望报酬率。

11. 甲、乙两种股票的必要报酬率分别是22%和16%，其构成的投资组合的必要报酬率为17.5%，无风险报酬率为2.5%。

【要求】 根据资本资产定价模型，分别计算甲、乙两种股票的β系数。

12. 某公司打算买入A、B、C、D四种股票，投资额分别为20万元、30万元、10万元和40万元，这四种股票的β系数分别为1.8、1.5、1.2和0.8，已知股票市场组合的报酬率为15%，无风险报酬率为10%。

【要求】

(1)计算投资组合的β系数。

(2)如果投资者要求的报酬率为15%，则判断其应该买入哪几种股票。

(3)如果将不能买入股票的资金改为买入报酬最高的股票，形成一个新的投资组合，则计算该投资组合的必要报酬率。

13. 某公司拟进行股票投资，计划购买A、B、C三种股票，并分别设计了甲、乙两种投资组合。已知三种股票的β系数分别为1.2、1.0和0.8，它们在投资组合甲中的占比分别为50%、30%和20%。投资组合乙的风险报酬率为3.4%。同期市场上所有股票的平均报酬率为12%，无风险报酬率为8%。

【要求】

(1)根据β系数，分别评价A、B、C三种股票相对于市场投资组合的风险大小。

(2)按照资本资产定价模型计算A股票的必要报酬率。

(3)计算投资组合甲的β系数和风险报酬率。

(4)计算投资组合乙的β系数和必要报酬率。

(5)比较甲、乙两种投资组合的β系数，评价它们的投资风险大小。

六、简答题

1. 简述年金的概念及类型。

2. 举例说明什么是系统风险，什么是非系统风险。

3. 简述预付年金与普通年金的区别和联系，并说明如何计算预付年金的终值和现值。

4. 简述β系数的意义。

5. 简述证券市场线的经济内涵。

参考答案
（第二章）

第三章　筹资方式

一、名词解释

1. 筹资　2. 普通股　3. 优先股　4. 债券
5. 融资租赁　6. 可转换公司债券　7. 认股权证　8. 授信额度
9. 周转信贷协定　10. 补偿性余额　11. 商业信用　12. 短期融资券

二、判断题

1. 吸收直接投资是非股份制企业筹措自有资本的基本方式。（　　）
2. 权益资本是企业的永久性资本，是一种高成本、低风险的资金来源。（　　）
3. 发行普通股筹资没有固定的利息负担，因此其资本成本较低。（　　）
4. 企业利用留存收益不会发生任何筹资费用。（　　）
5. 周转信贷协定是银行具有法律义务地承诺提供不超过某一最高限额的贷款的协定。（　　）
6. 补偿性余额对借款企业的影响是实际利率高于名义利率。（　　）
7. 债券的票面金额是决定债券发行价格的最基本因素，债券发行价格的高低从根本上取决于债券票面金额的大小。（　　）
8. 一般来说，债券发行时的市场利率越高，债券的发行价格越高；反之则越低。（　　）
9. 当其他条件一样时，债券期限越长，债券的发行价格越高；反之则越低。（　　）
10. 债券只允许等价和溢价发行，不允许折价发行。（　　）
11. 可转换公司债券在到期时，由发行公司自行转为股票后通知原债券持有人。（　　）
12. 可转换公司债券的转换会改变公司的资本结构。（　　）
13. 认股权证选择权的行使增加公司的资本总量，不改变公司的资本结构。（　　）
14. 融资租赁集融资和融物于一身，是承租企业筹集长期资金的一种特殊方式。（　　）
15. 利用商业信用筹资不必负担资金成本。（　　）
16. 企业放弃现金折扣的成本与折扣率的高低呈同方向变化，与折扣期的长短呈反方向变化。（　　）

三、单项选择题

1. 下列各项中，能引起股东权益增加的筹资方式是（　　）。
A. 吸收直接投资　B. 发行公司债券

C. 利用商业信用　　D. 留存收益转增资本

2. 以下各项中，属于短期筹资方式的是（　　）。

A. 发行股票　　B. 发行债券　　C. 商业信用　　D. 融资租赁

3. 下列各项中，属于企业间接筹资的是（　　）。

A. 商业信用　　B. 银行借款　　C. 发行债券　　D. 发行股票

4. 下列筹资方式中，财务风险较高的是（　　）。

A. 发行股票　　B. 吸收直接投资　　C. 发行债券　　D. 内部留存收益

5. 相对于负债筹资方式，采用发行普通股融资的优点是（　　）。

A. 有利于降低资本成本　　B. 有利于集中企业控制权

C. 有利于降低财务风险　　D. 有利于发挥财务杠杆作用

6. 优先股股东相对于普通股股东拥有的权利是（　　）。

A. 优先表决权　　B. 优先认股权

C. 优先分配股利权　　D. 优先查账权

7. 普通股成本一般要高于债券成本，这主要是因为（　　）。

A. 普通股的发行量小　　B. 投资普通股风险较高，要求有较高的报酬

C. 普通股的股利固定　　D. 普通股的筹资速度快

8. 债券发行价格高于面值是因为（　　）。

A. 债券票面利率高于市场利率　　B. 债券票面利率低于市场利率

C. 债券票面利率等于市场利率　　D. 与债券票面利率和市场利率无关

9. 银行向企业发放贷款，若规定了补偿性余额，则企业借款的实际利率（　　）。

A. 高于名义利率　　B. 低于名义利率　　C. 等于名义利率　　D. 无法确定

10. 放弃现金折扣的成本大小与（　　）。

A. 折扣百分比的大小呈反方向变化　　B. 折扣期的长短呈反方向变化

C. 折扣期的长短呈同方向变化　　D. 信用期的长短呈同方向变化

11. 商业信用筹资最大的优越性在于（　　）。

A. 容易取得　　B. 期限较短

C. 不负担成本　　D. 是一种短期筹资形式

12. 出租人既出租某项资产又以该项资产为担保借入资金的租赁方式是（　　）。

A. 经营租赁　　B. 售后租回　　C. 杠杆租赁　　D. 直接租赁

13. 下列关于融资租赁的说法中，错误的是（　　）。

A. 融资租赁是承租企业筹集长期资金的一种特殊方式

B. 租赁期内，由出租人负责设备的维修和保养

C. 租赁合同比较稳定，在规定的租赁期内非经双方同意，任何一方不得中途解约

D. 租赁期满时，按事先约定的办法处置设备，通常由承租人留购

14. 融资租赁的主要缺点是（　　）。

A. 不能获得节税收益　　B. 不能获得财务杠杆利益

C. 限制条件较多　　D. 资金成本较高

15. 下列关于可转换公司债券的说法中，错误的是（　　）。

A. 可转换公司债券赋予投资者在一定期间内依据约定的条件可以转换成发行人普通股票的权益
B. 可转换公司债券的票面利率一般低于普通债券的票面利率
C. 可转换公司债券的赎回价格一般高于可转换公司债券的面值
D. 可转换公司债券的回售一般发生在公司股票价格在一段时间内连续高于转股价格达到某一幅度时

四、多项选择题

1. 企业筹资的动机主要有（ ）。
A. 新建筹资动机 B. 扩张筹资动机 C. 调整筹资动机 D. 混合筹资动机
2. 下列筹资活动中，属于直接筹资方式的有（ ）。
A. 发行股票筹资 B. 发行债券筹资 C. 银行借款筹资 D. 融资租赁筹资
3. 长期资本通常使用的筹集方式有（ ）。
A. 发行股票 B. 发行债券 C. 融资租赁 D. 商业信用
4. 以下筹资方式中，会导致财务风险增加的有（ ）。
A. 普通股筹资 B. 债券筹资 C. 银行借款筹资 D. 留存收益筹资
5. 企业筹集短期资金时可采用的方式有（ ）。
A. 发行股票 B. 商业信用 C. 向银行借款 D. 融资租赁
6. 下列权利中，属于普通股股东权利的有（ ）。
A. 公司管理权 B. 分享盈余权
C. 优先认股权 D. 优先分配剩余财产权
7. 发行普通股筹资的主要缺点有（ ）。
A. 限制条件多 B. 财务风险大 C. 控制权分散 D. 资本成本高
8. 相对于普通股股东，优先股股东的优先权主要表现为（ ）。
A. 优先认股权 B. 优先表决权
C. 优先分配股利权 D. 优先分配剩余财产权
9. 以下各项中，属于发行普通股筹资优点的有（ ）。
A. 增强公司信誉 B. 筹资风险较小
C. 资本成本较低 D. 保持公司的控制权
10. 以公开间接方式发行股票的特点有（ ）。
A. 发行范围广，易募足资本 B. 股票变现性强，流通性好
C. 有利于提高公司知名度 D. 发行成本低
11. 股份有限公司申请股票上市，将会使公司（ ）。
A. 资本大众化，分散风险的同时分散公司的控制权
B. 便于筹措新资金
C. 便于确定公司价值
D. 负担较高的信息披露成本
12. 决定债券发行价格的因素有（ ）。

A. 债券面额　B. 票面利率　C. 公司经济效益　D. 债券期限
E. 市场利率

13. 债券融资的优点有（　）。
A. 享受税收利益，资金成本较低　B. 可利用财务杠杆，增加股东收益
C. 不影响公司控制权　D. 公司决策力度增强

14. 下列有关债券发行的说法中，正确的有（　）。
A. 当票面利率高于市场利率时，以溢价发行债券
B. 当票面利率低于市场利率时，以折价发行债券
C. 溢价发行时，企业实际负担的利息支出小于按票面利率计算的利息
D. 折价发行时，企业实际负担的利息支出小于按票面利率计算的利息

15. 根据《中华人民共和国证券法》的规定，公开发行公司债券应当符合的条件有（　）。
A. 股份有限公司的净资产不低于人民币 3 000 万元，有限责任公司的净资产不低于人民币 6 000 万元
B. 累计债券余额不超过公司总资产的 40%
C. 最近 3 年平均可分配利润足以支付公司债券 1 年的利息
D. 债券的利率不超过国务院限定的利率水平

16. 以下各项中，属于商业信用筹资形式的有（　）。
A. 应付账款　B. 应收账款　C. 应付票据　D. 预收账款

17. 下列各项中，使放弃现金折扣的成本提高的情况有（　）。
A. 信用期、折扣期不变，折扣百分比提高
B. 折扣期、折扣百分比不变，信用期延长
C. 折扣百分比不变，信用期和折扣期等量延长
D. 折扣百分比、信用期不变，折扣期延长

18. 融资租赁的形式包括（　）。
A. 资本租赁　B. 直接租赁　C. 售后回租　D. 杠杆租赁

19. 下列各项中，属于银行借款的一般性保护条款的有（　）。
A. 企业定期向贷款机构报送财务报表
B. 禁止企业贴现应收票据或转让应收账款
C. 禁止以资产做其他承诺的担保或抵押
D. 对企业流动资金保持量的规定
E. 限制高级管理人员的工资和奖金支出

20. 下列各项中，属于长期借款的特殊性保护条款的有（　）。
A. 贷款专款专用
B. 限制企业高级职员的薪金和奖金总额
C. 要求企业主要领导人在合同有效期内担任领导职务
D. 要求企业主要领导人购买人身保险

21. 可转换债券设置合理的回售条款，可以（　）。
A. 保护债券投资人的利益

B. 促使债券持有人转换股份

C. 使投资者具有安全感，因而有利于吸引投资者

D. 使发行公司避免在市场利率下降后继续受损

22. 以下关于认股权证的说法中，正确的有(　　)。

A. 认股权证选择权的行使会增加公司资本总量

B. 认股权证选择权的行使会稀释普通股每股收益

C. 认股权证的发行会妨碍其他筹资方式的运用

D. 认股权证既可以单独发行，也可以依附于其他证券发行

五、计算分析题

1. 华盛公司拟发行债券筹资，债券面额为 1 000 元，票面利率为 10%，债券期限为 8 年，每年年末付息一次，到期还本。

【要求】 计算该债券在下列市场利率下的发行价格：

(1)市场利率为 6%；

(2)市场利率为 10%；

(3)市场利率为 15%。

2. 明达公司采用融资租赁方式，于 20×7 年 1 月 1 日从租赁公司租入一台设备，设备价款为 200 000 元，租期为 5 年，到期后设备归承租方所有。租赁期间贴现率为 15%，采用后付等额年金方式支付租金。

【要求】 计算每年年末应支付租金的数额。

3. 某企业与银行商定周转信贷额为 200 万元，承诺费率为 0.5%，借款企业年度内实际使用了 150 万元，余额为 50 万元。

【要求】 计算借款企业应向银行支付的承诺费金额。

4. 阳光公司按年利率 6%向银行借款 100 万元，银行要求维持贷款限额 15%的补偿性余额。

【要求】

(1)计算阳光公司实际可用的借款额。

(2)计算阳光公司借款的实际年利率。

5. 云翔公司按“2/10，n/30”的信用条件购买商品，货款为 500 万元，该公司放弃现金折扣，在信用期内付款。

【要求】 计算该公司放弃现金折扣所负担的资金成本。

6. M 公司于 20×7 年发行了 10 亿元的可转换公司债券，债券面值为 100 元，票面利率为 3.75%，债券期限为 6 年。自 20×8 年起，投资者可以将债券按每股 20 元的价格转换为相应数量的股票。债券目前的市场价格为 120 元。

【要求】 计算 M 公司可转换公司债券的转换比率。

六、简答题

1. 简述企业的筹资动机。

2. 简述企业的筹资渠道和筹资方式。
3. 简述吸收直接投资的优点和缺点。
4. 简述普通股股东的权利。
5. 简述发行普通股筹资的优点和缺点。
6. 简述股票的销售方式。
7. 简述优先股筹资的优点和缺点。
8. 试分析债券发行价格的决定因素。
9. 试说明发行债券筹资的优点和缺点。
10. 简述长期借款筹资的优点和缺点。
11. 简述融资租赁的概念和主要形式。
12. 简述融资租赁筹资的优点和缺点。
13. 简述可转换公司债券筹资的优点和缺点。
14. 试分析认股权证的特点和认股权证筹资的作用。
15. 简述短期借款筹资的优点和缺点。
16. 简述商业信用筹资的特点。

参考答案
（第三章）

第四章　资本成本和资本结构

一、名词解释

1. 资本成本　2. 用资费用　3. 筹资费用　4. 个别资本成本
5. 综合资本成本　6. 边际资本成本　7. 筹资分界点　8. 经营杠杆
9. 财务杠杆　10. 联合杠杆　11. 资本结构　12. 每股收益无差别点

二、判断题

1. 资本成本是企业为筹集资金而付出的代价。（　）
2. 企业资本结构最佳时，也是财务风险最小时。（　）
3. 用资费用属于变动性费用，筹资费用属于固定性费用。（　）
4. 边际资本成本是比较选择追加筹资方案的依据。（　）
5. 由于经营杠杆的作用，当销售量上升时，息税前利润会上升得更快。（　）
6. 在一定的限度内合理提高债务资本的比率，可以降低企业的综合资本成本，发挥财务杠杆作用，降低财务风险。（　）
7. 由于财务杠杆的作用，当息税前利润下降时，普通股每股收益会下降得更快。（　）
8. 如果企业没有固定性融资成本，则财务杠杆系数等于零。（　）
9. 若财务杠杆系数为1.5，经营杠杆系数为2，则联合杠杆系数为3.5。（　）
10. 当息税前利润高于每股收益无差别点的息税前利润时，采用负债筹资比采用权益筹资更有利。（　）

三、单项选择题

1.（　）可以作为比较各种筹资方式优劣的尺度。
A. 个别资本成本　B. 边际资本成本　C. 综合资本成本　D. 资本总成本
2.（　）可以作为资本结构决策的基本依据。
A. 个别资本成本　B. 综合资本成本　C. 边际资本成本　D. 资本总成本
3.（　）可以作为比较选择追加筹资方案的重要依据。
A. 个别资本成本　B. 综合资本成本　C. 边际资本成本　D. 资本总成本
4. 下列筹资方式中，资本成本相对较低的是（　）。
A. 发行股票　B. 发行债券　C. 长期借款　D. 留存收益
5. 下列筹资方式中，资本成本相对较高的是（　）。

A. 发行普通股　B. 发行债券　C. 发行优先股　D. 长期借款

6. 当财务杠杆系数为1时，下列表述中正确的是（　　）。

A. 息税前利润增长率为零　B. 息税前利润为零

C. 固定性融资成本为零　D. 固定性经营成本为零

7. 企业在制定经营决策时，对固定成本的利用称为（　　）。

A. 财务杠杆　B. 总杠杆　C. 联合杠杆　D. 经营杠杆

8. 息税前利润变动率相当于销售量变动率的倍数，表示的是（　　）。

A. 边际资本成本　B. 财务杠杆系数　C. 经营杠杆系数　D. 联合杠杆系数

9. 企业在制定资本结构决策时，对债务资本的利用称为（　　）。

A. 经营杠杆　B. 总杠杆　C. 财务杠杆　D. 联合杠杆

10. 普通股每股收益变动率相当于息税前利润变动率的倍数，表示的是（　　）。

A. 边际资本成本　B. 财务杠杆系数　C. 经营杠杆系数　D. 联合杠杆系数

11. 当经营杠杆系数和财务杠杆系数都是1.5时，联合杠杆系数应为（　　）。

A. 3　B. 2.25　C. 1.5　D. 1

12. 要使资本结构达到最佳，就应使（　　）达到最低。

A. 综合资本成本　B. 边际资本成本　C. 债务资本成本　D. 自有资本成本

13. 计算下列个别资本成本时，无须考虑筹资费用的是（　　）。

A. 长期借款成本　B. 长期债券成本　C. 普通股成本　D. 留存收益成本

14. 在资本结构理论中，认为企业的债权资本比例越高，综合资本成本就越低，从而企业的价值就越大的是（　　）。

A. 净收益理论　B. 净营业收益理论　C. MM理论　D. 代理理论

E. 啄食顺序理论

15. 在资本结构理论中，认为企业的价值取决于其实际资产，与其资本结构无关的是（　　）。

A. 净收益理论　B. 净营业收益理论　C. MM理论　D. 代理理论

E. 啄食顺序理论

16. 在资本结构理论中，认为企业融资一般会遵循内部融资、债务融资、权益融资这样的先后顺序的是（　　）。

A. 净收益理论　B. 净营业收益理论　C. MM理论　D. 代理理论

E. 啄食顺序理论

四、多项选择题

1. 下列各项中，属于资本成本中筹资费用的有（　　）。

A. 股票发行费用　B. 股票股利　C. 银行借款手续费　D. 债券利息

2. 以下说法中，正确的有（　　）。

A. 个别资本成本是企业选择筹资方式的依据

B. 边际资本成本是比较选择追加筹资方案的依据

C. 计算留存收益成本时，无须考虑筹资费用

D. 企业可以利用资本成本进行资本结构决策，但不能进行投资决策

3. 计算个别资本成本时，需要考虑所得税抵减作用的筹资方式有（　　）。

A. 银行借款　B. 公司债券　C. 普通股　D. 优先股

E. 留存收益

4. 决定综合资本成本高低的因素有（　　）。

A. 资本总额　B. 个别资本的数量　C. 个别资本的种类　D. 个别资本成本

E. 各种资本占全部资本的比重

5. 计算综合资本成本时，可选择各种资本的（　　）作为权数。

A. 票面价值　B. 账面价值　C. 市场价值　D. 目标价值

E. 清算价值

6. 影响经营杠杆系数的主要因素有（　　）。

A. 产品需求的变动　B. 产品售价的变动　C. 产品成本的变动　D. 利率水平的变动

7. 只要在企业的筹资方式中有（　　），就存在财务杠杆效应。

A. 长期借款　B. 长期债券　C. 普通股　D. 留存收益

8. 影响财务杠杆系数的主要因素有（　　）。

A. 息税前利润　B. 资本结构　C. 利率水平　D. 固定成本

9. 以下关于联合杠杆系数的说法中，正确的有（　　）。

A. 联合杠杆系数是每股收益变动率相当于销售量变动率的倍数

B. 联合杠杆系数等于经营杠杆系数与财务杠杆系数之积

C. 联合杠杆系数反映息税前利润随销售量变动的幅度

D. 联合杠杆系数反映每股收益随息税前利润变动的幅度

10. 企业最佳资本结构是指一定条件下（　　）时的资本结构。

A. 综合资本成本最低　B. 债务资本最多

C. 财务风险最小　D. 企业价值最大

五、计算分析题

1. 瑞祥公司发行期限为 5 年、利率为 12%的债券一批，发行总价格为 250 万元，发行费率为 1.3%，企业所得税税率为 25%。

【要求】 计算该公司债券的资本成本。

2. 方华股份有限公司普通股现行市价每股 15 元，现增发新股 80 000 股，预计筹资费用率为 3%，第一年每股发放股利 2 元，股利增长率为 4%。

【要求】 计算本次增发普通股的资本成本。

3. 万德公司拟发行优先股 200 万元，预计年股利率为 13.5%，预计筹资费用为 8 万元。

【要求】 计算该公司优先股的资本成本。

4. 华发公司拟筹资 6 000 万元建一条生产线。采用以下四种方式筹资：

(1)发行普通股 1 000 万股，面值为 1 元，发行价格为 1.2 元/股，预计第一年股利为 0.15 元/股，以后每年增长 2%，发行费率为 8‰；

(2)发行优先股 500 万股，面值为 1 元，发行价格为 2 元/股，年股利额为 0.12 元，发行费

率为5‰；

(3)银行长期借款1 800万元，年利率为5%，每年结息一次，到期一次还本，银行规定补偿性余额比例为20%；

(4)发行债券2 000万元，面值为100元，发行价为110元，票面利率为8%，每年年末付息，到期还本，筹资费率为3‰。

企业所得税税率为25%。

【要求】 计算华发公司本次筹资的综合资本成本。

5. 宏辉公司目前拥有长期资金1 600万元，其中，长期借款200万元、长期债券600万元、普通股800万元。经分析，公司目前的资本结构是最佳的，希望在今后增资时予以保持。公司考虑扩大经营规模，拟筹措新的资金。各筹资方式下个别资本成本随筹资额增加而变动的情况如表4—1所示。

表4—1　　　　　　　　　　资本成本变动情况表

筹资方式	追加筹资数额范围	个别资本成本(%)
长期借款	50万元以内	5
	50万元以上	6
长期债券	75万元以内	7
	75万元以上	8
普通股	150万元以内	10
	150万元以上	12

【要求】 计算该公司追加筹资总额的分界点，编制边际资本成本规划表。

6. 某企业年销售额为280万元，息税前利润为80万元，固定成本为32万元，变动成本率为60%，资本总额为200万元，债务资本比率为40%，债务利率为12%。

【要求】 分别计算该企业的经营杠杆系数、财务杠杆系数和联合杠杆系数。

7. 金宇公司生产和销售A产品，其销售单价为20元，单位变动成本为13元(变动成本率为65%)，固定成本总额为80万元；公司全部长期资本为500万元，其中，普通股股本占60%，发行在外的普通股股数为100万股；债务资本占40%，平均年利率为6%。企业所得税税率为25%。公司无优先股股利。

假定该公司20×8年度A产品销售量为20万件，预测20×9年A产品销售量将增加10%。

【要求】

(1)计算20×8年该公司的息税前利润和每股收益。

(2)计算该公司的经营杠杆系数、财务杠杆系数和联合杠杆系数。

(3)计算20×9年该公司的息税前利润增长率。

(4)计算20×9年该公司的每股收益。

8. 欣美公司在初创时拟筹资500万元，现有甲、乙两种备选方案。有关资料经测算列入表4—2。

表 4—2　　甲、乙两种方案的相关资料

筹资方式	筹资方案甲		筹资方案乙	
	筹资额(万元)	个别资本成本(%)	筹资额(万元)	个别资本成本(%)
长期借款	80	7.0	110	7.5
公司债券	120	8.5	40	8.0
普通股	300	14.5	350	14.2
合　计	500	—	500	—

【要求】 计算比较该公司甲、乙两种筹资方案的综合资本成本，并据以选择筹资方案。

9. 东方公司目前的资本来源包括每股面值 1 元的普通股 5 000 万股和平均利率为 8%的 3 000 万元债务。该公司现在拟投产一种新产品，该项目需要投资 2 000 万元，投产后预期可实现息税前利润 3 500 万元。该项目备选的筹资方案有以下两个：

(1)按 2.5 元/股的价格增发普通股 800 万股；

(2)按 10%的利率发行债券(原有债券利率不变)，公司适用的企业所得税税率为 25%，证券发行费可忽略不计。

【要求】

(1)计算增发普通股和债券筹资的每股收益无差别点，并根据计算结果分析，该公司应当选择哪种筹资方案。

(2)计算按不同方案筹资后的普通股每股收益。

10. 众泰公司现有资本均由普通股构成，无债务资本和优先股。股票的账面价值为 3 000 万元。该公司认为目前的资本结构不合理，准备通过发行债券回购部分股票的方式来调整资本结构，提高公司价值。预计公司未来每年的息税前利润为 600 万元，企业所得税税率为 25%。经咨询调查，目前的债务利率和权益资本成本情况如表 4—3 所示。

表 4—3　　不同债务水平下的债务资本成本和权益资本成本

债务市场价值(万元)	债务税前资本成本(%)	股票 β 值	无风险报酬率(%)	平均风险股票报酬率(%)
0	—	1.20	8	12
300	10	1.30	8	12
600	10	1.40	8	12
900	12	1.55	8	12
1 200	14	1.70	8	12
1 500	16	2.10	8	12

【要求】

(1)计算各方案的权益资本成本、企业价值和加权平均资本成本。

(2)确定该公司的最佳资本结构。

六、简答题

1. 简述资本成本的概念和内容。
2. 简述资本成本的作用。
3. 试说明经营杠杆和财务杠杆的含义。
4. 简述资本结构的概念及其影响因素。
5. 简述资本结构理论的代表性观点。

参考答案
（第四章）

第五章　项目投资决策

一、名词解释

1. 项目现金流量	2. 项目计算期	3. 静态投资回收期	4. 平均投资报酬率
5. 净现值	6. 现值指数	7. 内含报酬率	8. 肯定当量系数

二、判断题

1. 投资项目只有在营业期内才会发生现金流入量。（　）

2. 某固定资产投资项目投产后每年可获净利润 100 万元，资产年折旧额为 150 万元，项目终结有残值收入 50 万元，则该项目营业期最后一年的现金净流量为 300 万元。（　）

3. 利用内含报酬率指标评价投资项目时，计算出的内含报酬率是方案本身的投资报酬率，因此，不需要估计项目的资本成本或者最低报酬率。（　）

4. 项目现金流量是指在一定投资周期内，由特定项目引起的企业现金流量的增加额或者减少额。（　）

5. 在项目投资决策中，内部报酬率的计算与项目设定的折现率的高低无关。（　）

6. 考虑所得税情况下，以"利润＋折旧"估计营业期现金净流量时，"利润"是指利润总额。（　）

7. 静态投资回收期指标没有考虑货币时间价值，但是能反映项目计算期全部的现金流量状况。（　）

8. 某投资方案的内含报酬率大于资本成本，则其净现值必然大于零。（　）

9. 项目投资一般具有投资规模大、投资周期长和流动性强的特点。（　）

10. 净现值指标的计算考虑了货币时间价值，但没有考虑风险因素。（　）

11. 固定资产折旧额是付现成本。（　）

12. 净现值和现值指数都是绝对数指标。（　）

13. 固定资产更新项目中，初始现金流量除了购置新资产引起的现金流出外，还可能包括处置旧资产引起的现金流入量。（　）

14. 所得税是企业在生产经营中的一种义务，其结果是引起现金的流出，对现金流量具有直接的影响。（　）

15. 折旧的节税效应对项目现金流量具有直接的影响。（　）

16. 项目投产后，营业期各年的现金流量的内容完全相同。（　）

17. 机会成本是项目决策的无关成本。（　）

18. 沉没成本是项目决策的相关成本。 （ ）

19. 企业在进行项目投资决策时，不能孤立地考察某一个项目的现金流量，还要考虑项目交叉对现金流量的影响。 （ ）

20. 净现值指标不能从动态角度直接反映投资项目的实际收益水平，当项目投资额不等或者生命周期不同时，无法比较项目的优劣。 （ ）

三、单项选择题

1. 下列关于投资回收期的说法中，不正确的是（ ）。

A. 未考虑货币时间价值

B. 不能测量项目的盈利性

C. 不能测量项目的流动性

D. 需要一个主观上确定的可接受的回收期作为评价依据

2. 下列各项中，不属于项目现金流出量的是（ ）。

A. 固定资产投资　B. 折旧与摊销　C. 所得税支出　D. 新增营业成本

3. 下列指标中，属于静态相对量正指标的是（ ）。

A. 静态投资回收期　B. 投资收益率　C. 净现值率　D. 内含报酬率

4. 某公司投资 18.3 万元购入设备一台，预计使用 10 年，预计净残值为 0.3 万元，按直线法计提折旧。设备投产后预计每年净利润为 1.2 万元，该项目的投资回收期为（ ）年。

A. 3.56　B. 4.09　C. 5.62　D. 6.10

5. 某投资项目，当折现率为 16%时，其净现值为 338 元；当折现率为 18%时，其净现值为 −22 元。该项目的内含报酬率是（ ）。

A. 15.88%　B. 16.12%　C. 17.88%　D. 18.14%

6. 下列关于内含报酬率的说法中，不正确的是（ ）。

A. 内含报酬率是能够使未来现金流入量现值等于未来现金流出量现值的折现率

B. 内含报酬率是方案本身的投资报酬率

C. 内含报酬率是使方案净现值等于零的报酬率

D. 内含报酬率是使方案现值指数等于零的折现率

7. 能使投资方案的净现值等于零的折现率，称为（ ）。

A. 净现值率　B. 资金成本率　C. 内含报酬率　D. 投资利润率

8. 已知某投资项目的原始投资额为 90 万元，建设期为 2 年，投产后第一至四年每年的 *NCF* 为 30 万元，第五至七年每年的 *NCF* 为 35 万元，则该项目包括建设期的静态投资回收期为（ ）年。

A. 4　B. 5　C. 6　D. 7

9. 某投资项目年营业收入为 160 万元，年付现成本为 60 万元，年折旧为 40 万元，所得税税率为 25%，则该项目营业期的年现金净流量为（ ）万元。

A. 75　B. 100　C. 120　D. 85

10. 关于静态投资回收期指标，下列描述中不正确的是（ ）。

A. 静态投资回收期越短，投资风险越小

B. 该指标未考虑货币时间价值

C. 该指标只考虑了现金净流量中小于和等于原始投资额的部分

D. 该指标考虑了回收期后的现金流量

11. 某公司拟投资 900 万元，预计该项投资的周期为 4 年，每年现金净流量依次为 240 万元、300 万元、400 万元、360 万元，则该项目的投资回收期为(　　)年。

A. 2.7　　B. 3　　C. 2.9　　D. 2.8

12. 某公司为生产新产品，购入新设备一台，设备投资额为 50 万元，使用寿命为 5 年，预计净残值为 5 万元，按直线法计提折旧(与税法规定一致)。预计投产后，该设备每年能为公司带来营业收入 40 万元，发生付现成本 15 万元，营业期最后一年收回残值收入 5 万元。假设该公司的所得税税率为 25%，则该项投资的投资报酬率为(　　)。

A. 42.0%　　B. 42.5%　　C. 43.5%　　D. 44.0%

13. 某医药公司有两个分厂：一分厂从事生物医药产品的生产和销售，年营业收入为 5 000 万元；二分厂准备投资一个生物医药产品生产和销售的项目，预计该项目投产后每年可为二分厂带来 4 000 万元营业收入。但二分厂因此与一分厂形成竞争，使得一分厂每年营业收入减少 500 万元。那么，从公司整体考虑，二分厂投资该项目预计的年现金流入量为(　　)万元。

A. 5 000　　B. 4 000　　C. 4 500　　D. 3 500

14. 大华公司有一个投资项目，该项目的年营业收入为 90 万元，年营业成本和费用为 60 万元，其中折旧为 10 万元，假设该公司的所得税税率为 25%，则此项目的年现金净流量为(　　)万元。

A. 30　　B. 40　　C. 32.5　　D. 22.5

15. A 项目投资额为 300 万元，预计生命周期为 15 年，已知该项目第十五年的营业现金净流量为 40 万元，期满处置固定资产残值收入及收回流动资金共 12 万元，则该项目第十五年的现金净流量为(　　)万元。

A. 33　　B. 55　　C. 52　　D. 40

16. 某项目在建设期内投入全部原始投资，该项目的净现值率为 0.3，则该项目的获利指数为(　　)。

A. 1.3　　B. 0.7　　C. 0.3　　D. 1

17. 东方公司预计某项目投产后第一年的营业收入为 200 万元，营业成本为 150 万元，其中折旧为 30 万元，假设企业所得税税率为 25%，则该项目营业期第一年的现金净流量为(　　)万元。

A. 50　　B. 67.5　　C. 80　　D. 120

18. 下列关于估计项目现金流量时应当考虑的因素的说法中，不正确的是(　　)。

A. 必须考虑现金流量的总量　　B. 尽量利用现有会计利润数据

C. 不考虑沉没成本　　D. 充分关注机会成本

19. 某公司新建一条生产线，需要使用公司自有的一处厂房，厂房的账面价值为 80 万元。如果这处厂房不用于建设新的生产线，出售可得价款 120 万元，则利用该厂房建设生产线，应考虑(　　)。

A. 以 80 万元作为投资分析的机会成本

B. 以 120 万元作为投资分析的机会成本

C. 以 40 万元作为投资分析的机会成本

D. 以 80 万元作为投资分析的沉没成本

20. 折旧具有抵税作用，因计提折旧而减少的所得税税额可用（　　）计算。

A. 折旧额×所得税税率

B. 折旧额×(1－所得税税率)

C.(付现成本＋折旧)×所得税税率

D.(付现成本＋折旧)×(1－所得税税率)

21. 某更新改造项目，设备账面价值为 20 000 元（原值为 50 000 元，已提折旧 30 000 元），出售价为 10 000 元，假设企业所得税税率为 25%，新设备投资 80 000 元，则该项目建设期现金净流量为（　　）元。

A. －80 000　　B. －70 000　　C. －72 500　　D. －67 500

22. 在进行是继续使用旧设备还是购买新设备的决策时，如果这两个方案未来的生命周期不同，且现金流入量很难估计，则最合适的评价方法是（　　）。

A. 总成本法　　B. 净现值法　　C. 内含报酬率法　　D. 年均现值成本法

23. 年末某公司考虑卖掉一台闲置的设备，该设备 8 年前以 40 000 元购入，税法规定的折旧年限为 10 年，按直线法计提折旧，预计残值率为 10%，已提折旧 28 800 元；旧设备出售的市场价格为 10 000 元，企业所得税税率为 25%，出售该设备对本期现金流量的影响是（　　）元。

A. 减少 300　　B. 减少 1 200　　C. 增加 9 700　　D. 增加 10 300

24. 风险调整贴现率法对风险大的项目采用（　　）。

A. 较高的折现率　　B. 较低的折现率　　C. 资本成本　　D. 借款利率

25. 风险调整现金流量法的基本思路是（　　）。

A. 计算一个投资项目的风险投资报酬率

B. 用一个系数将有风险的现金流量调整为无风险的现金流量

C. 用一个系数将有风险的折现率调整为无风险的折现率

D. 计算一个投资项目的净现值

26. 运用风险调整贴现率法进行投资风险分析时，需要调整的项目是（　　）。

A. 有风险的折现率　　B. 无风险的折现率

C. 有风险的现金流量　　D. 无风险的现金流量

27. 在资金总量受限制时，多方案投资组合的最优组合的标准是（　　）。

A. 平均静态投资回收期最短　　B. 平均投资利润率最高

C. 各方案净现值之和最大　　D. 各方案累计投资额最小

28. 甲公司可以投资的资本总量为 10 000 万元，资本成本为 10%，现有三个独立的投资项目：A 项目的投资额是 10 000 万元，B 项目的投资额是 6 000 万元，C 项目的投资额是 4 000 万元。A 项目的净现值是 2 000 万元，现值指数为 1.25；B 项目的净现值是 1 200 万元，现值指数为 1.3；C 项目的净现值是 1 100 万元，现值指数为 1.2。甲公司应当选择（　　）。

A. A 项目　　B. B 项目

C. B 项目和 C 项目　　　　D. A 项目、B 项目和 C 项目

四、多项选择题

1. 下列内容中，属于项目现金流出量的有(　　)。

A. 固定资产投资　B. 开办费　C. 营业成本节约额　D. 垫支的流动资金

2. 项目营业期期末发生的现金流入可能包括(　　)。

A. 原始投资　B. 收回的流动资金

C. 折旧与摊销额　D. 收回的固定资产残值

3. 下列内容中，属于项目现金流入量的有(　　)。

A. 旧设备的变价收入　B. 营业现金收入

C. 垫支的流动资金　D. 设备变现损失节税额

4. 某投资项目的现金净流量如下：$NCF_0=-210$ 万元，$NCF_1=-15$ 万元，$NCF_2=-20$ 万元，$NCF_3=NCF_4=NCF_5=NCF_6=60$ 万元，$NCF_7=72$ 万元。下列说法中正确的有(　　)。

A. 项目的建设期为 2 年　B. 项目的营业期为 7 年

C. 项目的初始投资额为 245 万元　D. 终结点的资金回收额为 12 万元

5. 下列成本中，与项目投资决策无关的有(　　)。

A. 沉没成本　B. 历史成本　C. 机会成本　D. 更新重置成本

6. 某公司拟新建一个车间用于新产品的生产，则与该项目有关的现金流量有(　　)。

A. 需购置新的配套生产线，价值 40 万元，同时垫付 12 万元流动资金

B. 公司曾支付 1 万元咨询费请专家论证

C. 利用公司自有的库存材料，目前市价为 5 万元

D. 投产后每年创造销售收入 30 万元

7. 下列关于投资项目每年营业现金净流量计算公式的表述中，正确的有(　　)。

A. 营业现金净流量＝营业收入－付现成本－所得税

B. 营业现金净流量＝净利润＋折旧×(1－所得税税率)

C. 营业现金净流量＝(营业收入－付现成本)×(1－所得税税率)＋折旧×所得税税率

D. 营业现金净流量＝营业收入－付现成本－折旧×所得税税率

8. 下列指标中，属于动态评价指标的有(　　)。

A. 获利指数　B. 净现值　C. 内含报酬率　D. 投资报酬率

9. 若净现值为负数，则表明该投资项目(　　)。

A. 各年利润小于零，不可行

B. 投资报酬率小于零，不可行

C. 投资报酬率未达到预定的折现率，不可行

D. 投资报酬率不一定小于零

10. 内含报酬率是指(　　)。

A. 投资报酬率与总投资的比值

B. 能使未来现金流入量现值与未来现金流出量现值相等的折现率

C. 投资报酬现值与总投资现值的比率
D. 使投资方案净现值为零的折现率

11. 如果折现率提高，其他因素不变，则下列指标中结果将变小的有（　　）。
A. 投资回收期　　B. 净现值　　C. 内含报酬率　　D. 现值指数

12. 对同一个投资项目，下列表述中正确的有（　　）。
A. 资本成本越高，净现值越大
B. 资本成本越低，净现值越大
C. 资本成本与内含报酬率相等时，净现值为零
D. 资本成本高于内含报酬率时，净现值为负数

13. 如果净现值大于零，则下列关系中必成立的有（　　）。
A. 净现值率＞0　　B. 获利指数＞1
C. 静态投资回收期＞基准回收期　　D. 内含报酬率＜设定的折现率

14. 关于净现值，下列说法中正确的有（　　）。
A. 采用的折现率越大，净现值越大
B. 折现率的大小与风险有关，风险越高，折现率越小
C. 净现值是绝对数指标，越大越好
D. 项目风险越高，选择的折现率越大

15. 关于内含报酬率，下列说法中正确的有（　　）。
A. 内含报酬率反映净现值等于零的折现率
B. 内含报酬率反映项目本身的收益水平
C. 项目盈利越多，内含报酬率越大
D. 内含报酬率小于行业基准报酬率，说明投资未收回

16. 净现值指标的优点有（　　）。
A. 考虑了货币时间价值
B. 指标计算包含了项目计算期的全部现金流量
C. 考虑了风险因素
D. 从动态的角度反映投资项目本身的收益水平

17. 下列各项中，属于折现的相对数指标的有（　　）。
A. 净现值率　　B. 获利指数　　C. 投资报酬率　　D. 内含报酬率

18. 静态回收期指标的缺点包括（　　）。
A. 未考虑货币时间价值
B. 计算复杂，不容易理解
C. 不能测度项目的流动性
D. 未考虑回收期之后的现金流量，不能衡量项目的盈利性

19. 下列关于年均现值成本的表达式中，不正确的有（　　）。
A. 年均现值成本＝净现值÷年金现值系数
B. 年均现值成本＝现金流出总现值÷年金现值系数
C. 年均现值成本＝净现值÷使用年限

D. 年均现值成本＝现金流出总现值÷使用年限

20. 下列表述中，正确的有（　　）。

A. 风险调整折现率法根据风险的大小，调整净现值公式的折现率

B. 风险调整折现率法人为地夸大了远期风险

C. 风险调整现金流量法对现金流量折现时采用的是无风险报酬率

D. 风险调整现金流量法克服了夸大远期风险的缺陷

五、计算分析题

1. 某公司计划年初投资建设一条新的生产线，配套设备投资 30 万元，垫支流动资金 5 万元，生产线立即投入使用，预计生命周期为 5 年，按直线法计提折旧，期满设备无残值。生产线投产后，每年营业收入为 40 万元、付现成本为 17 万元。该公司适用的企业所得税税率为 25%。

【要求】 计算该项目各年的现金净流量。

2. 某投资项目预计建设起点需要一次性投入 4 500 万元，投资后即可投产运营，生命周期为 10 年，每年现金净流量为 1 000 万元。

【要求】 计算该项目的内含报酬率。如果企业的资金成本为 16%，则该项目是否可行？

3. 某公司有甲、乙两个项目投资方案可供选择。甲、乙两个项目的初始投资相同，都是 1 000 万元，且初始投资均在期初一次性投入，固定资产使用年限相同，项目各年的现金净流量如表 5－1 所示。假设公司选择的折现率为 10%。

表 5－1　　两个项目各年的现金净流量　　单位：万元

项　目	各年的现金净流量							
	初始	第一年	第二年	第三年	第四年	第五年	第六年	第七年
甲	－1 000	300	300	300	300	300	300	300
乙	－1 000	100	200	400	600	500	300	200

【要求】 分别计算两个方案的静态投资回收期和净现值，并运用净现值指标判断该公司应当选择哪个项目进行投资。

4. 三星公司有一台旧设备，尚可使用 6 年，但需要现在和第三年年末各支付大修理费用 120 000 元，期满无残值。若该公司购买性能、型号相同的新设备则需要投入 400 000 元，可使用 8 年，期满残值为 30 000 元。假定使用新设备后，每年可节约成本 50 000 元，新、旧设备生产产品的产量、消耗与售价均相同，该公司的资本成本率为 14%，企业所得税税率为 25%。

【要求】 为该公司做出设备是修理还是更新的决策。

5. 某公司拟用新设备取代已使用 3 年的旧设备。旧设备原价为 173 000 元，当前估计尚可使用 5 年，目前的折余价值为 110 000 元，每年营业收入为 30 000 元，每年营业成本为 12 000 元，预计最终残值为 5 000 元，目前变现价值为 80 000 元；购置新设备需花费 150 000 元，预计可使用 5 年，每年营业收入为 60 000 元，每年营业成本为 24 000 元，预计最终残值为 10 000 元。税法规定该类设备应采用直线法折旧，该公司要求的报酬率为 12%，企业所得税

税率为25%。

【要求】 计算以下指标：

(1)固定资产提前报废发生损失节税的金额；

(2)更新设备比继续使用旧设备增加的投资额；

(3)经营期第一至五年每年增加的净利润；

(4)各年差量现金净流量；

(5)利用差额净现值法判断该公司是否应该更换设备，并列出分析过程。

六、简答题

1. 简述项目投资的含义及分类。
2. 简述项目投资的决策程序与内容。
3. 简述项目现金流量的概念及构成内容。
4. 估计项目现金流量时应考虑哪些影响因素？
5. 简述静态投资回收期指标的优点和缺点。
6. 简述净现值指标的优点和缺点。
7. 在资本有限的情况下，企业如何运用净现值进行项目投资决策？

参考答案（第五章）

第六章　证券投资决策

一、名词解释

1. 纯贴现债券　　2. 平息债券　　3. 普通股　　4. 优先股
5. 证券投资基金　　6. 契约型基金　　7. 公司型基金　　8. 封闭式基金
9. 开放式基金　　10. 到期报酬率

二、判断题

1. 未来经济利益流入量的现值决定债券价值。（　　）
2. 与优先股相比，普通股股东享有的权益较多，承担的风险也较大。（　　）
3. 按照股利波动，可以将股票分为三类：零增长股、固定增长股和非固定增长股。（　　）
4. 长期持有不打算出售的股票，每年每股可获利 0.1 元，如果贴现率为 8%，则其估价为 1.1 元。（　　）
5. 证券组合投资的风险报酬取决于系统风险的大小。（　　）
6. 股票的价值是该股票股利收入和资本利得的现值之和。（　　）
7. 债券投资每年获得的利息额＝债券面值×市场利率。（　　）
8. 当证券的市场价格低于证券的内在价值时，购进证券是有利的；反之，则应卖出证券。（　　）
9. 当债券的票面利率大于市场利率时，债券的市场价格通常大于债券面值。（　　）
10. 按照发行主体的不同，债券可以分为政府债券、金融债券和企业债券。（　　）
11. 即使票面利率相同的两种债券，付息方式不同，投资的实际收益也是不同的。（　　）
12. 证券投资基金按照运作方式，分为股票基金、债券基金和货币基金。（　　）
13. 证券投资基金是间接投资。（　　）

三、单项选择题

1. 企业进行短期证券投资的动机不可能是（　　）。
A. 调节现金余额　　B. 获得投资收益　　C. 参与管理和控制　　D. 分散风险
2. 一般而言，优先股股东比普通股股东的（　　）。
A. 收益稳定，风险大　　B. 收益少，风险大
C. 收益多，风险小　　D. 收益少，风险小
3. 当债券的市场利率小于票面利率时，债券的发行价格通常是（　　）。

A. 溢价　　B. 平价　　C. 折价　　D. 不一定

4. 相对于股票投资而言，下列项目中能揭示债券投资特点的是（　　）。

A. 无法事先预知投资收益水平　　B. 投资收益较稳定

C. 投资收益率较高　　D. 投资风险较大

5. 甲公司投资于某新发债券，债券面值为 1 000 元，不计复利，5 年后一次还本付息，票面利率为 10%。已知资金市场的年利率为 12%，则该债券的价值为（　　）元。

A. 851.10　　B. 907.84　　C. 931.35　　D. 993.44

6. 甲公司长期持有某股票，每股每年的股利为 0.6 元，必要报酬率为 15%，股票的内在价值为（　　）元。

A. 5　　B. 4　　C. 6　　D. 7

7. 某债券面值为 1 000 元，期限为 3 年，期内没有利息，到期一次还本，当时市场利率为 8%，则债券的价值为（　　）元。

A. 1 000　　B. 863　　C. 739　　D. 793.8

8. 李好打算进行债券投资，某债券面值为 100 元，票面利率为 8%，期限为 3 年，到期一次还本付息，李好要求的必要报酬率为 12%，则债券价值为（　　）元。

A. 100　　B. 90.39　　C. 96　　D. 98

9. 某企业准备购入 A 股票，预计 3 年后出售可得 2 200 元，该股票 3 年中每年可获现金股利收入 200 元，预期报酬率为 10%，该股票的价值为（　　）元。

A. 3 078.57　　B. 2 150.24　　C. 2 552.84　　D. 3 257.68

10. 某长期持有的股票，最近支付的股利为每股 2 元，估计股利年增长率为 10%，若预期报酬率为 20%，则该股票的价值为（　　）元。

A. 20　　B. 24　　C. 22　　D. 18

11. 某公司于 20×8 年 4 月 1 日以 10 000 元购得面额为 10 000 元的新发行债券，票面利率为 12%，两年后一次还本，每年支付一次利息。若该公司持有债券至到期日，则其到期收益率为（　　）。

A. 12%　　B. 16%　　C. 8%　　D. 10%

12. 债券面值为 50 元，票面利率为 10%，期限为 3 年，每年年末付息一次，市场利率为 8%，则该债券的价值为（　　）元。

A. 50　　B. 46.39　　C. 52.58　　D. 53.79

13. 大华公司购入一种准备永久持有的股票，预计每年股利为 0.3 元/股，购入此种股票应获得报酬率为 10%，则该股票价值为（　　）元。

A. 2　　B. 3　　C. 3.5　　D. 4

14. 某种股票目前的市场价格是 40 元，每股股利为 2 元，预期的股利增长率为 5%，则市场决定的预期报酬率为（　　）。

A. 5%　　B. 5.5%　　C. 10%　　D. 10.25%

四、多项选择题

1. 债券的基本要素有（　　）。

A. 债券面值　B. 债券期限　C. 票面利率　D. 债券价格

2. 甲公司拟投资于某债券，债券面值为100元，票面利率为8%，期限为3年，如果甲公司要求的必要报酬率为12%，则债券发行价格为(　　)元时，可以购买。

A. 100　B. 90.39　C. 83　D. 80

3. 相对于股票投资而言，债券投资的优点有(　　)。

A. 本金安全性高　B. 收入稳定性强　C. 购买力风险低　D. 拥有管理权

4. 下列各种情况中，引起的风险属于可分散风险的有(　　)。

A. 银行调整利率水平　B. 企业劳资关系紧张

C. 企业诉讼失败　D. 市场呈现疲软状态

5. A公司的股票去年发放的现金股利为0.22元/股，固定成长率为5%，无风险报酬率为6%，市场平均的必要报酬率为8%，股票的β系数等于1.5，则(　　)。

A. 股票价值为5.78元　B. 股票价值为4.4元

C. 股票预期报酬率为8%　D. 股票预期报酬率为9%

6. 关于债券到期报酬率，下列选项中正确的有(　　)。

A. 它是能够评价债券收益水平的指标之一

B. 它是指购进债券后持有至到期日所获取的报酬率

C. 它是指复利计算的报酬率

D. 它是能使未来现金流入现值等于债券买入价格的贴现率

7. 股票的收益主要由(　　)组成。

A. 股利　B. 价值　C. 价格　D. 资本利得

8. 按照证券发行主体的不同，证券可以分为(　　)。

A. 政府证券　B. 金融证券　C. 公司证券　D. 私募证券

9. 某企业债券每半年付息一次，票面利率为8%，面值为1 000元，平价发行。以下关于该债券的说法中，正确的有(　　)。

A. 该债券的实际周期利率为4%　B. 该债券的实际年利率为8.16%

C. 该债券的名义利率为8%　D. 该债券的实际年利率为8%

10. 相对于普通股而言，优先股具有的特殊性不包括(　　)。

A. 优先于普通股股东分配公司利润

B. 在公司解散、破产清算时，优先于普通股股东分配剩余财产

C. 优先股股东可优先认购新发行的股票

D. 除法律规定的特殊情况外，优先股股东所持股份没有表决权

11. 债券按偿还方式分类，可以分为(　　)。

A. 到期一次债券　B. 分期债券　C. 提前偿还债券　D. 延期偿还债券

12. 证券投资基金的特点包括(　　)。

A. 直接投资　B. 集合投资　C. 体现信托关系　D. 分散风险

13. 证券投资基金按照组织形式可以分为(　　)。

A. 封闭式基金　B. 开放式基金　C. 契约型基金　D. 公司型基金

14. 证券投资基金的风险主要包括(　　)。

A. 市场风险　　B. 管理风险　　C. 技术风险　　D. 巨额赎回风险

五、计算分析题

1. 广深公司准备长期投资于一种固定增长的普通股股票，当年发放的股利为 0.8 元/股，预计股利年增长率为 4%，广深公司期望的报酬率为 12%。

【要求】 计算该股票的价值。

2. 某公司持有的普通股股票当年发放的股利为 6 元/股，估计股利年增长率为 6%，该公司打算 2 年后将股票售出，预计转让价格为 30 元。

【要求】 假设该公司期望报酬率为 15%，计算股票的价值。

3. 星星公司持有某种股票，预计该股票未来 4 年股利将以 18%的成长率增长，此后，年增长率为 10%，该股票最近支付股利为每股 4 元。

【要求】 假设星星公司的期望报酬率为 12%，计算该股票的价值。

4. A 公司于 20×8 年 2 月 1 日购入一张面值为 1 000 元的 5 年期债券，票面利率为 8%，当时的市场利率为 10%。

【要求】

(1)如果每年 2 月 1 日计算并支付一次利息，则计算债券的价值。

(2)如果单利计息，利随本清，则计算债券的价值。

5. 某企业债券票面金额为 1 000 元，票面利率为 8%，期限为 3 年，每年计息一次，到期归还本金，当时的市场利率为 10%。

【要求】

(1)计算该债券的价值。

(2)假定投资者甲以 940 元的市场价格购入该债券，准备持有至期满，若不考虑各种税费的影响，计算债券的到期报酬率。

6. 甲公司持有 A、B、C 三种股票，在上述股票组成的投资组合中，各股票所占的比重分别为 50%、30%和 20%，股票的 β 系数分别为 2.0、1.0 和 0.5。A 股票当前每股市价为 12 元，刚收到上一年度派发的每股 1.2 元的现金股利，预计股利以后每年将增长 8%。假设市场报酬率为 15%，无风险收益率为 10%。

【要求】

(1)计算以下指标：

①甲公司证券组合的 β 系数；

②甲公司证券组合的风险报酬率；

③甲公司证券组合的必要报酬率；

④A 股票的必要报酬率。

(2)利用股票估价模型分析甲公司当前是否应该出售 A 股票。

7. A 公司股票的 β 系数为 2.5，无风险报酬率为 6%，市场上股票的平均报酬率为 10%。

【要求】

(1)计算该公司股票的预期报酬率。

(2)若该股票为固定成长股票，成长率为 6%，预计一年后的股利为 1.5 元/股，则该股票的价值为多少?

(3)若股票未来3年的股利为零成长,每年股利为1.5元/股,预计从第四年起转为正常增长,增长率为6%,则该股票的价值为多少?

六、简答题

1. 简述证券投资的含义和特点。
2. 简述证券投资的原则。
3. 债券有哪些基本要素?
4. 简述债券的分类。
5. 简述优先股与普通股的区别。
6. 简述证券投资基金的特点。
7. 简述证券投资基金的类型。

参考答案
(第六章)

第七章　营运资金管理

一、名词解释

1. 营运资金　2. 应收账款　3. 信用标准　4. 信用条件
5. 收账政策　6. 存货　7. 缺货成本　8. 经济批量
9. ABC 控制法　10. JIT 系统

二、判断题

1. 营运资金是指流动资产减流动负债后的余额，是企业用于维持日常经营活动所需的资金。（　）

2. 现金是流动资产中流动性最强的资产，包括银行存款、库存现金和短期贷款。（　）

3. 拥有大量现金的企业具有较强的偿债能力和承担风险的能力，因此，企业应尽量多地拥有现金。（　）

4. 如果一家企业的流动资产比较多，流动负债比较少，就说明这家企业的短期偿债能力较弱。（　）

5. 营运资金周转一次所需的时间较短，通常会在一年或一个营业周期内收回。（　）

6. 在资产总额和筹资组合都保持不变的情况下，如果固定资产减少而流动资产增加，就会减少企业的风险，但也会减少企业的盈利。（　）

7. 企业要千方百计地加速存货、应收账款等流动资产的周转，以便用有限的资金取得最优的经济效益。（　）

8. 保守型投资策略，就是企业在一定的销售水平上保持较多的短期资产，这种政策的特点是报酬高、风险小。（　）

9. 激进型投资策略，就是企业在一定的销售水平上保持较少的短期资产，这种政策的特点是报酬低、风险大。（　）

10. 现金管理的目的是在保证企业经营活动所需现金的同时，尽量减少企业闲置资金的数量，提高资金收益率。（　）

11. 企业持有现金的动机主要是满足交易性需要和预防性需要。（　）

12. 关于现金持有量的分析，不能只考虑风险，也不能只考虑报酬，必须将风险与报酬相互权衡一起考虑。（　）

13. 企业拥有现金所发生的机会成本与现金持有量呈正比例变动。（　）

14. 在成本分析模式下，现金机会成本、管理成本和短缺成本合计最低的持有量就是最佳

现金持有量。（　　）

15. 企业持有现金所发生的管理成本是一种固定成本，与现金持有量之间无明显的比例关系。（　　）

16. 在存货模式下，能使现金的机会成本与交易成本之和保持最低的现金持有量，即最佳现金持有量。（　　）

17. 赊销是扩大销售的有力手段之一，企业应尽可能放宽信用条件，增加赊销量。（　　）

18. 企业对客户拖欠的应收账款，应该采用各种方式催收，收账政策越严，越能尽早收回货款，对企业越有利。（　　）

19. 存货经济批量是指能够使一定时期存货相关总成本达到最低点的进货数量。（　　）

20. 存货的 ABC 控制法中，A 类存货的特点是品种数量繁多，但金额很小，应该按品种重点管理。（　　）

三、单项选择题

1. 在确定最佳现金持有量时，成本分析模式和存货模式均需考虑的因素是（　　）。

A. 机会成本　　B. 交易成本　　C. 短缺成本　　D. 管理成本

2. 成本分析模式下的最佳现金持有量是使（　　）之和最小的现金持有量。

A. 机会成本和交易成本　　B. 机会成本和短缺成本

C. 管理成本和交易成本　　D. 管理成本、短缺成本和交易成本

3. 在最佳现金持有量分析的存货模式中，应考虑的相关成本主要是（　　）。

A. 机会成本和交易成本　　B. 交易成本和短缺成本

C. 机会成本和短缺成本　　D. 管理成本和短缺成本

4. 通常情况下，企业持有现金的机会成本（　　）。

A. 与现金持有量成反比　　B. 与有价证券的利息率成正比

C. 与持有时间成反比　　D. 属于决策的无关成本

5. 最佳现金持有量分析的存货模式中，企业持有的现金数量越少，则（　　）。

A. 机会成本越高，交易成本越高　　B. 机会成本越低，交易成本越高

C. 机会成本越低，交易成本越低　　D. 机会成本越高，交易成本越低

6. 某企业现金收支状况比较稳定，全年的现金需要量为 200 000 元，每次转换有价证券的交易成本为 400 元，有价证券的年利率为 10%。达到最佳现金持有量的全年交易成本为（　　）元。

A. 1 000　　B. 2 000　　C. 3 000　　D. 4 000

7. 某企业预计每月现金需要量为 300 000 元，每次转换有价证券的交易成本为 100 元，有价证券的月利率为 1%，则根据存货模式，每月有价证券的最佳交易次数为（　　）次。

A. 3.87　　B. 3.32　　C. 4.43　　D. 4.03

8. 某企业每次转换有价证券的固定成本为 100 元，有价证券的年利率为 9%，每日现金余额变化的标准差为 900 元，现金余额下限为 2 000 元。若 1 年以 360 天计算，则该企业的现金余额上限为（　　）元。

A. 14 720　　B. 20 720　　C. 19 840　　D. 35 640

9. 某企业规定的信用条件："3/10，1/20，n/30"。一客户从该企业购入原价为 10 000 元的原材料，并于第十八天付款，则该客户实际支付的货款为（　　）元。

A. 9 700　　B. 9 800　　C. 9 900　　D. 10 000

10. 某企业预测的年度赊销收入净额为 600 万元，应收账款平均收账期为 30 天，变动成本率为 60%，资本成本率为 10%，则应收账款的机会成本为（　　）万元。

A. 10　　B. 6　　C. 3　　D. 2

11. 评估客户资信程度的高低，可以通过"5C"系统来完成，以下说法中不正确的是（　　）。

A. 品质经常被视为评价客户信用的首要因素

B. 能力指客户的信誉，即履行偿债义务的可能性

C. 条件指可能影响客户付款能力的经济环境

D. 资本是客户偿付债务的最终保证

12. 信用的 5C 评估法中的"能力"，是指（　　）。

A. 客户愿意履行其付款义务的可能性

B. 客户可能偿还债务的能力

C. 客户的经济实力和财务状况的优劣

D. 客户能否为获取商业信用提供担保资产

13. 在采用 5C 评估法进行信用评估时，最重要的因素是（　　）。

A. 品质　　B. 能力　　C. 资本　　D. 抵押

14. 信用条件"1/10，n/30"表示（　　）。

A. 信用期限为 10 天，折扣期限为 30 天

B. 如果在开票后 10～30 天内付款，则可享受 10%的折扣

C. 信用期限为 30 天，现金折扣为 10%

D. 如果在 10 天内付款，则可享受 1%的现金折扣，否则应在 30 天内全额付款

15. 以下各项与存货有关的成本费用中，不影响经济进货批量的是（　　）。

A. 专设采购机构的基本开支　　B. 采购员的差旅费

C. 存货占用资金的应计利息　　D. 存货的保险费

16. 下列各项中，不属于存货储存成本的是（　　）。

A. 存货的仓储费　　B. 存货的运输费

C. 存货的保险费　　D. 存货占用资金的应计利息（或机会成本）

17. 某企业全年需用 A 材料 2 400 吨，每次的订货成本为 400 元，每吨材料的年储备成本为 12 元，则每年最佳订货次数为（　　）次。

A. 12　　B. 6　　C. 3　　D. 4

18. 建立存货的合理保险储备的目的是（　　）。

A. 在存货单价上涨时保证供应

B. 使存货的缺货成本和储存成本之和最小

C. 在过量耗用存货时保证供应

D. 降低存货的储存成本

19. 对存货进行 A、B、C 类划分的最基本的标准是(　　)。

A. 重量标准　　B. 数量标准　　C. 金额标准　　D. 数量和金额标准

20. 在对存货采用 ABC 法进行控制时,应当重点控制的是(　　)。

A. 数量较多的存货　　B. 占用资金较多的存货

C. 品种多的存货　　D. 价格昂贵的存货

四、多项选择题

1. 营运资金持有量较大,对企业的影响包括(　　)。

A. 有较大的把握按时偿付到期债务

B. 可以及时供应生产用材料和准时向客户提供产品

C. 降低企业的收益

D. 加大企业的风险

2. 在其他条件不变的情况下,如果企业平时持有较多现金,则下列说法中正确的有(　　)。

A. 会降低现金的短缺成本　　B. 会增加现金占用的机会成本

C. 会降低现金的交易成本　　D. 会增加现金的管理成本

3. 以下关于最佳现金持有量的成本分析模式和存货模式的说法中,正确的有(　　)。

A. 管理成本属于无关成本　　B. 机会成本属于相关成本

C. 交易成本属于相关成本　　D. 短缺成本属于相关成本

4. 预防动机所需要现金的多少取决于(　　)。

A. 利率和有价证券价格水平　　B. 现金收支预测的可靠程度

C. 企业日常支付的需要　　D. 企业临时借款能力

E. 企业愿意承担的风险程度

5. 为了提高现金使用效率,企业应当(　　)。

A. 加速收款并尽可能推迟付款　　B. 尽可能使用支票付款

C. 使用现金浮游量　　D. 力争现金流入与现金流出同步

6. 企业提供比较优惠的信用条件可以增加销售量,但会增加成本,主要有(　　)。

A. 应收账款机会成本　　B. 坏账损失

C. 收账费用　　D. 现金折扣成本

7. 与应收账款机会成本有关的因素有(　　)。

A. 应收账款平均余额　　B. 变动成本率

C. 销售成本率　　D. 资金成本率

8. 应收账款的管理成本主要包括(　　)。

A. 调查顾客信用情况的费用　　B. 收集各种信息的费用

C. 账簿记录的费用　　D. 应收账款的坏账损失

E. 收账费用

9. 信用标准过高的可能结果包括(　　)。

A. 丧失销售机会　　B. 降低违约风险

C. 扩大市场占有率　　D. 减少坏账费用

10. 评估客户信用的5C评估法中的“5C”，包括（　　）。

A. 品质　　B. 能力　　C. 利润　　D. 资本

E. 条件

11. 信用条件是指企业要求客户支付赊销款项的条件，包括（　　）。

A. 信用期限　　B. 现金折扣　　C. 折扣期限　　D. 信用标准

E. 坏账成本

12. 下列各项中，属于存货的储存变动成本的有（　　）。

A. 存货占用资金的应计利息　　B. 紧急额外购入成本

C. 存货的破损变质损失　　D. 存货的保险费

13. 缺货成本是因存货不足而给企业造成的损失，包括（　　）。

A. 商誉（信誉）损失　　B. 延期交货的罚金

C. 采取临时措施增加的费用　　D. 停工待料损失

五、计算分析题

1. 某企业预计全年需要现金80 000元，每次转换有价证券的交易成本为400元，有价证券的利息率为25%。

【要求】 计算该企业的最佳现金持有量和变现次数以及最低现金相关总成本。

2. 宏光公司预测年度赊销收入净额为2 400万元，其信用条件是$n/30$，变动成本率为65%，资金成本率（或有价证券利息率）为15%。该公司准备了两个信用条件备选方案：

A. 维持$n/30$的信用条件；B. 将信用条件放宽到$n/45$。

为两种备选方案估计的赊销水平、管理成本和坏账百分比等有关数据见表7—1。

表7—1　　两种备选方案相关数据

项　目	A方案	B方案
年赊销收入净额（万元）	2 400	3 200
收账费用（万元）	10	20
坏账损失÷年赊销额（万元）	1%	1.5%

【要求】 根据提供的资料，选择信用条件方案。

3. 某企业生产甲产品，预计20×3年销售收入为600万元，变动成本率为70%。目前给客户提供的信用条件是“3/10，1/30，$n/60$”。采用这一信用条件后，估计有50%的客户将利用3%的折扣，35%的客户将利用1%的折扣，15%的客户选择最后一天付款。坏账损失率为年赊销额的1.5%，收账费用为5万元。假设销售收入全部为赊销收入，其资金成本为12%。

【要求】 根据上述资料，计算并填列表7—2的各项指标。

表 7—2　信用政策相关指标

项　目	数　值
年赊销额	600 万元
减:现金折扣	
年赊销净额	
减:变动成本	
边际贡献	
应收账款平均收现期	
减:应收账款机会成本	
坏账损失	
收账费用	5 万元
净收益	

4. 东方公司目前只对预计坏账损失率在 8%以下的客户赊销,公司拟改变信用标准。

方案 A:如果只对预计坏账损失率在 5%以下的客户赊销,就会使销售收入减少 60 000 元,平均收现期为 45 天,管理成本减少 500 元,减少销售额的预计坏账损失率为 8%。

方案 B:如果对预计坏账损失率在 12%以下的客户赊销,就会使销售收入增加 150 000 元,平均收现期为 60 天,管理成本将增加 800 元,增加销售额的预计坏账损失率为 15%。

企业销售利润率为 20%,变动成本率为 60%,同期有价证券利息率为 15%。

【要求】 通过计算,判断企业是否应该改变信用标准。如改变信用标准,则应采用哪个方案?

5. 某企业每年需要耗用 A 材料 36 000 吨,该材料的购入价格为每吨 3 000 元,每订购一次的成本为 300 元,材料在仓库中的每吨储存成本为 60 元,假设保险储量是零。

【要求】

(1)填写表 7—3 的各项指标。

表 7—3　两种订货量的相关指标

每次订货量	平均储存量(吨)	储存成本(元)	订货次数(次)	订货成本(元)	相关总成本(元)
400(吨)					
1 200(吨)					

(2)每次购入 A 材料多少吨,可使全年与进货批量相关的总成本达到最低? 此时相关总成本是多少? 其中变动订货成本和变动储存成本分别是多少?

6. 某企业每年需要耗用 A 材料 27 000 吨,该材料的购入价格为每吨 3 000 元,每次订购成本为 600 元,材料在仓库中的每吨储存成本为 90 元,假设保险储量是零。

【要求】

(1)计算基本模式下 A 材料的经济批量。

(2)计算此时相关的总成本。

(3)计算最佳订货次数。

(4)计算最佳订货周期。

(5)计算经济批量的占用资金额。

六、简答题

1. 简述营运资金的特点。
2. 企业持有现金的动机是什么?
3. 企业持有现金的成本通常由哪几部分组成?
4. 为了提高现金使用效率,应如何进行现金日常管理?
5. 企业应收账款的成本通常由哪几部分组成?
6. 企业的信用政策主要包括哪些内容?
7. 什么是判断客户信用等级的"5C"系统?
8. 存货成本主要由哪几部分组成?
9. 简述存货的 ABC 控制法。

参考答案
(第七章)

第八章　利润分配管理

一、名词解释

1. 股票股利　　2. 财产股利　　3. 股票分割　　4. 股票回购
5. 股利宣告日　　6. 股权登记日　　7. 除权(息)日

二、判断题

1. 发放股票股利与进行股票分割对公司所有者权益的影响完全相同。（　　）
2. 企业经营发生的亏损都可以用下一年的税前利润弥补。（　　）
3. 发放股票股利的费用比发放现金股利的费用高,会增加公司的负担。（　　）
4. 若去年未分配利润为100万元,今年亏损为50万元,可供分配利润为50万元,则此时应提取盈余公积金。（　　）
5. 固定股利支付率政策的主要缺点在于公司股利支付与其盈利能力相脱节,当盈利较低时,仍要支付较高的股利,容易引起公司资金短缺,财务状况恶化。（　　）
6. 股票分割不仅有利于促进股票流通和交易,而且有助于公司并购政策的实施。（　　）
7. 与发放现金股利相比,股票回购可以提高每股收益,使股价上升或将股价维持在一个合理的水平上。（　　）
8. 盈余公积是公司按规定从净利润中提取的,用于公司发展及提高风险承受能力的资金。（　　）
9. 股票分割时,发行在外的股数增加,每股面额降低,每股收益上升。（　　）
10. 财产股利方式目前在我国公司实务中很少使用,但并非法律所禁止。（　　）
11. 成长中的公司,一般采用低股利政策;处于经营收缩期的公司,则可能采用高股利政策。（　　）
12. 投资者只要持有某公司的股票,就可以依据该公司的股利分配方案取得当期的股利。（　　）
13. 资本公积和盈余公积均属于公司的经营积累。（　　）
14. 公司只要当年亏损,就不能向股东派发股利。（　　）
15. 经股东大会批准,企业的注册资本可以用于弥补亏损,也可以向投资者分配利润。（　　）
16. 股利政策的核心问题是权衡股利支付决策与未来公司价值。（　　）
17. 股利相关理论认为,股利无关论的完全市场假设是不存在的,因此,公司的股利政策

将影响公司价值或股票价格。（ ）

18. 固定或稳定增长的股利政策通常适用于初创期的公司。（ ）

19. 采用固定股利支付率政策的公司各年发放的股利的金额随公司经营业绩的高低而上下波动。（ ）

20. 在考虑通货膨胀的情况下，公司通常会增加股利分配，采取相对较高的股利政策。（ ）

三、单项选择题

1. 公司采用剩余股利政策的根本理由是（ ）。

A. 最大限度地用收益满足筹资的需要

B. 向市场传递公司不断发展的信息

C. 使公司保持理想的资本结构

D. 使公司在资金使用上有较大的灵活性

2. 以下股利政策中，最有利于股价稳定的是（ ）。

A. 剩余股利政策　B. 固定或持续增长的股利政策

C. 固定股利支付率政策　D. 低正常股利加额外股利政策

3. 容易造成股利支付额与本期净利相脱节的股利分配政策是（ ）。

A. 剩余股利政策　B. 固定股利政策

C. 固定股利支付率政策　D. 低正常股利加额外股利政策

4. 主要依靠股利维持生活的股东和养老基金管理人最不赞成的公司股利政策是（ ）。

A. 剩余股利政策　B. 固定或持续增长的股利政策

C. 固定股利支付率政策　D. 低正常股利加额外股利政策

5. 当公司盈余和现金流量都不稳定时，对股东和公司都有利的股利政策是（ ）。

A. 剩余股利政策　B. 固定股利政策

C. 固定股利支付率政策　D. 低正常股利加额外股利政策

6. 比较而言，下列股利政策中，使公司在股利发放上具有较大的灵活性的是（ ）。

A. 剩余股利政策　B. 低正常股利加额外股利政策

C. 固定股利政策　D. 固定股利支付率政策

7. 公司以股票形式发放股利，可能带来的结果是（ ）。

A. 引起公司资产减少　B. 引起公司负债减少

C. 引起股东权益内部结构变化　D. 引起股东权益与负债同时变化

8. 假定某公司当年的净利润为 1 000 万元，目标资本结构是 30%的负债资金、70%的权益资金，下一年计划投资 700 万元，如果采用剩余股利政策，则股利分配时，应保留（ ）万元用于未来的投资。

A. 180　B. 210　C. 700　D. 490

9. 下列说法中，不正确的是（ ）。

A. 处于成长期的公司，由于投资机会多，盈利能力强，因此多采取较高的股利政策

B. 在通货膨胀时期，公司股利政策往往偏紧

C. 盈余不稳定的公司一般采取低股利政策

D. 举债能力弱的公司往往采取较紧的股利政策

10. 下列说法中，不正确的是（　　）。

A. 股票分割后，股东有可能多获现金股利

B. 股票分割后，股东权益的内部结构会发生变化

C. 发放股票股利可能加剧股价的下跌

D. 股票回购将提高公司的财务杠杆水平

11. 下列各项中，不能用于分派股利的是（　　）。

A. 盈余公积　　B. 资本公积　　C. 税后利润　　D. 上一年未分配利润

12. 下列股利支付方式中，会导致公司股本变动的是（　　）。

A. 财产股利　　B. 负债股利　　C. 股票股利　　D. 现金股利

13. 大华公司 20×7 年提取了公积金后的净利润为 100 万元，20×8 年计划投资 50 万元，目标资本结构为权益资金 40%、负债资金 60%，公司采用剩余股利政策，则 20×7 年可向投资者发放的股利为（　　）万元。

A. 20　　B. 80　　C. 100　　D. 30

14. 如果不考虑交易成本，则下列股利理论中，认为少发股利较好的是（　　）。

A. 税收差异理论　　B. "一鸟在手"理论　　C. 信号传递理论　　D. 股利无关论

15. 下列关于利润分配的说法中，不正确的是（　　）。

A. 向股东分配利润又称分配红利

B. 公司在弥补亏损、提取盈余公积后，才可以向股东分配利润

C. 公司应当直接根据当年实现的利润分配股利

D. 如果当年无利润，则不进行利润分配

16. 发放股票股利的结果是（　　）。

A. 公司资产增加　　B. 公司所有者权益增加

C. 公司所有者权益内部结构变动　　D. 公司筹资规模扩大

17. 下列各项中，基于股利无关论确立的是（　　）。

A. 固定股利政策　　B. 剩余股利政策

C. 固定股利支付率政策　　D. 低正常股利加额外股利政策

18. 相对于其他股利政策而言，既可以维持股利的稳定性，又有利于优化资本结构的股利政策是（　　）。

A. 剩余股利政策　　B. 固定股利政策

C. 固定股利支付率政策　　D. 低正常股利加额外股利政策

19. 在下列股利分配政策中，能保持股利与收益之间一定的比例关系，并体现"多盈多分、少盈少分、无盈不分"原则的是（　　）。

A. 剩余股利政策　　B. 固定或稳定增长股利政策

C. 固定股利支付率政策　　D. 低正常股利加额外股利政策

20. 上市公司以其应付票据作为股利支付给股东，这种股利支付方式称为（　　）。

A. 现金股利　　B. 股票股利　　C. 财产股利　　D. 负债股利

21. 某公司现有发行在外的普通股 100 万股，每股面值 1 元，资本公积 200 万元，未分配利润 500 万元，股票市价 10 元，若按 10%的比例发放股票股利并按市价折算，则发放股票股利后，该公司的资本公积为（　　）万元。

A. 200　　B. 290　　C. 90　　D. 300

22. 下列各项中，能增加公司发行在外的普通股股数，但不影响公司资本结构的是（　　）。

A. 股票回购　　B. 股票股利　　C. 现金股利　　D. 股票分割

23.（　　）之后的股票交易，其交易价格可能有所下降。

A. 股利宣告日　　B. 股权登记日　　C. 除权（息）日　　D. 股利发放日

24. 有权领取本期股利的股东资格登记截止日期是（　　）。

A. 股利宣告日　　B. 股权登记日　　C. 除权（息）日　　D. 股利发放日

25. 下列影响企业股利分配政策的因素中，不属于法律因素的是（　　）。

A. 偿债能力约束　　B. 资本保全约束　　C. 避税　　D. 资本积累约束

四、多项选择题

1. 下列说法中，不正确的有（　　）。

A. 只要本年净利润大于零，就可以进行利润分配

B. 只要可供分配利润大于零，就必须提取法定公积金

C. 不能用资本发放股利，也不能在没有累计盈余的情况下提取公积金

D. 如果存在年初累计亏损，则计提公积金前应该先按照税法的规定补亏

2. 一般而言，不适宜采用固定股利政策的公司有（　　）。

A. 负债率较高的公司　　B. 盈利稳定或处于成长期的公司

C. 盈利波动较大的公司　　D. 盈利较高但投资机会较多的公司

3. 下列各项中，会导致公司采取低股利政策的有（　　）。

A. 物价持续上升　　B. 金融市场利率走势下降

C. 公司资产的流动性较弱　　D. 公司盈余不稳定

4. 下列情形中，会使公司减少股利的有（　　）。

A. 市场竞争加剧，公司收益的稳定性减弱

B. 市场销售不畅，公司库存量持续增加

C. 经济增长速度减慢，公司缺乏良好的投资机会

D. 为保证公司的发展，需要扩大筹资规模

5. 下列关于发放股票股利的说法中，不正确的有（　　）。

A. 可以直接增加股东财富　　B. 对公司股东权益总额产生影响

C. 改变每位股东所持股份的比例　　D. 改变股东权益内部项目的比例关系

6. 股利的支付方式有（　　）。

A. 现金股利　　B. 财产股利　　C. 负债股利　　D. 股票股利

7. 采用现金股利形式的公司必须具备的条件包括（　　）。

A. 公司要有足够的现金　　B. 公司要有足够的净利润

C. 公司要有足够的留存收益 D. 公司要有足够未指明用途的留存收益

8. 公司发放股票股利( )。

A. 实际上是公司盈利的资本化 B. 能达到节约公司现金的目的

C. 可使股票价格不致过高 D. 会使公司财产价值增加

9. 下列因素中,会使公司采取低股利政策的有( )。

A. 公司的盈余一直很稳定

B. 长期负债合同中有限制公司现金支付程序的条款

C. 公司准备用经营积累偿还到期债务

D. 社会通货膨胀率较高

10. 当股份公司现金短缺时,可采用( )的股利支付形式。

A. 现金股利 B. 股票股利 C. 财产股利 D. 债务股利

11. 以下项目中,属于利润分配项目的有( )。

A. 所得税 B. 盈余公积金 C. 优先股股利 D. 普通股股利

12. 我国上市公司通常采用( )的股利分配方式。

A. 现金股利 B. 股票股利 C. 财产股利 D. 负债股利

13. 与上市公司股利支付相关的日期包括( )。

A. 股利宣告日 B. 股利发放日 C. 股权登记日 D. 除权(息)日

14. 影响股利分配政策的股东因素包括( )。

A. 资本保全约束 B. 避税的考虑 C. 控制权的考虑 D. 债务合同约束

15. 公司发放股票股利的意义在于( )。

A. 传递公司未来发展前景良好的信息 B. 不需要分配现金

C. 可能降低股票价格,吸引更多投资者 D. 增加股东权益总额

16. 发放股票股利后,不会( )。

A. 增加企业的价值 B. 改变股东的股权比例

C. 引起每股盈余和每股市价的变化 D. 引起股东权益项目的结构变化

17. 下列项目中,不能用于分配利润的有( )。

A. 上一年未分配利润B. 资本公积 C. 股本 D. 实收资本

18. 盈余公积可以用于( )。

A. 弥补亏损 B. 转增资本

C. 在一定条件下支付股利 D. 集体福利支出

19. 股票股利和股票分割会使( )。

A. 每股收益降低 B. 普通股股数增加

C. 股东权益总额减少 D. 股东权益总额不变

20. 下列关于股票分割与股票回购的说法中,正确的有( )。

A. 股票分割使公司的股份数量增加,股票回购使公司的股份数量减少

B. 股票分割和股票回购会降低每股收益

C. 股票分割不影响公司的资本结构,股票回购会提高公司财务杠杆水平

D. 股票分割会导致公司控制权分散,股票回购对公司的控制权没有影响

五、计算分析题

1. 清扬公司 20×7 年年初未分配利润的贷方余额为 180 万元，当年息税前利润为 800 万元；公司负债总额为 200 万元，均为长期负债，平均利率为 10%，假定公司筹资费率为 0；公司股东大会决定当年按 10%的比例计提法定盈余公积金。假设该公司适用的所得税税率为 25%。

【要求】 计算 20×7 年年末可供投资者分配的利润。

2. 欣欣公司采用剩余股利政策，公司当年税后利润为 200 万元，目前的资本结构中负债比例为 50%，未来的资本结构不变。假设公司下一年有一个良好的投资机会，需要资金 170 万元。

【要求】

(1)公司下一年对外筹资金额为多少？

(2)公司可发放的股利为多少？股利支付率是多少？

3. 向荣公司 20×8 年拟投资 4 000 万元购置一台生产设备，公司 20×7 年的净利润为 3 000 万元。

【要求】

计算该公司采取不同股利政策情况下，为购置设备需要从外部筹集资金的数额：

(1)该公司采用固定股利支付率政策，固定股利支付率为 40%；

(2)该公司采用固定或稳定增长的股利政策，稳定的增长率为 5%，20×6 年支付的股利为 1 200 万元；

(3)该公司采用低正常股利加额外股利政策，低正常股利为 1 000 万元，额外股利为净利润超过 2 000 万元部分的 10%。

4. 兴发公司发放股票股利前，股东权益情况如表 8—1 所示。

表 8—1　　发放股票股利前的股东权益情况　　单位：万元

项　目	金　额
普通股股本(面值 1 元，已发行 200 万股)	200
盈余公积	400
资本公积	400
未分配利润	2 000
股东权益合计	3 000

假设该公司宣布发放 10%的股票股利，即现有股东每持有 100 股可获得 10 股新发股票。该股票当时市价为 20 元，发放股票股利以市价计算。

【要求】 计算并填列表 8—2 的股东权益项目。

表 8—2　　发放股票股利后的股东权益情况　　单位:万元

项　目	金　额
普通股股本	
盈余公积	
资本公积	
未分配利润	
股东权益合计	

六、简答题

1. 简述企业利润分配的顺序。
2. 企业分配利润应当遵循什么原则?
3. 简述剩余股利政策的优点和缺点。
4. 简述低正常股利加额外股利的优点和缺点。
5. 法律法规对公司选择股利政策有哪些限制?
6. 公司的财务状况和获利能力如何影响其股利政策的选择?
7. 按照支付方式分类,股利有哪些类型?
8. 股利分配方案一般包括哪些内容?
9. 简述公司回购股票的动机。
10. 简述股票股利、股票分割和股票回购对公司资本结构的影响。

参考答案
(第八章)

第九章　财务分析

一、名词解释

1. 财务分析　2. 因素分析法　3. 流动比率　4. 资产负债率
5. 权益乘数　6. 应收账款周转率　7. 存货周转率　8. 总资产周转率
9. 营业毛利率　10. 营业净利率　11. 净资产收益率　12. 收入现金比率
13. 盈利现金比率　14. 每股收益　15. 股利支付率　16. 市盈率
17. 市净率　18. 沃尔评分法

二、判断题

1. 采用因素分析法，不可随意将因素顺序颠倒，否则各个因素的影响值计算就会得出不同的结果。（　）

2. 产权比率侧重于揭示财务结构的稳健程度和自有资金对偿债风险的承受能力。（　）

3. 如果企业负债资金的利息率高于总资产报酬率，则提高资产负债率可以增加股东权益报酬率。（　）

4. 权益乘数的大小取决于企业的资本结构；资产负债率越高，权益乘数越大，财务风险越大。（　）

5. 存货周转率是营业收入与存货平均余额之比，存货周转率越高，表明存货变现能力越强。（　）

6. 资产周转次数越多，周转天数越多，表明资产周转速度越快。（　）

7. 由于剔除了存货等变现能力较差的资产，因此速动比率比流动比率能更准确可靠地评价企业的短期偿债能力。（　）

8. 每股收益越高，意味着股东可以从公司分得越多股利。（　）

9. 一般来说，公司股票的市盈率越高，说明投资者对公司的发展前景越看好，投资该公司股票的风险就越低。（　）

10. 净资产收益率是一个综合性极强的财务比率，是杜邦分析体系的核心。（　）

三、单项选择题

1. 一般认为，流动比率保持在（　）以上时，资产的流动性较好。

A. 0.5　B. 1　C. 2　D. 3

2. 下列各项中，不会影响流动比率的业务是（　）。

A. 用现金购买短期债券　　B. 用现金购买固定资产

C. 用存货对外长期投资　　D. 从银行取得长期借款

3. 如果流动资产大于流动负债，则期末以现金偿付一笔短期借款的结果是(　　)。

A. 营运资金减少　　B. 营运资金增加　　C. 流动比率降低　　D. 流动比率提高

4. 影响速动比率可信性的重要因素是(　　)。

A. 存货的周转速度　　B. 应收账款的变现能力

C. 固定资产的折旧方法　　D. 企业的销售水平

5. 如果营运资金大于0，则以下结论中正确的是(　　)。

A. 速动比率大于1　　B. 现金比率大于1

C. 流动比率大于1　　D. 短期偿债能力绝对有保障

6. 下列指标中，不是评价企业短期偿债能力的指标的是(　　)。

A. 流动比率　　B. 速动比率　　C. 现金比率　　D. 产权比率

7. 下列项目中，不属于速动资产的是(　　)。

A. 应收账款　　B. 预付账款　　C. 其他货币资金　　D. 交易性金融资产

8. 某企业年初流动比率为2.2，速动比率为1；年末流动比率为2.4，速动比率为0.9。发生这种情况的原因可能是(　　)。

A. 存货增加　　B. 应收账款增加　　C. 应付账款增加　　D. 预收账款增加

9. 与资产负债率指标之和等于1的指标是(　　)。

A. 权益乘数　　B. 权益比率　　C. 产权比率　　D. 现金比率

10. 若某公司的权益乘数为2.5，则该公司的股东权益占总资产的比重为(　　)。

A. 40%　　B. 50%　　C. 60%　　D. 70%

11. 权益乘数是指(　　)。

A. 产权比率的倒数　　B. 资产负债率的倒数

C. 权益比率的倒数　　D. 企业的股东权益相当于资产总额的倍数

12. 某企业20×8年的净利润为650万元，所得税税率为25%，利息费用为120万元，则该企业20×8年的利息保障倍数为(　　)。

A. 5.42　　B. 6.42　　C. 7.22　　D. 8.22

13. 下列措施中，会提高企业的利息保障倍数的是(　　)。

A. 用抵押借款购买厂房　　B. 发放现金股利

C. 成本下降，增加利润　　D. 所得税税率降低

14. 某企业年度营业成本为420万元，营业毛利率为30%，应收账款平均余额为200万元，则该企业应收账款周转天数为(　　)天。

A. 60　　B. 90　　C. 120　　D. 170

15. 某企业年末流动负债为110万元，流动比率为2，速动比率为1.2，营业成本为220万元，年初存货为72万元，则本年存货周转次数为(　　)次。

A. 2　　B. 2.5　　C. 2.75　　D. 3.05

16. 下列经济业务中，可能导致资产周转率下降的是(　　)。

A. 用银行存款购买设备　　B. 发行债券筹集资金

C. 支付企业所得税　　　　　　　　　　　D. 降低管理费用

17. 总资产报酬率是指（　　）与平均总资产的比率。

A. 息税前利润　　B. 营业利润　　C. 利润总额　　D. 净利润

18. 某企业 20×8 年度的经营现金净流量为 2 000 万元，该企业年末流动资产为 3 200 万元，流动比率为 2，则现金流量比率为（　　）。

A. 1.6　　B. 1.25　　C. 0.25　　D. 0.8

19. 杜邦财务分析系统的核心指标是（　　）。

A. 总资产周转率　　B. 营业净利率　　C. 净资产收益率　　D. 总资产净利率

20. 沃尔评分法主要用于（　　）。

A. 企业偿债能力分析　　　　　　　　　B. 企业资产周转情况分析

C. 企业财务状况的趋势分析　　　　　　D. 企业财务状况的综合分析

四、多项选择题

1. 下列项目中，属于速动资产的有（　　）。

A. 现金　　B. 应收账款　　C. 交易性金融资产　　D. 存货

2. 下列各项指标中，反映短期偿债能力的指标有（　　）。

A. 流动比率　　B. 速动比率　　C. 资产负债率　　D. 现金比率

3. 计算速动比率时，扣除存货项目的原因有（　　）。

A. 存货的数量不易确定　　　　　　　　B. 存货的变现速度慢

C. 存货的成本与市价不一致　　　　　　D. 部分存货可能已被抵押

4. 某企业流动比率为 2，以下经济业务中会使该比率下降的有（　　）。

A. 收回应收账款　　　　　　　　　　　B. 赊购商品与材料

C. 赊销商品　　　　　　　　　　　　　D. 取得短期借款并已入账

5. 下列指标中，可用于衡量企业长期偿债能力的有（　　）。

A. 流动比率　　B. 产权比率　　C. 权益比率　　D. 利息保障倍数

6. 影响企业应收账款周转率的因素有（　　）。

A. 营业收入　　B. 营业成本　　C. 信用政策　　D. 盈利能力

7. 衡量企业盈利能力的指标有（　　）。

A. 营业利润率　　B. 利息保障倍数　　C. 净资产收益率　　D. 产权比率

8. 影响净资产收益率的因素主要有（　　）。

A. 流动比率　　B. 资产负债率　　C. 营业净利率　　D. 总资产周转率

9.（　　）是需要利用现金流量表才能得出的分析指标。

A. 现金比率　　B. 盈利现金比率　　C. 现金流量比率　　D. 全部资产现金回收率

10. 在杜邦分析法中，涉及的相关财务比率有（　　）。

A. 净资产收益率　　B. 资产净利率　　C. 总资产周转率　　D. 权益乘数

五、计算分析题

W 股份有限公司的财务报表如表 9－1、表 9－2 和表 9－3 所示。

表 9—1 **W 股份有限公司资产负债表** 单位:万元

项 目	20×7 年 12 月 31 日	20×6 年 12 月 31 日	20×5 年 12 月 31 日	20×4 年 12 月 31 日
货币资金	182 913.98	113 740.09	64 153.09	53 124.66
应收票据	595.09	—	—	—
应收账款	161 227.26	114 718.43	100 073.10	40 968.12
预付款项	92 093.37	46 245.43	38 634.48	39 892.24
其他应收款	5 013.56	6 715.54	5 316.45	693.29
存货	81 627.86	57 480.08	70 050.66	54 329.51
合同资产				
一年内到期的非流动资产	429.69	—	—	—
其他流动资产	1 056.25	415.24	1 159.17	1 220.26
流动资产合计	524 957.05	339 314.81	279 386.95	190 228.09
债权投资	169 469.81	218 927.06	58 841.64	—
其他债权投资	—	—	—	—
长期应收款	6 709.72	4 122.82	3 219.05	1 402.17
长期股权投资	78 417.32	87 790.92	38 599.51	31 884.62
其他权益工具投资				
投资性房地产	—	—	—	—
固定资产	35 443.85	31 659.41	27 279.58	11 737.81
在建工程	—	—	—	—
使用权资产				
无形资产	7 411.21	150.27	—	2 000.00
商誉	148 606.28	35 356.98	3 269.49	7 719.49
长期待摊费用	1 998.66	446.11	371.63	367.95
递延所得税资产	8 850.25	3 466.68	2 826.62	1 035.60
其他非流动资产	—	—	—	—
非流动资产合计	456 907.11	381 920.24	134 407.52	56 147.65
资产总计	981 864.16	721 235.05	413 794.47	246 375.74
短期借款	78 488.44	66 802.23	59 316.00	—
应付账款	31 077.04	50 103.96	49 610.23	19 453.78
预收款项	30 514.51	7 688.59	8 766.06	13 773.49
合同负债				

续表

项　目	20×7年12月31日	20×6年12月31日	20×5年12月31日	20×4年12月31日
应付职工薪酬	2 414.11	450.89	422.91	300.88
应交税费	42 533.55	25 616.10	9 317.57	6 989.15
其他应付款	32 061.29	13 670.82	4 635.92	5 063.66
一年内到期的非流动负债	14 217.38	—	—	—
其他流动负债	60 000.49	60 000.00	30 000.00	30 000.00
流动负债合计	291 306.79	224 332.70	162 068.69	75 580.95
长期借款	84 877.83	50 218.57	30 000.00	—
应付债券	—	—	—	—
长期应付款	46.06	—	—	—
递延所得税负债	37 621.42	50 644.60	9 252.76	—
其他非流动负债	—	193.60	—	—
非流动负债合计	122 545.31	101 056.77	39 252.76	—
负债合计	413 852.10	325 389.47	201 321.45	75 580.95
实收资本(或股本)	124 219.63	120 960.00	60 480.00	60 480.00
资本公积	83 030.64	163 190.81	98 855.06	70 982.21
盈余公积	24 744.82	13 650.84	6 794.65	3 954.46
未分配利润	183 612.66	96445.61	45 842.89	33 312.43
少数股东权益	64 270.48	1 598.33	500.42	2 065.69
归属母公司股东权益	503 741.58	394 247.26	211 972.60	168 729.10
所有者权益(或股东权益)合计	568 012.05	395 845.58	212 473.02	170 794.79
负债和所有者权益(或股东权益)总计	981 864.16	721 235.05	413 794.47	246 375.74

表9—2　　W股份有限公司利润表　　单位:万元

项　目	20×7年	20×6年	20×5年
一、营业收入	238 902.28	201 396.38	138 640.16
减:营业成本	93 367.49	91 023.24	68 461.76
税金及附加	1 387.32	1 979.78	3 967.23
销售费用	32 982.73	38 266.69	28 104.68
管理费用	12 958.27	9 461.75	7 939.44
财务费用	9 882.80	7 346.72	6 112.84

续表

项　目	20×7年	20×6年	20×5年
加:其他收益	—	—	—
投资收益	42 584.93	37 392.60	5 617.52
其中:对联营企业和合营企业的投资收益	3 276.41	2 616.79	−66.22
公允价值变动收益	—	—	—
信用减值损失	−5 865.21	−3 926.18	−2 716.36
资产减值损失	−7 127.78	−4 509.52	−1 542.33
二、营业利润	117 915.61	82 275.09	25 413.04
营业外收入	10 338.12	8 198.17	6 810.24
减:营业外支出	343.50	696.72	124.82
三、利润总额	127 910.23	89 776.54	32 098.46
减:所得税	24 473.40	22 461.64	8 027.64
四、净利润	103 436.83	67 314.90	24 070.82
归属于母公司所有者的净利润	89 666.23	66 540.23	24 442.65
少数股东损益	13 770.59	774.68	−371.83
五、每股收益	—	—	—
(一)基本每股收益	0.73	0.55	0.4
(二)稀释每股收益	0.73	0.55	0.4

表 9—3　　W股份有限公司现金流量表　　单位:万元

项　目	20×7年	20×6年	20×5年
一、经营活动产生的现金流量			
销售商品、提供劳务收到的现金	221 504.02	182 748.25	98 831.99
收到的税费返还	—	—	13.01
收到其他与经营活动有关的现金	20 345.98	12 453.41	7 937.18
经营活动现金流入小计	241 850.01	195 201.65	106 782.18
购买商品、接受劳务支付的现金	140 225.65	80 537.67	85 416.64
支付给职工以及为职工支付的现金	20 023.57	12 505.87	10 712.42
支付的各项税费	36 926.03	14 501.48	12 118.65
支付其他与经营活动有关的现金	46 777.30	36 527.64	23 430.94
经营活动现金流出小计	243 952.55	144 072.67	131 678.65
经营活动产生的现金流量净额	−2 102.55	51 128.99	−24 896.47

续表

项　目	20×7 年	20×6 年	20×5 年
二、投资活动产生的现金流量			
收回投资收到的现金	104 947.51	38 086.23	—
取得投资收益收到的现金	1 969.21	1 363.64	386.10
处置固定资产、无形资产和其他长期资产收回的现金净额	172.89	43.13	0.88
处置子公司及其他营业单位收到的现金净额	—	2 906.99	1 904.42
收到其他与投资活动有关的现金	22 000.00	22 603.07	—
投资活动现金流入小计	129 089.60	65 003.05	2 291.40
购建固定资产、无形资产和其他长期资产支付的现金	7 221.96	9 863.67	14 122.67
投资支付的现金	17 564.92	48 912.11	27 779.69
取得子公司及其他营业单位支付的现金净额	71 013.63	28 195.10	119.28
支付其他与投资活动有关的现金	10 097.84	20 000.00	—
投资活动现金流出小计	105 898.35	106 970.88	42 021.64
投资活动产生的现金流量净额	23 191.25	−41 967.82	−39 730.24
三、筹资活动产生的现金流量			
吸收投资收到的现金	47 688.19	—	15 049.00
取得借款收到的现金	202 965.46	184 197.97	104 316.00
收到其他与筹资活动有关的现金	20 926.35	—	—
筹资活动现金流入小计	271 580.00	184 197.97	119 365.00
偿还债务支付的现金	213 372.96	126 316.00	30 000.00
分配股利、利润或偿付利息支付的现金	26 268.68	17 216.14	13 564.86
支付其他与筹资活动有关的现金	33 180.00	240.00	145.00
筹资活动现金流出小计	272 821.64	143 772.13	43 709.86
筹资活动产生的现金流量净额	−1 241.64	40 425.84	75 655.14
四、汇率变动对现金的影响			
五、现金及现金等价物净增加额	19 847.07	49 587.00	11 028.43
期初现金及现金等价物余额	113 740.09	64 153.09	53 124.66
期末现金及现金等价物余额	133 587.16	113 740.09	64 153.09

【要求】

（1）按要求计算各项财务指标，并填入表 9—4、表 9—5、表 9—6 和表 9—7。

表 9—4　　**偿债能力分析表**

项　目	20×7 年	20×6 年	20×5 年
流动比率			
速动比率			
资产负债率(%)			
权益乘数			
利息保障倍数			

表 9—5　　**营运能力分析表**

项　目	20×7 年	20×6 年	20×5 年
应收账款周转率			
应收账款周转天数			
存货周转率			
存货周转天数			
总资产周转率			

表 9—6　　**盈利能力分析表**

项　目	20×7 年	20×6 年	20×5 年
营业毛利率(%)			
营业利润率(%)			
营业净利率(%)			
总资产报酬率(%)			
资产净利率(%)			
净资产收益率(%)			

表 9—7　　**现金流量分析表**

项　目	2017 年	20×6 年	20×5 年
现金流量比率			
现金债务总额比率			
现金购销比率			
收入现金比率			
盈利现金比率			

(2)运用杜邦分析法，对 W 股份有限公司的财务状况和经营业绩进行综合评价，并提出相关建议。

(3)假如你是 W 股份有限公司的股东，你是继续持有、增持还是减持该公司股票？简要说明理由。

参考答案
(第九章)

第十章 财务预算

一、名词解释

1. 财务预算　2. 现金预算　3. 固定预算　4. 弹性预算
5. 增量预算　6. 零基预算　7. 滚动预算　8. 预计利润表
9. 预计资产负债表

二、判断题

1. 财务预算是指反映企业预算期现金收入与支出的预算。（ ）
2. 销售预算是预算编制的起点，是现金预算必要的资料来源。（ ）
3. 生产预算是以销售预算为依据编制的。（ ）
4. 生产预算是使用实物量和价值量为计量单位编制的预算。（ ）
5. 财务预算包括预计资产负债表和预计利润表两部分内容。（ ）
6. 在编制生产预算时，应考虑预计期期初存货数量和预计期期末存货数量。（ ）
7. 一般来说，固定预算适用于业务量水平较为稳定的企业预算的编制。（ ）
8. 弹性预算只适用于编制利润预算。（ ）
9. 预计生产量＝预计销售量＋预计期期末产成品存货量－预计期期初产成品存货量。（ ）
10. 直接人工预算是以销售预算为基础编制的。（ ）
11. 财务预算能够从价值方面总括地反映经营预算和资本预算的结果，因此也被称为总预算。（ ）
12. 编制零基预算时，需要考虑以往期间所发生的费用项目和费用数额。（ ）
13. 编制现金预算前，需要完成销售预算、生产预算、直接材料预算、直接人工预算、制造费用预算、销售费用及管理费用等相关预算的编制。（ ）
14. 变动制造费用和固定制造费用均与产量有关，需要根据生产预算编制。（ ）
15. 为了编制现金预算的需要，制造费用预算中，应当预计现金支出。（ ）
16. 财务报表预算的作用与实际财务报表的作用相同。（ ）
17. 预计利润表与实际利润表的格式、内容相同。（ ）
18. 通过编制利润表预算，可以了解企业预计的财务状况。（ ）
19. 滚动预算弥补了定期预算的不足，在预算期间不断滚动推移的过程中，保持了预算的持续性，有利于企业的长远发展。（ ）

20. 预计财务报表的编制程序是先编制预计资产负债表，再编制预计利润表。（　　）

三、单项选择题

1. 现金预算属于（　　）。

A. 业务预算　　B. 生产预算　　C. 财务预算　　D. 专门决策预算

2. 预计本期产品销售量为 250 件，如果期初存货量为 40 件，期末存货量为 50 件，则本期生产量应为（　　）件。

A. 250　　B. 240　　C. 260　　D. 230

3. 某公司销售收入现金收款情况为销售当月收款 60%，次月收款 40%。该公司预计 20×8 年 1 至 3 月的销售收入分别为 7 000 元、9 000 元、6 000 元，则该公司 20×8 年 2 月的现金收入为（　　）元。

A. 7 200　　B. 7 800　　C. 9 000　　D. 8 200

4. 编制生产预算以（　　）为基础。

A. 现金预算　　B. 销售预算　　C. 财务预算　　D. 管理费用预算

5. 下列预算中，不属于营业预算的是（　　）。

A. 预计利润表　　B. 生产预算　　C. 制造费用预算　　D. 销售预算

6. 在成本性态分析的基础上，分别按一系列可能达到的预计业务量水平编制的能适应多种情况的预算，称为（　　）。

A. 滚动预算　　B. 零基预算　　C. 弹性预算　　D. 连续预算

7. 下列预算中，不涉及现金收支内容的是（　　）。

A. 销售预算　　B. 直接材料采购预算　　C. 制造费用预算　　D. 生产预算

8. 变动制造费用预算的编制基础是（　　）。

A. 现金预算　　B. 生产预算　　C. 制造费用预算　　D. 销售预算

9. 在编制制造费用预算时，计算现金支出应予扣除的项目是（　　）。

A. 间接材料　　B. 间接人工　　C. 管理人员工资　　D. 折旧费用

10. 全面预算编制的起点是（　　）。

A. 现金预算　　B. 生产预算　　C. 销售预算　　D. 管理费用预算

11. 下列预算中，可以总括反映企业预算期间盈利能力的是（　　）。

A. 营业预算　　B. 现金预算　　C. 预计利润表　　D. 预计资产负债表

12. 下列各项中，应当作为编制零基预算出发点的是（　　）。

A. 基期的费用水平　　B. 历史上最合理的费用水平

C. 国内外同行业的费用水平　　D. 不考虑以往费用，以零为基础

13. 财务预算能够综合反映各项业务预算和各项专门决策预算，因此被称为（　　）。

A. 营业预算　　B. 现金预算　　C. 全面预算　　D. 总预算

14. 下列预算编制方法中，可能导致无效费用开支项目无法得到有效控制的是（　　）。

A. 增量预算　　B. 弹性预算　　C. 滚动预算　　D. 零基预算

15. 下列预算中，会使预算期间与会计期间相分离的是（　　）。

A. 增量预算　　B. 弹性预算　　C. 滚动预算　　D. 零基预算

16. 零基预算是为克服（　　）的缺点而设计的一种先进预算方法。

A. 增量预算　　B. 弹性预算　　C. 滚动预算　　D. 零基预算

17. 某公司预算年度计划新增留存收益 150 万元，目标股利分配额为 600 万元，适用的所得税税率为 25%，则目标利润总额是（　　）万元。

A. 337.5　　B. 562.5　　C. 750　　D. 1 000

18. 企业按弹性预算方法编制费用预算，预算直接人工工时为 10 万小时，变动成本为 60 万元，固定成本为 30 万元，总成本费用为 90 万元；如果预算直接人工工时达到 11 万小时，则总成本费用为（　　）万元。

A. 102　　B. 108　　C. 96　　D. 90

19. 某企业销售收现率为当月收现 50%，下个月收现 30%，再下月收现 20%。若该企业预计 20×8 年第四季度各月销售收入分别为 50 000 元、60 000 元、80 000 元，则 20×8 年预计资产负债表中年末应收账款项目的金额为（　　）元。

A. 59 000　　B. 68 000　　C. 52 000　　D. 40 000

20. 某企业第一季度产品生产量预算为 1 500 件，单位产品材料用量为 5 千克，季初材料库存量为 1 000 千克，第一季度要根据第二季度生产耗用材料的 10%安排季末库存量，预计第二季度生产耗用材料为 7 800 千克。材料采购价格预计为 12 元/千克，则该企业第一季度材料采购的支出金额为（　　）元。

A. 78 000　　B. 87 360　　C. 92 640　　D. 99 360

四、多项选择题

1. 下列关于预算的说法中，正确的有（　　）。

A. 预算可以作为业绩考核的标准

B. 预算的编制必须建立在预测和决策的基础上

C. 预算具有规划、控制和引导企业经营活动的功能

D. 目标是预算的具体化

2. 下列各项中，属于营业预算的有（　　）。

A. 销售预算　　B. 现金预算　　C. 生产预算　　D. 管理费用预算

3. 编制生产预算时需要考虑的因素有（　　）。

A. 基期销售量　　B. 预算期期末存货量　　C. 预算期销售量　　D. 预算期期初存货量

4. 下列各项预算中，属于财务预算的有（　　）。

A. 销售预算　　B. 生产预算　　C. 现金预算　　D. 预计利润表

5. 下列各项中，能够为编制预计利润表提供信息来源的有（　　）。

A. 销售预算　　B. 产品成本预算

C. 销售及管理费用预算　　D. 制造费用预算

6. 下列关于预算编制方法的表述中，错误的有（　　）。

A. 零基预算需要以现有费用项目为依据，但不以现有费用水平为基础

B. 连续预算能使预算期间与会计年度相匹配

C. 与传统的定期预算方法相比，滚动预算的主要缺点是预算工作量大

D. 增量预算可以有效控制费用开支

7. 编制成本费用预算的方法按其出发点的特征不同，可分为（　　）。

A. 固定预算　B. 弹性预算　C. 增量预算　D. 零基预算

8. 销售预算的主要内容有（　　）。

A. 销售收入　B. 销售费用　C. 销售数量　D. 销售单价

9. 现金预算通常包括（　　）。

A. 可供使用现金　B. 现金支出

C. 现金收支差额　D. 现金的筹措与运用

10. 财务预算的内容包括（　　）。

A. 现金预算　B. 营业预算　C. 预计资产负债表　D. 预计利润表

11. 编制直接人工预算时需要考虑的因素有（　　）。

A. 基期生产量　B. 标准单位工时工资率

C. 生产预算中的预计生产量　D. 标准单位产品人工工时

12. 常用的预算编制方法有（　　）。

A. 固定预算　B. 零基预算　C. 弹性预算　D. 滚动预算

13. 运用公式 $y=a+bx$ 编制弹性预算时，字母 x 所代表的业务量可能是（　　）。

A. 生产量　B. 销售量　C. 库存量　D. 材料消耗量

14. 下列预算中，在编制时需要以生产预算为基础的有（　　）。

A. 直接材料预算　B. 销售预算　C. 直接人工预算　D. 制造费用预算

15. 增量预算的主要缺点包括（　　）。

A. 可能不加分析地保留原有成本支出　B. 受基期费用水平的限制

C. 容易使不必要的开支合理化　D. 不考虑实际产销量与预算产销量的差异

16. 零基预算的优点有（　　）。

A. 不受基期费用水平的限制　B. 有利于控制费用

C. 有利于有效地分配资源　D. 有利于修改上一年度预算

五、计算分析题

1. 光华公司生产和销售一种产品，20×8 年 4 个季度预计销售数量分别为 1 000 件、1 500 件、2 000 件和 1 800 件；产品预计销售单价为 100 元/件。假设每季度销售收入中，当季收到现金 60%，剩余的 40%要到下一个季度才能收回，上一年年末应收账款余额为 62 000 元。

【要求】

（1）编制光华公司 20×8 年的销售预算。

（2）计算 20×8 年年末应收账款余额。

2. 光远公司只生产一种产品，20×8 年度前六个月的预计销售量如表 10－1 所示。

表 10－1　20×8 年度前六个月的预计销售量　单位：件

月份	1	2	3	4	5	6
预计销售量	3 000	3 600	3 800	5 000	3 800	4 000

该公司产品库存管理采取下列政策：期末存货水平为随后两个月预计销售量的 50%，20×7 年 12 月 31 日的所有存货余额反映了这一政策。

【要求】 编制光远公司 20×8 年 1 至 4 月的生产预算。

3. 光大公司准备编制 20×9 年 6 月份的现金收支计划。预计 20×9 年 6 月初现金余额为 8 000 元；月初应收账款余额为 4 000 元，预计月内可收回 80%；本月销售收入为 50 000 元，预计月内收款比例为 50%；本月采购材料 8 000 元，预计月内付款 70%；月初应付账款余额为 5 000 元，需在月内全部付清；月内以现金支付工资 8 400 元；本月制造费用等间接费用付现成本为 16 000 元；其他经营性现金支出为 1 200 元；公司购买设备支付现金 10 000 元。公司现金不足时，可向银行借款，借款利率为 10%，银行要求借款金额为 1 000 元的倍数，且补偿性余额比率为 10%，现金多余时可购买有价证券，公司月末持有的现金余额不低于 5 000 元。

【要求】

(1)计算该公司的经营现金收入。

(2)计算该公司的经营现金支出。

(3)计算该公司的现金余缺。

(4)确定是否需要向银行借款。如果需要，则计算借款的金额以及借款的实际利率。

4. 光达公司 20×8 年 3 月份制造费用的明细项目如表 10－2 所示。

表 10－2　　光达公司 20×8 年 3 月份制造费用　　单位：元

费用项目	3 000～6 000 人工工时	
	固定成本(a)	单位变动成本(b)
间接人工（基本工资）	3 000	0.1
水电费	1 000(3 000～5 000 人工工时) 1 500(>5 000 人工工时)	0.2
维护费	2 000(3 000～5 000 人工工时) 2 500(>5 000 人工工时)	0.08
物料费	—	0.15
折旧	5 000	—
合　计	11 000(3 000～5 000 人工工时) 12 000(>5 000 人工工时)	0.53

【要求】 根据上述资料，为该公司在生产能力为 3 000～6 000 工时的范围内，采用列表法编制一套能适应多种业务量的制造费用弹性预算（组距为 1 000 人工工时）。

5. 光明公司预计 20×8 年的销售收入与 20×7 年的销售收入相同，均为 240 万元，全年销售额均衡，全年按 360 天计算。公司其他信息如下：

(1)最低现金余额为 10 万元。

(2)销售额的平均收现期为 60 天。

(3)存货一年周转 8 次。

(4)应付账款为一个月的采购金额。

(5)除利息费用外的各项费用总计 60 万元。

(6)20×8 年年末固定资产净值为 50 万元。

(7)短期借款为 5.5 万元;长期负债为 30 万元,20×8 年偿还 7.5 万元;借款利息费用共计 2 万元。

(8)目前账面未分配利润为 40 万元。

(9)实收资本为 20 万元。

(10)销货成本为销售额的 60%。

(11)销货成本中的 50%为外购原材料成本,当年无其他外购物资。

(12)企业所得税费用为 9 万元。

(13)公司拟分配现金股利 1 万元。

【要求】 根据以上信息,编制该公司 20×8 年的预计利润表和预计资产负债表,并列示以下指标的计算过程:应收账款、存货、应付账款、长期负债、未分配利润。

六、简答题

1. 简述财务预算在企业管理中的作用。
2. 说明财务预算编制的步骤。
3. 简述滚动预算编制的原理及其优缺点。

参考答案
(第十章)

第十一章 财务控制

一、名词解释

1. 财务控制　2. 责任中心　3. 成本中心　4. 责任成本
5. 利润中心　6. 内部转移价格　7. 投资中心　8. 剩余收益

二、判断题

1. 财务控制是企业内部控制的重要组成部分，是对预算执行的综合控制。（　）
2. 财务控制主要是对实物资产的控制。（　）
3. 财务控制的目的主要是保证财务预算目标的实现。（　）
4. 财务控制按照控制的依据分为预算控制和制度控制。（　）
5. 责任中心是指承担一定经济责任，并享有一定权利的独立于企业的责任单位。（　）
6. 责任中心制度适合集权制的企业。（　）
7. 利润中心是最基本的责任中心。（　）
8. 成本中心一般不具有销售职能，或者有少量收入但不能成为其主要考核内容。（　）
9. 标准成本中心是指产出不能用财务指标衡量，或者投入与产出之间没有密切关系的部门或单位。（　）
10. 成本中心只对责任成本进行考核和控制。（　）
11. 若中间产品有完全竞争的外部市场，则企业内部转移价格一般采用协商价格。（　）
12. 责任成本核算的是责任中心的全部成本。（　）
13. 收入中心负责分配和销售产品，不能控制产品的生产。（　）
14. 自然利润中心的主要特征是在企业内部按照内部转移价格出售产品。（　）
15. 内部转移价格是分散经营的企业内部单位或部门之间相互提供产品或劳务时确定的内部交易价格。（　）
16. 投资中心是最高层次的责任中心，它拥有最大的决策权，也承担最大的责任。（　）
17. 投资中心必然是利润中心。（　）
18. 引起个别投资中心投资报酬率提高的投资，不一定符合企业整体的目标要求。（　）
19. 剩余收益指标有利于投资中心的决策与企业整体目标保持一致。（　）
20. 企业评价利润中心的业绩不需要考虑固定成本。（　）

三、单项选择题

1. 按照财务控制的(　　)可以将财务控制分为一般控制和应用控制。

A. 内容　　B. 功能　　C. 主体　　D. 依据

2. 下列关于投资利润率指标的说法中,不正确的是(　　)。

A. 以投资利润率作为评价投资中心经营业绩的尺度,可能导致企业的短期行为

B. 投资利润率具有横向可比性

C. 投资利润率能反映投资中心的综合盈利能力

D. 投资利润率可以作为选择投资机会的依据

3. 企业的各责任中心中,权力最大的是(　　)。

A. 成本中心　　B. 利润中心　　C. 收入中心　　D. 投资中心

4. 下列说法中,错误的是(　　)。

A. 对企业来说,几乎所有成本都是可控的

B. 变动成本是可控的,固定成本是不可控的

C. 某项成本就某一责任中心而言是不可控的,对另外的责任中心而言可能是可控的

D. 某些成本从短期看是不可控的,从较长期看可能是可控的

5. 投资利润率指标的优点不包括(　　)。

A. 能反映投资中心的综合盈利能力　　B. 可以作为选择投资机会的依据

C. 可以避免本位主义　　D. 具有横向可比性

6. 投资利润率又称投资收益率,是指投资中心所获得的税前经营利润与投资额的比率,其中,投资额是指(　　)。

A. 投资中心的资产总额　　B. 投资中心的流动资产总额

C. 投资中心的固定资产总额　　D. 投资中心的平均净经营资产

7. 考察利润中心负责人的经营业绩的最好的指标是(　　)。

A. 利润中心边际贡献　　B. 利润中心可控经营利润

C. 利润中心税前经营利润　　D. 企业利润总额

8. 在采用定额控制方式实施财务控制时,对约束性指标应选择的控制标准是(　)。

A. 弹性标准　　B. 平均标准　　C. 最高限额　　D. 最低限额

9. 企业在利用激励性指标对责任中心进行定额控制时,所选择的控制标准是(　　)。

A. 最高限额　　B. 最低限额　　C. 平均标准　　D. 弹性标准

10. 在投资中心的主要考核指标中,能使个别投资中心的利益与整个企业的利益统一起来的指标是(　　)。

A. 投资利润率　　B. 可控利润　　C. 利润总额　　D. 剩余收益

11. 下列说法中,错误的是(　　)。

A. 成本中心对可控的成本或费用承担责任

B. 利润中心既对可控的成本负责,又对可控的收入和利润负责

C. 投资中心只对投资效果负责

D. 投资中心既对成本、收入和利润负责,又对投资效果负责

12. 甲公司加权平均的最低投资利润率为15%，其下设的A投资中心的经营净资产为200万元，剩余收益为20万元，则该中心的投资利润率为（　　）。

A. 40%　　B. 30%　　C. 25%　　D. 15%

13. A投资中心的经营净资产为100万元，投资报酬率为20%。如果规定的最低投资报酬率为12%，则A投资中心的剩余收益为（　　）万元。

A. 20　　B. 12　　C. 8　　D. 32

四、多项选择题

1. 下列说法中，不正确的有（　　）。

A. 按照财务控制的内容，财务控制可分为一般控制和应用控制

B. 按照财务控制的依据，财务控制可分为财务收支控制和现金控制

C. 按照财务控制的对象，财务控制可分为定额控制和定率控制

D. 按照财务控制的手段，财务控制可分为预算控制和制度控制

2. 成本中心的特点包括（　　）。

A. 只考核成本中心的责任成本　　B. 只对成本中心的可控制成本负责

C. 只对责任成本进行控制　　D. 只对直接成本进行控制

3. 作为利润中心的业绩考核指标，下列利润中心可控经营利润的计算中正确的有（　　）。

A. 该利润中心销售收入总额－该利润中心变动成本总额

B. 该利润中心边际贡献总额－该利润中心可控固定成本

C. 该利润中心销售收入总额－该利润中心变动成本总额－该利润中心可控固定成本

D. 该利润中心边际贡献总额－该利润中心不可控固定成本

4. 可控成本的条件包括（　　）。

A. 可以预计　　B. 可以披露　　C. 可以计量　　D. 可以控制

5. 常见的不相容职务包括（　　）。

A. 财产保管与记录　　B. 记录总账与记录明细账

C. 财产保管与财产核对　　D. 业务授权与业务执行

6. 财务控制活动主要包括（　　）。

A. 授权批准　　B. 不相容职务分离　　C. 实物资产保全　　D. 业绩评价

7. 财务控制的特征包括（　　）。

A. 财务控制是价值形式的控制

B. 财务控制是对预算执行的综合控制

C. 财务控制是内部控制的价值体现

D. 财务控制表现为对资金运动过程的控制

8. A利润中心常年向B利润中心提供劳务，在其他条件不变的情况下，如果提高劳务的内部转移价格，就可能出现（　　）。

A. A利润中心内部利润增加　　B. B利润中心内部利润减少

C. 企业利润总额增加　　D. 企业利润总额不变

9. 下列说法中，正确的有（　　）。

A. 考核利润中心业绩时不进行投入与产出的比较

B. 利润中心一定是独立法人

C. 利润中心没有投资决策权

D. 投资中心具有最大的决策权，也承担最大的责任

10. 下列说法中，不正确的有（　　）。

A. 引起某投资中心投资利润率提高的投资，不一定会引起整个企业投资利润率的提高

B. 引起某投资中心剩余收益提高的投资，不一定会引起整个企业剩余收益的提高

C. 通常使用公司的最高利润率作为计算剩余收益时使用的规定或预期的最低报酬率

D. 使用投资利润率指标考核投资中心业绩时，投资中心不可能采取减少投资的行为

五、计算分析题

1. 至诚公司的A部门为利润中心，有关数据如表11－1所示。

表11－1　**A部门相关数据**　单位：万元

项　目	金　额
销售收入	100
销货成本及变动费用	50
可控固定成本	20
不可控固定成本	20

【要求】

(1)计算该利润中心的边际贡献。

(2)计算该利润中心的可控经营利润。

(3)计算该利润中心的税前经营利润。

2. 致远公司下设某投资中心，追加投资前后的资料如表11－2所示。

表11－2　**投资中心追加投资前后相关数据**　单位：万元

项　目	追加投资前	追加投资后
平均经营资产	70	170
平均经营负债	20	20
税前经营利润	5	13.5

假设该公司要求的最低投资报酬率为8%。

【要求】

(1)计算追加投资对投资报酬率的影响，并判断投资中心负责人据此是否愿意追加投资。

(2)计算追加投资对剩余收益的影响，并判断投资中心负责人据此是否愿意追加投资。

3. 志高公司有A、B、C三个投资中心，其20×8年的相关资料如表11－3所示。

表 11—3　　A、B、C 三个投资中心的相关数据　　单位：万元

项　目	投资中心		
	A	B	C
税前经营利润	25	36	30
平均经营净资产	100	150	120

【要求】 假设该公司要求的最低投资报酬率是 18%，根据剩余收益指标评价三个投资中心的业绩情况。

六、简答题

1. 简述财务控制的概念及分类。
2. 简述财务控制的流程。
3. 简述责任成本与产品成本的联系及区别。
4. 企业确定内部转移价格的方式有哪些？

参考答案
（第十一章）

第十二章　企业价值评估

一、名词解释

1. 企业价值评估　　2. 公平市场价值　　3. 实体价值
4. 持续经营价值　　5. 现金流量折现模型

二、判断题

1. 价值评估运用定量分析模型，具有科学性和客观性，评价结果是精确的。（　　）

2. 资产负债表的“资产总计”可以反映企业的整体价值。（　　）

3. 在一般情况下，价值评估不使用账面价值，只有在其他方法无法获得恰当数据时才将其作为质量不高的替代品。（　　）

4. 企业的公平市场价值应当是其持续经营价值与清算价值中较高的那一个。（　　）

5. 一家企业的持续经营价值已经低于其清算价值，但控制企业的人拒绝清算而继续经营，这将增加股东可以从清算中得到的价值。（　　）

6. 现金流量折现模型是企业价值评估使用最广泛、理论上最健全的模型。（　　）

7. 现金流量折现模型的基本思想是增量现金流量原则和货币时间价值原则，即任何资产的价值都是其产生的未来现金流量的现值。（　　）

8. 市盈率模型把价格和收入联系起来，涵盖了风险、增长率、股利支付率的影响，具有很强的综合性。（　　）

9. 影响市净率的因素有权益净利率、股利支付率、增长潜力和风险，其中增长潜力是关键因素。（　　）

10. 市销率模型主要适用于销售成本率较低的服务类企业，或者销售成本率趋同的传统行业的企业。（　　）

三、单项选择题

1. 下列关于企业价值的说法中，正确的是（　　）。

A. 企业的实体价值等于各单项资产价值的总和

B. 企业的实体价值等于企业的现时市场价值

C. 企业的股权价值等于实体价值和净债务价值之和

D. 企业的控股权价值等于少数股权价值和控股权溢价之和

2. 下列表述中，不正确的是（　　）。

A. 经济价值是指一项资产的公平市场价值，通常用该项资产所产生的未来现金流量的现值来计量

B. 现时市场价值反映了价格被市场所接受，因此其与公平市场价值基本一致

C. 会计价值是指资产、负债和所有者权益的账面价值

D. 会计价值与市场价值通常不一致

3. 下列表述中，正确的是（　　）。

A. 股权现金流量是企业全部现金流入扣除成本费用和必要的投资后剩余的部分

B. 实体现金流量是可以提供给全部投资人的税前流量，股权现金流量是可以提供给股东的税后流量

C. 有多少股权现金流量作为股利分配给股东，取决于企业的筹资和股利分配政策

D. 加权平均资本成本是与股权现金流量相匹配的风险投资的机会成本

4. 在实体现金流量折现模型中，所采用的折现率是（　　）。

A. 权益资本成本　　B. 边际资本成本

C. 加权平均资本成本　　D. 债务资本成本

5. 甲公司是一家大型连锁超市，目前每股营业收入为 50 元，每股收益为 4 元。公司采用固定股利支付率政策，股利支付率为 40%。预期净利润和股利的长期增长率均为 5%。该公司的 β 值为 0.8，假设无风险利率为 5%，股票市场的平均收益率为 10%。乙公司也是一家连锁超市，与甲公司具有可比性，目前每股营业收入为 30 元，则按照市销率模型估计乙公司的股票价值为（　　）元。

A. 24　　B. 25.2　　C. 26.5　　D. 28

6. 甲公司处于可持续增长状态，增长率为 6%，股利支付率为 40%，权益净利率为 20%，股权资本成本为 8%，甲公司股票的内在市盈率为（　　）。

A. 5　　B. 10　　C. 15　　D. 20

7. 甲公司 20×1 年每股收益为 0.8 元，每股分配现金股利 0.4 元。如果公司的每股收益增长率预计为 6%，股权资本成本为 10%，股利支付率不变，则公司的预期市盈率是（　　）。

A. 8.33　　B. 11.79　　C. 12.50　　D. 13.25

8. 下列说法中，正确的是（　　）。

A. 修正市盈率的关键因素是每股收益

B. 修正市盈率的关键因素是股利支付率

C. 修正市净率的关键因素是权益净利率

D. 修正市销率的关键因素是增长潜力

9. 利用可比企业的市净率估计目标企业价值的方法适用于（　　）。

A. 连续盈利的企业

B. 市净率大于 1、净资产与净利润变动比率趋于一致的企业

C. 销售成本率较低的服务类企业或者销售成本率趋同的传统行业的企业

D. 拥有大量资产、净资产为正值的企业

10. 某公司本年的股东权益为 500 万元，净利润为 100 万元，利润留存率为 40%，预计下一年的股东权益、净利润和股利增长率均为 4%。该公司的 β 值为 2，国库券的利率为 4%，市

场平均股票风险溢价率为5%，则该公司的内在市净率为(　　)。

A. 1.25　　B. 1.2　　C. 1.04　　D. 1.4

11. 下列有关市净率修正方法的表述中正确的是(　　)。

A. 用增长率修正市净率，消除增长率差异对同业企业可比性的影响

B. 用权益净利率修正市净率，消除权益净利率对同业企业可比性的影响

C. 用营业净利率修正市净率，消除营业净利润差异对同业企业可比性的影响

D. 用股权资本成本修正市净率，消除股权资本成本差异对同业企业可比性的影响

12. 按照企业价值评估的市销率模型，不属于市销率驱动因素的是(　　)。

A. 股利支付率　　B. 权益净利率

C. 增长潜力　　D. 风险

13. 下列表述中，正确的是(　　)。

A. 通过模型的修正，可将相对价值模型修正为内在价值模型

B. 根据相对价值评估方法的市销率模型，在其他影响因素不变的情况下，增长率越大，市销率越小

C. 运用市盈率模型进行企业价值评估时，目标企业股权价值可以用该企业每股收益乘以行业平均市盈率计算

D. 同行业企业不一定是可比企业

四、多项选择题

1. 甲公司20×2年12月31日的资产负债表显示，总资产为50亿元，所有者权益为30亿元，总股数为5 000万股。当日甲公司股票收盘价为每股20元。如果资本市场有效，则下列关于当日甲公司股权价值的说法中，正确的有(　　)。

A. 少数股权价值是10亿元　　B. 会计价值是30亿元

C. 控股权价值是20亿元　　D. 现时市场价值是10亿元

2. 下列关于控股权价值和少数股权价值的表述中，正确的有(　　)。

A. 控股权溢价等于控股权价值超过少数股权价值的差额

B. 控股权价值是通过改进管理和经营战略后给投资人带来的未来现金流量现值

C. 少数股权价值是在现有管理和战略条件下给投资人带来的未来现金流量现值

D. 控股权价值与少数股权价值之和等于企业股权价值

3. 下列关于企业公平市场价值的表述中，正确的有(　　)。

A. 公平市场价值就是未来现金流量的现值

B. 公平市场价值是指在公平交易中，熟悉情况的双方自愿进行资产交换或债务清偿的金额

C. 公平市场价值应该是股权的公平市场价值与净债务的公平市场价值之和

D. 公平市场价值应该是持续经营价值与清算价值中的较高者

4. 下列关于企业价值评估的表述中，正确的有(　　)。

A. 现金流量折现模型的基本思想是增量现金流量原则和货币时间价值原则

B. 实体自由现金流量是企业提供给全部投资人的税后现金流量之和

C. 在稳定状态下，债务现金流量增长率一般不等于营业收入增长率

D. 在稳定状态下，实体现金流量和股权现金流量增长率一般等于营业收入增长率

5. 以下关于企业价值评估现金流量折现法的表述中，正确的有（　　）。

A. 预测基期数据应为上一年的实际数据，不能对其进行调整

B. 详细预测期是指企业增长的不稳定时期，通常为 5～7 年

C. 实体现金流量是可以提供给债权人和股东的税后现金流量

D. 后续期的现金流量增长率通常高于宏观经济的名义增长率

6. 相对价值评估模型的市盈率模型中，市盈率的驱动因素有（　　）。

A. 增长潜力　　B. 股利支付率

C. 风险　　D. 权益净利率

7. 根据相对价值评估模型的市净率模型，在其他影响因素不变的情况下，下列表述中正确的有（　　）。

A. 增长率越高，内在市净率越小

B. 权益净利率越高，内在市净率越大

C. 股利支付率越高，内在市净率越大

D. 股权成本越高，内在市净率越小

8. 下列关于利用可比企业市盈率估计企业价值的说法中，正确的有（　　）。

A. 目标企业的每股价值可以用每股收益乘以可比企业市盈率计算

B. 能直观地反映投入和产出的关系

C. 具有很强的综合性，能体现风险、增长率、股利分配的问题

D. 最适合连续盈利的企业

9. 利用市净率模型估计企业价值，在考虑可比企业时，应考虑的因素包括（　　）。

A. 营业净利率　　B. 股利支付率

C. 风险　　D. 权益净利率

10. 市销率估值模型的特点有（　　）。

A. 对于亏损企业和资不抵债的企业，可以计算出一个有意义的市销率

B. 可以反映价格政策和企业战略变化的后果

C. 可以反映成本的变化

D. 只适用于销售成本率较低的服务类企业

五、计算分析题

1. ABC 公司是一家投资公司，拟于 20×3 年年初以 18 000 万元收购乙公司全部股权。为分析收购方案的可行性，收集资料如下：

(1)乙公司是一家传统汽车零部件制造企业，收购前处于稳定增长状态，增长率为 7.5%。20×2 年净利润为 750 万元。当年取得的利润在当年分配，股利支付率为 80%。20×2 年年末（当年利润分配后）净经营资产为 3 750 万元，净负债为 1 600 万元。

(2)收购后，ABC 公司将通过拓宽销售渠道、提高管理水平、降低成本费用等多种方式，提高乙公司的销售增长率和营业净利润。预计乙公司 20×3 年营业收入为 6 000 万元，20×4 年营业收入比 20×3 年增长 10%，20×5 年进入稳定增长状态，增长率为 8%。

(3)收购后,预计乙公司相关财务比率保持稳定,具体如表 12—1 所示。

表 12—1　收购后预计乙公司的相关财务比率

指　标	数　值
营业成本÷营业收入	65%
销售和管理费用÷营业收入	15%
净经营资产÷营业收入	70%
净负债÷营业收入	30%
债务利息率	8%
企业所得税税率	25%

(4)乙公司的股权资本成本,增资前为 11.5%,增资后为 11%。

(5)假设各年现金流量均发生在年末。

【要求】

(1)如果不收购,则采用股利现金流量折现模型,估计 20×3 年年初乙公司的股权价值。

(2)如果收购,则采用股权现金流量折现模型,估计 20×3 年年初乙公司的股权价值。

2. 甲公司是一家投资公司,拟于 20×1 年年初对 A 公司增资 1 000 万元,获得 A 公司 30%的股权。由于 A 公司的股权比较分散,因此甲公司可以获得控股权。为分析增资方案的可行性,收集相关资料如下:

预计 A 公司 20×0 年年末的股权自由现金流量为 1 100 万元,目前 A 公司的股权资本成本为 12.5%,假设增资前 A 公司已进入稳定增长状态,现金流量的增长率为 6%。

增资后,甲公司拟通过改进 A 公司管理和经营战略来提升 A 公司的增长潜力,预计 20×1 年现金流量增长率(与增资前 20×0 年年末股权自由现金流量相比)为 12%,20×2 年现金流量增长率为 10%,20×3 年及以后维持 8%的永续增长率。

增资后预计股权资本成本降为 11.5%。

【要求】

(1)如果不增资,则利用永续增长模型对 A 公司 20×1 年年初股权价值进行估值。

(2)如果增资,则采用股权现金流量折现模型,估计 20×1 年年初 A 公司的股权价值。

(3)计算该增资带来的控股权溢价。

(4)计算该增资为 A 公司原股东和甲公司分别带来的净现值。

3. 乙公司预计 20×3 至 20×8 年实体现金流量如表 12—2 所示,自 20×8 年起进入稳定增长状态,永续增长率为 5%。公司当前的加权平均资本成本为 11%,20×8 年及以后年份的资本成本降为 10%。债务当前的市场价值为 4 250 万元,普通股当前每股市价为 11.7 元,流通在外的普通股股数为 1 000 万股。

表 12—2　乙公司预计 20×3 至 20×8 年实体现金流量　单位:万元

项　目	20×3 年	20×4 年	20×5 年	20×6 年	20×7 年	20×8 年
实体现金流量	635	673.12	726.18	775.46	836.35	1 150.6

【要求】 通过计算分析，说明该股票是被市场高估了还是低估了。

4. K公司是一家互联网公司，最近3年连续盈利。甲公司拟收购K公司，经过调查，K公司20×1年的财务数据为营业收入24 000万元、净利润5 000万元、资产总额19 000万元、净资产10 800万元、增长率8%。与K公司风险、收入、成本等各方面类似的可比公司20×1年相关数据如表12－3所示。

表12－3　　类似公司20×1年相关数据

项　目	数　值
固定股利支付率政策下的股利支付	40%
权益净利率	50%
营业净利率	20%
销售成本率	70%
股权资本成本	15%
β值	0.95
增长率	10%

【要求】

(1)分别用市盈率模型、市净率模型和市销率模型对K公司进行估价。

(2)简述市盈率模型、市净率模型和市销率模型的适用范围，并分析各个模型是否适合对K公司股权价值进行评估。

5. M企业计划收购一家营业成本较低的服务类上市公司（以下简称目标公司），目标公司当前的股价为18元/股。M企业管理层的一部分人认为目标公司当前的股价较低，是收购的好时机；但有人提出，这一股价高过了目标公司的真正价值，现在收购并不合适。与目标公司类似的企业有甲、乙、丙、丁4家，但它们与目标公司之间尚存在某些不容忽视的重大差异。4家类比公司及目标公司的有关资料如表12－4所示。

表12－4　　4家类比公司及目标公司的有关资料

项　目	甲公司	乙公司	丙公司	丁公司	目标公司
普通股股数(万股)	500	700	800	700	600
每股市价(元)	18	22	16	12	18
每股营业收入(元)	22	20	16	10	17
每股收益(元)	1	1.2	0.8	0.4	0.9
每股净资产(元)	3.5	3.3	2.4	2.8	3
预期增长率	10%	6%	8%	4%	5%

【要求】

(1)应当运用相对价值评估方法中的哪种模型计算目标公司的每股价值？

(2)利用修正的平均市价比率法确定目标公司的每股价值。

(3)利用股价平均法确定目标公司的每股价值。

(4)分析当前是否应当收购目标公司。

参考答案
(第十二章)

第十三章　企业并购

【案例分析】

科华生物并购天隆科技①

上海科华生物工程股份有限公司(以下简称科华生物,股票代码:002022)创建于1981年,2004年在深圳证券交易所中小板上市,是一家集研发、生产、销售于一体,有丰富生产经验和完整医疗诊断产品梯队的体外诊断公司。截至2022年4月30日,珠海保联资产管理有限公司(以下简称珠海保联,隶属于格力地产股份有限公司)是其第一大股东,持股18.62%。科华生物于2017年下半年起开始使用并购专项资金开展并购活动,目的是进一步丰富产品类型和销售渠道,提升其在分子诊断领域的竞争力和市场占有率。

西安天隆生物科技有限公司(以下简称西安天隆)成立于1997年,苏州天隆生物科技有限公司(以下简称苏州天隆)成立于2009年,以下将西安天隆和苏州天隆统称为天隆科技。并购启动时,天隆科技除了代理医疗器械和试剂销售外,主要从事PCR诊断,核酸提纯仪器的开发和生产,试剂的研发、生产和销售,在分子诊断领域积累了技术优势。两家公司的股东均为彭××、李×、苗××和西安昱景同益企业管理合伙企业(以下简称西安昱景),在2018年并购交易前,彭××持股55.1%,李×持股22.7%,苗××持股15.2%,西安昱景持股5%。

一、并购历程

2018年6月11日,科华生物发布投资公告,以现金55 375万元取得西安天隆和苏州天隆各62%的股权。在此次投资协议中对剩余38%股权的后续并购进行了约定——科华生物于2021年内有权购买天隆科技后续全部股权,届时天隆科技的整体估值以下列两者中高者为准:(1)120 000万元;(2)标的公司2020年度经审计的扣除非经常性损益后的净利润的30倍。现有股东则于2021年内有权要求科华生物受让其届时持有的全部股权,届时天隆科技的整体估值以下列两者中高者为准:(1)90 000万元;(2)天隆科技2020年度经审计的扣除非经常性损益后的净利润的25倍。

第一阶段并购后,双方加快了业务及人才的整合并取得了较好的成效。2019年度,科华生物在研发、生产和销售等多个方面积极推动与天隆科技的业务融合,使得天隆科技实现销售收入3.2亿元,同比增长111%。科华生物的合并营业收入也增长至24.14亿元,同比增长

① 赵团结,等.企业并购风险及其经济后果研究——以科华生物并购天隆科技为例[J].商业会计,2023(1).

21.32%。然而，随着“新冠”疫情的暴发，体外诊断的需求呈爆发式增长，天隆科技的业绩突飞猛进，使得剩余38%股权的收购对价高达105.04亿元，完全超出科华生物的预期。在双方协商未果的情况下，2021年7月14日，天隆科技的4位股东对科华生物提出仲裁，要求科华生物继续支付投资款并承担违约责任，科华生物则提出了反仲裁的相关要求。

2021年12月28日，科华生物发布公告称天隆科技管理层不配合上市公司预审会计报表以及后续的审计工作，无法获得其财务状况和经营成果。2022年4月30日，科华生物发布了2021年年度报告，称公司暂时失去对西安天隆和苏州天隆的控制，并决定将天隆科技(包括其子公司)自2021年10月起暂不纳入公司合并报表。立信会计师事务所出具了无法表示意见的审计报告。受此影响，科华生物自2022年5月6日起被实施“退市风险警示”和“其他风险警示”处理，股票简称由“科华生物”变更为“*ST科华”。截至2022年11月30日，科华生物和天隆科技双方虽然表达了通过和解方式积极解决后续38%的股权收购问题，但还没有明确的结论。

二、并购动因

科华生物与天隆科技同属于体外诊断行业，本次并购属于横向并购，其并购动因主要包括追求市场势力和获取被并购者的资源。

(一)追求市场势力

市场势力是一家企业在长期能将价格提高到边际成本以上从而获取超额利润的能力。科华生物和天隆科技均属于体外诊断行业，尽管体外诊断行业具有良好的发展前景，但随着近年来加入该行业的企业不断增加，行业内的竞争在加剧。因此，科华生物选择了并购这一“外延式”的扩张方式，通过获得被并购企业的资源和并购的协同效应来增强企业的市场势力。

(二)获取被并购企业的资源

处于同一行业的并购双方通过资源的整合，可以实现协同效应。对高科技企业来说，技术和人才是其核心竞争力。高科技行业的产品更新快，仅依靠企业内部研发，将会面临研发周期长、研发失败率高等问题。因此，很多企业通过并购的方式，直接获取目标企业已有的技术，以此直接跳过产品生命周期中失败率最高的阶段。目标企业——天隆科技的专业研发人员有51名，约占员工总数的19%。其中，天隆科技的股东彭××获得了多个业内科技奖项，具有多年创业和经营管理的经验。在天隆科技连续亏损的情况下，科华生物对其进行并购的一个重要动因是获取其核心技术和专业人才等无形资源。

三、并购暴露的问题及原因

(一)治理结构不合理，股东追求短期效益

查阅科华生物股权可知，其多次更换股东且无实际控制人。2014年League Agent(HK) Limited(以下简称LAL公司)通过与公司原股东协议转让和非公开增发A股的方式，合计持有公司1亿股本，约占增发后股本的19.44%，成为科华生物第一大股东。2020年5月，LAL公司将持有的9 586.3万股股份转让给珠海保联。截至2022年11月30日，科华生物的第一大股东为珠海保联，占比18.63%，第二至第五大股东合计持有8.1%的股份。由此可见，公司的股权过于分散。无论是LAL公司还是珠海保联，对科华生物的投资都属于财务投资而非战略投资，然而医药行业研发周期长、投入大，股东对短期财务效益的追求削弱了企业的核心竞争力，不利于企业长远发展。

（二）尽职调查不充分，并购估值偏高

并购的总价值体现为并购前目标公司的价值加上支付的溢价、整合的成本以及协同效应创造的价值，若支付溢价或整合成本过高，并购创造的价值就会被压缩。故此，对目标企业的价值评估是并购过程中的关键环节，企业应对目标企业的资产进行合理估值，避免溢价过高。2017 年，科华生物聘请上海众华资产评估有限公司（以下简称上海众华）对天隆科技进行了价值评估。上海众华采用了收益法，天隆科技全部股东权益价值评估值为 7.7 亿元，其中，西安天隆为 5.2 亿元（增值率为 788.56%），苏州天隆为 2.5 亿元（增值率为 2 084.54%）。过高的溢价在一定程度上减损了并购的整体价值。

此外，在实务中很少采用某一年度的数值作为并购支付的估值依据。一方面因为市场变化难以预测，另一方面管理层有可能为了提高年末净利润而进行盈余管理或利润操纵。并购双方为了锁定估值和交割风险，一般约定以两个交易价格孰低为准，并且制定相应的业绩承诺，以保证并购双方的风险都在可控范围内。即使采用两个交易价格孰高的原则，也应该设定一个最高限额，以防止不可预见的系统性风险。因此，科华生物对剩余 38%的股权约定价格脱离企业实际，不合常理。

（三）合同条款不严谨，为分段并购埋下隐患

1. 合同签署阶段条款不严谨

在本案中，并购合同中没有提到相关的对赌协议，即没有要求被并购方履行业绩承诺和承担商誉减值的责任。天隆科技的原股东只承担继续履行合同、保守商业秘密以及竞业禁止等常规性义务。对于剩余的 38%股权，并购双方都可以提出继续履行的要求，在收购对价上，同时赋予了并购双方选择权，这些条款反映了天隆科技在此次并购商务谈判中的强势地位。

2. 合同履行阶段缺乏持续关注

本案的并购属于分阶段并购，在合同履约过程中，有两个重要事件节点导致仲裁案件发生及公司股票被实施退市风险警示。第一个关键节点是 2020 年“新冠”疫情。天隆科技的核心产品为核酸提取设备、核酸提取试剂和 PCR 设备，这些恰恰是进行核酸检测的必备品，因此天隆科技在“新冠”疫情的影响下实现了业绩增长，这完全超出了交易双方基于交易当时的客观基础条件而形成的预期。由于疫情波及范围较广，因此我国最高人民法院发布了《关于依法妥善审理涉新冠肺炎疫情民事案件若干问题的指导意见（一）》《关于依法妥善审理涉新冠肺炎疫情民事案件若干问题的指导意见（二）》《关于依法妥善审理涉新冠肺炎疫情民事案件若干问题的指导意见（三）》三个司法解释。此时，科华生物并未及时与天隆科技的股东重新协商以变更或解除相关合同条款，错失了通过协商解决并购争议的良机。第二个关键点是在天隆科技 2020 年度的审计报告公布后，原股东要求科华生物以约 105 亿元收购剩余 38%的股权。随后科华生物邀请天隆科技进行磋商，希望双方根据客观情势的变化及相关法律规定，重新协商关于进一步投资安排的交易条款，但双方磋商未果。此时，科华生物并未先行提起诉讼或仲裁，相对天隆科技而言处于被动地位，从而引发了对天隆科技 2021 年年报审计受阻，进而导致科华生物年报被会计师事务所出具“无法表示意见”的审计报告。

(四)并购整合失衡,并购方失去优势资源

在整合阶段,企业应制订整合计划,合理分配资源,实现快速整合并达到稳定状态。科华生物并购天隆科技后,对天隆科技进行一系列业务和销售的资源支持,使得天隆科技的营业收入和合并营业收入均呈现不同程度的上涨。但母公司利润表所呈现的盈利状况并不尽如人意。2020 年合并净利润较上一年实现跳跃式上涨,母公司的净利润却不增反减,可见这些支持性的活动和资源的倾斜对母公司的当期经营业绩产生了一定影响。此次并购属于非同一控制下的横向并购,其业务可能存在一定程度的交叉、重合、替代或者竞争关系。母公司应做好战略安排,对公司的经营业务进行合理整合,确保母公司原本的业务和市场不会因关系割裂而遭受损失。

【讨论】

1. 结合案例资料,谈谈企业合并过程中面临哪些风险,应如何进行风险防范。
2. 本案例能够为企业并购提供哪些启示?

【资料分析】

党的二十大报告指出:"高质量发展是全面建设社会主义现代化国家的首要任务。必须完整、准确、全面贯彻新发展理念,坚持社会主义市场经济改革方向,坚持高水平对外开放,加快构建以国内大循环为主体、国内国际双循环相互促进的新发展格局。""深化国资国企改革,加快国有经济布局优化和结构调整,推动国有资本和国有企业做强做优做大,提升企业核心竞争力。完善中国特色现代企业制度,弘扬企业家精神,加快建设世界一流企业。"请阅读以下资料,并结合资料信息谈谈并购重组对上市公司发展的作用。

2022 年 A 股并购报告:并购市场活力重现 市值过百亿元公司成买方主力(节选)①

时隔一年,21 世纪资本研究院联合联储证券并购研究中心(以下简称 21 资本-联储并购研究中心)再度发布《A 股并购市场 2022 年总结及 2023 年预判》(《2022 年 A 股并购报告》,以下简称《报告》)。

根据联储证券数据统计,2022 年 A 股上市公司全年开展的并购重组交易共计 6 832 次,交易数量较 2021 年增加 17.11%,较处于市场冰点的 2020 年增加 31.41%,市场活跃度显著提高。2022 年 A 股并购重组市场整体的交易规模约 2.8 万亿元,较上一年同比上涨 27.64%,市场明显回暖。同时,A 股并购市场呈现"买方头部集中化加剧""产业并购稳中有升"等特征。21 资本-联储并购研究中心认为,上市公司并购重组的积极意义在提升,有望成为 A 股 2023 年度以及未来年度的牛市助推器。

在往年的并购报告中,我们一直是以 A 股上市公司首次披露且构成"重大资产重组"标准的资产收购交易(统称重大资产收购)作为统计样本。按照此统计口径,2022 年 A 股上市公司重大资产收购累计 109 单,交易数量是自 2015 年以来的最低值,主要原因系近年来体量大、盈

① 杨坪. 21 资本-联储并购研究中心. https://www.sohu.com/a/662554292_121255906.

利佳的优质并购标的愈发稀缺。

但从交易规模看，109 单重大资产收购交易中有 59 单已披露交易金额，合计为 2 596.99 亿元，较 2021 年增长 19.6%；2022 年平均每单重大资产收购的交易金额为 44.02 亿元，较上一年同比增长 33.79%，交易规模有显著增加（如图 13－1 所示）。

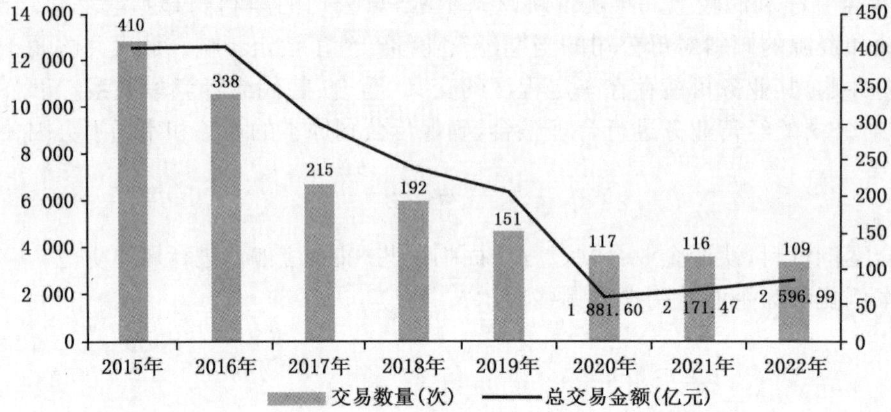

图 13－1　2015—2022 年 A 股重大资产收购交易变化情况

资料来源：同花顺 iFinD，联储证券。

不过，据统计，2022 年上市公司重大资产收购的交易数量占上市公司资产收购交易总量的比例仅为 2.45%，可见，仅以重大资产收购来衡量 A 股并购市场不再客观和全面。因此，2023 年 21 资本-联储并购研究中心扩大了统计尺度，统计范围基本涵盖了 2022 年 A 股沪深两市上市公司并购重组的各种交易类型，包括：(1)上市公司首次披露的重大、非重大所有资产收购交易；(2)上市公司首次披露的重大、非重大所有资产出售交易；(3)上市公司首次披露的上市公司权益变动 5%以上的交易。

整体来看，2022 年 A 股上市公司全年开展的并购重组交易共计 6 832 次，交易数量较 2021 年增加 17.11%，较处于市场冰点的 2020 年增加 31.41%，市场活跃度显著提高。2022 年 A 股并购重组市场整体的交易规模约为 2.8 万亿元，较上一年同比上涨 27.64%，市场明显回暖（如图 13－2 所示）。

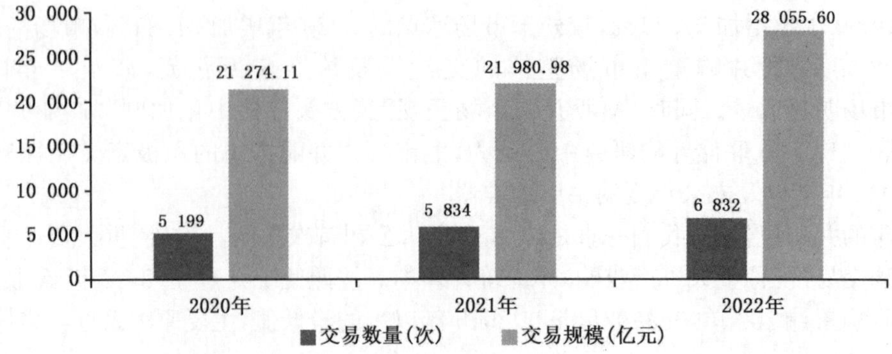

图 13－2　2020—2022 年 A 股并购市场整体变化情况

资料来源：同花顺 iFinD，联储证券。

……

在 2022 年风起云涌的并购市场中，究竟谁的购买力最强？

我们对 A 股上市公司全年发起的 4 442 起资产收购交易进行了买方画像分析，发现头部化的趋势明显。

根据统计结果，从交易数量上看，2022 年共有 1 961 起资产收购交易是由市值百亿元以上的上市公司发起的，占交易总量的 44%，较上一年同比增加了 11 个百分点，大市值上市公司的角色越来越重要（如图 13—3 所示）。

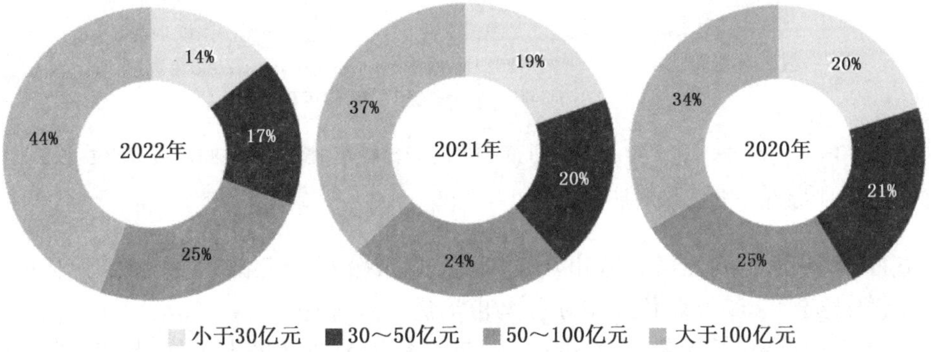

图 13—3　2020—2022 年上市公司资产收购交易数量（按市值分类）

资料来源：同花顺 iFinD，联储证券。

上述 1 961 起资产收购是由 904 家百亿级上市公司发起的，904 家上市公司占 A 股市值百亿级上市公司总量的比例为 56%，对照 2021 年的同比数据提高了 10 个百分点，进一步验证了头部集中化的趋势。

从交易金额上看，市值百亿元以上的上市公司主导的并购交易金额突破 1.6 万亿元，占总量的比例超过七成，大市值上市公司无疑成为 A 股并购市场的“中流砥柱”。

在对买方画像的分析中，A 股并购市场除了趋向大市值上市公司外，我们发现国企和央企成为市场主力军，2022 年国有上市公司发起的资产收购交易规模达到 1.43 万亿元，占市场总额的 65%。

作为国企改革 3 年行动的收官之年，2022 年从央企到地方国资并购交易均有明显提速，交易规模均达到了近 3 年的峰值。其中，央企上市公司并购交易规模有显著增长，从 2021 年的 3 600 亿元激增至 8 000 亿元，实现了翻倍。

与此同时，我们还注意到，2022 年上市时间不足 3 年的“年轻”上市公司发起的资产收购交易数量明显增多，全年共有 826 起交易，占交易总量的 18.59%，达成的交易规模接近 1 500 亿元，交易数量及规模较 2021 年呈翻倍式增长（如图 13—4 所示）。

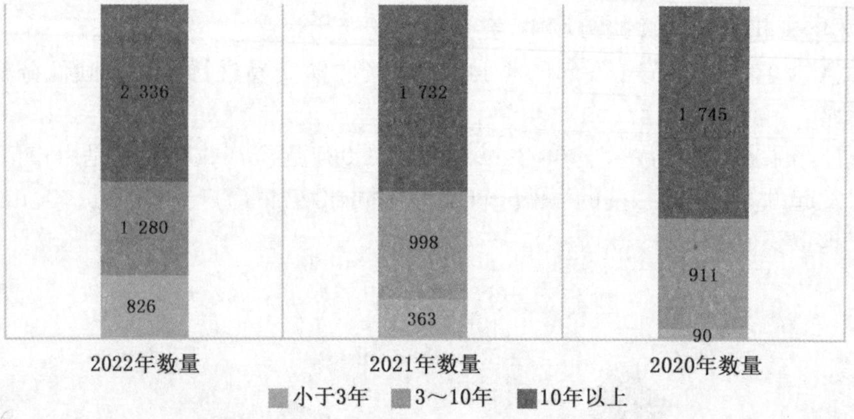

图 13—4　2020—2022 年上市公司资产收购交易数量(按上市时间分类;单位:次)

资料来源:同花顺 iFinD,联储证券。

根据逐年对 A 股上市公司并购市场的研究,上市公司产业并购成为市场主流的趋势在 2019 年就已显现,2022 年产业化逻辑在并购市场进一步加深。

以 2022 年上市公司重大资产收购的 109 起交易作为统计样本可知,按照交易目的划分,2022 年以产业并购(具体包括同行业间的以及沿产业链上下游延伸的并购重组)为目的的交易有 84 起,占比高达 77.06%,该比例也成为 2019 年以来的最高值。(2019 年至 2021 年,上市公司产业并购比例分别为 73.72%、69.51%和 48.28%。)

2022 年交易规模超过百亿元的大型并购共有 7 单,除了中国交建以工程设计资产借壳祁连山以外,其余交易均是围绕上市公司主营业务进行的产业横向或纵向的专业化整合,如中航电子吸收换股中航机电、淮河能源吸收合并淮南矿业、粤水电定增收购建工集团等。同时,这些百亿元级交易的并购主体均是国有上市公司,这也进一步印证了上文中提及的国企和央企为主力军的观点。

……

从 A 股上市公司并购重组交易的行业分布来看,生物医药行业的并购交易最为频繁,已连续 3 年蝉联榜首;基础化工、电力、电子设备和机械设备等传统行业表现愈发活跃。此外,2022 年共有 387 家上市公司发起设立产业并购基金。从基金的投资领域看,除了市场追捧的新能源、半导体等行业外,集成电路、高端制造、大消费、汽车及零部件、基础设施建设等传统行业也是投资的重点领域。

……

第十四章　大数据时代的财务转型

【案例分析】

海尔集团的财务共享之路①

2006 年，为适应互联网时代、实现企业的战略转型，海尔集团财务团队确立了“规划未来，引领双赢”的战略定位，并创新“事前算赢”的财务管理模式，其中，建立财务共享服务中心是实现海尔财务战略目标的重要前提。充分利用互联网资源，打造“云＋端”的互联网模式的共享服务中心，使得海尔财务可以成为企业战略的重要制定者、承接者和推动者，也是海尔商业模式成功实现的重要基础。目前，海尔集团财务共享服务中心拥有员工超过 270 人，为海尔全球超过 600 家法人公司提供会计服务。共享服务不仅应用于集团主营的制造、销售企业，而且覆盖物流、地产、金融、电子商务等新兴业务。在发票开具、资金处理、费用稽核、资产核算、发票校验等业务上，核算效率较成立初期提升 10 倍以上。

一、财务共享之路

（一）由财务共享推进的财务组织再造

随着全球化进程的加快，海尔在国内外建立众多分（子）公司的同时，建立了相应的财务组织。分散式的财务核算及管理模式不仅导致财务管理效率低下，而且使成本大幅增加，制约了海尔发展战略的实施。2006 年，为了配合公司整体战略的发展，海尔财务进行了组织变革，构建了更专业化的财务管理体系。在流程再造中，海尔将财务人员分成 3 类，即业务财务、共享财务、专业财务。其中，分散型的业务财务从企业后台走向前台，融入以市场、型号、线体为基本单元的超过 2 000 个自主经营体，为经营体提供“事前算赢”的决策支持，实现价值最大化和可持续发展；专业财务聚焦各类财务模型的建立，通过建流程、立标准驱动业务，并利用税务、预算等专业知识创造价值；共享财务作为后端的会计核算平台，将分散在各地的共同业务提取出来，统一放在财务共享中心，通过规模效率和效益实现“集约型”转变，实现了整个集团的财务流程统一、交易规则统一和会计语言统一，同时通过资金和交易的集中，在业务终端实现无账户、无现金、无会计，提高资金运营效率，有效地管控了财务、交易、运营和资金方面的风险。

（二）海尔财务共享的组织架构

结合集团的战略规划，海尔财务共享服务中心（SSC）分为资金平台和会计平台两大部分。

① 邵新智．互联网时代的海尔财务共享之路[J]．财务与会计，2016(21)．

资金平台主要负责金融风险、资金运营以及融资平台管理，注重现金与营运资金管理；会计平台主要负责会计交易事项核算处理。目前，在海尔财务共享模型中实施共享的领域主要包括费用稽核、总账报表、往来清账、税务申报、资产核算、税票服务、收付服务、质量管理、海外会计、融资平台、金融风险、资金运营十二大板块。共享平台的各中心及每个岗位明确界定职责及分工（如图 14－1 所示），按照业务效率定岗定编，将共享服务中心打造成一个开放的、工序间定期轮换的、专业化的财务核算组织，实现流程的“端到端”管理。

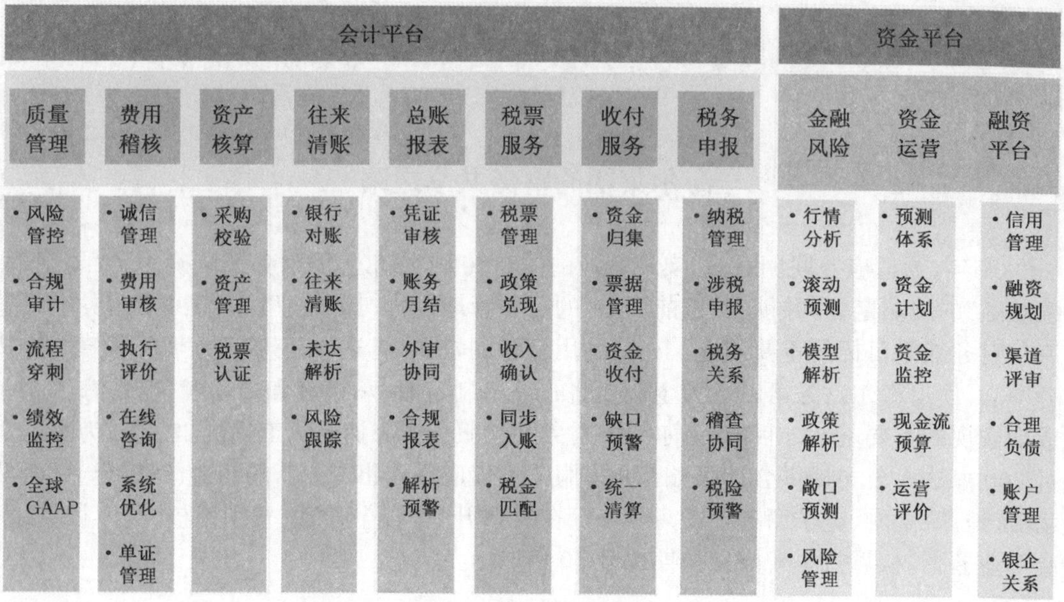

图 14－1　海尔共享组织架构及功能设计

以会计平台为例：

1. 模块一：质量中心

质量中心是海尔 SSC 区别于其他企业财务共享服务中心的一大特色。除服务于共享中心内部各个模块，质量中心也是集团内各个经营体以及预算、税务、内控、成本、信息系统等管理单元的接口部门。

对内，质量中心服务于海尔 SSC 其他各个中心，牵头搭建海尔集团公认会计原则、会计核算平台、各种业务质量管理标准，并将会计政策具体落实到每个岗位的业务操作流程，形成会计人员“人手一本”的岗位操作手册。同时，质量中心承接内部控制及战略支持的任务，开展业务流程穿刺、科目解析、年报审计等内部控制活动，评估内部控制工作质量，并按内部控制频率监控推进流程断点、系统断点、差异解析等问题，从而保证集团会计信息的“质量、效率和合规”。

对外，质量中心承接海尔集团会计委员会的日常运营，负责集团的整体会计政策搭建和持续优化；负责牵头拟定集团的会计政策、搭建财务大数据管理体系等工作，通过统一的平台推进海尔集团会计及交易政策实施到位；同时，监控集团会计制度执行情况，向会计委员会提供数据支持，针对重大违规事件提出处理意见，实施高效的监督和内部控制职能。

2. 模块二：费用中心

费用中心负责对集团内费用项目的核销报账、员工诚信管理和单证管理等。根据岗位职责，费用中心大致划分为三个部门：单证管理、对公费用审核和员工费用审核。费用中心通过报账系统、电子影像系统的应用，提高了费用审核的质量和效率；通过诚信等级管控，进一步实现了报账的合规；通过电子绩效看板的引入，激励了部门员工的积极性和创造性；通过电子凭证的应用，提高了调阅凭证的效率。

3. 模块三：收付中心

经过10年的探索和发展，收付中心的业务已经从起初简单的资金收付业务，拓展到收支管理、财务核算、印鉴管理、账户管理、收据管理、票据管理、资金头寸管理、资金管理创新等多种业务，在降低集团内部结算成本、统一收付执行标准、提高资金结算效率、不断推进资金结算创新等方面为集团创造了价值。

4. 模块四：往来中心

往来中心的职责主要是对集团内外部客商及银行往来账务管理、未达清理跟踪、往来科目解析和往来账务超期预警等。往来中心建立了往来对账系统，实现了集团内公司自动对账和集团外公司联网“云对账”，在加速资金周转、提升账务同步率的同时，降低了对账成本，提高了工作效率。其对账结果也是集团内法人公司资金自动清算的依据。除了完成账务差异揭示，往来中心的职责还包括倒逼业务流程将差异关闭，推进往来管理业务流程升级，进而促进账务合规和加强风险管控。

5. 模块五：资产中心

资产中心主要行使三个职能：一是对集团内、外的供应商采购进行发票校验和非费用项目审核。二是应用资产管理系统，对集团内法人公司的固定资产、无形资产进行核算管理，内容包括资产购入、转资、折旧、清理、报废、盘点等。三是负责处理成本的集团内部结算，集团的固定资产、无形资产、待摊费用、应付项目等均在资产中心归集和处理。海尔的资产管理系统引入了预算管理的思想，将资产管理置于整个集团的角度和高度统筹考虑，使得资产的相关行为(包括购入、折旧、清理、报废等)均有标准，达到事前可控，也提高了资产管理效率。同时，资产中心将资产管理的全流程纳入共享的范围，便于集团公司管控资产的采购、使用和报废，使其在集团公司内部合理配置，避免了不必要的资源浪费和人为舞弊。

6. 模块六：税务中心

税务中心主要负责增值税发票进项认证、纳税申报、税务风险预警等。通过设立税务云平台，实现了税务网上申报、自动认证，同时根据行业特点制定统一的税务规范流程，及时了解和反馈各项税务政策的实施情况，大力推进集团内公司的税务风险预警和规避，从而促进了整个集团税务工作效率的提升、税务相关风险的降低和规避。

7. 模块七：税票中心

税票中心利用信息系统的优势，实现了集团内公司增值税发票销项集中开票、收入联动记账等职能，加速了税票系统的信息传递，极大地提高了与收入和应收会计科目相关的业务处理效率。

8. 模块八：总账中心

总账中心主要负责日常会计凭证稽核，每日现金流量日报编制，每月预结账，对外提供月度、季度、半年度和年度财务报表，对内提供收入、费用、利润执行情况分析表，科目解析预警以及编制和完善会计核算手册等工作。会计平台内部各个模块之间在各自职能分工的基础上，实现交叉合作，推进业务处理流程，一同保证以上各项功能的实现。各岗位按照统一的操作手册和标准操作，同一交易事项在同一组织内按照统一的、标准化的流程规范处理，真正实现共享中心的经济规模效应和协同效应。

（三）建设统一的交易处理流程和财务核算流程

为了更好地实现风险可控、标准化的组织目标，海尔财务共享对总账、应收、应付、固定资产、费用预算控制和资金管控等11个模块共120个流程逐一梳理和筛选，有效地实现了核算流程、会计语言和会计报告的统一，并在此基础上不断创新优化统一的业务流。

例如，为有效提高费用结算效率，保证内部控制合规、事前预算，财务共享中心推出了一个全新的业务模式——内部清算超市，凡集团内部公司间发生的费用结算业务，统一由共享中心根据双方的事前约定进行发票和资金同步记账、统一清算。为保证该流程在集团内全面实施，由财务共享中心推进，在集团内部清算流程中建立四个关键节点：一是事前预算控制，在预算系统下达服务订单，下单同时生成费用预算；二是事前明确标准，双方事前确认订单、验收标准、清算流程，规避事后争议；三是事中信息共享，财务、业务一体化，申请方、服务方、财务可同步共享信息；四是事后同步入账，驱动共享内部自运转，同步实现集团内收入和费用的入账。内部清算流程的统一实施杜绝了结算拖期问题，推进了集团内费用全面预算管理，提高了集团内资金周转效率，简化了业务结算流程，实现了事后零审批。

（四）整合统一的信息系统平台

“互联网＋财务＝云财务”。作为财务“产品”的供应商，海尔共享财务采用了这一思维模式。

海尔统一搭建了财务信息系统平台，实现信息加工的标准化和规模化，确保财务及业务信息及时、准确、有效、完整地收集和传递。通过对预算及绩效的支持和信息反馈，及时发现流程和效率短板，统筹集团资源并升级优化财务流程，保障整体资源运用的最佳效率和效益。

海尔财务管理信息系统基于大型应用软件ERP系统GVS(海尔全球价值信息化系统)，建设并整合大量并联的功能系统(如预算控制及竞争力管理平台、电子核销系统、资金管理系统及电子影像系统等)，通过将财务数字融入业务流程，实现成本费用事前管控、事中真实反映、事后无不良账项的流程绩效。利用高度集中的网络分布式和关键性应用，形成集团统一的信息系统平台，涵盖总账、现金银行、项目、应收款、应付款、报表、财务分析、存货核算等基础财务核算模块。共享模式的财务核算信息流(如财务核算系统、电子报销系统、影像扫描系统及资金管理系统等)都是财务共享必备的信息平台。例如，共享通过全流程推进电子核销平台建设，搭建一个可视的、可扩展服务范围的、信息一体化的“云”平台，实现费用申请、审批、确认、核销、付款的流程闭环，支持超过600家法人公司的员工费用及对公费用报账。

（五）建立SSC门户网站

为更好地推广共享服务的全球先进管理模式，海尔建了SSC门户网站，搭建了一个可视的、互动的、满足多方交流需求的信息平台(ssc. haier. com)。网站发布最新的共享中心工作流程、费用核销标准、工作案例及雷区，集团员工在登录查看的同时，可以针对部分问题进行在线交流，协助共享中心提升服务水平和工作效率，以更好地实现高效、合规的组织目标。另外，共享门户网站设立增值服务通道，整合个税计算、差旅查询、资料翻译等资源，为用户提供最贴近日常工作的个性化服务。

二、打造业内先驱的 SSC

在我国家电行业率先推出财务共享模式，海尔集团的探索具有重要意义：一是海尔的财务共享具有明显的“中国特色”；二是实现了“云中办公”；三是财务共享不仅提高了企业财务管理的效率，而且支撑了集团的战略转型。

（一）“中国特色”的 SSC

海尔 SSC 的“中国特色”在很大程度上体现在海尔财务共享对集团“管理与控制”的支持上。由于发达国家人工成本高，因此国际上的大公司实施财务共享的主要目标是实现对人工成本的降低。但在中国，共享中心更多承接了为集团提供高效率、高质量统一数据源及风险管控的任务，以便支持报表管理和经营决策。因此，海尔财务共享的定位不同于其他 SSC——它不仅是交易处理者，而且是预算绩效支持者、风险管控者、资金管理者。这关联一体的 4 种角色已融入海尔财务共享的血脉，体现了海尔利益相关者的共赢共享理念：通过对经济活动实施准确的业务处理，SSC 可以向股东、税务部门、审计师、工会、财政部门、统计部门等外部利益相关者提供会计信息，可以为集团决策提供有效的支持；通过推进供应链管理、渠道与客户关系管理、资金集约管理、供应链融资以及国际营运资金管理等方面的创新，提高资金管理效率和加强资金风险控制，并达成集中、高效的资金管理与服务；通过制定统一的交易规则和业务流程，将控制点嵌入流程并固化到信息系统，用自身更高的专业水平和更多的数据信息进行风险预警与合规评价，从而实现风险管控；通过数据采集、流程嵌入、信息传递和模型预测等支持预算决策，提高预算管理效率，为企业绩效管理提供支持。与此同时，SSC 利用财务业务流程中存在的风险，倒逼业务流程将差异关闭，并将控制节点固化到系统中，以免问题重复出现，有效地管控了业务风险。

（二）“云抢单”与海尔“人单合一”机制

随着海尔集团业务的快速扩张以及集团大量的法人共享需求，SSC 面临运营效率提升的“瓶颈”。海尔财务共享打破传统观念，在行业内创新建立了“云抢单”机制：搭建起“共享大抢单”平台，将每一条会计交易处理需求转变为一份在线可抢的订单，把不同交易处理节点的空余时间充分利用起来，由一个人负责全流程变革为分团队分段抢单，形成自驱动机制，让会计人员“云端办公”，转型成为快乐的“滴滴司机”。所有共享员工都可以通过云平台查看订单池信息，然后通过网上抢单来确保账务信息的及时入账。例如，海尔有 42 个区域中心，每个中心配备 1～2 名出纳，负责对客户的收款、记账。由于资金属性等因素，有可能北京的出纳在业务量大的时候不能保证资金及时、准确入账；但同时其他地区业务量较小，出纳较为空闲。抢单平台推出后，各区域的每个员工都可以通过抢单来确保客户款项的及时入账，原来区域有 62 名出纳，现在仅需 3 人即可，大大提高了资金结算效率，节省了人力和操作成本，同时提升了客户的满意度。

为了保证员工抢单的积极性，海尔实现了抢单机制与个人绩效、薪酬挂钩，形成了具有海尔特色的“人单酬”机制。在共享中心，每个员工都有一张损益表，记录员工个人的收入项、费用项和损失项，作为薪酬兑现的数据平台（如图 14－2 所示）。通过事前预酬、事中抢单、事后绩效挂钩并优化，使每位员工都成为自驱动、自运转、自创新的自主经营体，不仅实现了运营效率的持续提升，而且实现了员工与企业的双赢。以资金收款为例，“人单酬”损益表的收入项以工作的实际完成情况为基数，而不是定岗定价的固定薪酬模式，员工可以通过“抢单”机制，实现超额收入。

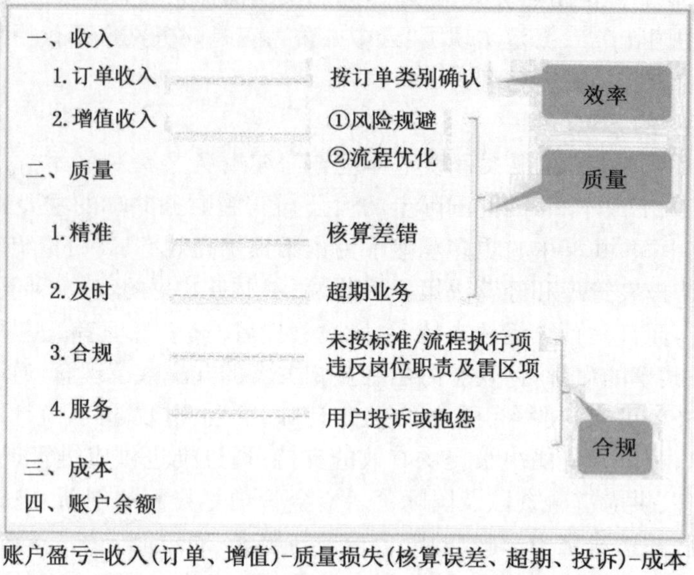

图 14－2　海尔财务共享“人单酬”机制

“共享大抢单”平台和“人单酬”机制的实施，解决了传统的固定法人负责制及订单需求和接单资源在时间、空间上难以协同的问题，组织运营效率提升 12%，满足了集团高速发展的需求。

（三）支持集团战略转型

对于 SSC 对集团财务转型的贡献，集团战略部这样评价：“财务共享服务使绩效考核实时呈现成为可能，取数逻辑固化，业绩考评公正、公开、透明化，使战略目标以量化方式与个人绩效挂钩，结合其他工具和方法，为各类业务人员及经营体实时展现绩效成果。”预算部门这样评价：“业务人员对财务的理解是从 SSC 开始的，规则＋高效＝∞。”共享财务所服务的经营体财务这样评价：“共享中心对各类经营运作的支持与协同，为共同帮助业务经营体、提升经营体的价值奠定了坚实的基础。”除了海尔集团内部的认可外，海尔 SSC 也得到了业界的高度评价和肯定。海尔还与国际著名咨询机构合作，开发了“海尔财务共享”课程。

三、创新效果

海尔财务共享创建的 10 年间，会计交易处理效率提升了 10 倍，并充分整合互联网资源，打造“云＋端”管理模式，成为我国目前财务流程共享最多的财务共享中心之一。通过大量的实践和研究，海尔财务共享服务模式以独创的管理方法实现了财务共享模式在互联网时代的再升级。

(一)提高财务工作效率,降低核算成本

共享中心通过组织和岗位的统一、流程和标准的优化、信息化平台的搭建、岗位手册操作标准化推进,以及公开、公平的岗位绩效竞赛,有效调动了员工的工作积极性,促进了员工技能提升,创造了人人争当岗位明星的积极氛围,实现了交易处理效率的持续提高。通过共享模式所实现的效率和成本优势,随着共享范围的扩大而逐步增加。作为独立的第三方服务,共享中心结合交易频次多、数量较大的现状,推出同步入账模式,有效规避了财务核算原因产生的账务未达,提升了效率,同时规避了集团管控风险,真实反映了集团的经营绩效。

(二)促进账务合规和风险管控工作

海尔财务共享为集团贡献了四种合规运营评价模型:一是建立员工信用等级标准并切入流程,提升团队诚信氛围;二是持续流程优化,主导标准透明、平台开放、自挣自花等原则;三是输出流程规范、风险指引及操作指导等管理手册;四是多维度持续输出流程案例、科目解析等财务管理报告,确保业务执行环节不失真。在统一的交易规则和业务流程中,共享中心将控制点嵌入流程并固化至信息系统,对各环节的风险进行了有效规避,控制企业不断增长的战略、财务、经营和其他各种风险;同时,利用自身更高的专业水平和更多的数据信息,采用流程穿刺、科目解析、风险预警等方法,定期对共享成员单位进行合规评价,倒逼法人公司加强内部控制及运营管理。

随着内部人才培养和知识沉淀,海尔财务共享中心逐渐成为集团财务知识中心。随着"云服务"模式的进一步成熟,海尔推进实施海外公司财务共享,建立了基于"云＋端"的全球财务共享服务模式,体现了以全球统一的会计语言对全球业务目标落地实施的保障,为海尔全球化运营、全球化财务管理奠定了坚实基础。

尽管海尔财务共享一直在用创新推进自身的发展,但成立10年以来,共享中心的目标从未变过——效率、质量、合规,这是共享中心发展过程中永不偏离的主题。未来,海尔的财务共享将深入第三个发展阶段,即外包服务阶段——将在海尔内部共享所收获的经验、技能更多地传播出去,为集团外的共享需求者提供有价值的服务。目前,海尔已经成立了共享咨询小微,先后为数家公司提供了企业SSC建设、共享信息化功能设计等方面的服务。未来,海尔财务共享服务中心会秉持用户驱动、自主管理、增值分享的理念,以市场视角为内外部用户提供专业化的财务服务。

【讨论】

1. 海尔集团为什么要构建财务共享中心?结合案例,谈谈财务共享中心对企业转型的作用和意义。

2. 结合案例,分析财务共享中心对企业商业模式的影响。

普通高等教育经济学管理学重点规划教材
国家级一流本科专业建设教材

财务管理学 第五版

Financial Management

任海峙　安　宁 ◎ 主编

上海财经大学出版社
SHANGHAI UNIVERSITY OF FINANCE & ECONOMICS PRESS
上海学术·经济学出版中心

图书在版编目(CIP)数据

财务管理学/任海峙,安宁主编. —5 版. —上海: 上海财经大学出版社,2024.3
普通高等教育经济学管理学重点规划教材
ISBN 978-7-5642-4290-9/F·4290

Ⅰ.①财… Ⅱ.①任…②安… Ⅲ.①财务管理-高等学校-教材 Ⅳ.①F275

中国国家版本馆 CIP 数据核字(2023)第 217560 号

□ 责任编辑　李嘉毅
□ 封面设计　贺加贝

财务管理学
(第五版)
任海峙　安　宁　主编

上海财经大学出版社出版发行
(上海市中山北一路 369 号　邮编 200083)
网　　址:http://www.sufep.com
电子邮箱:webmaster @ sufep.com
全国新华书店经销
上海景条印刷有限公司印刷装订
2024 年 3 月第 5 版　2024 年 3 月第 1 次印刷

787mm×1092mm　1/16　17.75 印张　432 千字
(练习册　6.25 印张　152 千字)
印数:30 001—34 000　　定价:59.00 元
(本教材免费赠送配套练习册,请直接向售书单位索取)

前言

“财务管理学”是高等院校经济管理类各专业的一门必修课程。随着我国资本市场的发展，以及经济转型下现代企业制度的不断完善，企业的财务活动呈现开放性、创新性的特征。在二十大报告“加快构建新发展格局，着力推动高质量发展”要求的指导下，提高财务管理水平，促进企业做优做强已成为重要课题，这对高等院校经济管理类各专业财务管理课程的教学提出了更高、更新的要求。基于上述认识，在系统地研究应用型本科教育的特点，总结多年教学、科研与实践经验的基础上，我们编写了这本教材。

本教材以财务目标为价值导向，以企业筹资决策、投资决策、营运资本管理以及利润分配等财务运作为基本框架，系统阐述了财务管理的基本理论以及财务预测、财务决策、财务预算、财务控制和财务分析等基本方法，并尝试对大数据时代的财务转型进行探索和研究。本书立足于我国企业财务管理实际，将理论与实践结合，具有较强的应用性和可操作性；在内容结构上，本着“夯实基础、拓宽知识面”的原则，在保证学科体系完整性的前提下，适当增加可灵活选读的章节，每章设复习思考题，以利于学生掌握所学知识，增强分析问题的能力。

本教材既可作为高等院校经济管理类各专业的教学用书，也可作为财会及其他经济管理人员阅读参考之用。

为了帮助学生进一步理解和掌握教材的内容，我们编写出版了配套的《财务管理学练习册》，配备了题型多样的练习题及其参考答案。此外，本教材还配有课件，支持立体化教学。

本教材由上海立信会计金融学院多年从事财务管理研究与教学工作的两位教师合作编写，共同负责全书设计、拟订编写大纲、统稿定稿。具体分工如下：任海峙副教授负责第一章、第三章、第四章、第七章、第九章和第十二章的编写；安宁副教授负责第二章、第五章、第六章、第八章、第十章、第十一章、第十三章和第十四章的编写。

在本教材的编写过程中，我们参考了国内外的优秀教材和文献，在此谨向有关作者和出版单位表示最诚挚的感谢。

本教材的编写中融入了我们多年教学与研究的体会，务求有益于学习者系统掌握和应用财务管理的知识与技能。

需要特别说明的是，依据国家教材委员会办公室《关于做好党的二十大精神进教材工作的通知》（国教材办〔2022〕3 号）的要求，推动党的二十大精神进教材、进课堂、进头脑，除了本教材中已经体现的二十大精神内容外，为了与时俱进地增补与本教材相关的思政案例和二十大精神内容，及时修改在教学过程中发现的本书错误之处，我们与出版社共同建设新媒体动态服务窗口，使用本教材的教师可以通过手机微信扫以下二维码，获取相关最新内容。

《财务管理学（第五版）》持续更新窗口

虽然我们以优秀教材为目标竭尽全力编写这本教材，但疏漏和不足之处在所难免，敬请同行专家与读者批评指正，以便我们不断修订完善。

编　者

2024 年 2 月

目录

第一章　总　论

第一节　财务管理概述

一、财务管理的产生与发展

（一）财务管理的产生

财务管理作为企业的一项独立经济活动，是伴随公司制的产生和发展而逐渐形成的。

财务管理的萌芽可追溯到15、16世纪，当时地中海沿岸一带的城市商业得到了迅猛的发展，在某些城市中出现了以商人、王公大臣乃至一般市民为股东主体的城市商业组织。这种股份组织，一般由官方设立并监督其业务，股份不能随意转让，但投资者可以收回投资，国外有些学者称其为“原始的股份形式”。商业股份经济的发展，要求企业做好筹集资金、股利分配和股利回收等工作。由于当时这些活动尚未从商业经营中分离出来，不具备独立的财务管理职能，因此被视为财务管理的萌芽。

现代财务管理学产生于19世纪末的西方发达资本主义国家。17至18世纪，随着资本的原始积累和生产规模的扩大，股份有限公司逐渐发展成为一种典型的企业组织。尤其是19世纪50年代以后，随着西方国家产业革命的完成，制造业迅速崛起，股份有限公司已占国民经济的主导地位，企业的规模越来越大，生产经营所需资金显著增多，财务关系日益复杂。同时，金融市场兴旺，企业发行股票、债券等筹资活动十分频繁，财务管理工作日益繁重，迫使各企业纷纷设立专门的财务管理机构和配备专门的财务管理人员，使财务管理从企业管理中分离，形成一项独立的专门工作。财务管理实践的发展，促使财务管理的理论和方法逐渐成形。1897年，美国著名经济学家托马斯·L.格林（Thomas L. Green）出版了《公司财务》专著，标志着财务管理学科的初步形成。

（二）财务管理的发展

自20世纪以来，财务管理职能的发展和财务管理理论的逐步成熟主要经历了以下几个阶段：

1. 以筹资为重心的管理阶段

20世纪初期，随着经济和科学技术的发展，新行业大量涌现，企业迅速发展壮大，竞争更加激烈。为了扩大规模，拓展经营领域，企业需要筹措大量资本。这一阶段财务管理是以筹资为重心的管理阶段，如何做好筹资工作，合理预计企业资金需要量和筹集企业所需要的资金，尽量降低资本成本，是这一时期财务管理的重要职能。

2. 以内部控制为重心的管理阶段

20世纪30年代爆发了世界性的经济危机，造成大量企业因严重亏损、资产变现能力弱等而倒闭，财务管理的重点不得不转到维持企业生存上来。西方各国政府为维护投资人的利益，加强了对证券市场的监管，如美国政府分别于1933年和1934年颁布了《证券法》和《证券交易法》，要求企业公布财务信息。政府监管的加强，客观上要求企业把财务管理的重心转向内部控制。同时，对企业来说，要尽快走出经济危机的困境。为以低价优质的产品占领市场以求得企业生存，内部控制显得十分必要。在这种背景下，财务管理逐渐转到以内部控制为重心的管理阶段。这一阶段的财务管理更注重合理运用企业拥有或控制的经济资源，加强财务分析和规划，提高资本的使用效益。

3. 以投资管理为重心的管理阶段

第二次世界大战以后，企业规模越来越大，生产经营日趋复杂，再加上国际大资本和跨国公司的形成，通货膨胀和市场竞争的加剧，使得企业的生存和发展不仅取决于筹资和内部控制，而且取决于投资管理。投资管理越来越受到重视，投资决策在企业财务管理中逐渐取得主导地位。于是，财务管理的重心由内部控制转向投资管理。这一阶段的财务管理强调投资决策程序科学化，并逐步建立科学的风险投资决策理论和方法，为正确进行风险投资决策提供了科学的依据。

4. 以资本运作为重心的综合管理阶段

20世纪80年代以后，随着市场经济和经济全球化的发展，特别是资本市场的不断发展，企业集团化与国际经营已经成为必然趋势，财务活动和财务关系日益复杂，财务管理开始朝着综合性管理的方向发展。这一时期财务管理的特点是以资本运作为重心的综合管理。其主要表现：(1)财务管理被视为企业管理的中心，资本运作被视为财务管理的中心，财务管理广泛关注以资本运作为重心的资本筹集、资本运用和资本收益分配，追求资本收益的最大化；(2)财务管理方式综合化，预测、决策、计划、控制、分析和评价等在实践中得以综合应用；(3)财务管理的视野不断拓展，新的财务管理领域不断出现，如通货膨胀财务问题、跨国经营的国际财务问题、企业并购财务问题、网络财务问题等；(4)财务管理的定性和定量方法不断得到创新，计算模型在财务管理中的运用变得越来越普遍；(5)计算机的应用促进了财务管理手段的重大变革，极大地提高了财务管理的效率。

二、财务管理的内容

财务管理是企业组织财务活动、处理各方面财务关系的一项经济管理工作。要了解什么是财务管理，就必须先分析财务活动和财务关系。

(一)财务活动

1. 筹资活动

筹资活动是指企业为满足投资和资金营运的需要，筹措和集中所需资金的行为。在筹集资金的过程中：一方面，企业要根据战略发展需要和投资计划来确定筹资的总规模，以保证投资所需要的资金；另一方面，要通过正确选择筹资渠道、筹资方式或工具，合理确定资本结构，降低筹资成本和筹资风险，提高企业价值。

企业通过筹资可以形成两种不同性质的资金来源:一是企业权益资金,可以通过向投资者吸收直接投资、发行股票、企业留存收益等所有权融资方式取得;二是企业负债资金,可以通过从银行借款、发行债券、利用商业信用等负债融资方式取得。

2. 投资活动

投资是指企业为了在未来获得预期的经济利益,向特定领域投放资金的行为。因企业投资而引起的财务活动,构成了企业的投资活动。在投资过程中,企业必须分析影响投资决策的各种因素,关注现金流量规模,评估投资风险,进行科学细致的可行性研究,并对投资项目的实施过程进行有效的监督和控制,以提高投资收益。

企业投资按其方向不同,可以分为对内投资和对外投资两种。对内投资是指把资金投向企业内部,用于购置企业自身经营所需的固定资产、无形资产和其他资产等。对外投资是指企业以现金、实物、无形资产等方式向其他单位投资,如与其他企业联营或购买其他企业的股票、债券等。

3. 资金营运活动

企业在日常生产经营活动中,会发生一系列资金收付行为。首先,企业需要采购材料或商品以从事生产和销售活动,同时要支付工资和其他营业费用;其次,当企业把商品或产品售出后,便可取得收入、收回资金;最后,如果资金不能满足企业经营需要,就要采取短期借款方式来筹集所需资金。为满足企业日常营业活动的需要而垫支的资金,称为营运资金。因企业日常经营而引起的财务活动,称为资金营运活动。

在一定时期内,营运资金周转速度越快,资本的利用效率就越高,企业就可获取越多收入,获得越好的经济效益。为此,企业需要确定营运资金的持有政策、合理的营运资金融资政策以及合理的营运资金管理策略,包括:现金和交易性金融资产持有计划的确定,应收账款的信用标准、信用条件和收账政策的确定,存货周期、存货数量、订货计划的制订,短期借款计划、商业信用筹资计划的确定等。

4. 资金分配活动

企业通过投资和资金营运活动可以取得相应的收入,实现资本的保值、增值。分配活动是对资本运用所获成果的分配,是企业一次资本运动的终点,又是下一次资本运动的起点,起着两次资本运动之间的联结作用,是企业资本不断循环周转的重要条件。广义的分配是指对企业取得的各种收入进行分割和分派的行为,狭义的分配仅指对净利润的分配。

分配活动涉及各经济主体的利益,影响着企业的价值。因此,企业需要依据法律的有关规定,合理确定分配规模和分配方式,增强企业潜在的收益能力,以有利于企业长期发展战略的实施。

上述财务活动的四个方面是相互联系、相互依存的,它们构成了企业财务管理的基本内容:筹资管理、投资管理、营运资金管理和利润分配管理。

(二)财务关系

企业在筹资、投资、资金营运和分配等财务活动中,与许多方面有着广泛的财务关系。这些财务关系主要表现在以下几个方面:

1. 企业与投资者之间的财务关系

这主要是指企业投资者按约定向企业投入资金,企业向投资者分配投资报酬和剩余财产所形成的经济关系。企业的投资人主要有国家、法人单位、个人和外商等。企业与投资者之间的财务关系，体现了所有权的性质，反映了所有权和经营权的关系。

2. 企业与债权人之间的财务关系

这主要是指企业向债权人借入资金，并根据合同规定按时支付利息和归还本金所形成的经济关系。企业除利用资本金开展经营活动外，还要借入一定数量的外部资金，以便扩大企业经营规模，降低资金成本。企业的债权人主要有金融机构、其他单位、个人等。企业与债权人的财务关系体现的是债务与债权的关系。

3. 企业与被投资单位之间的财务关系

这主要是指企业将其资金以购买股票或直接投资的形式向其他单位投资所形成的经济关系。随着市场经济的不断深入发展，企业经营规模和经营范围的不断扩大，这种关系将会越来越广泛。企业与受资者的财务关系体现的是所有权性质的投资与受资的关系。

4. 企业与债务人之间的财务关系

这主要是指企业将其资金以购买债券、提供借款或商业信用等形式借给其他单位所形成的经济关系。企业将资金借出后，有权要求债务人按约定的条件支付利息、归还本金和偿付货款。企业与债务人的关系体现的是债权与债务关系。

5. 企业内部各单位之间的财务关系

这主要是指企业内部各单位之间在生产经营各环节中相互提供产品或劳务所形成的经济关系。企业在实行内部经济核算的条件下，供、产、销各部门以及各生产单位之间相互提供劳务和产品，要进行计价核算。这种在企业内部形成的资金结算关系，体现了企业内部各单位之间的利益均衡关系。

6. 企业与职工之间的财务关系

这主要是指企业在向职工支付劳动报酬过程中所形成的经济关系。职工是企业的劳动者，企业根据劳动者提供的劳动的情况向职工支付劳动报酬，并提供公益设施等，这种企业与职工的财务关系体现的是职工个人和集体在劳动成果上的分配关系。

7. 企业与税务机关之间的财务关系

这主要是指企业要按税法的规定纳税从而与国家税务机关形成的经济关系。任何企业都要按照国家税法的规定缴纳各种税款，以保证国家财政收入的实现，满足社会各方面的需要。及时、足额地纳税是企业对国家的贡献，也是企业对社会应尽的义务。

三、财务管理的环节

财务管理环节是指财务管理的工作步骤与一般工作程序。一般而言，企业财务管理包括以下几个环节：

(一)财务预测

财务预测是指根据企业财务战略目标和规划，利用企业财务活动的历史资料，结合现实条件与要求，对企业未来财务活动的发展趋势做出科学的预计和测量。财务预测是财务决策的基础，也是编制财务预算的前提。

财务预测的方法主要有定性预测和定量预测两类。定性预测法，主要是由专业人员依靠个人的经验知识和主观判断，对事物未来的状况和趋势做出预测的一种方法；定量预测法，主要是依据比较完整的历史资料，运用数学模型，对事物未来的状况和趋势做出预测的一种方法。在实际工作中，通常将两者结合起来进行财务预测。

（二）财务决策

财务决策是指按照财务战略目标的总体要求，利用专门的方法，对各种备选方案进行比较和分析，从中选出最佳方案的过程。财务决策是财务管理的核心，决策的成功与否直接关系到企业的兴衰成败。

财务决策的方法主要有两类：一类是经验判断法，是根据决策者的经验来判断和选择，常用的方法有淘汰法、排队法、归类法等；另一类是定量分析法，常用的方法有优选对比法、数学微分法、线性规划法、概率决策法等。

（三）财务预算

财务预算是指通过对企业内外部环境的分析，在科学预测与决策的基础上，对未来财务活动的内容及指标进行综合平衡与协调的具体规划。财务预算以财务决策确立的方案和财务预测提供的信息为基础编制，是财务战略的具体化。

财务预算通常包括固定预算与弹性预算、增量预算与零基预算、定期预算与滚动预算等。

（四）财务控制

财务控制是指利用有关信息和特定手段，对企业的财务活动施加影响或进行调节，以便实现计划所规定的财务目标的过程。财务控制是落实财务预算，防止、发现并纠正预算执行偏差的有效措施，也是进行绩效考评的重要依据。

财务控制的方法通常有事前控制、事中控制和事后控制三种。

（五）财务分析

财务分析是指根据企业财务报表等信息资料，采用专门方法，系统分析和评价企业财务状况、经营成果以及未来趋势的过程。

财务分析的方法通常有比较分析法、比率分析法和因素分析法等。

第二节　财务管理目标

一、财务管理目标理论

财务管理目标是企业财务管理活动所希望实现的结果。它是评价企业财务管理活动是否合理有效的基本标准，是财务管理工作的行为导向，是财务管理工作的出发点和归宿。财务管理目标制约着财务工作的基本特征和发展方向，不同的财务管理目标会产生不同的财务管理运行机制。因此，科学地设计财务管理目标，对优化理财行为，实现财务管理的良性循环，具有重要意义。

财务管理目标理论有以下几种具有代表性的观点：

（一）利润最大化

利润代表了企业新创造的财富，利润越多，说明企业的财富增加得越多，越接近企业的目标。以追逐利润最大化作为财务管理目标，理由有三个：(1)利润可以直接反映企业创造剩余产品的多少。人类从事生产经营活动的目的是创造更多剩余产品，在商品经济条件下，剩余产品的多少可用利润这个价值指标来衡量。(2)利润是企业补充资本、扩大经营规模的源泉。在自由竞争的资本市场中，资本的使用权最终属于获利最多的企业。(3)利润在一定程度上反映了企业经济效益的好坏和对社会贡献的大小。只有每家企业都最大限度地获取利润，整个社会的财富才可能实现最大化，从而带来社会的进步和发展。因此，以利润最大化作为财务管理目标有其科学性和合理性。

但是，以利润最大化作为财务管理目标存在以下缺陷：(1)没有考虑利润实现时间和货币时间价值。不同时间实现的利润，其实际价值是不同的，甚至差别很大。(2)没有考虑风险问题。高额利润往往要承担过大的风险，一旦累积的风险爆发，就可能给企业造成无法挽回的损失。(3)没有考虑所获利润与投入资本之间的关系。(4)可能导致企业倾向于做出短期财务决策，从而影响企业的长远发展。

（二）每股收益最大化

每股收益最大化的观点认为，应当把企业的利润和股东投入的资本联系起来考察，用每股收益来反映企业的财务目标。每股收益是指归属于普通股的净利润与发行在外的普通股股数的比值，它的大小反映了投资者投入资本获得回报的能力。

但这种观点存在以下缺陷：仍然没有考虑货币时间价值与风险因素，也不能避免企业的短期行为，可能导致与企业的战略目标相背离。

（三）股东财富最大化

这种观点是站在所有者（股东）的角度定位财务管理目标。股东投资于企业的重要目的在于创造尽可能多的财富，企业对投资者注入的资本进行合理经营，从而使股东财富达到最大。在股份有限公司，股东财富由其所拥有的股票数量和股票市场价格两方面决定。在股东持有股份数既定的情况下，股票价格最高时，股东的财富也就达到最大，由此，股东财富最大化又演变为股价最大化。

股东财富最大化目标有其合理的方面，它考虑了货币时间价值和风险因素，在一定程度上能够克服企业在决策时的短期行为，因为股价不仅与当期收益相关，而且会受预期收益和风险的影响；股价客观、明确，便于计量股东财富。

股东财富最大化目标也存在缺点：它只适用于上市公司，对非上市公司并不适用；它只强调股东利益，对其他关系人的利益重视不够；另外，股价并非为企业所控制，而是受多种因素的影响，其并不完全与企业的经营业绩相关，把与企业无关的因素引入财务管理目标是不合理的。特别是在资本市场效率低的情况下，股价很难反映企业所有者的价值，只有当资本市场高度发达、有效时，上市公司把股东财富最大化作为财务管理目标才是一个比较好的选择。

（四）企业价值最大化

企业价值最大化是指通过企业的合理经营，采用最优的财务决策，充分考虑货币时间价值和风险与报酬的关系，在保证企业长期稳定发展的基础上，使企业价值达到最大。

企业价值可以理解为企业所有者权益和债权人权益的市场价值，或者是企业所能创造的预计未来现金流量的现值。“未来现金流量”这一概念包含了货币时间价值和风险价值两个方面的因素，因为未来现金流量的预测包含了不确定性和风险因素，而现金流量的现值是以货币时间价值为基础对现金流量进行折现计算得出的。

以企业价值最大化作为财务管理目标，具有以下优点：(1)考虑了取得报酬的时间，并用货币时间价值的原理进行了计量。(2)考虑了风险与报酬的关系。(3)有利于克服企业在追求利润上的短期行为，因为不仅目前的利润会影响企业的价值，而且预期未来的利润对企业价值的增加会产生重大影响。(4)有利于社会资源合理配置。社会资本通常流向企业价值最大化或股东财富最大化的企业或行业，从而实现社会效益最大化。

但是，以企业价值最大化作为财务管理目标过于理论化，不易操作。再者，对于非上市公司而言，只有对企业进行专门的评估才能确定其价值，而在评估企业的资产时，由于受评估标准和评估方式的影响，因此很难做到客观和准确。

二、利益冲突与协调

股东和债权人都为企业提供了财务资源，但是他们处在企业之外，只有经营者即管理当局在企业里直接从事管理工作。股东、经营者和债权人之间构成了企业最重要的财务关系。企业是所有者即股东的企业，所有者追求的是股东财富最大化和企业价值最大化目标。股东委托经营者代表他们管理企业，为实现他们的目标而努力，但经营者与股东的目标并不完全一致。债权人把资金借给企业，并不是为了实现股东财富最大化和企业价值最大化，其与所有者的目标也不一致。企业必须协调这三方面的利益冲突，才能实现“企业价值最大化”的目标。

(一)所有者与经营者的冲突和协调

企业价值最大化实质上是所有者的愿望和所追求的目标，所有者要求经营者以最大的努力去达到这个目标。经营者作为最大合理收益的追求者，其目的是在物质上获取较高的经济报酬、在非物质上增加闲暇时间、规避风险以及提高荣誉和社会地位等。由于经营者目标与所有者目标不完全一致，因此经营者就有可能放弃受托责任，为了自身目标而背离所有者的利益。这种背离主要表现在经营者的道德风险和享受成本两个方面。

经营者的道德风险是指经营者为了自己的目标不尽最大努力去实现企业的财务目标，在工作中不十分卖力，只求不犯错，以增加闲暇时间、规避风险。由于这样做并不构成法律和行政责任问题，只涉及道德问题，股东很难追究其责任，因此称为经营者的道德风险。

对所有者来讲，其所放弃的利益就是经营者所得到的利益。在西方，这种被放弃的利益也称为所有者支付给经营者的享受成本。问题的关键不是享受成本的多少，而是在增加了享受成本的同时，是否增加了股东财富和企业价值。经营者往往为了自己的目标而背离股东的愿望，蓄意压低股票价格，然后自己买回，以增加自己的报酬、提高享受成本，但并没有增加企业价值，反而损害了所有者的利益。

一般来说，解决所有者与经营者之间在财务目标上的矛盾的做法有以下两种：

1. 监督

经营者背离企业财务目标的根本原因在于经营者与所有者之间的信息不对称，所有者掌握的企业财务信息远远不及经营者多。协调这种矛盾的方法主要是经营者向所有者定期公布企业的财务状况和经营成果，并进行必要的财务监督。全面、直接地监督在实际上是行不通的，所有者往往聘请独立、公正的注册会计师来实施财务监督，经营者被迫实现企业的财务目标。

2. 激励

激励即通过将经营者的报酬与其绩效挂钩的办法，使经营者分享企业的利润，鼓励经营者采取有效措施来实现企业的财务目标。激励通常有两种基本方式：(1)“股票期权”方式，即使经营者拥有以约定价格购买一定数量企业股票的选择权，股票的价格越是高于固定价格，这种选择权越有价值，以约定价格购买股票的经营者所获得的报酬就越多。所以，经营者为获得更大的股价上涨的好处，就必须主动采取能够提高股价的行动。(2)“绩效股”方式，即企业运用每股收益、资产报酬率等指标来评价经营者的业绩，视其业绩大小给予其数量不等的股票作为报酬。如果企业的经营业绩未能达到规定目标，经营者就将部分丧失原先持有的“绩效股”。这种方式促使经营者为多得“绩效股”而不断采取措施来提高企业的经营业绩，从而增加股东财富和企业价值。

所有者通常会在监督成本、激励成本和偏离财务目标的损失之间进行权衡，以选择最佳方式来协调自己与经营者之间的冲突。

（二）所有者与债权人的冲突和协调

股东财富最大化和企业价值最大化的目标不一定符合债权人的利益。债权人将资金借给企业的基本目的是获取利息收入并到期收回本金，而所有者（股东）为实现其财务目标，可能通过经营者实施违背债权人意愿的行为。

所有者与经营者可能未经债权人同意，改变举债资金的原定用途，投资于比债权人预期风险更高的项目。高风险的项目一旦成功，额外的利润就归所有者独享；高风险的项目不幸失败，债权人不仅不能获取利息收入，而且连本金也难以收回，这相当于债权人与所有者共同承担高风险，却不能共同分享高收益，风险与收益不对称。

所有者与经营者可能未经债权人同意而发行新债券，致使旧债券或其他旧债务的价值下降（因为企业的偿债风险增加）。如果企业破产，旧债权人与新债权人就要共同分配剩余财产，致使旧债券或其他旧债务的风险增加。

债权人为了解决与所有者（股东）之间的冲突，除寻求法律保护外，往往采取以下方式加以协调：(1)在借款合同中加入限制性条款，如规定筹集资金的用途、担保方式、信用条件等；(2)采取提前收回债权或不再提供新债权的方式，即当债权人发现企业有侵蚀其债权价值的意图时，便采取收回债权和不增加放贷等来保护自身的权益。

（三）企业目标与社会责任的关系和协调

企业目标与社会责任的履行在许多方面是一致的。企业在追求其目标的过程中，自然会使社会受益。例如，企业为了生存，必须生产出符合顾客需要的产品，以满足社会的需求；企业为了发展，必须不断引进与开发新技术，并扩大经营规模，这样就会增加就业机会，提供更多税收；企业为了获利，必须提高劳动生产率，改进产品质量，改善服务，从而提高社会生产效率和公众的生活质量；企业通过实现企业价值的最大化来实现社会财富的最大化。

企业目标与社会责任之间也有不一致的地方。例如，企业为了获利，可能生产劣质产品、不顾员工的健康和利益、造成环境污染、损害其他企业的利益等。社会责任要求企业讲究环保、合理雇用工人、保护消费者权益等，但这些社会责任的履行，必然造成股东财富或企业价值一定程度的损失，从而不利于企业目标的实现。

企业目标与社会责任之间的差异，主要通过政府干预和道德规范的手段来协调：一是运用法律手段，如制定反不正当竞争法、环境保护法、合同法、反暴利法、消费者权益保护法和有关产品质量的法规等；二是通过行政和经济杠杆来调节和约束企业行为；三是依靠社会公众的舆论进行监督，以促进企业履行社会责任，构建和谐社会。

第三节　财务管理原则

财务管理原则，也称理财原则，是指人们对财务活动共同的、理性的认识。它是联系理论与实务的纽带。如何概括理财原则，人们的认识不完全相同。道格拉斯·R. 爱默瑞(Douglas R. Emery)和约翰·D. 芬尼特(John D. Finnerty)的观点具有代表性，他们将理财原则概括为三类。

一、有关竞争环境的原则

有关竞争环境的原则，是对资本市场中人的行为规律的基本认识。

(一)自利行为原则

自利行为原则是指人们在决策时按照自己的财务利益行事，在其他条件相同的情况下，人们会选择对自己经济利益最大的行动。

自利行为原则的依据是理性的经济人假设。该假设认为，人们对每一项交易都会衡量其代价和利益，并且会选择对自己最有利的方案来行动。自利行为原则假设企业决策人对企业目标具有合理的认识程度，并且对如何达到目标具有合理的理解。在这种假设情况下，企业会采取对自己最有利的行动。自利行为原则并不认为钱是生活中最重要的东西，或者说钱可以代表一切。问题在于商业交易的目的是获利，在从事商业交易时，人们总是为了自身的利益做出选择和决定，否则他们就不必从事商业交易。自利行为原则也并不认为钱以外的东西都是不重要的，而是说在“其他条件都相同时”，所有财务交易集团都会采取对自己经济利益最大的行动。

自利行为原则的一个重要应用是委托代理理论。根据该理论，应当把企业看作各种自利的人的集合。如果企业只有业主一个人，他的行为就十分明确和统一。如果企业是一家大型的公司，情况就变得非常复杂，因为这些关系人之间存在利益冲突。一家公司涉及的利益关系人包括普通股股东、优先股股东、债券持有者、银行、短期债权人、政府、社会公众、经理人员、员工、客户、供应商、社区等。这些人或集团都是按自利行为原则行事的。企业和各种利益关系人之间的关系，大部分属于委托代理关系。这种相互依赖又相互冲突的利益关系，需要通过“契约”来协调。因此，委托代理理论是以自利行为原则为基础的。

自利行为原则的另一个应用是机会成本的概念。当一个人采取某个行动时，就等于取消了其他可能的行动，因此，他必然用这个行动与其他的可能行动相比，看该行动是否对自己最有利。采用一个方案而放弃另一个方案时，被放弃方案的收益是被采用方案的机会成本。尽管人们对机会成本的概念有分歧，其计算也经常遇到困难，但是人们都不否认机会成本是一个在决策时不能不考虑的重要问题。

（二）双方交易原则

双方交易原则是指每一项交易都至少存在两方，在一方根据自己的经济利益决策时，另一方也会按照自己的经济利益决策，并且双方一样聪明、勤奋和富有创造力，因此一方在决策时要正确预见对方的反应。

双方交易原则的建立依据是商业交易至少有两方、交易是"零和博弈"，以及各方都是自利的。每一项交易都有一个买方和一个卖方，这是不争的事实。无论是买方市场还是卖方市场，在已经成为事实的交易中，买进的资产和卖出的资产总是一样多。例如，在证券市场上卖出一股就一定有一股被买入。既然买入的总量与卖出的总量永远一样，那么一个人的获利只能以另一个人的付出为基础。一个高的价格使购买人受损而卖方受益，一个低的价格使购买人受益而卖方受损，一方得到的与另一方失去的一样多，从总体上看，双方收益之和等于零，故称为"零和博弈"。在"零和博弈"中，双方都按自利行为原则行事，谁都想获利而不是吃亏，那么，为什么还会成交呢？这与事实上人们的信息不对称有关。买卖双方由于信息不对称，因此对金融证券产生不同的预期。不同的预期导致了证券买卖，高估股票价值的人买进，低估股票价值的人卖出，直到市场价格达到他们一致的预期时交易停止。如果对方不认为对自己有利，他就不会和你成交。因此，在决策时不仅要考虑自利行为原则，而且要使对方有利，否则交易就无法实现，除非对方不自利或者很愚蠢，不知道自己的利益是什么，然而，这样估计商业对手本身就不明智。

双方交易原则要求在理解财务交易时不能"以我为中心"，在谋求自身利益的同时要注意对方的存在，以及对方也在遵循自利行为原则行事。这条原则要求我们不要总是"自以为是"，错误地认为自己优于对手。

双方交易原则还要求在理解财务交易时注意税收的影响。税收的存在，主要是利息的税前扣除，使得一些交易表现为"非零和博弈"。政府是不请自来的交易第三方，凡是交易，政府都要从中收取税金。减少政府的税收，交易双方都可以受益。避税就是寻求减少政府税收的合法交易形式。避税的结果使交易双方均受益，但其他纳税人会承担更大的税收份额，从更大范围来看并没有改变"零和博弈"的性质。有的人主张，把"税收影响决策"单独作为一条理财原则，因为税收会影响所有交易。

（三）信号传递原则

信号传递原则，是指行动可以传递信息，并且比企业的声明更有说服力。信号传递原则是自利行为原则的延伸。由于人们或企业是遵循自利行为原则的，因此一项资产的买进能暗示该资产"物有所值"，买进的行为提供了有关决策者对未来的预期或计划的信息。例如，一家企业决定进入一个新领域，反映了管理者对企业的实力以及新领域的未来前景充满信心。

信号传递原则要求根据企业的行为判断它未来的收益状况。例如，一家经常用配股的办法找股东要钱的企业，很可能自身产生现金的能力较差；一家大量购买国库券的企业，很可能缺少净现值为正数的投资机会；内部持股人出售股份，常常是企业盈利能力恶化的重要信号。安然公司在破产前报告的利润一直不断上升，但是其内部人士在1年前就开始陆续抛售股票，并且没有任何内部人士购进安然公司股票的记录（在美国，上市公司的董事、高级经理人员和持股10%以上的股东，在买卖本公司股票时，必须向证监会申报，并且会被证监会在其网站上公告，使得内部人士的交易成为公开信息）。这一行动表明，安然公司的管理层已经知道公司遇到了麻烦，特别是在公司的宣告(包括它的财务报表)与其行动不一致时，行动通常比语言更具有说服力。这就是通常所说的，“不但要听其言，更要观其行”。

信号传递原则还要求企业在决策时不仅考虑行动方案本身，而且考虑该项行动可能给人们传达的信息。在资本市场上，每个人都在利用他人交易的信息，自己交易的信息也会被别人利用，因此应考虑交易的信息效应。

(四)引导原则

引导原则是指当所有办法都失败时，寻找一个可以信赖的榜样作为自己的引导。所谓“当所有办法都失败”，是指我们的理解力存在局限性，不知道如何做对自己更有利；或者寻找正确答案的成本过高，以至于不值得把问题完全搞清楚。在这种情况下，不要继续坚持采用正式的决策分析程序，包括收集信息、建立备选方案、采用模型评价方案等，而是直接模仿成功榜样或者大多数人的做法。

引导原则是对信号传递原则的一种运用。承认行动传递信号，就必然承认引导原则。

不要把引导原则混同于“盲目模仿”。引导原则只在两种情况下适用：一是理解存在局限性，认识能力有限，找不到最优的解决办法；二是寻找最优方案的成本过高。在这两种情况下，跟随值得信任的人或者大多数人才是有利的。引导原则不会帮你找到最好的方案，却常常可以使你避免采取最差的行动。它是一个次优化准则，其最好结果是得出近似最优的结论，最差结果是模仿了别人的错误。这一原则虽然有潜在的问题，但是我们经常会遇到理解力、成本或信息受到限制的情况，无法找到最优方案，需要采用引导原则来解决问题。

引导原则的一个重要应用是行业标准概念。例如，资本结构的选择问题，理论不能提供企业最优资本结构的实用化模型。观察本行业成功企业的资本结构，或者多数企业的资本结构，不要与它们的水平偏离太远，就成为资本结构决策的一种简便、有效的方法。

引导原则的另一个重要应用就是“免费跟庄”概念。一个“领头人”花费资源得出一个最佳的行动方案，其他“追随者”通过模仿节约了信息处理成本。《中华人民共和国专利法》和《中华人民共和国著作权法》是在知识产权领域中保护“领头人”的法律，强制“追随者”向“领头人”付费，以避免“自由跟庄”问题的影响。在财务领域中并不存在这种限制。“庄家”可能利用“免费跟庄”现象进行恶意炒作，损害小股民的利益。因此，各国证券监管机构都禁止操纵股价的恶意炒作，以维持证券市场的公平性。

二、有关创造价值的原则

有关创造价值的原则，是人们对增加企业财富基本规律的认识。

(一)有价值的创意原则

有价值的创意原则，是指创意能获得额外报酬。

竞争理论认为，企业的竞争优势可以分为经营奇异和成本领先两个方面。经营奇异，是指产品本身、销售交货、营销渠道等客户广泛重视的方面在产业内独树一帜。任何独树一帜都来源于创意。创造和保持经营奇异性的企业，如果其产品溢价超过了为产品的独特性而附加的成本，它就能获得高于平均水平的利润。正是许多新产品的发明，使得发明人和生产企业变得非常富有。

有价值的创意原则主要应用于直接投资项目。一个项目依靠什么取得正的净现值？它必须是一个有创意的投资项目。重复过去的投资项目或者别人的已有做法，最多只能取得平均报酬率，维持而不是增加股东财富。创意迟早会被别人效仿而失去原有的优势，因此，创新的优势都是暂时的。企业长期的竞争优势，只有通过一系列短期优势才能维持。只有不断创新，才能维持经营的奇异性并不断增加股东财富。

有价值的创意原则还应用于经营和销售活动。例如，连锁经营方式的创新使得麦当劳的投资人变得非常富有。

（二）比较优势原则

比较优势原则是指专长能创造价值。在市场上要想赚钱，就必须发挥专长。大家都想赚钱，你凭什么能赚到钱？你必须在某一方面比别人强，并依靠你的强项来赚钱。没有比较优势的企业，很难增加股东财富。

比较优势原则的依据是分工理论。让每一个人去做最适合他做的工作，让每一家企业生产最适合它生产的产品，社会的经济效率才会提高。

比较优势原则的一个应用是“人尽其才、物尽其用”。在有效的市场中，你不必要求自己什么都做得最好，但要知道谁能做得最好。对于某一件事情，如果有人比你做得更好，就支付报酬让他代你去做；同时，你去做比别人做得更好的事情，让别人向你支付报酬。如果每个人都去做能够做得最好的事情，每项工作就找到了最称职的人，就会提高经济效率。每家企业都做自己能做得最好的事情，一个国家的效率就提高了。国际贸易的基础，就是每个国家生产它最能有效生产的产品和劳务，这样可以使每个国家都受益。

比较优势原则的另一个应用是优势互补。合资、合并、收购等，都是基于优势互补原则。一方有某种优势，如独特的生产技术，另一方有其他优势，如杰出的销售网络，两者结合可以使各自的优势快速融合，并形成新的优势。

比较优势原则要求企业把主要精力放在自己的比较优势上，而不是日常的运行上。建立和维持自己的比较优势，是企业长期获利的根本。

（三）期权原则

期权是指不附带义务的权利，它是有经济价值的。期权原则是指在估价时要考虑期权的价值。

期权概念最初产生于金融期权交易，它是指所有者（期权购买人）能够要求出票人（期权出售者）履行期权合同上载明的交易，而出票人不能要求所有者做任何事情。在财务上，一份明确的期权合约经常是指按照预先约定的价格买卖一项资产的权利。

广义的期权不限于财务合约，任何不附带义务的权利都属于期权。许多资产存在隐含的期权。例如，一家企业可以决定某个资产出售或者不出售，如果价格不令人满意就什么事也不做，如果价格令人满意就出售。这种选择权是广泛存在的。一个投资项目，本来预期有正的净现值，因此被采纳并实施了，上马以后发现它并没有原来设想的那么好。此时，决策人不会让事情按原计划发展下去，而会决定方案下马或者修改方案，使损失减少到最低。这种后续的选择权是有价值的，它增加了项目的净现值。在评价项目时，就应考虑到后续选择权是否存在以及它的价值有多大。有时，一项资产附带的期权比该资产本身更有价值。

（四）净增效益原则

净增效益原则是指财务决策建立在净增效益的基础上，一项决策的价值取决于它和替代方案相比所增加的净收益。

一项决策的优劣是与其他可替代方案(包括维持现状)相比较而言的。如果一个方案的净收益大于替代方案,我们就认为采取该方案是一项比采取替代方案好的决策,其价值是增加的净收益。在财务决策中,净收益通常用现金流量计量。

净增效益原则的应用领域之一是差额分析法,也就是在分析投资方案时只分析它们有区别的部分,而省略它们相同的部分。净增效益原则初看似乎很容易理解,但实际贯彻起来需要非常清醒的头脑,需要周密地考察方案对企业现金流量总额的直接和间接影响。例如,一项新产品投产的决策引起的现金流量,不仅包括新设备投资,而且包括动用企业现有非货币资源对现金流量的影响;不仅包括固定资产投资,而且包括需要追加的营运资金;不仅包括新产品的销售收入,而且包括对现有产品销售积极或消极的影响;不仅包括产品直接引起的现金流入和流出,而且包括对企业税务负担的影响;等等。

净增效益原则的另一个应用是沉没成本概念。沉没成本是指已经发生、不会被以后的决策改变的成本。沉没成本与将要做出的决策无关,因此在分析决策方案时应将其排除。

三、有关财务交易的原则

有关财务交易的原则,是人们对于财务交易基本规律的认识。

(一)风险报酬权衡原则

风险报酬权衡原则是指风险和报酬之间存在对等关系,投资人必须对报酬和风险做出权衡,为追求较高报酬而承担较大风险,或者为减少风险而接受较低的报酬。所谓"对等关系",是指高收益的投资机会必然伴随巨大的风险,风险小的投资机会必然只有较低的收益。

在财务交易中,当其他条件相同时,人们倾向于高报酬和低风险。如果两个投资机会除了报酬不同以外,其他条件(包括风险)都相同,人们就会选择报酬较高的投资机会,这是自利行为原则所决定的。如果两个投资机会除了风险不同以外,其他条件(包括报酬)都相同,人们就会选择风险小的投资机会,这是风险反感所决定的。所谓"风险反感",是指人们普遍对风险反感,认为风险是不利的事情。

如果人们都倾向于高报酬和低风险,而且都在按照自己的经济利益行事,那么竞争结果就是风险和报酬的权衡结果。你不可能在低风险的同时获取高报酬,因为这是每个人都想得到的。即使你最先发现了这样的机会并率先行动,别人也会迅速跟进,竞争会使报酬降至与风险相当的水平。因此,现实的市场中只有高风险同时高报酬和低风险同时低报酬的投资机会。

如果你想有一个获得巨大收益的机会,你就必须冒可能遭受巨大损失的风险。每一个市场参与者都在他的风险和报酬之间做权衡。有的人偏好高风险、高报酬,有的人偏好低风险、低报酬,但是每个人都要求风险与报酬对等,不会去冒没有价值的风险。

(二)投资分散化原则

投资分散化原则,是指不要把全部财富投资于一家企业,而要分散投资。

投资分散化原则的理论依据是投资组合理论。哈里·马科维茨(Harry Markowitz)的投资组合理论认为,若干种股票组成的投资组合,其收益是这些股票收益的加权平均数,但其风险要小于这些股票的加权平均风险,所以,投资组合能降低风险。

如果一个人把他的全部财富投资于一家企业,这家企业破产了,他就失去了全部财富。如果他投资于10家企业，那么只有10家企业全部破产，他才会失去全部财富。10家企业全部破产的概率比一家企业破产的概率小得多，所以，投资分散化可以降低风险。

分散化原则具有普遍意义，不只是证券投资，企业的各项决策都应注意运用分散化原则。不应把企业的全部投资集中于个别项目、个别产品和个别行业；不应把销售集中于少数客户；不应使资源供应集中于个别供应商；重要的事情不要依赖一个人完成；重要的决策不要由一个人做出。凡是有风险的事项，都要贯彻分散化原则，以降低风险。

（三）资本市场有效原则

资本市场是指证券买卖的市场。资本市场有效原则，是指在资本市场上频繁交易的金融资产的市场价格反映了所有可获得的信息，而且面对新信息完全能迅速地做出调整。

资本市场有效原则要求理财时重视市场对企业的估价。资本市场是企业的一面镜子，又是企业行为的校正器。股价可以综合反映企业的业绩，弄虚作假、人为地改变会计方法对企业价值的提高毫无用处。一些企业把精力放在对报告信息的操纵上，通过“创造性会计处理”来提高报告利润，企图通过财务报表给使用人制造幻觉，这在有效市场中是无济于事的。用资产置换、关联交易操纵利润，只能得逞于一时，最终会付出代价，甚至导致企业破产。当市场对企业的评价降低时，应分析企业的行为是否出了问题并设法改进，而不应设法欺骗市场。妄图欺骗市场的人，最终会被市场抛弃。

市场有效性原则要求理财时慎重使用金融工具。如果资本市场是有效的，购买或出售金融工具的交易的净现值就为零。企业作为从资本市场上取得资金的一方，很难通过筹资获取正的净现值（增加股东财富）。企业的生产经营性投资带来的竞争，是在少数企业之间展开的，竞争不充分。一家企业，因为它有专利权、专有技术、良好的商誉、较大的市场份额等相对优势，所以可以在某些直接投资中取得正的净现值。资本市场与商品市场不同，其竞争程度高、交易规模大、交易费用低、资产具有同质性，使得其有效性比商品市场强得多。所有需要资本的企业都在寻找资本成本低的资金来源。机会均等的竞争使财务交易基本上是公平交易。在资本市场上，只获得与投资风险相称的报酬，也就是与资本成本相同的报酬，很难增加股东财富。

（四）货币时间价值原则

货币时间价值原则，是指在进行财务计量时要考虑货币时间价值因素。所谓“货币时间价值”，是指货币经过一定时间的投资和再投资所增加的价值。

货币具有时间价值的依据是货币投入市场后其数额会随着时间的延续而不断增加。这是一种客观经济现象。要想让投资人把钱拿出来，市场必须给他们一定的报酬。

货币时间价值原则的首要应用是现值概念。由于现在的1元货币比将来的1元货币经济价值大，因此不同时间的货币价值不能直接加减运算，需要进行折算。通常，要把不同时间的货币价值折算到“现在”时点，然后进行运算或比较。在财务估价中，广泛使用现值来计量资产的价值。

货币时间价值的另一个重要应用是“早收晚付”观念。对不附带利息的货币收支，与其晚收不如早收，与其早付不如晚付。货币在自己手上，可以立即用于消费而不必等待将来消费，可以投资获利而无损于原来的价值，可以用于预料不到的支付，因此，早收、晚付在经济上是有利的，但要遵循市场经济的信用原则。

第四节　财务管理环境

财务管理环境又称理财环境，是指对企业财务管理产生影响的各种条件或因素。

企业财务活动在相当大的程度上受理财环境的制约，如政治、经济、法律、金融市场等宏观环境，还有企业组织形式、生产状况、产品销售市场状况、资本供应情况、管理者水平等微观环境。只有在理财环境的各种因素作用下实现财务活动的协调平衡，企业才能生存和发展。研究财务管理环境，有助于正确制定理财战略，增强企业财务管理对环境的适应能力，实现财务管理目标。

影响企业财务管理的环境因素很多，涉及的范围很广，其中最主要的是法律环境、经济环境和金融环境。

一、法律环境

（一）企业组织规范

企业必须依法成立，不同类型的企业在组建过程中适用不同的法律。在我国，这些法律包括《中华人民共和国公司法》《中华人民共和国个人独资企业法》《中华人民共和国合伙企业法》《中华人民共和国中外合资经营企业法》《中华人民共和国中外合作经营企业法》等。这些法律法规详细规定了不同类型的企业设立的条件、设立的程序、组织机构、组织变更及终止的条件和程序等。

典型的企业组织形式有三种，即个人独资企业、合伙企业和公司制企业。

1. 个人独资企业

个人独资企业是由一个自然人投资，财产为投资人个人所有，投资人以其个人财产对企业债务承担无限责任的经营实体。个人独资企业的特点是创立容易，经营管理灵活自由；不需要缴纳企业所得税；对企业的债务承担无限责任。

2. 合伙企业

合伙企业是由两个或两个以上的合伙人订立合伙协议，共同出资，合伙经营，共享收益，共担风险，并对合伙债务承担无限连带责任的营利性组织。合伙人一般为自然人，有时也包括法人或其他组织。合伙企业的特点与个人独资企业类似，每个合伙人对企业债务须承担无限连带责任，但较之个人独资企业，合伙企业的信用能力有所增强。

3. 公司制企业

公司是指由投资人依法出资组建，经政府注册的营利性法人组织。公司包括有限责任公司和股份有限公司两种形式。

有限责任公司是指由 50 个以下股东共同出资，每个股东以其所认缴的出资额为限对公司承担有限责任，公司以其全部资产对其债务承担责任的法人。其特点：公司资本不分为等额份额；公司向股东签发出资证明书而不发行股票；公司股份的转让有严格的限制；股东人数受到限制；股东根据其出资比例，享受权利，承担义务。

股份有限公司是指其全部资本分为等额股份，股东以其所持股份为限对公司承担责任，公司以其全部资产对公司的债务承担责任的法人。其特点：公司的资本划分为股份，每一股的金额相等；公司的股份采取股票的形式，股票是公司签发以证明股东所持股份的凭证；同股同权，同股同利；股东出席股东大会，所持每一股份有一份表决权；股东可以依法转让持有的股份；股东不得少于规定的数目，但没有上限；经批准后，公司的股票可以向社会公开发行，股票可以交易或转让；股东按其持有的股份享受权利，承担义务；上市公司要定期公布经注册会计师审查验证的财务报告。

公司制企业组织形式的主要优点是所有者对企业债务承担的责任以其投资额为限，比其他形式的组织更容易转让，比较容易筹资，通过发行股票、债券等可以迅速筹集到大量资金，这使公司制企业比个人独资企业和合伙企业有更大的发展可能性。

（二）税法

税法是国家制定的用于调整国家与纳税人之间在征纳税方面权利与义务的法律规范的总称。税法是国家法律的重要组成部分，是保障国家和纳税人合法权益的法律规范。按照税法规定，企业的税负主要包括以下五类：

1. 流转税

流转税包括增值税、消费税等。增值税是以商品和劳务在流转过程中产生的增值额作为征税对象而征收的流转税。消费税是指对消费品和特定的消费行为按流转额征收的一种商品税。

2. 所得税

所得税包括企业所得税、个人所得税等。其中，企业所得税适用于在我国境内的企业和其他取得收入的组织（不包括个人独资企业和合伙企业），上述企业在我国境内和境外的生产、经营所得及其他所得为应纳税所得额，一般按 25%的税率计算缴纳税款。

3. 财产、行为税

财产、行为税包括房产税、印花税等，主要是对财产价值或某种行为课税。

4. 资源税

这类税包括资源税、城镇土地使用税等，主要是为保护和合理使用国家自然资源而制定的税法。

5. 特定目的税

特定目的税包括城市维护建设税、烟叶税等，主要是以纳税人的特定行为为征税对象的法律规范。

（三）财务会计规范

财务会计规范主要包括《企业财务通则》《企业会计制度》和企业会计准则。《企业财务通则》是各类企业开展财务活动、实施财务管理的基本规范。我国第一部《企业财务通则》于 1994 年 7 月 1 日起施行。随着经济环境的不断发展，2005 年我国修订了原财务通则，新的《企业财务通则》于 2007 年 1 月 1 日开始实施。新的《企业财务通则》围绕企业财务管理环节，明确了资金筹集、资产营运、成本控制、收益分配、信息管理、财务监督六大财务管理要素，并结合不同财务管理要素，对财务管理方法和政策要求做出了规范。

企业会计准则分为基本准则和具体准则，是针对大中型企业制定的会计核算规则，自 2007 年 1 月 1 日起在上市公司中实施，自 2008 年 1 月 1 日起在国有大中型企业中实施。为了规范小企业的会计行为，财政部颁布了《小企业会计准则》，自 2013 年 1 月 1 日起在全国小企业范围内实施。

近年来，财政部针对会计准则在执行中的重点、难点问题，陆续出台了多项修订准则及解释，不断补充和完善我国的会计准则体系。2010 年 4 月，财政部发布了《中国企业会计准则与国际财务报告准则持续趋同路线图》，表达了我国与国际财务报告准则持续趋同的原则立场和明确态度。自 2014 年以来，财政部结合经济形势和企业经营情况的变化，陆续对企业会计准则的基本准则和具体准则进行修订，这些变化对企业财务报告信息质量的提高和企业决策具有十分重要的意义。

除了上述法规之外，与企业财务管理有关的经济法规还包括证券法规、结算法规等。二十大报告指出，随着“社会主义法治国家建设深入推进，全面依法治国总体格局基本形成，中国特色社会主义法治体系加快建设，司法体制改革取得重大进展，社会公平正义保障更为坚实，法治中国建设开创新局面”。不同种类的法律、法规，分别从不同方面约束企业的经济行为，对企业财务管理产生影响。

二、经济环境

(一)经济周期

经济周期，即在市场经济条件下，经济发展与经济运行的波动性，包括复苏、繁荣、衰退、萧条几个阶段的循环。

经济的周期性波动对财务管理有着非常重要的影响。在不同的发展时期，企业的生产规模、销售能力、获利能力以及由此产生的资本需求都会出现重大差异。例如，在经济萧条阶段，宏观经济整体不景气，企业很可能处于紧缩状态，产品产销量下降，投资锐减，财务状况不佳甚至恶化。在此时期，企业应停止扩张，出售多余设备，停产不利产品，停止长期采购，削减存货，裁减雇员，采用比较稳健的经营策略。在经济复苏阶段，经济运行的周期从低谷逐步回升，企业经营状况开始好转，财务状况也开始好转，资信能力有所增强，投资者对企业的投资信心开始增强。此时，企业应增加厂房，开发新产品，增加劳动力，实行长期租赁，为“负债经营”提供条件。在繁荣阶段，市场需求旺盛，销售大幅增加，企业为扩大生产就要增加投资，以扩建厂房、添置设备、增加存货和劳动力。此时，企业应扩大产品生产、提高产品价格、开展营销活动，这就要求财务人员迅速筹集所需资本，提高投资决策和资本运作水平。在经济衰退阶段，经济的运行周期由顶峰逐步回落，此时，企业可采取的措施有停止扩张、出售多余设备、停止长期采购和扩招雇员、停产不利产品、削减存货等。总之，经济周期性波动对企业的投资、筹资和资产管理等理财活动都有影响，财务人员必须预测到经济变化情况，适当调整财务政策。

(二)经济发展水平

财务管理的发展水平与经济发展水平密切相关，经济发展水平越高，财务管理水平也越高。财务管理水平的提高将推动企业降低成本、改进效率、提高效益，从而促进经济发展水平的提高。经济发展水平的提高将改变企业的财务战略、财务理念、财务管理模式和财务管理的方法手段，从而促进企业财务管理水平的提高。财务管理应当以经济发展水平为基础，以宏观经济发展目标为导向，从业务工作角度保证企业经营目标和经营战略的实现。

二十大报告指出，要“深入推进改革创新，坚定不移扩大开放”“不断彰显中国特色社会制度优势，不断增强社会主义现代化建设的动力和活力”，推动“经济高质量发展”。

（三）通货膨胀状况

通货膨胀不仅降低了消费者的购买力，而且给企业理财带来了很大困难。通货膨胀对企业财务活动的影响通常表现在以下几个方面：(1)引起资金占用的大量增加，从而增加企业的资金需求；(2)引起企业的利润虚增；(3)引起利率上升，加大企业的资本成本；(4)引起有价证券价格下降；(5)引起资金供应紧张，增加企业的筹资难度。

鉴于上述因素，财务人员需要分析通货膨胀对资本成本的影响以及对投资报酬率的影响。为了实现预期的报酬率，企业应该调整收入和成本；同时，企业应使用套期保值等办法尽量减少损失，如买进现货、卖出期货或进行相反的操作等。

（四）经济政策

一个国家的经济政策，如经济发展计划、产业政策、财税政策、金融政策、外贸政策以及政府的行政法规等，对企业的财务管理有重大影响。企业在进行财务决策时，应当认真研究政府的经济政策，顺应政策导向行事，这样就能趋利除弊，更好地实现企业的理财目标。

三、金融环境

（一）金融市场

金融市场是指资金供应者和资金需求者通过一定的金融工具进行交易而融通资金的场所。金融市场的构成要素包括金融市场参与者、金融工具、交易价格、组织方式等。金融市场的主要功能就是资金剩余者把资金有条件地转让给资金不足者，使财尽其用，促进社会发展。

金融市场的种类繁多，不同的金融市场服务于不同的交易者，有不同的交易对象。金融市场一般按照以下几种方式进行分类：

1. 货币市场和资本市场

以期限为标准，金融市场可分为货币市场和资本市场。

货币市场又称短期金融市场，是指以期限在1年以内的金融工具为媒介进行短期资金融通的市场，包括同业拆借市场、票据市场、大额定期存单市场和短期债券市场。其主要特点：(1)期限短；(2)交易目的是解决短期资金周转；(3)所交易的金融工具有较强的“货币性”，流动性强，价格平稳，风险较小。

资本市场又称长期金融市场，是指以期限在1年以上的金融工具为媒介开展长期资金交易活动的市场，包括股票市场、债券市场和融资租赁市场等。其主要特点：(1)期限长；(2)交易目的是解决长期投资性资本的需要；(3)资金借贷量大；(4)收益较高但风险较大。

2. 一级市场和二级市场

以功能为标准，金融市场可分为一级市场和二级市场。

一级市场又称发行市场，主要处理金融工具的发行与最初购买者之间的交易。二级市场又称流通市场，主要处理现有金融工具转让和变现的交易。

3. 基础性金融市场和金融衍生品市场

以所交易金融工具的属性为标准，金融市场可分为基础性金融市场和金融衍生品市场。

基础性金融市场是指以基础性金融产品为交易对象的金融市场，如商业票据、企业债券、企业股票的交易市场。

金融衍生品市场是指以金融衍生产品为交易对象的金融市场，如远期、期货、掉期（互换）、期权的交易市场，以及具有远期、期货、掉期（互换）、期权中一种或多种特征的结构化金融工具的交易市场。

（二）金融机构

在资金市场上，资金转移方式有两种：一种是直接融资，是指资金的供需双方不需要金融机构作为中介，直接协商借贷或直接发行有价证券以融通资金；另一种是间接融资，是指资金的供需双方通过金融机构开展的融资活动。

金融机构作为专门从事货币信用活动的中介组织，在金融市场中起着重要的作用。我国的金融机构基本上可以分为银行和非银行金融机构两类。

1. 银行

银行是指通过存款、放款、汇兑、储蓄等业务发挥信用中介作用的信用机构，包括中央银行、政策性银行和各类商业银行等。

中国人民银行是我国的中央银行。中央银行一般不经营普通银行业务，不以营利为目的。其主要职能：制定金融工作的方针、政策、法令、制度，经批准后组织实施；调控货币供应量，促进国内信用和货币流通，保持币值稳定；对商业银行的经营管理、业务活动实施监督；代理国家发行债券；管理国家黄金和外汇储备；等等。

政策性银行一般是指由政府设立，以贯彻国家产业政策、区域发展政策为目标，不以营利为目的的金融机构。目前我国的政策性银行包括国家开发银行、中国农业发展银行、进出口信贷银行等。

商业银行以经营存贷款、办理转账结算为主要业务，以营利为主要经营目的。目前我国的商业银行包括国有商业银行以及其他商业银行，如中国工商银行、中国农业银行、中国银行、中国建设银行、交通银行、招商银行、民生银行、中信银行、华夏银行等。

2. 非银行金融机构

非银行金融机构也是从事资金融通的中介机构，包括保险公司、信托投资公司、证券公司、租赁公司、集团财务公司等。

（三）金融工具

金融工具是指融通资金的双方在金融市场上进行资金交易所使用的工具。借助金融工具，资金从供给方转移到需求方。金融工具分为基本金融工具和衍生金融工具两大类。常见的基本金融工具有货币、票据、债券、股票等。衍生金融工具又称派生金融工具，是在基本金融工具的基础上通过特定技术设计形成的新的融资工具，如各种远期合约、互换、掉期、资产支持证券等，种类复杂、繁多，具有高风险、高杠杆效应的特点。

一般认为，金融工具具有流动性、风险性和收益性的特征。流动性是指金融工具在必要时迅速转变为现金而不致遭受损失的能力。风险性是指购买金融工具的本金和预定收益遭受损失的可能性。收益性是指金融工具能定期或不定期给持有人带来收益。

（四）金融市场利率

利率主要是由供给与需求来决定的。利率作为借贷资金的价格，一般由下式构成：

$$利率＝纯利率＋通货膨胀补偿率＋风险补偿率$$

纯利率是指没有风险和通货膨胀情况下的社会平均资金利润率。在没有通货膨胀时，国库券利率可以视为纯利率。

通货膨胀补偿率是指持续的通货膨胀使货币实际购买力下降，为补偿其购买力损失而要求提高的利率。

风险补偿率也称风险收益率，是投资者要求的除纯利率和通货膨胀补偿率之外的风险补偿，包括违约风险补偿率、流动性风险补偿率和期限风险补偿率。其中，违约风险补偿率是指为了弥补因债务人无法按时还本付息而带来的风险，由投资人要求提高的利率；流动性风险补偿率是指为弥补因资产流动性不好而带来的风险，由投资人要求提高的利率；期限风险补偿率是指为弥补因过期时间长而带来的风险，由投资人要求提高的利率。

课程思政

【章节知识点】 财务活动、财务关系和财务管理目标

【思政育人元素】 引导学生树立正确的价值观，增强社会责任意识，正确处理国家利益、社会利益、企业利益三者之间的关系；引导学生树立正确的理想信念，做好学业和职业规划设计。

【章节知识点】 财务管理的法律环境

【思政育人元素】 引导学生树立法制观念，了解国家法律法规和制度建设；强调法律环境对财务管理人员职业道德约束的重要性。

复习思考题

1. 财务管理的发展经历了哪些阶段？各阶段有何特点？
2. 企业财务管理活动的过程和内容是什么？
3. 企业的财务关系主要有哪些？如何处理好企业与各方面的财务关系？
4. 什么是财务管理目标？它有几种表述？分析各种表述的优缺点。
5. 财务管理的环节有哪些？分析各种环节之间的关系。
6. 什么是财务管理原则？如何理解其在整个财务管理中的作用？
7. 简述所有者与经营者、债权人的利益矛盾及其协调方法。
8. 财务管理与金融市场的关系是怎样的？

第二章　财务管理的价值观念

第一节　货币时间价值

一、货币时间价值的概念

货币时间价值，是指货币经历一定时间的投资和再投资所增加的价值。

企业投入货币资金，购买生产经营所需的资源，生产、销售产品，并收回更多货币资金。货币资金在周转使用过程中，实现了价值增值，即货币时间价值。从理论上讲，货币时间价值是没有风险和没有通货膨胀条件下的社会平均利润率。因此，货币时间价值是企业投资应该获得的最低报酬。

货币时间价值有两种表现形式：一种是绝对数的表现形式，即资金在周转使用过程中产生的增值额；另一种是相对数的表现形式，即在没有风险和没有通货膨胀条件下的社会平均利润率或通货膨胀率很低时的政府债券利率。实务中，通常用相对数来表示货币时间价值。

由于货币具有时间价值，因此，等额的货币在不同时点的价值是不相等的。换言之，不同时点的货币不能直接比较价值的大小，必须将其换算到相同的时点才能比较价值的大小。货币时间价值的计算主要包括一次性收付款项的终值和现值及年金的终值和现值。

二、一次性收付款项的终值和现值

终值和现值是与货币时间价值有关的两个重要概念。终值是指现在一定量的货币在将来某一时点上的价值，即本利和。现值是指未来某一时点上一定量的货币折算到现在的价值，即本金。

计算货币时间价值，还会涉及两种计息方式：单利和复利。单利是只对本金计算利息的方法。复利是对本金产生的利息在下一个计息期并入本金一起计算利息的方法，即“利滚利”。由于利息参与计息，因此随着时间的推移，复利对终值的影响越来越显著，如图 2—1 所示。

(一)单利的终值和现值

1. 单利终值

单利终值即单利计息方式计算的本利和。单利终值的计算公式如下：

$$F=P+P\cdot i\cdot n=P\cdot(1+i\cdot n)$$

式中：F——单利终值(本利和)；

P——现值（本金）；

i——利率；

n——计息期数。

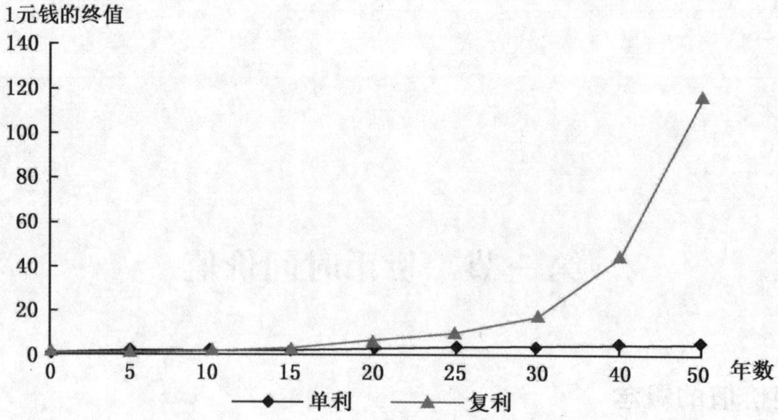

图 2—1　单利与复利

2. 单利现值

单利现值即本金。在单利计息方式下，现值与终值互为逆运算：

$$P=F\div(1+i\cdot n)$$

【例 2—1】　李某打算 5 年后出国留学，预计费用为 30 万元，在单利计息、年利率为 5%的情况下，李某现在至少要在银行存多少钱，才能保证留学的资金需求？

$P=F\div(1+i\cdot n)=30\div(1+5\%\times5)=24$（万元）

可见，李某为了满足未来出国留学的资金需求，现在至少要在银行存入 24 万元。

企业在生产经营过程中，货币资金不断周转以实现价值增值，故本书中如果没有特别说明按单利计息的，则均按复利计算。

（二）复利的终值和现值

1. 复利终值

复利终值是一定量的货币按复利计算的本利和。

若某人将 P 元存放于银行，利率为 i，复利计息：

第一期的本利和如下：

$F_1=P+P\cdot i=P\cdot(1+i)$

第二期的本利和如下：

$F_2=P\cdot(1+i)\cdot(1+i)=P\cdot(1+i)^2$

第三期的本利和如下：

$F_3=P\cdot(1+i)^2\cdot(1+i)=P\cdot(1+i)^3$

以此类推，第 n 期的本利和即复利终值的计算公式如下：

$$F_n=P\cdot(1+i)^n$$

式中：F_n——复利终值（本利和）；

P——现值（本金）；

n——计息期数；

i——利率。

为计算方便，$(1+i)^n$ 称为复利终值系数，记作（F/P，i，n），其结果可以通过"复利终值系数表"直接获得。例如，（F/P，7%，5）表示利率为 7%、5 期复利终值的系数，查系数表可得其结果为 1.402 6。

当然，利用"复利终值系数表"，可以在 F_n、i、n 中已知任意两项结果的情况下，查找得到未知项的结果。

【例 2—2】 假设某人年初投资于一家公司，投资时每股股利为 1.50 元，预期未来 5 年该公司股利的年增长率能保持在 20%，那么 5 年后该公司每股股利为多少？（计算结果保留两位小数）

投资各年年末的股利计算如图 2—2 所示。

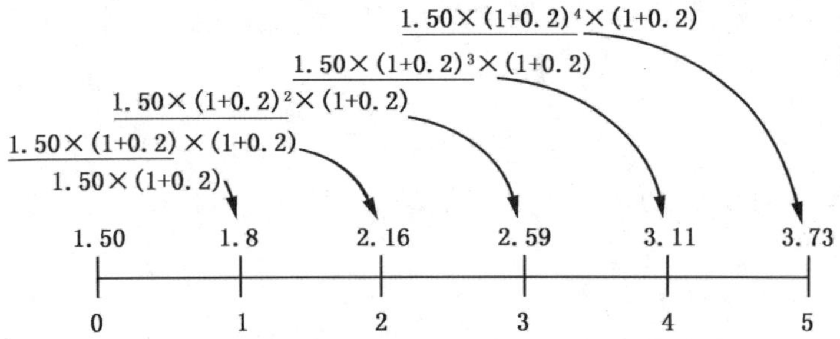

图 2—2　投资各年年末的股利计算

利用复利终值公式，计算如下：

$F_n = P \cdot (1+i)^n = 1.50\times(F/P, 20\%, 5) = 1.50\times 2.4883 \approx 3.73$（元）

2. 复利现值

复利现值是未来一定量的货币价值按复利折算到现在的价值，即在未来获得一定量的本利和现在所需要的本金。

复利现值的计算，也就是在已知 F_n、i、n 的情况下，求 P。

复利的终值 $F_n = P\cdot(1+i)^n$，则复利的现值公式可以表示如下：

$$P = F_n \div (1+i)^n = F_n \cdot (1+i)^{-n}$$

式中的 $(1+i)^{-n}$ 称为复利现值系数，记作（P/F，i，n），其结果可以通过"复利现值系数表"直接获得。例如，（P/F，7%，5）表示利率为 7%、5 期复利现值的系数，查系数表可得其结果为 0.713 0。

【例 2—3】 某人在银行存了一笔钱，希望 5 年后这笔存款的本利和有 10 万元。如果年利率为 3%，按复利计算，则他现在应存入多少钱？

$P = F_n \cdot (1+i)^{-n}$

$= 10\times(1+3\%)^{-5}$

$= 10\times(P/F, 3\%, 5)$

$=10\times0.8626$

$=8.626$（万元）

3. 关于计息期和利率应注意的问题

无论是终值还是现值的计算，都涉及计息期数 n。之所以称为计息期数而不是年数，是因为计息不一定按年，还可以按半年、季度、月份和日。例如，按半年计息，1 年就有 2 个计息期；按月计息，1 个月就是 1 个计息期，1 年就有 12 个计息期。可见，计息期越短，1 年中复利计息的次数就越多。n 代表的是复利的次数而不是年数。

计算时，计息期与利率应当匹配，与计息期匹配的利率称为计息期利率，用公式可以表示如下：

$$\text{计息期利率}=\frac{r}{m}$$

式中：r——年利率（名义利率）；

m——年内计息次数。

如果计息期短于 1 年，则已知的年利率是名义利率，用计息期利率换算后得到的才是实际年利率。实际年利率 i 的计算公式如下：

$$i=\left(1+\frac{r}{m}\right)^{m}-1$$

【例 2—4】 郑某将本金 10 万元投资 3 年，年利率为 8%，按季计息，则到期时郑某获得的投资本利和为多少？

每季度利率（计息期利率）$=8\%\div4=2\%$

每年复利 4 次，投资 3 年复利的次数 $n=3\times4=12$（次）。

$F_n=P\cdot(1+i)^n$

$=10\times(1+2\%)^{12}$

$=10\times(F/P,2\%,12)$

$=10\times1.2682$

$=12.682$（万元）

三、年金的终值和现值

年金不同于一次性收付的款项，是每隔相等时间发生的金额相等的连续性的收入或支出，具有等额、定期和连续性的特点。债券利息、租金、养老金等，都是年金的形式。

按照收付时点和方式的不同，年金分为普通年金、预付年金、递延年金和永续年金四种。

（一）普通年金

普通年金是在一定期间内各期期末收付的年金，也称后付年金。普通年金收付的形式如图 2—3 所示。

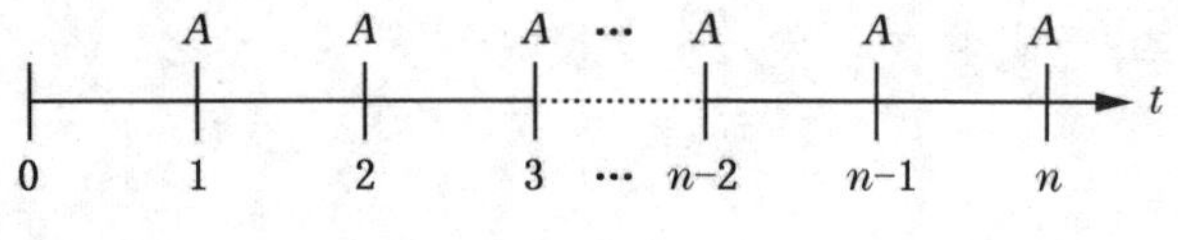

图 2—3 普通年金

1. 普通年金终值

普通年金是在一定期间内，从第一期期末开始，各期期末发生的一系列等额款项。在这样的一系列款项中，每一笔款项都有一个到期的复利终值，所以，普通年金的终值就是构成年金的款项的复利终值之和。

如图 2—4 所示，如果用 A 表示各期发生的款项，i 表示利率，n 表示计息期数，F_A 表示第 n 期期末年金的终值，则：

$$F_A = A\cdot(1+i)^{n-1}+A\cdot(1+i)^{n-2}+A\cdot(1+i)^{n-3}+\cdots+A\cdot(1+i)^2 +A\cdot(1+i)^1+A\cdot(1+i)^0 \qquad (2-1)$$

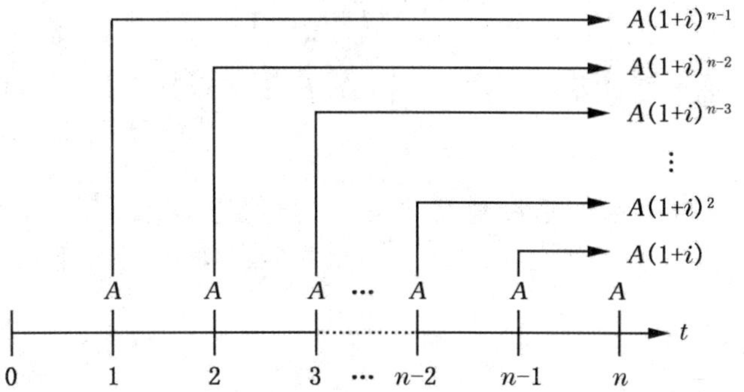

图 2—4　*n* 期普通年金终值

将式(2—1)两边同时乘以(1+i)，得到式(2—2)：

$$F_A\cdot(1+i) = A\cdot(1+i)^n+A\cdot(1+i)^{n-1}+A\cdot(1+i)^{n-2}+\cdots+A\cdot(1+i)^3 +A\cdot(1+i)^2+A\cdot(1+i)^1 \qquad (2-2)$$

式(2—2)—式(2—1)，得：

$$F_A\cdot i = A\cdot(1+i)^n - A\cdot(1+i)^0$$

由此，推导出普通年金终值公式如下：

$$\mathbf{F_A = A\cdot\frac{(1+i)^n-1}{i}}$$

式中，$\frac{(1+i)^n-1}{i}$ 称为年金终值系数，记作($F/A,i,n$)，其结果可以通过“年金终值系数表”直接获得。例如，(F/A,7%,5)表示利率为 7%、5 期年金终值的系数，查系数表可知其结果为 5.750 7。

因此，普通年金终值公式也可以表示如下：

$$\mathbf{F_A = A\cdot(F/A,i,n)}$$

【例 2—5】　某公司计划从现在开始，每年年末从利润中提取 50 000 元存入银行。如果年利率为 6%，每年计息一次，则该公司 5 年后可以积累多少资金？

$$F_A = A\cdot(F/A,6\%,5)$$

$$= A\cdot\frac{(1+i)^n-1}{i}$$

$$=50\ 000\times\frac{(1+6\%)^5-1}{6\%}$$

$=50\ 000\times5.637\ 1$

$=281\ 855$（元）

2. 偿债基金

偿债基金是为使年金终值达到既定金额，每期期末应形成的等额的储备资金。偿债基金的计算是已知年金终值，求年金，是年金终值的逆运算过程。

偿债基金的计算公式如下：

$$A=F_A\cdot\frac{i}{(1+i)^n-1}$$

式中，$\frac{i}{(1+i)^n-1}$称为偿债基金系数，记作$(A/F,i,n)$，其结果一般根据年金终值系数的倒数求得。

【例 2－6】 某公司有一笔 3 年后到期的借款，数额为 5 000 万元，为了到期一次还清借款，公司计划每年年末提取偿债基金存入银行。如果年利率为 6%，则该公司每年年末提取的偿债基金应为多少？

$$A=F_A\cdot\frac{i}{(1+i)^n-1}$$

$$=5\ 000\times\frac{6\%}{(1+6\%)^3-1}$$

$=5\ 000\div(F/A,6\%,3)$

$=5\ 000\div3.183\ 6$

$=1\ 570.55$（万元）

3. 普通年金现值

普通年金现值是每期期末等额发生的款项的复利现值之和。

如图 2－5 所示，一定期间内，构成普通年金的各期期末发生的款项 A 都存在一个折现的价值，这些复利的现值加总求和，就是一系列款项即年金的现值。

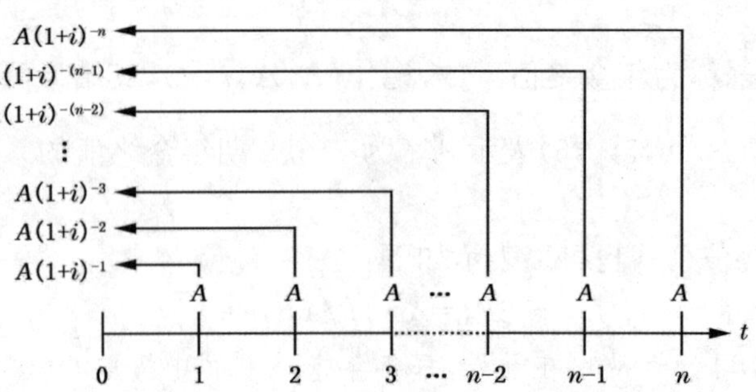

图 2－5　n 期普通年金现值

$$P_A=A\cdot(1+i)^{-1}+A\cdot(1+i)^{-2}+A\cdot(1+i)^{-3}+\cdots+A\cdot(1+i)^{-(n-2)}+A\cdot(1+i)^{-(n-1)}+A\cdot(1+i)^{-n} \quad (2-3)$$

将式(2—3)两边同时乘以$(1+i)$，得到式(2—4)：

$$P_A\cdot(1+i)=A\cdot(1+i)^{0}+A\cdot(1+i)^{-1}+A\cdot(1+i)^{-2}+\cdots+A\cdot(1+i)^{-(n-3)}+A\cdot(1+i)^{-(n-2)}+A\cdot(1+i)^{-(n-1)} \quad (2-4)$$

式(2—4)—式(2—3)，得：

$$P_A\cdot i=A\cdot(1+i)^{0}-A\cdot(1+i)^{-n}$$

由此，推导出普通年金现值公式如下：

$$P_A=A\cdot\frac{1-(1+i)^{-n}}{i}=A\cdot\frac{(1+i)^{n}-1}{i\cdot(1+i)^{n}}$$

式中，$\frac{1-(1+i)^{-n}}{i}$称为年金现值系数，记作$(P/A,i,n)$，其结果可以通过“年金现值系数表”直接获得。例如，$(P/A,7\%,5)$表示利率为7%、5期年金现值的系数，查系数表可知其结果为4.100 2。

因此，普通年金现值公式也可以表示如下：

$$P_A=A\cdot(P/A,i,n)$$

【例2—7】 某公司准备在今后5年内，每年年末发放奖金100 000元。若年利率为6%，则该公司现在需向银行存入多少钱？

$$\begin{aligned}P_A&=A\cdot\frac{1-(1+i)^{-n}}{i}\\&=100\,000\times\frac{1-(1+6\%)^{-5}}{6\%}\\&=100\,000\times(P/A,6\%,5)\\&=100\,000\times4.212\,4\\&=421\,240(\text{元})\end{aligned}$$

可见，由于复利计息，因此公司为保证今后5年每年年末发放奖金100 000元，现在存入银行的存款是421 240元，而不是500 000元。

4. 投资回收额

在企业投资活动中，投资额已知，就要评估未来平均每期至少收回多少投资才能不亏本，只有超过这个金额才有利可图。这个平均每期收回的投资额可以看作年金，投资回收额的计算就是已知年金现值，求年金，是年金现值的逆运算过程。

投资回收额的计算公式如下：

$$A=P_A\cdot\frac{i}{1-(1+i)^{-n}}$$

式中，$\frac{i}{1-(1+i)^{-n}}$称为投资回收系数，记作$(A/P,i,n)$，其结果一般根据年金现值系数的倒数求得。

【例2—8】 甲公司以10%的年利率借得2 000万元，并将其投资于某个10年期的项目，则每年至少收回多少投资才是可行的？(计算结果保留两位小数)

$$A = P_A \cdot \frac{i}{1-(1+i)^{-n}}$$
$$= 2\ 000 \times \frac{10\%}{1-(1+10\%)^{-10}}$$
$$= 2\ 000 \times \frac{1}{(A/P, 10\%, 10)}$$
$$= 2\ 000 \times \frac{1}{6.144\ 6}$$
$$= 325.49(\text{万元})$$

(二)预付年金

预付年金是在一定期间内各期期初收付的年金，也称先付年金、即付年金。

预付年金与普通年金的主要区别在于款项发生的时点不同，普通年金在每期的期末发生，预付年金在每期的期初发生。在相同的期间内，预付年金和普通年金款项发生的次数是相同的，只是发生的时点不同，如图 2－6 所示。

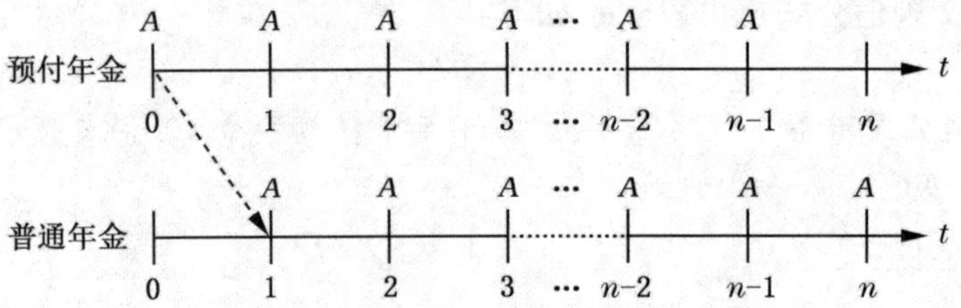

图 2－6　预付年金与普通年金的关系

1. 预付年金终值

预付年金终值是预付年金各期款项的终值之和，如图 2－7 所示。

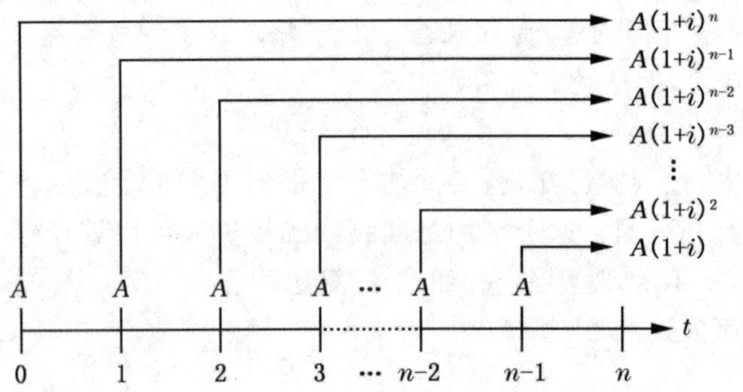

图 2－7　*n* 期预付年金终值

根据预付年金与普通年金的关系，n 期预付年金与 n 期普通年金款项发生的次数相同，但是预付年金在每期期初发生，也就是说，每期的预付年金终值都要比普通年金多计一期利息。因此，在普通年金终值的基础上，乘以$(1+i)$，就是预付年金终值。

预付年金终值公式可以表示如下：

$$F_A = A \cdot \frac{(1+i)^n - 1}{i} \cdot (1+i) = A \cdot (F/A, i, n) \cdot (1+i)$$

或者，如图 2—8 所示，n 期预付年金与 $n+1$ 期普通年金的计息期数相同，但比 $n+1$ 期普通年金少了一期不计息的款项 A，因此，只要将 $n+1$ 期普通年金的终值减去一期款项 A，即可得到预付年金终值的计算公式：

$$F_A = A \cdot \frac{(1+i)^{n+1} - 1}{i} - A = A \cdot \left[\frac{(1+i)^{n+1} - 1}{i} - 1\right] = A \cdot [(F/A, i, n+1) - 1]$$

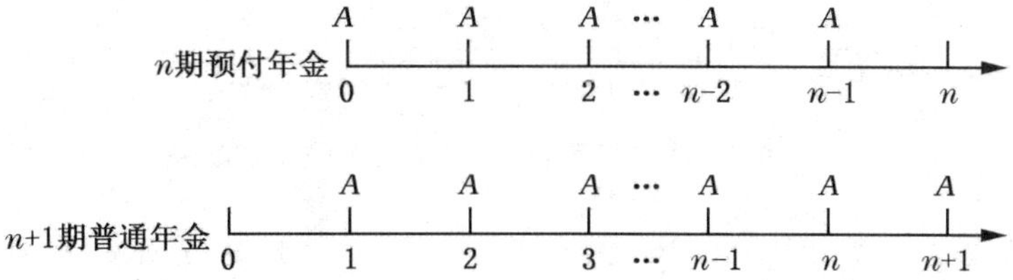

图 2—8　n 期预付年金与 $n+1$ 期普通年金的关系

【例 2—9】 某公司计划从现在开始，每年年初从利润中提取 50 000 元存入银行。如果年利率为 6%，每年计息一次，则该公司 5 年后可以积累多少资金？

$F_A = A \cdot (F/A, i, n) \cdot (1+i)$
$= A \cdot (F/A, 6\%, 5) \times (1+6\%)$
$= 50\ 000 \times 5.637\ 1 \times 1.06$
$= 298\ 766.3$（元）

或

$F_A = A \cdot [(F/A, i, n+1) - 1]$
$= A \cdot [(F/A, 6\%, 5+1) - 1]$
$= 50\ 000 \times (6.975\ 3 - 1)$
$= 298\ 765$（元）

2. 预付年金现值

预付年金现值是预付年金各期款项的现值之和。

如图 2—9 所示，n 期预付年金各期款项的现值折现期数为 $n-1$ 期，比 n 期普通年金少折现一期，因此，在普通年金现值的基础上，乘以 $(1+i)$，即预付年金现值。用公式表示如下：

$$P_A = A \cdot \frac{1-(1+i)^{-n}}{i} \cdot (1+i) = A \cdot (P/A, i, n) \cdot (1+i)$$

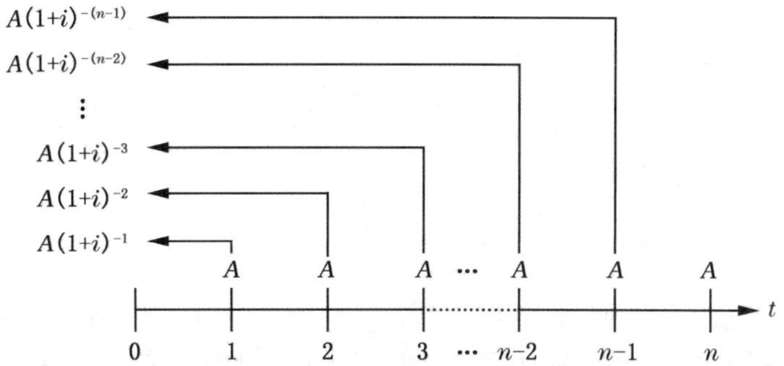

图 2—9　n 期预付年金现值

或者，如图 2－10 所示，n 期预付年金现值和 $n-1$ 期普通年金现值贴现的期数相同，但比 $n-1$ 期普通年金多了一期不用贴现的款项 A，因此，只要将 $n-1$ 期普通年金的现值加上一期不贴现的款项 A，即可得到预付年金现值的计算公式：

$$P_A=A\cdot\frac{1-(1+i)^{-(n+1)}}{i}+A=A\cdot\left[\frac{1-(1+i)^{-(n-1)}}{i}+1\right]=A\cdot[(P/A,i,n-1)+1]$$

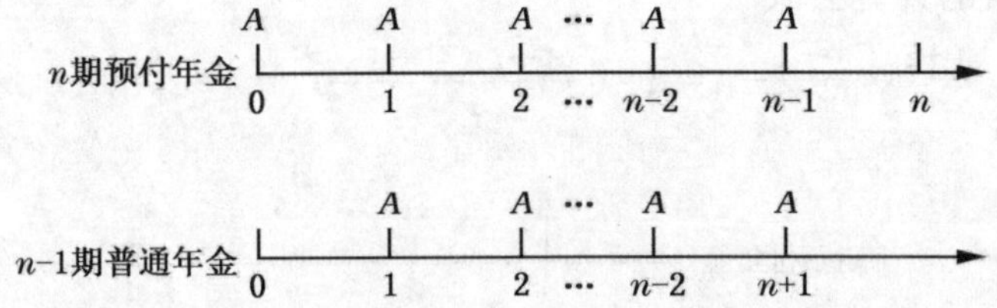

图 2－10　n 期预付年金与 $n-1$ 期普通年金的关系

【例 2－10】　某公司出租设备一台，租期为 10 年，每年年初收到租金 20 000 元。假定年利率为 8%，则该租金收入的现值为多少？

$P_A=A\cdot(P/A,i,n)\cdot(1+i)$

$=20\ 000\times(P/A,8\%,10)\times(1+8\%)$

$=20\ 000\times6.710\ 1\times1.08$

$=144\ 938.16$（元）

或

$P_A=A\cdot[(P/A,i,n-1)+1]$

$=20\ 000\times[(P/A,8\%,10-1)+1]$

$=20\ 000\times(6.246\ 9+1)$

$=144\ 938$（元）

（三）递延年金

递延年金，是指第一笔款项发生在第一期之后的年金，即第一笔款项的收付发生在第二期或第二期以后的年金。

如图 2－11 所示，等额款项 A 首次发生在第 $m+1$ 期期末，则没有款项发生的 m 期称为递延期。例如，A 首次发生在第四期期末，则 $m=3$；A 首次发生在第四期期初，则 $m=2$。

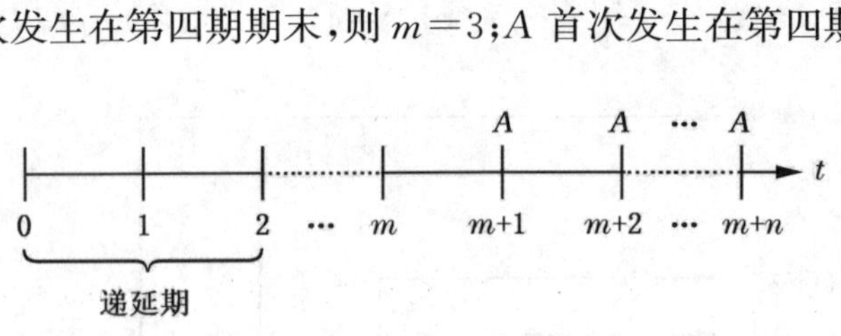

图 2－11　递延年金

因此，在确定递延期 m 的时候，需要注意款项发生的时点：如果是期末发生，则 m 等于款项发生那一期的期数减 1；如果是期初发生，则 m 等于款项发生那一期的期数减 2。递延期对递延年金现值的计算有重要影响。

1. 递延年金终值

因为终值是货币未来的价值，所以，款项发生之前的递延期对递延年金终值的计算没有任何影响，此时，递延年金可以看作特殊形式的普通年金，其终值的计算方法和普通年金终值的计算方法相同。

2. 递延年金现值

递延年金现值有两种计算方法：二次折现法和扣除法。

(1)二次折现法

如图 2—12 所示，将递延年金视为 n 期普通年金，求 n 期普通年金在 m 点的现值，再将 m 点的现值作为一次性的款项，求 m 期复利现值：

$$P_A = A \cdot (P/A,i,n) \cdot (1+i)^{-m} = A \cdot (P/A,i,n) \cdot (P/F,i,m)$$

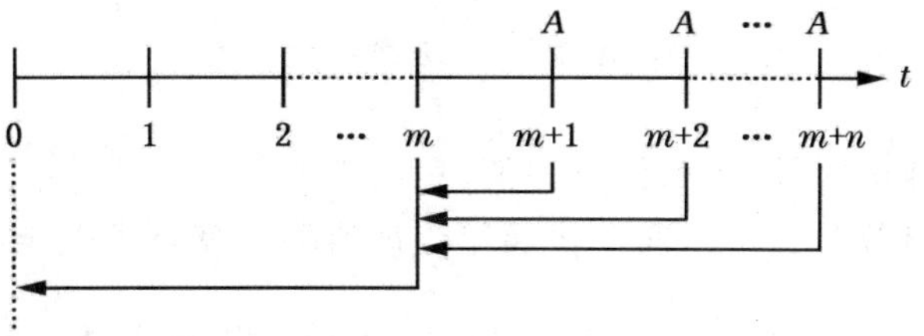

图 2—12　二次折现法

(2)扣除法

如图 2—13 所示，假设递延期间也有款项发生，先计算 $m+n$ 期普通年金现值，再计算前 m 期普通年金现值，两者之差就是递延期为 m 的年金现值：

$$P_A = A \cdot (P/A,i,m+n) - A \cdot (P/A,i,m)$$

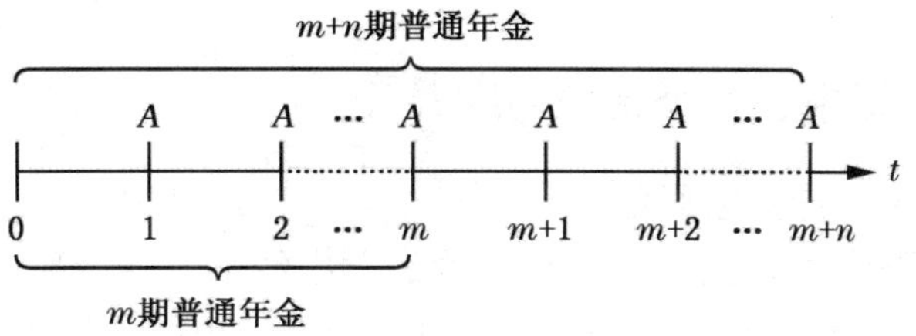

图 2—13　扣除法

【例 2—11】 某公司购置一处房产，合同约定，公司从第五年开始，每年年初支付 25 万元，连续支付 10 年，共 250 万元。假设该公司的资金成本率(最低报酬率)为 10%，则该公司此次购置房产支出的现值为多少？

公司支付房款的形式属于递延年金，$m=3$：

$$\begin{aligned} P_A &= A \cdot (P/A,i,n) \cdot (1+i)^{-m} \\ &= A \cdot (P/A,10\%,10) \cdot (P/F,10\%,3) \\ &= 25 \times 6.144\,6 \times 0.751\,3 \\ &= 115.41(\text{万元}) \end{aligned}$$

或

$$P_A = A \cdot (P/A,i,m+n) - A \cdot (P/A,i,m)$$
$$= 25 \times (P/A,10\%,10+3) - 25 \times (P/A,10\%,3)$$
$$= 25 \times 7.1034 - 25 \times 2.4869$$
$$= 115.41(万元)$$

（四）永续年金

永续年金是无限期等额发生的款项，即期限趋于无穷的普通年金，可视为普通年金的特殊形式，如图 2－14 所示。永久性的奖学金、优先股股利等都可以看作永续年金。

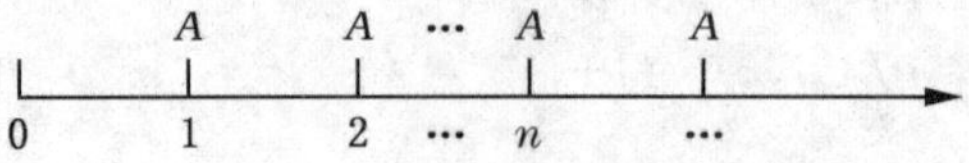

图 2－14　永续年金

永续年金没有终止的时间，也就没有终值，只有现值。

永续年金现值的计算公式可以通过普通年金现值的计算公式推导：

由于 $P_A = A \cdot \frac{1-(1+i)^{-n}}{i}$，当 $n \to \infty$ 时，$(1+i)^{-n} \to 0$，因此永续年金现值的计算公式如下：

$$P_A = A \cdot \frac{1}{i}$$

【例 2－12】 学校拟建立一项永久性奖学金，计划每年颁发奖学金 10 000 元。若银行年利率为 10%，则现在应存入多少钱？

$$P_A = A \cdot \frac{1}{i} = \frac{10\,000}{10\%} = 100\,000(元)$$

四、货币时间价值计算中的几个特殊问题

（一）不等额系列现金流量的现值

年金是一种特殊的系列现金流量，然而企业经营中经常发生金额不等的一系列现金流入或流出。不等额系列现金流量的现值就是各期现金流量的现值之和：

$$P = \frac{CF_1}{1+i} + \frac{CF_2}{(1+i)^2} + \frac{CF_3}{(1+i)^3} + \cdots + \frac{CF_{n-1}}{(1+i)^{n-1}} + \frac{CF_n}{(1+i)^n} = \sum_{t=1}^{n} \frac{CF_t}{(1+i)^t}$$

【例 2－13】 某企业因给当地环境造成污染，预计连续 5 年每年年末的环境污染罚款支出如表 2－1 所示，折现率为 10%。若企业根治污染的现时投入为 50 万元，不考虑其他因素，则该企业应当如何决策？

表 2－1　　**企业未来罚款支出**　　单位：万元

时间	第一年	第二年	第三年	第四年	第五年
现金流量	10	20	30	20	10

$$P=\frac{10}{1+10\%}+\frac{20}{(1+10\%)^2}+\frac{30}{(1+10\%)^3}+\frac{20}{(1+10\%)^4}+\frac{10}{(1+10\%)^5}$$

$=10\times0.909\ 1+20\times0.826\ 4+30\times0.751\ 3+20\times0.683\ 0+10\times0620\ 9$

≈68.03(万元)

可见,企业现时投入50万元根治环境污染更具有经济合理性。

(二)年金与不等额现金流量混合情况下的现值

在年金与不等额现金流量混合的情况下,属于年金的部分利用年金现值公式计算,不等额的现金流量用复利现值计算,然后将各类现值加总,就是年金和不等额现金流量混合情况下的现值。

【例2—14】 某公司以融资租赁方式租入设备一台,租赁期为7年,每年年末支付租金,各年年末付款额如表2—2所示。假设折现率为10%,则该公司所付租金的现值为多少?

表2—2 **公司各年年末的租金支付额** 单位:万元

时间	第一年	第二年	第三年	第四年	第五年	第六年	第七年
现金流量	3	3	3	2	2	2	1

第一年至第三年为等额系列款项,可按普通年金计算其现值;第四年至第六年的等额款项属于递延年金,可以按年金计算其现值;第七年为一次性款项,可按复利计算其现值。

$P=3\times(P/A,10\%,3)+2\times(P/A,10\%,3+3)-2\times(P/A,10\%,3)+1\times(P/F,10\%,7)$

$=3\times2.486\ 9+2\times4.355\ 3-2\times2.486\ 9+1\times0.513\ 2$

≈11.71(万元)

(三)贴现率(利率)的计算

在公司财务决策中,经常遇到已知计息期数、终值或现值,求贴现率(利率)的问题。计算贴现率的基本步骤如下:(1)根据已知条件换算系数;(2)查系数表,确定接近换算系数的结果;(3)采用插值法求贴现率。

【例2—15】 某公司现有50万元,若希望投资12年后使金额达到原来的2倍,则选择投资机会时可接受的最低报酬率为多少?

$F=50\times2=100$(万元)

$100=50\times(F/P,i,12)$

$(F/P,i,12)=2$

查“复利终值系数表”,在$n=12$一行中,当$i=6\%$时,对应的系数值2.012 2最接近换算系数,即$(F/P,6\%,12)\approx2$。

所以,投资报酬率最低约为6%时,满足要求。

【例2—16】 张某现在存入银行1 000 000元,希望以后的10年中,每年年末都能从银行获得138 000元收入以改善生活质量。在复利计息的情况下,利率为多少才能满足张某的投资需求?

$1\ 000\ 000=138\ 000\times(P/A,i,10)$

$(P/A,i,10)\approx7.246\ 4$

查“年金现值系数表”,当利率为6%时,对应的系数为7.360 1;当利率为7%时,对应的系数为 7.023 6。可见，符合要求的利率应当在 6%和 7%之间。用插值法求 i，则：

$$\frac{7.2464-7.3601}{7.0236-7.3601}=\frac{i-6\%}{7\%-6\%}$$

$$i=6\%+\frac{7.3601-7.2464}{7.3601-7.0236}\times(7\%-6\%)\approx6.34\%$$

第二节 风险与报酬

货币时间价值是在没有风险和通货膨胀情况下的社会平均利润率，是理论上企业财务决策的最低参照标准。在复杂的市场环境中，风险是客观存在的，如何评估风险、评价风险与报酬的关系，对企业的财务决策具有现实的意义和影响。在财务管理活动中，决策者不但要有基本的时间价值观念，而且要具备风险观念，要能权衡风险与报酬。

一、风险的含义

日常生活中，“风险”通常被认为是损失或不好的结果出现的可能性，人们在识别和衡量风险的基础上，更重视对风险的防范和控制。比如，针对疾病和危险发生的可能性，人们选择购买各类保险，以防范和转移不利结果的影响。

但有些时候，尤其在投资理财等财务管理领域，决策者又会表现出对风险的偏好，表现出迎接风险、挑战风险的决心和魄力。这固然有决策者主观态度的因素，但更主要的应当是决策者在识别、评估风险的同时，捕捉到了风险中隐含的积极信息——机会和价值。

因此，在财务管理领域，对风险更适合做广义的理解，即风险是一定条件下，预期结果发生的可能性，这种结果可能是有利的，也可能是不利的。风险价值观念要求财务管理者全面认识风险，不但要防范和控制风险，更要独具慧眼，选择和利用风险中包含的收益机会，实现价值增值的目标。

二、风险的类型

在财务管理活动中，风险可能源自企业外部具有广泛影响的宏观环境，也可能源自企业内部特有的因素。据此，风险可以分为系统风险和非系统风险。财务管理者研究风险与报酬的关系，进而对风险进行定价时，需要区分这两类风险。

（一）系统风险

系统风险是由于政治、经济及社会环境等企业外部因素导致的风险。例如，战争、金融危机、法律法规及宏观政策变动等企业不可控制的因素引起的风险。系统风险对市场具有普遍影响，没有有效的方法消除之，因此也称市场风险或者不可分散的风险。

（二）非系统风险

非系统风险是由于特有事件或企业内部的原因引起的影响个别企业的风险。例如，某上市公司因污染环境而被环保局和证监会调查、新产品开发失败、失去重要客户等。这类风险只影响一家或少数几家企业，不会波及整个市场，投资者可以利用市场产品的多元化投资分散或抵消此类风险。因此，非系统风险也称个别风险、特有风险或者可分散的风险。

三、单项投资的风险与报酬

从概率论和数理统计的角度，风险表现为各种可能的结果对期望值的偏离，利用概率分布、期望值、标准差等计算的结果，可以反映这种偏离的程度，量化风险水平，从而确定特定风险水平对应的风险报酬。

单项投资的风险衡量包括以下过程：首先确定概率分布；然后确定期望值；接着确定离散程度，评价风险大小；最后确定风险报酬。

(一)概率及概率分布

在经济活动中，某类事件在相同的条件下可能发生，也可能不发生，这类事件被称为随机事件。概率就是用来表示随机事件发生可能性大小的数值。通常用 P_i 表示第 i 种结果出现的概率。随机事件的概率必须符合以下两个条件：(1)$0\leqslant P_i\leqslant 1$；(2) $\sum_{i=1}^{n} P_i = 1$。

概率分布反映随机变量发生的概率的规律。如果随机变量的个数是有限的，则其对应的有限个数的概率分布是离散型分布；如果随机变量有无数种可能的情况，则其对应的概率分布是连续型分布。

【例 2—17】 某公司有 A、B 两个投资项目可供选择，假设未来的经济情况只有繁荣、正常、衰退三种，这三种经济情况对应可能实现的投资报酬率及其发生的概率如表 2—3 所示。

表 2—3　　**公司未来经营情况表**

经济状况	发生概率	A 项目期望报酬率	B 项目期望报酬率
繁荣	0.20	20%	35%
正常	0.50	10%	10%
衰退	0.30	5%	−5%
合　计	1.00		

本例中，A、B 两个项目的期望报酬率分别只有三种情况，这三种情况对应的概率分布就是离散型分布，如图 2—15 所示。

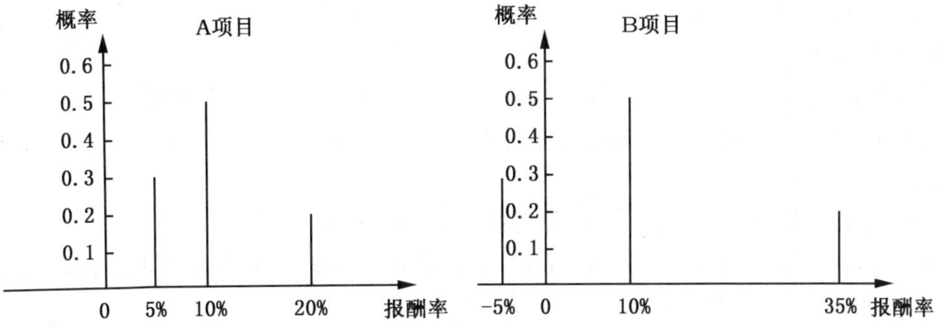

图 2—15　离散型分布

如果A、B两个项目的经营不止三种情况，而是有无数种可能的情况出现，每种情况都被赋予一个概率，其概率分布就可以表现为连续型分布，如图2—16所示。

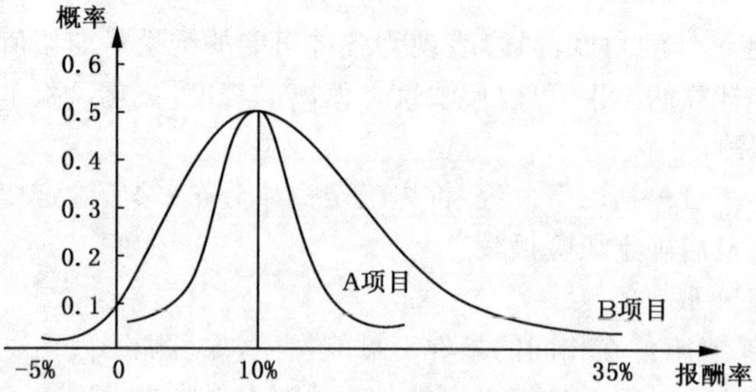

图2—16 连续型分布

（二）期望值

期望值是以随机变量发生概率为权数的各个随机变量的加权平均数。对于单项投资的风险与报酬来说，期望值即期望报酬率，是各种可能的报酬率按其概率进行加权平均得到的结果。

期望报酬率（$\overline{K}$）的计算公式如下：

$$\overline{K}=\sum_{i=1}^{n}K_iP_i$$

式中：$\overline{K}$——期望报酬率；

K_i——第 i 种结果的报酬率；

P_i——第 i 种结果发生的概率；

n——所有可能结果的数量。

例2—17中：

A项目的期望报酬率 $\overline{K}_A=20\%\times0.2+10\%\times0.5+5\%\times0.3=10.5\%$

B项目的期望报酬率 $\overline{K}_B=35\%\times0.2+10\%\times0.5+(-5\%)\times0.3=10.5\%$

A、B两个项目的期望报酬率相同，但概率分布不同。从图2—15可以看出，A项目报酬率变动的范围为5%～20%，报酬率分布相对集中；B项目报酬率变动的范围为−5%～35%，报酬率分布相对分散。概率分布图可以通过项目报酬率的变动区间，定性地评价风险的大小，但是无法对项目风险进行定量分析。

（三）离散程度

利用概率分布图只能对风险进行定性估计，想要定量地衡量风险的大小，就需要计算方差、标准差、标准离差率等反映离散程度的指标。

1. 标准差

通常用方差和标准差表示离散程度，即投资的整体风险水平。

标准差也称标准离差，是方差的平方根，反映各种可能的报酬率偏离期望报酬率的综合差异。标准差（σ）的计算公式如下：

$$\sigma=\sqrt{\sum_{i=1}^{n}(K_i-\overline{K})^2\cdot P_i}$$

仍沿用例2—17的资料，计算A、B两个项目的标准差，见表2—4、表2—5。

表2—4　　**A项目的标准差计算**

$K_i-\overline{K}$	$(K_i-\overline{K})^2$	$(K_i-\overline{K})^2 \cdot P_i$	σ^2	σ
20%−10.5%	0.009 025	0.001 805 0	0.002 725	5.22%
10%−10.5%	0.000 025	0.000 012 5		
5%−10.5%	0.003 025	0.000 907 5		

表2—5　　**B项目的标准差计算**

$K_i-\overline{K}$	$(K_i-\overline{K})^2$	$(K_i-\overline{K})^2 \cdot P_i$	σ^2	σ
35%−10.5%	0.060 025	0.012 005 0	0.019 225	13.87%
10%−10.5%	0.000 025	0.000 012 5		
−5%−10.5%	0.024 025	0.007 207 5		

A项目的标准差是5.22%，B项目的标准差是13.87%，在期望报酬率相同的情况下，B项目的风险较高。

2. 变异系数

标准差是以期望报酬率为中心计算的结果，是绝对指标。如果项目的期望报酬率不同，直接比较标准差就很难得出适当的结论。

变异系数也称离散系数、标准离差率，是标准差与期望报酬率的比值，是相对指标。在期望报酬率不同的情况下，变异系数可以反映投资项目风险的相对大小。变异系数(V)的计算公式如下：

$$V=\frac{\sigma}{\overline{K}}$$

【例2—18】 甲项目的期望报酬率是10%，标准差是15%；乙项目的期望报酬率是20%，标准差是25%。利用变异系数，评价这两个项目的风险大小。

$$V_{甲}=\frac{\sigma}{\overline{K}}=\frac{15\%}{10\%}=1.5$$

$$V_{乙}=\frac{\sigma}{\overline{K}}=\frac{25\%}{20\%}=1.25$$

计算可知，甲项目的变异系数是1.5，意味着甲项目单位期望报酬率的相对风险是1.5；乙项目的变异系数是1.25，意味着乙项目单位期望报酬率的相对风险是1.25。所以，乙项目的相对风险较低。

(四)单项投资的风险报酬

风险报酬是投资者因承担风险进行投资而获得的超过货币时间价值的报酬，一般用风险报酬率表示。如图2—17所示，风险报酬率(R_r)与反映风险程度的标准离差率(V)成正比。

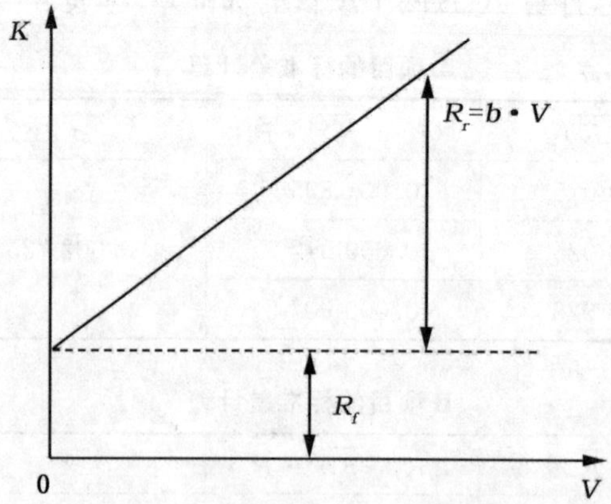

图 2—17　风险报酬率与标准离差率的关系

投资者对单位风险要求获得的补偿称为风险报酬系数(b)，其一般由投资者或相关专家确定。风险报酬系数是主观判断的结果。所以，风险报酬率可以表示如下：

$$R_r = b \cdot V$$

假设无风险报酬率为 R_f，则投资报酬率可以表示如下：

$$K = R_f + R_r$$

【例 2—19】　已知某项目的风险报酬系数为 0.6，标准离差率为 16%，无风险报酬率为 15%，在不考虑通货膨胀因素的情况下，该项目的投资报酬率为多少？

$K = R_f + R_f = 15\% + 0.6 \times 16\% = 24.6\%$

四、投资组合的风险与报酬

风险分为系统风险和非系统风险。既然非系统风险是个别的、可以分散的，投资者就会选择同时投资于多项资产，以抵消或分散非系统风险。投资者同时投资的多项资产，被称为投资组合或者证券组合。

（一）投资组合的期望报酬率

投资组合的期望报酬率，就是构成投资组合的各种资产的期望报酬率的加权平均数，其权数等于各种资产在整个组合中所占的价值比例。投资组合的期望报酬率可以表示如下：

$$K_p = \sum_{i=1}^{n} w_i \cdot K_i$$

式中：K_p——投资组合的期望报酬率；

w_i——第 i 种资产在全部投资额中的比重；

K_i——第 i 种资产的期望报酬率。

【例 2—20】　某投资组合由两种权重相同的证券组成，这两种证券的期望报酬率分别为 15%和 10%，则该投资组合的期望报酬率为多少？

$K_p = \sum_{i=1}^{n} w_i \cdot K_i = 50\% \times 15\% + 50\% \times 10\% = 12.5\%$

(二)相关系数

相关系数(ρ)表示投资组合中两种资产相互影响的相对大小。相关系数总是处于-1到1之间,即$-1\leqslant\rho\leqslant1$。相关系数为正值时,表示两种资产的报酬率呈同方向变化,即正相关;相关系数为负值时,则意味着两种资产的报酬率呈反方向变化,即负相关;当$\rho=1$时,表示两种资产的报酬率完全正相关;当$\rho=-1$时,表示两种资产的报酬率完全负相关;当$\rho=0$时,表示两种资产的报酬率缺乏相关性。

(三)β系数

β系数是度量不可分散的系统风险的指标,反映特定资产(单项资产或投资组合)相对于市场组合的系统风险的大小。β系数的计算比较复杂,一般由专业机构定期计算并公布。

β系数表明,当特定资产的$\beta=1$时,其系统风险与市场组合的系统风险一致;当特定资产的$\beta>1$时,其系统风险大于市场组合的系统风险;当特定资产的$\beta<1$时,其系统风险小于市场组合的系统风险。例如,一项资产的$\beta=0.5$,表示它的系统风险是市场组合的系统风险的0.5倍,也就是说,其报酬率的波动幅度是一般市场波动幅度的一半。

投资组合的β系数可以表示如下:

$$\boldsymbol{\beta}_p = \sum_{i=1}^{n} w_i \cdot \boldsymbol{\beta}_i$$

投资组合具有分散风险的作用,一般来说,组合资产的种类越多,可分散的风险越小,但是不可分散的系统风险不会因投资组合而发生变化,如图2—18所示。

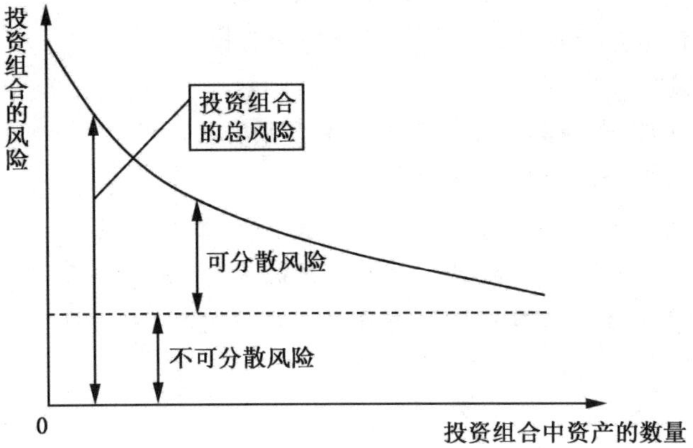

图2—18 投资组合的风险构成

(四)投资组合的风险报酬

投资组合的风险报酬是投资者因承担不可分散的系统风险而要求的超过货币时间价值的那部分报酬。投资组合的风险报酬率可以表示如下:

$$\boldsymbol{R}_p=\boldsymbol{\beta}_p\cdot(\boldsymbol{R}_m-\boldsymbol{R}_f)$$

式中:R_p——投资组合的风险报酬率;

β_p——投资组合的β系数;

R_m——市场组合的平均报酬率;

R_f——无风险报酬率。

【例 2—21】 某公司持有 A、B、C 三种股票组成的投资组合，三种股票的权重分别为 20%、30%和 50%，三种股票的 β 系数分别为 2.5、1.2 和 0.5。若市场平均报酬率为 10%，无风险报酬率为 5%，则该投资组合的风险报酬率是多少？

确定投资组合的 β 系数：

$$\beta_p = \sum_{i=1}^{n} w_i \cdot \beta_i = 20\% \times 2.5 + 30\% \times 1.2 + 50\% \times 0.5 = 1.11$$

计算投资组合的风险报酬率：

$$R_p = \beta_p \cdot (R_m - R_f) = 1.11 \times (10\% - 5\%) = 5.55\%$$

五、资本资产定价模型

（一）资本资产定价模型

在资产组合理论的基础上，美国学者威廉·夏普（William Sharpe）等人于 1964 年提出了资本资产定价模型（Capital Assets Pricing Model，CAPM）。资本资产定价模型广泛应用于资产估值、资金成本预算以及资源配置等方面。

资本资产定价模型主要研究风险资产报酬与风险的数量关系，反映投资者因承担一定程度的风险而应当获得的必要报酬率。资本资产定价模型要求：投资者理性地按照一定条件进行多样化的投资，并且资本市场是完全有效的市场，没有任何情况阻碍投资。在市场均衡条件下，资本资产定价模型可以表示如下：

$$\boldsymbol{K_i = R_f + \beta_i \cdot (R_m - R_f)}$$

式中：K_i——第 i 种资产或第 i 种投资组合的必要报酬率；

R_f——无风险报酬率；

β_i——第 i 种资产或第 i 种投资组合的 β 系数；

R_m——市场组合的平均报酬率。

【例 2—22】 在市场均衡条件下，A 公司股票的 β 系数为 1.5，B 公司股票的 β 系数为 0.7。假设无风险报酬率为 8%，市场组合的平均报酬率为 18%，投资者的资产组合为 60%购买 A 公司股票、40%购买 B 公司股票。运用资本资产定价模型，分别计算 A 公司和 B 公司股票的必要报酬率。

$$K_A = 8\% + 1.5 \times (18\% - 8\%) = 23\%$$

$$K_B = 8\% + 0.7 \times (18\% - 8\%) = 15\%$$

从计算结果可知，A 公司股票的必要报酬率为 23%，B 公司股票的必要报酬率为 15%，A 公司股票的 β 系数大，风险高，所以要求的报酬率也高。

（二）证券市场线

证券市场线（SML）是资本资产定价模型的图示形式，反映某项风险资产或资产组合的必要报酬率与 β 系数之间的线性关系，如图 2—19 所示。

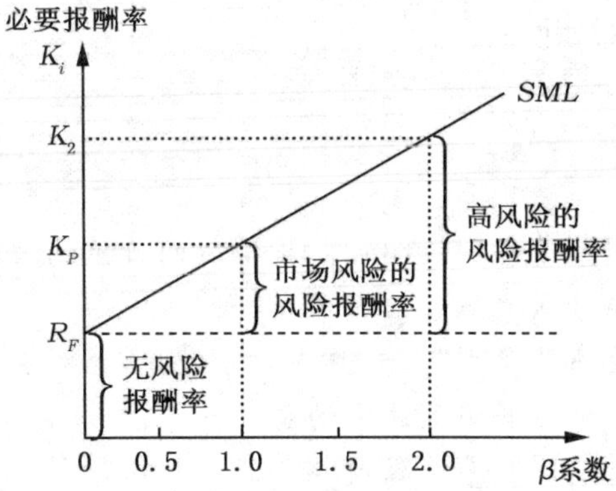

图 2—19　必要报酬率与 β 系数

证券市场线具有以下经济内涵：

第一，坐标系中，横轴是 β 系数表示的系统风险，纵轴是资产要求的必要报酬率。

第二，无风险资产的 $\beta=0$，证券市场线在纵轴的截距代表无风险报酬率。

第三，证券市场线的斜率代表投资者的风险偏好。投资者越是厌恶风险，对同等风险要求的报酬率越高，证券市场线的斜率越大。如图 2—20 所示，同样的系统风险，当 $\beta=2.0$ 时，如果投资者相对厌恶风险，证券市场线就向上转动（SML_2），斜率变大，证券市场线变得陡峭；反之，证券市场线变得平缓（SML_3）。

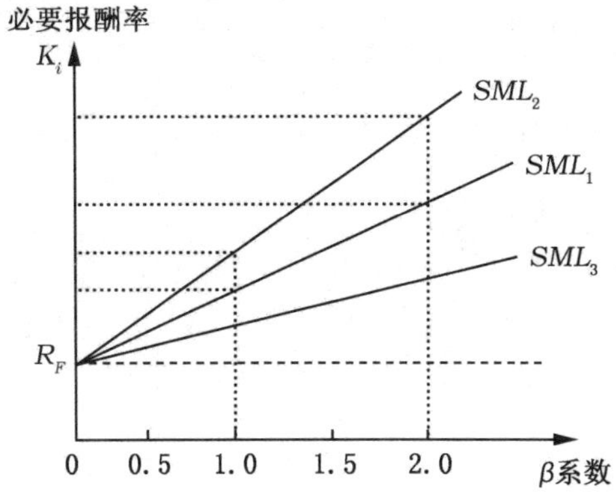

图 2—20　风险偏好与必要报酬率的关系

第四，β 系数越大，必要报酬率越高。

课程思政

【章节知识点】货币时间价值、风险与报酬

【思政育人元素】引导学生深入了解校园不良网络借贷的风险，树立正确的消费观和价值观；引导学生正确认识风险与报酬的关系，了解资产定价模型的假设前提，激发学生实事求是、积极创新的改革精神和科学精神。

复习思考题

1. 什么是货币时间价值？请举例说明你对货币时间价值的理解。
2. 复利和单利的区别是什么？
3. 什么是年金？年金有哪些类型？
4. 什么是递延年金？如何计算递延年金的现值？
5. 什么是 β 系数？请举例说明 β 系数所包含的经济信息。

第三章　筹资方式

第一节　筹资概述

一、企业筹资的概念与分类

（一）筹资的概念

企业筹资，是指企业根据其经营活动、投资活动和资本结构调整等需要，通过一定的渠道，采取适当的方式，经济有效地筹措和集中资本的活动。企业筹资活动是企业的一项基本财务活动，企业筹资管理是企业财务管理的一项主要内容。

（二）筹资的分类

企业采用不同方式所筹集的资金，按照不同的分类标准，可分为不同的筹资类别。

1. 权益筹资、负债筹资及混合筹资

按企业所取得资金的特性不同，企业筹资分为权益筹资、负债筹资及混合筹资三种类型。

权益资本，是股东投入的、企业依法长期拥有的、能够自主调配运用的资本。权益资本是企业从事生产经营活动和偿还债务的基本保证，是代表企业资信状况的一个主要指标。企业的权益资本通过吸收直接投资、发行股票、内部积累等方式取得。权益资本属于企业的自有资本，在企业持续经营期间，投资者不得抽回权益资本。权益资本形成了企业的永久性资本，虽然其财务风险小，但付出的资本成本相对较高。

债务资本，是企业按合同从债权人处取得的，在规定期限内需要清偿的债务。企业通过负债筹资形成债务资本，债务资本通过向金融机构借款、发行债券、融资租赁等方式取得。由于债务资本到期要归还本金和支付利息，因此债务资本具有较大的财务风险，但付出的资本成本相对较低。

混合筹资，兼具权益筹资和负债筹资的性质。我国上市公司常见的混合筹资方式是发行可转换公司债券和发行认股权证。

2. 直接筹资与间接筹资

按是否以金融机构为媒介来获取社会资金，企业筹资分为直接筹资和间接筹资两种类型。

直接筹资，是企业直接与资金供应者协商融通资金的筹资活动。直接筹资不需要通过金融机构来筹措资金，是企业直接从社会取得资金的方式。直接筹资的方式主要有发行股票、发行债券、吸收直接投资等。直接筹资方式既可以筹集权益资本，也可以筹集债务资本。相对来说，直接筹资的程序比较复杂，筹资费用较高，但筹资领域广阔，能够直接利用社会资金，有利于提高企业的知名度。

间接筹资，是企业借助银行等金融机构来融通资金的筹资活动。在间接筹资方式下，银行等金融机构发挥中介作用，预先集聚资金，然后提供给企业。间接筹资的基本方式是银行借款，此外还有融资租赁等方式。间接筹资形成的主要是债务资本，主要用于满足企业资金周转的需要。间接筹资的手续相对简便，筹资效率高，筹资费用低，但容易受金融政策的制约。

3. 内部筹资与外部筹资

按资金的来源范围不同，企业筹资分为内部筹资和外部筹资两种类型。

内部筹资，是指企业通过利润留存而形成的筹资来源。内部筹资的数额大小主要取决于企业可分配利润的多少和利润分配政策，一般无须花费筹资费用，从而降低了资本成本。

外部筹资，是指企业向外部筹措资金而形成的筹资来源，如发行股票、发行债券、银行借款、取得商业信用、融资租赁等。企业向外部筹资大多需要花费一定的筹资费用，从而提高了筹资成本。

4. 长期筹资与短期筹资

按所筹集资金的使用期限不同，企业筹资分为长期筹资和短期筹资两种类型。

长期筹资，是指企业筹集使用期限在1年以上的资金。长期筹资的目的主要在于形成和更新企业的生产和经营能力，或扩大企业生产经营规模，或为对外投资筹集资金。长期筹资通常采取吸收直接投资、发行股票、发行债券、长期借款、融资租赁等方式，所形成的长期资本主要用于购建固定资产、形成无形资产、进行对外长期投资、产品和技术研发等。从资金性质来看，长期资本可以是权益资本，也可以是债务资本。

短期筹资，是指企业筹集使用期限在1年以内的资金。短期资金主要用于企业生产经营过程中的资金周转，一般在短期内需要偿还。短期资金经常利用商业信用、短期借款、短期融资券等方式筹集。

二、企业的筹资动机

资金不仅是企业生产经营活动的前提，而且是决定企业生产规模和发展速度的重要因素。企业筹资的基本目的是满足自身的生存与发展。但每次具体的筹资活动往往受特定动机的驱使。企业筹资的具体动机是多种多样的，归纳起来有四类，即新建筹资动机、扩张筹资动机、调整筹资动机和混合筹资动机。

（一）新建筹资动机

新建筹资动机是在企业新建时为满足正常生产经营活动所需的铺底资金而产生的筹资动机。企业新建时，要按照经营计划和策略所确定的生产规模核定固定资金需要量和流动资金需要量，筹措相应数额的资本金——所有者权益，资本金不足部分需通过短期负债或长期负债来筹集。

（二）扩张筹资动机

扩张筹资动机是企业因扩大生产经营规模或追加对外投资而产生的筹资动机。具有良好发展前景、处于成长期的企业，通常会产生扩张筹资动机。例如，企业生产经营的产品供不应求，需要购置设备以增加市场供应；需要引进技术，开发和生产适销对路的新产品；追加有利的对外投资规模，开拓有发展前途的对外投资领域；等等。

【例3—1】 宏业公司扩张筹资前的资产负债状况如表3—1的A栏所示。该企业根据扩大生产经营和对外投资的需要，现追加筹资6 000万元。其中，追加长期借款1 500万元，发行债券2 500万元，股东投入资本2 000万元；增添设备价值1 000万元，增加流动资金2 000万元，追加长期投资3 000万元。扩张筹资后的资产负债状况如表3—1的B栏所示。

表3—1　　扩张筹资前和扩张筹资后的资产负债状况　　单位：万元

资　产	A	B	负债及所有者权益	A	B
	扩张筹资前	扩张筹资后		扩张筹资前	扩张筹资后
货币资金	800	1 000	短期借款	1 200	1 200
应收账款	2 200	2 800	应付账款	1 500	1 500
存货	2 000	3 200	长期借款	1 800	3 300
长期股权投资	1 000	4 000	应付债券	1 000	3 500
固定资产	4 000	5 000	股东权益	4 500	6 500
合　计	10 000	16 000	合　计	10 000	16 000

通过对表3—1的A、B栏进行比较可以看出，该公司扩张筹资后，资产总额从筹资前的10 000万元扩大为16 000万元，负债及股东权益总额同样增长。

扩张筹资动机所产生的直接结果，是企业的资产总额和资本总额增加。

（三）调整筹资动机

调整筹资动机是企业为了调整现有资本结构而形成的筹资动机。资本结构是指企业各种筹资方式的构成及其比例关系。一家企业在不同时期由于筹资方式的不同组合会形成不尽相同的资本结构。随着相关情况的变化，目前的资本结构可能不再合理，需要相应地予以调整，使之趋于合理。调整筹资的形式主要有：借新债还旧债，以债转股，以股抵债。

【例3—2】 宏业公司调整筹资前的资产和筹资规模如表3—2的C栏所示。该公司经分析认为这种资本结构不再合理，债务筹资所占比例偏高，需要采取措施予以调整。调整筹资后的资产负债状况如表3—2的D栏所示。

表3—2　　调整筹资前和调整筹资后的资产负债状况　　单位：万元

资　产	C	D	负债及所有者权益	C	D
	调整筹资前	调整筹资后		调整筹资前	调整筹资后
货币资金	1 000	1 000	短期借款	1 200	1 200
应收账款	2 800	2 800	应付账款	1 500	1 500
存货	3 200	3 200	长期借款	3 300	2 300
长期股权投资	4 000	4 000	应付债券	3 500	2 000
固定资产	5 000	5 000	股东权益	6 500	9 000
合　计	16 000	16 000	合　计	16 000	16 000

如表 3—2 中的 D 栏所示，公司采取债转股的措施，使得债务筹资比例由原来的 59.38%下降到 43.75%，公司的资产总额和资本总额并没有发生变化，只是调整了公司的资本结构。

（四）混合筹资动机

企业既为扩张规模又为调整资本结构而产生的筹资动机，称为混合筹资动机。这种筹资动机中兼容了扩张性筹资和调整性筹资两种筹资动机。在这种混合筹资动机的驱使下，企业通过筹资，既扩大了资产和资本的规模，又调整了资本结构。

三、筹资渠道与方式

（一）筹资渠道

筹资渠道，是指企业筹集资金的方向与通道，体现资金的源泉和流量。目前，我国企业的筹资渠道主要包括：

1. 国家财政资金

国家对企业的直接投资历来是国有企业特别是国有独资企业获得资金的主要渠道之一。现有国有企业的资金来源中，其资本部分大多是由国家通过中央和地方财政部门以直接拨款方式形成的。从产权关系来看，财政资金属于国家投入的资金，产权归国家所有。

2. 银行信贷资金

银行信贷资金是各类企业筹资的重要来源。银行一般分为商业性银行和政策性银行。在我国，商业性银行主要有中国工商银行、中国农业银行、中国建设银行、中国银行以及交通银行等，政策性银行有国家开发银行、农业发展银行和中国进出口银行。商业性银行是以营利为目的、从事信贷资金投放的金融机构，它们主要为企业提供各种商业贷款。政策性银行主要为特定企业提供政策性贷款。

3. 非银行金融机构资金

非银行金融机构也可以为企业提供一定的资金来源。在我国，非银行金融机构主要有信托投资公司、保险公司、租赁公司、证券公司以及企业集团的财务公司等。它们有的集聚社会资本，融资融物；有的承销证券，提供信托服务。这种筹资渠道的财力虽然比银行小，但具有广阔的发展前景。

4. 其他企业资金

其他企业资金也可以为企业提供一定的资金来源。企业在日常的生产经营过程中，有时可能形成部分暂时闲置的资金，为了让其发挥一定的效益，需要相互融通。另外，企业间的购销业务可以通过商业信用方式来完成，从而形成企业间的债权债务关系。企业间的相互投资和商业信用的存在，使其他企业资金成为企业资金的重要来源。

5. 民间资金

民间资金也可以为企业提供一定的资金来源。我国企业和事业单位的职工与广大城乡居民持有的结余货币，作为“游离”于银行及非银行金融机构之外的个人资金，可用于对企业进行投资，形成民间资金来源，从而为企业所用。

6. 企业自留资金

企业自留资金，也称企业内部留存，主要是指企业通过提留盈余公积和保留未分配利润而形成的资金。这是企业内部形成的筹资渠道，比较便捷，有盈利的企业通常可以加以利用。

(二)筹资方式

筹资方式是指企业筹集资金所采取的具体形式。筹资渠道是客观存在的,而筹资方式是由企业自主决定的。目前,我国企业的筹资方式主要有以下几种:

1. 吸收直接投资

吸收直接投资,即企业直接吸收国家、法人、自然人等直接投入的资金,以形成企业资本金的一种筹资方式。这种筹资方式不以股票为媒介,适用于非股份制企业,是非股份制企业取得权益资本的基本方式。

2. 发行股票

发行股票,即股份有限公司按照公司章程依法发行股票来筹措权益资本的一种筹资方式。

3. 利用留存收益

留存收益,是指企业按规定从税后利润中提取的盈余公积金和留存的应分配给投资者的未分配利润。利用留存收益筹资是指企业将留存收益转化为投资的过程,它是企业筹集权益资本的一种重要方式。

4. 向银行借款

向银行借款,即企业根据借款合同从银行或非银行金融机构借入各种款项的筹资方式。

5. 发行债券

发行债券,即企业通过发行债券来筹措债务性资本的一种筹资方式。

6. 利用商业信用

商业信用,是指商品交易中的延期付款或延期交货所形成的借贷关系,它是企业筹集短期资金的重要方式。

7. 融资租赁

融资租赁,也称资本租赁或财务租赁,是企业按照租赁合同向租赁公司等机构租入固定资产而形成的债务,它是企业筹集长期债务性资金的一种方式。

四、筹资的基本原则

为了经济有效地筹集资金,企业筹资必须遵循下列基本原则:

(一)合法性原则

企业的筹资活动,影响着社会资金及资源的流向和流量,涉及相关主体的经济利益。为此,企业筹集资金必须接受国家的宏观指导与调控,遵守国家的有关法律、法规,承担约定的责任,维护有关各方的合法权益,避免非法筹资行为给企业本身及相关主体造成损失。

(二)合理性原则

企业筹资必须合理确定所需金额。不论通过哪些渠道,运用哪些方式筹集资金,都应该预先确定资金的需要量。企业筹资固然应当广开财路,但必须有合理的限度,使资金的筹集量与投资所需量相适应,避免因筹资数量不足而影响投资活动或因筹资数量过剩而影响投资效益。

企业筹资还必须合理确定资本结构。合理确定企业的资本结构主要有两方面的内容:一方面是合理确定权益资本与债务资本的结构,也就是合理确定企业的债务资本规模或比例,既要避免债务资本过多,导致财务风险过高,偿债负担过重,又要有效地利用债务资本经营,提高权益资本的收益水平。另一方面是合理确定长期资本与短期资本的比例,也就是合理确定企业全部资本的期限结构，这要与企业所需持有的资产的期限相匹配。

（三）效益性原则

在效益上，企业应当对筹资与投资进行权衡。投资是决定应否筹资和筹多少资的重要因素之一。因此，企业在筹资活动中，一方面需要认真分析投资机会，讲究投资效益，避免不顾投资效益的盲目筹资；另一方面由于不同筹资方式的资本成本不尽相同，因此需要综合研究各种筹资方式，寻求最优的筹资组合，以便降低资本成本，经济有效地筹集资金。

（四）及时性原则

企业筹资要按照资金投放使用的时间来合理安排，使筹资与用资在时间上相衔接，既要避免取得资金滞后而贻误投资的有利时机，也要防止取得资金过早而造成投放前的闲置。

第二节　权益资本筹资

权益资本又称自有资金，是指企业依法筹集的、长期拥有并自主支配的资金。权益资本的筹集主要采取吸收直接投资、发行股票和留存收益等形式。

一、吸收直接投资

吸收直接投资，是指企业按照“共同投资、共同经营、共担风险、共享利润”的原则，直接吸收国家、法人、个人投入资金的一种筹资方式。

（一）出资方式

企业采用吸收投资方式筹集资金时，投资者可以用现金、厂房、机器设备、材料物资、无形资产等作价出资。

1. 以现金出资

以现金出资是吸收直接投资中最主要的一种出资方式。现金可用于购置资产、支付费用，比较灵活方便。因此，企业一般希望投资者采用现金方式出资。

2. 以实物出资

以实物出资就是投资者以厂房、建筑物、机器设备等固定资产和原材料、商品等流动资产进行的投资。一般来说，企业吸收的实物应符合如下条件：(1)确为企业科研、生产、经营所需；(2)技术性能较好；(3)作价公平合理；(4)非抵押、担保、诉讼财产。

3. 以工业产权出资

工业产权是指专有技术、专利、商标权等无形资产。一般来说，企业吸收的工业产权应符合以下条件：(1)能帮助企业研究和开发新的高科技产品；(2)能帮助企业生产出适销对路的高科技产品；(3)能帮助企业改进产品质量，提高生产效率；(4)能帮助企业大幅度降低各种消耗；(5)作价比较合理。

4. 以土地使用权出资

投资者也可以用土地使用权投资。土地使用权是指土地经营者对依法取得的土地在一定期限内享有开展建筑、生产等活动的权利。企业吸收土地使用权投资应考虑以下因素：(1)是否为企业科研、生产、销售活动所需；(2)交通、地理条件是否比较适宜；(3)作价是否公平合理。

(二)吸收直接投资的程序

企业吸收直接投资一般要按照以下程序操作：

1. 确定筹资数量

如果企业新建或扩大经营是采取吸收直接投资的方式，就必须先确定所筹集资金的数量，这也是其他筹资方式都应首先考虑的问题。

2. 寻找投资伙伴

为了让更多投资者了解企业，寻找更多资金来源，筹资企业应主动宣传自己的经营状况和盈利能力，以便寻找合适的合作伙伴。

3. 签署合同或协议等文件

企业吸收直接投资，相关方都应当签署合同或协议等书面文件，以明确各方的权利和义务。

4. 取得所筹集的资金

出资方如果采用现金投资的，则通常要编制拨款计划，确定拨款期限、每期数额和划拨方式，企业可以按拨款计划取得现金；出资方如果采用实物或无形资产投资的，则应当首先进行评估，然后办理产权转移手续以取得资产。

(三)吸收直接投资的优缺点

1. 吸收直接投资的优点

(1)有利于增强企业信誉

吸收直接投资所筹集的资金属于权益资金，是企业的永久性资本，能增强企业的信誉和借款能力。

(2)有利于尽快形成生产能力

吸收直接投资不仅可以筹集现金，而且可以直接获取投资者的先进设备和技术，有利于尽快形成生产能力，尽快开拓市场。

(3)有利于降低财务风险

吸收直接投资可以根据企业的经营业绩和财务状况向投资者分配利润。企业经营状况好，可向投资者多支付一些报酬；企业经营状况不好，则可向投资者少支付一些报酬甚至不支付报酬，因此财务风险较小。

2. 吸收直接投资的缺点

(1)资本成本较高

一般来说，采用吸收直接投资方式筹集资金所需负担的资本成本较高，企业经营状况好时更是如此。

(2)企业控制权容易分散

采用吸收直接投资方式筹集资金，投资者一般会要求获得与投资数量相适应的经营管理权。如果外部投资者的投资较多，则外部投资者会有相当大的管理权，甚至会对企业实行完全控制，这是吸收直接投资的不利因素。

二、发行股票

（一）股票的种类

股票是股份有限公司为筹措权益资金而发行的有价证券，是公司签发的证明股东持有股份的权利和承担义务的凭证。股票的种类很多，可按不同的标准进行分类。

1. 按股东权利和义务的不同，可将股票分为普通股和优先股

普通股是股份有限公司依法发行的享有普通权利、股利不固定的股票。普通股是最基本的股票，具备股票的一般特征，是股份有限公司资本的基本组成部分。

优先股是股份有限公司依法发行的具有一定优先权的股票。这种优先权主要体现在利润分配权和剩余财产分配权上。

2. 按股票票面是否记名，可将股票分为记名股票和无记名股票

记名股票，是指在股票上记载股东姓名或名称并将其记入公司股东名册的股票。记名股票要同时附有股权手册，只有同时具备股票和股权手册，股东才能领取股息和红利。记名股票的转让、继承都要办理过户手续。

无记名股票，是指在股票上不记载股东姓名或名称，也不将股东姓名或名称记入公司股东名册的股票。凡持有无记名股票者，都可成为公司股东。无记名股票的转让、继承无须办理过户手续，只要将股票交给受让人，就可发生转让效力，移交股权。

《中华人民共和国公司法》规定，公司向发行人、国家授权投资的机构和法人发行的股票应当为记名股票；向社会公众发行的股票，可以为记名股票，也可以为无记名股票。

3. 按发行对象和上市地区，可将股票分为A股、B股、H股和N股

在我国内地上市交易的股票主要有A股、B股。A股是以人民币标明票面金额并以人民币认购和交易的股票。B股是以人民币标明票面金额，以外币认购和交易的股票。另外，H股是在我国香港上市的股票，N股是在美国纽约上市的股票。

（二）普通股与优先股

1. 普通股股东的权利

(1)公司管理权

普通股股东具有对公司的管理权，具体表现如下：①表决权，出席或委托代理人出席股东大会，有权投票选举董事会成员，并对公司重大事项行使表决权；②查账权，主要是委托会计师事务所查账；③质询权，主要是对公司事务有质询权，阻止越权经营。

(2)分享盈利权

普通股股东有权从公司盈利中得到股利。普通股的股利是不固定的，主要受公司经营业绩及其分配政策影响，并且盈利分配的方案由股东大会决定。普通股股东必须在优先股股东取得固定股息之后，才有权享受股利分配。

(3)出售或转让股份权

这是指股东有权出售或转让股票。

(4)优先认股权

当公司增发普通股时，原有股东有权按持有公司股票的比例，优先认购新股票，这样做主要是为了保证原股东的控制权。

(5)剩余财产要求权

当公司解散、清算时,普通股股东对剩余财产有要求权,但分配顺序排在最后。

2. 普通股筹资的优缺点

(1)普通股筹资的优点

①没有固定的股利负担。股利的支付与否和支付多少,视公司有无盈利和经营需要而定。

②发行普通股筹措资本具有永久性,无到期日,无须归还。这对保证公司对资本的最低需要、维持公司长期稳定发展极为有益。

③筹资风险小。普通股股本没有固定到期日,也不用支付固定的股利,因而无还本付息的压力。

④能够增强公司信誉。利用普通股筹资既可以提高公司的信用价值,也为筹措债务资金提供了强有力的支持。

(2)普通股筹资的缺点

①资本成本较高。从投资者的角度讲,投资于普通股风险较高,相应地要求较高的投资报酬率。对于筹资公司来讲,普通股股利从税后利润中支付,不像债券利息那样作为费用税前支付,因而不具有抵税作用。此外,普通股的发行费用一般高于其他证券的发行费用。

②以普通股筹资会增加新股东,从而可能分散公司的控制权,削弱原股东对公司的控制。

3. 优先股股东的权利

优先股的优先权是相对普通股而言的,其优先权主要表现如下:

(1)优先分配股息权

优先股通常有固定的股息,股息不随公司经营状况波动,并且优先股股东可以先于普通股股东领取股息。

(2)优先分配剩余财产

当公司进行财产清算时,优先股股东对公司剩余财产有先于普通股股东的要求权。

(3)管理权

优先股股东一般无表决权,通常也无权过问公司的经营管理,仅在涉及优先股股东权益的相关事项时享有表决权。

4. 优先股筹资的优缺点

(1)优先股筹资的优点

①与普通股一样,优先股没有固定到期日,不用偿还本金。

②股息支付既固定,又有一定的灵活性。

③保持普通股股东对公司的控制权。

④有利于增强公司信誉和举债能力。优先股扩大了权益基础,可增强公司的资金实力。

(2)优先股筹资的缺点

①筹资成本高。优先股支付的股利是从税后净利润中支付的,不像债券利息可以在税前支付。因此,优先股的资本成本虽低于普通股,但一般高于债务资本。

②优先股筹资的制约因素较多。发行优先股,通常有许多限制条款,如对普通股股利支付的限制、对公司借款的限制等,不利于公司的自主经营。

③财务负担重。优先股需要支付固定的股利,又不能税前列支,当公司盈利下降时,优先

股的股利支付会成为公司一项较重的财务负担。

（三）股票发行

我国股份有限公司发行股票必须符合《中华人民共和国公司法》《中华人民共和国证券法》和《上市公司证券发行管理办法》规定的发行条件。股份有限公司在设立时要发行股票；设立后，为了扩大经营、改善资本结构，也会增资发行新股。股票的发行，遵循公平、公正的原则，必须同股同权、同股同利。同次发行的股票，每股的发行条件和价格应当相同。发行股票还应接受国务院证券监督管理机构的管理和监督。

1. 股票发行方式

股票发行方式，是指公司通过何种途径发行股票。股票发行方式大致可分为以下两类：

（1）公开间接发行

公开间接发行是指通过中介机构，公开向社会公众发行股票。我国股份有限公司采用募集设立方式向社会公开发行新股时，须由证券经营机构承销的做法，就属于股票的公开间接发行。这种发行方式的发行范围广、发行对象多，易于足额募集资本；股票的变现性强，流通性好；股票的公开发行有助于提高发行公司的知名度和扩大其影响力。但这种发行方式也有不足，主要是手续繁杂、发行成本高。

（2）不公开直接发行

不公开直接发行是指不公开对外发行股票，只向少数特定对象直接发行，因而无须经中介机构承销。我国股份有限公司采用发起设立方式和以不向社会公开募集的方式发行新股的做法，即属于股票的不公开直接发行。这种发行方式弹性较大，发行成本低；但发行范围小，股票变现性弱。

2. 股票的销售方式

股票的销售方式，是指股份有限公司向社会公开发行股票时所采取的股票销售方法。股票销售方式有两类：自销和承销。

（1）自销方式

股票发行的自销方式，是指发行公司自己直接将股票销售给认购者。这种销售方式可由发行公司直接控制发行过程，实现发行意图，并可以节省发行费用；但往往筹资时间长，发行公司要承担全部发行风险，并需要发行公司有较高的知名度、信誉和实力。

（2）承销方式

股票发行的承销方式，是指发行公司将股票销售业务委托给证券经营机构代理。这种销售方式是发行股票所普遍采用的。《中华人民共和国公司法》规定股份有限公司向社会公开发行股票，必须与依法设立的证券经营机构签订承销协议，由证券经营机构承销。

股票承销又分为包销和代销两种具体办法。所谓“包销”，是指根据承销协议商定的价格，证券经营机构一次性购进发行公司公开募集的全部股份，然后以较高的价格出售给社会上的认购者。对发行公司来说，采用包销的办法可及时筹足资金，免于承担发行风险（股款未募足的风险由承销商承担）；而将股票以较低的价格售给承销商会损失部分溢价。所谓“代销”，是指证券经营机构代替发行公司销售股票，并由此获取一定的佣金，但不承担股款未募足的风险。

(四)股票上市

股票上市，是指股份有限公司公开发行的股票经批准在证券交易所挂牌交易。

1. 股票上市的有利影响

(1)促进公司资本社会化，分散风险。股票上市后，会有更多投资者认购公司股份，可以防止公司股权集中化，同时分散了公司的风险。

(2)增强股票的变现能力和流动性。

(3)有助于确定公司增发新股的发行价格，便于筹措新资金。

(4)提高公司知名度，吸引更多顾客。股票上市的公司为社会所知，并被认为经营优良，这会给公司带来良好的声誉，从而吸引更多顾客，扩大公司的销售。

(5)便于确定公司价值。股票上市后，公司股价有市价可循，便于确定公司的价值，有利于促进公司财富最大化。

2. 股票上市的不利影响

(1)使公司失去隐私权。公司上市后，各种信息公开的要求可能暴露公司的商业秘密。

(2)股价有时会歪曲公司的实际状况，损害公司的声誉。

(3)可能分散公司的控制权，造成管理上的困难。

三、留存收益

企业的留存收益包括盈余公积和未分配利润两个部分。将留存收益再投资是一种较发行普通股更为有利的筹资方式。一方面，企业利用留存收益不会发生任何筹资费用，资本成本较普通股低，通过留存利润筹集的资金数额较为确定；发行股票筹资则要支付较高的发行费用，发行是否成功不能完全确定。另一方面，留存收益不会削弱现有股东对企业的控制权。

第三节　长期负债筹资

一、长期借款筹资

长期借款是指企业向银行或其他非银行金融机构借入的使用期超过 1 年的借款，主要用于购建固定资产和满足长期流动资金占用的需要。

(一)长期借款的种类

1. 按照提供贷款的机构分类

按照提供贷款的机构的不同，长期借款可以分为政策性银行借款、商业银行借款和其他金融机构借款。

2. 按照有无担保分类

按照有无担保，长期借款可以分为信用借款和担保借款。信用借款是指以借款人的信用为依据而取得的借款。担保借款是指有一定的担保人作保证或利用一定的财产作抵押或质押而取得的借款。担保借款包括保证借款、抵押借款和质押借款。

（二）长期借款筹资的程序

企业向金融机构借款，通常要经过以下步骤：

1. 企业提出申请

企业申请借款必须符合贷款原则和条件，填写以借款金额、借款用途、偿还能力以及还款方式等为主要内容的借款申请书，并提供以下资料：(1)借款人及保证人的基本情况；(2)财政部门或会计师事务所核准的上年度财务报告；(3)原有的不合理借款的纠正情况；(4)抵押物清单及同意抵押的证明，保证人拟同意保证的有关证明文件；(5)项目建议书和可行性报告；(6)贷款银行认为需要提交的其他资料。

2. 金融机构审批

银行接到企业的申请后，要对企业的申请进行审查，以决定是否对企业提供贷款。这一般包括以下几个方面：(1)对借款人的信用等级进行评估；(2)对借款人的信用及借款的合法性、安全性和盈利性等情况进行调查，核实抵押物、保证人情况，测定贷款的风险；(3)贷款审批。

3. 签订借款合同

借款合同是规定借贷各方权利和义务的契约，其内容分为基本条款和限制条款。基本条款是借款合同必须具备的条款。限制条款是为了降低贷款机构的贷款风险而对借款企业提出的限制条件，又有一般性限制条款、例行性限制条款和特殊性限制条款之分。

借款合同的基本条款包括：借款种类、借款用途、借款金额、借款利率、借款期限、还款资金来源及还款方式、保证条款、违约责任等。

借款合同的一般性限制条款主要包括：(1)对借款企业流动资金保持量的规定，其目的在于保持借款企业的偿债能力；(2)对支付现金股利的限制，其目的在于限制现金外流；(3)对资本支出规模的限制；(4)限制其他长期债务，其目的在于防止其他贷款人取得对企业资产的优先求偿权。限制条款中，一般性限制条款最为常见。

借款合同的例行性限制条款一般包括：(1)借款企业定期向银行报送财务报表，其目的在于及时掌握企业的财务情况；(2)不准在正常情况下出售大量资产，以保持企业正常的生产经营能力；(3)如期缴纳税费和清偿其他到期债务，以防被罚款而造成现金流失；(4)不准贴现应收票据或出售应收账款，以避免或有负债；(5)限制租赁固定资产的规模，其目的在于防止企业负担巨额租金以致削弱其偿债能力。

借款合同的特殊性限制条款一般包括：(1)借款专款专用；(2)不准企业投资于短期内不能收回资金的项目；(3)限制企业高级职员的薪金和奖金总额；(4)要求企业主要领导人购买人身保险等。特殊性限制条款是针对某些特殊情况而出现在部分借款合同中的。

4. 企业取得借款

双方签订借款合同后，贷款银行按合同的规定期限发放贷款，企业便可取得相应的资金。贷款人不按合同约定的期限发放贷款的，应偿付违约金。借款人不按合同的约定用款的，也应偿付违约金。

（三）长期借款筹资的优缺点

1. 长期借款筹资的优点

(1)筹资速度快

长期借款的手续比发行股票、债券简单得多，得到借款所花费的时间较短，可以迅速地获取资金。

(2)借款弹性较大

在借款时，企业与银行直接商定贷款的时间、数量和利率等；在用款期间发生变动时，也可与银行进行协商，变更借款数量及还款期限等。

(3)借款成本较低

利用长期借款筹资，其利息可在税前列支，可减少企业实际负担的成本；长期借款利率一般低于债券利率；此外，由于借款属于间接筹资，因此筹资费用较少。

(4)可以发挥财务杠杆的作用

借款利息负担固定，当企业的报酬率高于借款利息率时，便可提高自有资金利润率。

2. 长期借款筹资的缺点

(1)筹资风险较高

借款通常有固定的利息负担和还本期限，在经营不利的情况下，可能对企业造成较大的财务负担，故筹资风险较高。

(2)限制条件较多

企业与银行签订的借款合同中有一些限制性条款，这些条款可能限制企业的经营活动。

(3)筹资数量有限

银行一般不愿借出巨额的长期借款，因此，利用银行借款筹资有一定的限度。

二、发行债券筹资

债券是经济主体为筹集资金而发行的、用于记载和反映债权债务关系的有价证券。由企业发行的债券，称为企业债券或公司债券。这里所说的“债券”，是指期限超过 1 年的公司债券。

(一)债券的种类

债券可按不同的标准进行分类，主要分类方式如下：

1. 按债券是否记名，可将债券分为记名债券和无记名债券

记名债券，是指在券面上注明债权人姓名或名称，同时在发行公司的债权人名册上进行登记的债券。

无记名债券，是指债券票面未注明债权人姓名或名称，也不用在债权人名册上登记债权人姓名或名称的债券。

2. 按债券能否转换为公司股票，可将债券分为可转换公司债券和不可转换公司债券

可转换公司债券，是指在一定时期内，可以按规定的价格或一定比例，由持有人自由地选择转换为普通股的债券。

不可转换公司债券，是指不可以转换为普通股的债券。

3. 按有无特定的财产担保，可将债券分为抵押债券和信用债券

发行公司以特定财产作为抵押品的债券，为抵押债券；没有特定财产作为抵押，凭信用发行的债券，为信用债券。

4. 按利率的不同，可将债券分为固定利率债券和浮动利率债券

固定利率债券，是指在发行时将利率明确记载于债券上，并按这一利率向债权人支付利息

的债券。

浮动利率债券，是指在发行时规定债券利率随市场利率定期浮动的债券。

5. 按能否上市，可将债券分为上市债券和非上市债券

可在证券交易所挂牌交易的债券为上市债券，反之则为非上市债券。

（二）发行债券的条件

根据《中华人民共和国证券法》《中华人民共和国公司法》的有关规定，公开发行公司债券，应当符合下列条件：(1)最近3年平均可分配利润足以支付公司债券1年的利息；(2)具备健全且运行良好的组织机构；(3)国务院规定的其他条件。

公开发行公司债券所筹集的资金，必须按照公司债券募集办法所列资金用途使用；改变资金用途，必须经债券持有人会议做出决议。公开发行债券筹措的资金，不得用于弥补亏损和非生产性支出。

（三）债券发行价格的确定

公司债券的发行价格是发行公司发行债券时所使用的价格，亦即投资者向发行公司认购债券时实际支付的价格。公司在发行债券之前，必须依据有关因素，运用一定的方法，确定债券的发行价格。

1. 影响债券发行价格的因素

公司债券发行价格的高低，取决于下述四个因素：

(1)债券面额

债券的票面金额是决定债券发行价格的最基本因素。债券发行价格的高低，从根本上取决于债券面额的大小。一般而言，债券面额越大，发行价格越高。

(2)票面利率

债券的票面利率是债券的名义利率，通常在发行债券之前就已确定，并注明于债券票面。一般而言，债券的票面利率越高，发行价格也越高；反之，就越低。

(3)市场利率

债券发行时的市场利率是衡量债券票面利率高低的参照系，两者往往不一致，因此共同影响债券的发行价格。一般来说，债券的市场利率越高，债券的发行价格越低；反之，就越高。

(4)债券期限

与银行借款一样，债券的期限越长，债权人的风险越大，要求的利息报酬就越高，债券的发行价格就可能越低；反之，可能越高。

此外，债券利息的支付方式也在一定程度上影响债券的发行价格。因此，债券的发行价格是各种因素综合作用的结果。

2. 确定债券的发行价格

公司债券的发行价格通常有三种：平价、溢价和折价。平价是指以债券的票面金额为发行价格，溢价是指以高出债券票面金额的价格为发行价格，折价是指以低于债券票面金额的价格为发行价格。

债券发行价格的形成受诸多因素的影响，其中主要是票面利率与市场利率的一致程度。债券的票面金额、票面利率在债券发行前即已参照市场利率和发行公司的具体情况确定下来，并载明于债券之上。但是，在发行债券时已确定的票面利率不一定与当时的市场利率一致。

为了协调债券购销双方在债券利息上的利益，就要调整发行价格：当票面利率高于市场利率时，以溢价发行债券；当票面利率低于市场利率时，以折价发行债券；当票面利率与市场利率一致时，以平价发行债券。

债券发行价格的计算公式如下：

$$债券发行价格=\frac{票面金额}{(1+市场利率)^n}+\sum_{t=1}^{n}\frac{债券年息}{(1+市场利率)^t}$$

式中：n——债券期限；

t——付息期数。

从货币时间价值的原理来说，按上述公式确定的债券发行价格由两部分构成：一部分是债券到期还本面额按市场利率折现的价值，另一部分是债券各期利息（年金形式）的现值。

【例 3—3】 华润公司发行债券筹资，债券面额为 100 元，票面利率为 6%，债券期限为 10 年，每年年末付息一次。其发行价格可分下述三种情况来分析计算：

(1)市场利率为 4%，低于票面利率，为溢价发行。债券发行价格的计算如下：

$$P=\frac{100}{(1+4\%)^{10}}+\sum_{t=1}^{10}\frac{6}{(1+4\%)^t}$$
$$=100\times(P/F,4\%,10)+6\times(P/A,4\%,10)$$
$$=116.266(元)$$

(2) 市场利率为 6%，与票面利率一致，为平价发行。债券发行价格的计算如下：

$$P=\frac{100}{(1+6\%)^{10}}+\sum_{t=1}^{10}\frac{6}{(1+6\%)^t}$$
$$=100\times(P/F,6\%,10)+6\times(P/A,6\%,10)$$
$$=100(元)$$

(3) 市场利率为 8%，高于票面利率，为折价发行。债券发行价格的计算如下：

$$P=\frac{100}{(1+8\%)^{10}}+\sum_{t=1}^{10}\frac{6}{(1+8\%)^t}$$
$$=100\times(P/F,8\%,10)+6\times(P/A,8\%,10)$$
$$=86.58(元)$$

(四)债券筹资的优缺点

1. 债券筹资的优点

(1)资金成本较低

债券筹资的成本比股票筹资的成本低，这主要是因为：债券持有人的投资风险比股东的投资风险低，所以要求的投资报酬率相应较低；债券利息允许在税前支付，能够降低企业的实际负担；另外，债券的发行费用相对股票较低。

(2)有利于保证控制权

债券持有人无权干涉企业的管理事务，如果现有股东担心控制权旁落，则可以采用债券筹资。

(3)能发挥财务杠杆作用

债券利息负担固定，在企业投资效益良好的情况下，更多收益可以分配给股东，增加股东财富，或留归企业以扩大经营规模。

2. 债券筹资的缺点

(1)筹资风险高

债券有固定的到期日，并定期支付利息。利用债券筹资，要承担还本付息的义务。

(2)限制条件多

发行债券的契约书中往往有一些限制条款。这种限制比短期债务严格得多，可能影响企业的正常发展和以后的筹资能力。

(3)筹资额有限

利用债券筹资有一定的限度，当企业的负债比率超过一定限度后，债券筹资的成本迅速上升，甚至债券会发行不出去。

三、融资租赁

(一)融资租赁的概念

融资租赁又称资本租赁、财务租赁，是由租赁公司按照承租企业的要求融资购买设备，并在契约或合同规定的较长期限内提供给承租企业使用的信用性业务，它是现代租赁的主要类型。融资租赁集融资和融物于一身，是承租企业筹集长期资金的一种特殊方式。

(二)融资租赁的特点

第一，一般由承租人向出租人提出正式申请，由出租人融资购进设备，租给承租人使用。

第二，租赁期限较长，大多为设备耐用年限的一半以上。

第三，租赁合同比较稳定，在规定的租期内非经双方同意，任何一方不得中途解约，这有利于维护双方的权益。

第四，由承租人负责设备的维修保养和保险，但无权自行拆卸改装。

第五，租赁期满时，按事先约定的办法处置设备，一般有退租、续租、留购三种选择，通常由承租人留购。

(三)融资租赁的形式

融资租赁包括直接租赁、售后租回和杠杆租赁三种形式。

1. 直接租赁

直接租赁即承租人直接向出租人租入所需要的资产，并付出租金。

2. 售后租回

售后租回即根据协议，企业将某资产卖给出租人，再将其租回使用。

3. 杠杆租赁

杠杆租赁涉及承租人、出租人和贷款人三方当事人。从承租人的角度来看，这种租赁与其他租赁形式并无区别，同样是按合同的规定，在基本租赁期内定期支付定额租金，取得资产的使用权。出租人却不同，出租人只出购买资产所需的部分资金作为自己的投资，而以该资产作为担保向贷款人借入其余资金。因此，出租人又是借款人，其拥有出租资产的所有权，既收取租金又偿付债务。如果出租人不能按期偿还借款，资产的所有权就要转归资金的出借者。

(四)融资租赁租金的计算

1. 融资租赁租金的构成

融资租赁的租金包括设备价款和租息两个部分。租息又可分为租赁公司的融资成本、租赁手续费等。

2. 融资租赁租金的支付形式

租金通常采用分次支付的方式，具体类型如下：

(1)按支付间隔期的长短，可以分为年付、半年付、季付和月付等方式。

(2)按支付时期先后，可以分为先付租金和后付租金两种。

(3)按每期支付金额，可以分为等额支付和不等额支付两种。

3. 融资租赁租金的计算方法

(1)后付租金的计算

根据投资回收额的计算公式，可得出后付租金方式下每年年末支付租金数额的计算公式：

$$A=\frac{P}{(P/A,i,n)}$$

(2)先付租金的计算

根据即付年金的现值公式，可得出先付等额租金的计算公式：

$$A=\frac{P}{(P/A,i,n-1)+1}$$

(五)融资租赁筹资的优缺点

1. 融资租赁筹资的优点

(1)融资速度快

融资租赁集融资和融物于一体，一般比先筹集资金再购置设备的时间短，能很快形成生产能力。

(2)限制条款少

企业运用股票、债券、长期借款等筹资方式要受到很多条件的限制，相比而言，融资租赁的限制要少得多。

(3)设备淘汰风险小

随着科学技术的进步，设备陈旧过时的风险很高，而在融资租赁的情况下，承租企业不需要承担这种风险。

(4)财务风险小

全部租金在整个租期内分期支付，可适当减少不能偿付的风险。

2. 融资租赁筹资的缺点

融资租赁筹资的主要缺点是成本较高，租金总额一般高于设备价值的30%，在企业财务困难时，固定的租金会构成一项较沉重的负担。另外，融资租赁方式下承租方一般不能享有设备的残值，这也可视为承租方的一种机会损失。

第四节　混合筹资

一、发行可转换公司债券

可转换公司债券是指发行公司依法发行的、在一定期间内依据约定的条件可以转换成股份的公司债券。

（一）可转换公司债券的性质

可转换公司债券是一种含权债券，兼有公司债券和股票的双重特征。转股以前，它是一种公司债券，具备债券的特性，在规定的利率和期限体现的是债权债务关系，持有者是债权人；转股以后，它变成了股票，具备股票的特性，体现的是所有权关系，持有者由债权人转变成了股权所有者。在价值形态上，可转换公司债券赋予投资者一定的保底收入，即债券利息支付与到期本金偿还构成的普通附息券的价值；同时，它还赋予投资者在股票上涨到一定价格条件下转换成发行人普通股票的权益，即看涨期权的价值。

（二）可转换公司债券的基本要素

1. 标的股票

标的股票一般是发行公司自己的普通股。

2. 票面利率

可转换公司债券的票面利率一般低于普通债券的票面利率。因为在可转换公司债券的投资收益中，除了债券的利息收益外，还附加了股票买入期权的收益部分。一种设计合理的可转换公司债券，在大多数情况下，其股票买入期权的收益足以弥补债券利息收益的差额。

3. 转换价格

转换价格是指可转换公司债券在转换期内转换为普通股的折算价格。例如，每股 20 元，是指可转换公司债券转股时，将债券金额按每股 20 元转换为相应股数的股票。

4. 转换比率

转换比率是指每一张可转换公司债券在既定的转换价格下能转换为普通股股票的数量。在债券面值和转换价格确定的前提下，转换比率为债券面值与转换价格之商。

$$\text{转换比率}=\frac{\text{债券面值}}{\text{转换价格}}$$

5. 转换期

转换期是指可转换公司债券持有人能够行使转换权的有效期限。可转换公司债券的转换期可以与债券的期限相同，也可以短于债券的期限。转换期间的设定通常有四种情形：债券发行日至到期日，债券发行日至到期前，债券发行后某日至到期日，债券发行后某日至到期前。至于选择哪种，要看公司的资本使用状况、项目情况、投资者要求等。

6. 赎回条款

赎回条款是指发债公司按事先约定的价格买回未转股债券的条件规定。赎回一般发生在公司股票价格在一段时间内连续高于转股价格达到某一幅度时。赎回条款通常包括：不可赎回期间与赎回期、赎回价格（一般高于可转换公司债券的面值）、赎回条件（分为无条件赎回和有条件赎回）等。

发债公司在赎回债券之前，要向债券持有人发出赎回通知，要求他们在将债券转股与卖给发债公司之间做出选择。一般情况下，投资者会将债券转换为普通股。可见，设置赎回条款最主要的功能是促使债券持有者转换股份，因此又被称为加速条款。同时，也能使发债公司避免在市场利率下降后，继续向债券持有人按照较高的票面利率支付利息所蒙受的损失。

7. 回售条款

回售条款是指债券持有人有权按照事先约定的价格将债券卖给发债公司的条件规定。回售一般发生在公司股票价格在一段时间内连续低于转股价格达到某一幅度时。回售对于投资者而言实际上是一种卖权，有利于降低投资者的持券风险。与赎回一样，回售条款也有回售时间、回售价格和回售条件等规定。

8. 强制性转换条款

强制性转换条款是指在某些条件具备后，债券持有人必须将可转换公司债券转换为股票，无权要求偿还债券本金的条件规定。可转换公司债券发行后，如果股价长期低于转股价格，又未设计赎回条款，投资者就不会转股。在这种情况下，公司可设置强制性转换条款以保证可转换公司债券顺利地转换成股票，预防投资者到期集中挤兑而引发公司财务危机。

（三）可转换公司债券筹资的优缺点

1. 可转换公司债券筹资的优点

（1）有利于降低资本成本

由于可转换公司债券赋予持有者一种特殊的选择权，即按事先约定在一定时间内将其转换为公司股票的选择权，因此，可转换公司债券的利率通常低于普通债券，减少了利息支出；转换为股票后，又可节省股票的发行费用。

（2）有利于筹集更多资本

可转换公司债券的转换价格通常高于发行时的股票价格，转换后，其筹资额大于当时发行股票的筹资额；另外，也有利于稳定股票市价。

（3）有利于调整资本结构

可转换公司债券转换为公司股票前是发行公司的一种债务资本，发行公司可以通过提高转换价格、降低转换比例等方法促使持有者将持有的债券转换为公司股票，即转换为权益资本，借以调整资本结构。

（4）有利于避免筹资损失

当公司的股票价格在一段时间内连续高于转换价格超过某一幅度时，发行公司可按赎回条款中事先约定的价格赎回未转换的可转换公司债券，从而避免筹资上的损失。

2. 可转换公司债券筹资的缺点

（1）转股后，可转换公司债券筹资将失去利率较低的好处。

（2）发行可转换公司债券后，若股价低迷或发行公司业绩欠佳，股价没有按照预期的水平上升，持有者就不愿将可转换公司债券转换为股票，发行公司将承受偿债的压力。

（3）回售条款的规定可能使公司遭受损失。当公司的股票价格在一定时期内连续低于转换价格并达到某一幅度时，债券持有人可以按事先约定的价格将债券回售发行公司，从而使发行公司受损。

二、发行认股权证

认股权证是由股份有限公司发行的可认购其股票的一种买入期权。它赋予持有者在一定期限内以事先约定的价格购买发行公司一定股份的权利。

（一）认股权证的特点

对于筹资公司而言，发行认股权证是一种特殊的筹资手段。认股权证含有期权条款，持有人在认股前，既不拥有债权也不拥有股权，只拥有股票认购权。用认股权证购买普通股票，其价格一般低于市价。

（二）认股权证的种类

1. 长期认股权证与短期认股权证

按允许购买的期限长短，认股权证分为长期认股权证和短期认股权证。长期认股权证的期限通常为几年，有的是永久性的。短期认股权证的期限比较短，一般为 90 天。

2. 单独发行的认股权证与附带发行的认股权证

按发行方式不同，认股权证分为单独发行的认股权证和附带发行的认股权证。单独发行的认股权证是指不依附于其他证券而独立发行的认股权证。附带发行的认股权证是指依附于债券、优先股或普通股发行的认股权证。

3. 备兑认股权证与配股权证

按认购数量的约定方式不同，认股权证分为备兑认股权证和配股权证。备兑认股权证是每份备兑证按一定比例含有几家公司的若干股份。配股权证是确认股东配股权的证书，它按股东的持股比例定向派发，赋予股东以优惠价格认购发行公司一定数量的新股的权利。

（三）认股权证筹资的作用

1. 为公司筹集额外资金

认股权证不论是单独发行还是附带发行，都为发行公司筹得一笔额外资金，从而增强公司的资本实力和运营能力。

2. 促进其他筹资方式的运用

单独发行的认股权证有利于将来发售股票，附带发行的认股权证可以提高其所依附证券的发行效率。由于认股权证具有价值，因此附认股权证的债券的票面利率和优先股股利率通常较低。

第五节　短期负债筹资

一、短期借款

短期借款是指企业向银行和其他非银行金融机构借入的期限在 1 年以内的借款。

（一）短期借款的种类

短期借款主要有生产周转借款、临时借款、结算借款等。按照国际通行做法，短期借款还可依偿还方式的不同，分为一次性偿还借款和分期偿还借款；依利息支付方法的不同，分为收款法借款、贴现法借款和加息法借款；依有无担保，分为抵押借款和信用借款。

（二）短期借款的取得

企业举借短期借款，首先必须提出申请，经审查同意后借贷双方签订借款合同，注明借款的用途、金额、利率、期限、还款方式、违约责任等；然后企业根据借款合同办理借款手续；借款手续办理完毕，企业便可取得借款。

（三）短期借款的信用条件

银行发放短期借款往往带有信用条件，主要如下：

1. 授信额度

授信额度及贷款限额，是银行对借款人规定的无担保贷款的最高限额。授信额度的有效期限通常为 1 年，但根据情况也可展期 1 年。一般来讲，企业在批准的授信额度内，可随时使用银行借款。但是，银行并不承担必须提供全部授信额度的义务。如果企业信誉恶化，则即使银行曾同意按授信额度提供贷款，企业也可能得不到借款。这时，银行不会承担法律责任。

2. 周转信贷协定

周转信贷协定是银行具有法律义务地承诺提供不超过某一最高限额的贷款的协定。在协定的有效期内，只要企业的借款总额未超过最高限额，银行就必须满足企业任何时候提出的借款要求。企业享用周转信贷协定，通常要对贷款限额的未使用部分付给银行一笔承诺费。

【例 3—4】 某企业与银行商定周转信贷额为 1 000 万元，承诺费率为 0.5%，借款企业年度内使用了 700 万元，余额为 300 万元，则借款企业应向银行支付承诺费的金额如下：

承诺费＝300×0.5%＝1.5(万元)

3. 补偿性余额

补偿性余额是银行要求借款人在银行中保持按贷款限额或实际借款额的一定百分比(一般为 10%至 20%)计算的最低存款余额。补偿性余额有助于银行降低贷款风险，补偿其可能遭受的损失；但对借款企业来说，补偿性余额则提高了借款的实际利率，加重了企业的利息负担。其实际利率的计算公式如下：

$$\text{实际利率}=\frac{\text{借款金额}\times\text{名义利率}}{\text{借款金额}\times(1-\text{补偿性余额比例})}=\frac{\text{名义利率}}{1-\text{补偿性余额比例}}$$

【例 3—5】 某企业按年利率 8%向银行借款 200 万元，银行要求保留 20%的补偿性余额，企业实际可以动用的借款只有 160 万元，则该项借款的实际利率如下：

$$\text{实际利率}=\frac{8\%}{1-20\%}\times 100\%=10\%$$

4. 借款抵押

银行向财务风险较大的企业发放贷款，有时需要有抵押品担保，以降低自己蒙受损失的风险。短期借款的抵押品经常是借款企业的应收账款、存货、股票、债券等。银行接受抵押品后，将根据抵押品的价值决定贷款金额，一般为抵押品面值的 30%～90%。这一比例的高低取决于抵押品的变现能力和银行的风险偏好。因此，抵押借款的成本通常高于非抵押借款。企业向贷款人提供抵押品，会限制其财产的使用和将来的借款能力。

5. 偿还条件

贷款的偿还有到期一次偿还和在贷款期内定期(每月、季)等额偿还两种方式。一般来说，企业不希望采用后一种偿还方式，因为这会提高借款的实际利率。而银行不希望采用前一种偿还方式，因为这会加重企业的财务负担，增加企业的拒付风险；同时，会降低实际贷款利率。

6. 其他承诺

银行有时还要求企业为取得借款而做出其他承诺，如及时提供财务报表、保持适当的财务水平等。如果企业违背所做出的承诺，银行就可以要求企业立即偿还全部贷款。

（四）短期借款筹资的优缺点

1. 短期借款筹资的优点

（1）筹资速度快

企业获得短期借款所需时间比获得长期借款短得多，因为银行在发放长期贷款前，通常要对企业进行比较全面的调查分析，花费时间较长。

（2）筹资弹性大

短期借款数额及借款时间弹性较大，企业可在需要资金时借入，在资金充裕时还款，便于企业灵活安排。

2. 短期借款筹资的缺点

（1）筹资风险大

短期资金的偿还期短，在筹资数额较大的情况下，如果企业资金周转出现问题，就有可能无法按期偿付本金和利息。

（2）资金成本高

与其他短期筹资方式相比，短期借款的资金成本较高，尤其是在补偿性余额和附加利率情况下，实际利率通常高于名义利率。

二、商业信用

商业信用是指在商品交易中因延期付款或预收货款而形成的企业间的借贷关系。商业信用产生于商品交易，运用广泛，在短期负债筹资中占有相当大的比重。商业信用的具体形式有应付账款、应付票据、预收账款等。

（一）应付账款

应付账款是企业因赊购商品而形成的短期债务，即卖方允许买方在购买商品后一定时期内支付货款的一种形式。卖方利用这种方式促销；而对买方来说，延期付款等于向卖方借用资金购进商品，可以满足其短期的资金需要。

应付账款通常附有付款期、折扣等信用条件。如卖方规定“2/10，n/30”，则表示买方如在10天内付款，就可以享受货款2%的折扣；全部货款必须在30天内付清。应付账款按其是否支付对价，分为免费信用、有代价信用和展期信用三种。

1. 免费信用

免费信用是指买方企业在规定的折扣期内享受折扣而获得的信用。

2. 有代价信用

有代价信用是指买方企业放弃折扣而获得的信用。

$$\text{放弃现金折扣的成本}=\frac{\text{折扣百分比}}{1-\text{折扣百分比}}\times\frac{360}{\text{信用期}-\text{折扣期}}$$

公式表明，放弃现金折扣的成本与折扣百分比的大小、折扣期的长短同方向变化，与信用期的长短反方向变化。

【例3－6】 某企业按“2/10，n/50”的信用条件购买商品，货款100万元。如果该企业在10天内付款，便享受了10天的免费信用期，并获得折扣2万元，免费信用额为98万元。倘若该企业放弃折扣，在10天后（不超过50天）付款，便要承受因放弃折扣而造成的隐含利息成本。运用上述公式，该企业放弃折扣所负担的成本如下：

$$放弃现金折扣的成本=\frac{2\%}{1-2\%}\times\frac{360}{50-10}=18.37\%$$

3. 展期信用

展期信用是指买方企业超过规定的付款期推迟付款而强制获得的信用。展期信用虽然可以降低放弃现金折扣的成本，但会影响企业的信誉，是不可取的。

(二)应付票据

应付票据是企业进行延期付款商品交易时开具的反映债权债务关系的票据。根据承兑人的不同，应付票据分为商业承兑汇票和银行承兑汇票两种，支付期最长不超过6个月。应付票据可以带息，也可以不带息。应付票据的利率一般比银行借款的利率低，且不用保持相应的补偿余额和支付协议费，所以，应付票据的筹资成本低于银行借款成本。但是，应付票据到期必须归还，如果延期，就要交付罚金，因而风险较大。

(三)预收账款

预收账款是卖方企业在交付商品前向买方预先收取部分或全部货款的信用形式。对卖方而言，预收账款相当于向买方借用资金后用商品抵偿。预收账款一般用于生产周期长、资金需要量大的商品的销售。

(四)商业信用筹资的特点

第一，商业信用筹资最大的优越性在于容易取得，因为对多数企业来说，商业信用是一种持续性的借贷形式，属于自发性筹资，无须正式办理筹资手续。

第二，如果没有现金折扣或企业不放弃现金折扣，企业利用商业信用筹资就没有成本；但是，如果企业放弃现金折扣，则要负担较高的资金成本。

第三，商业信用的期限一般较短。

三、短期融资券

短期融资券是指企业依照《短期融资券管理办法》的条件和程序在银行间债券市场发行和交易，约定在一定期限内还本付息，最长期限不超过365天的有价证券。

(一)短期融资券的种类

按发行方式分类，短期融资券可分为经纪人代销的融资券和直接销售的融资券。

按发行人分类，短期融资券可分为金融企业的融资券和非金融企业的融资券。

按融资券的发行和流通范围分类，短期融资券可分为国内融资券和国际融资券。

(二)短期融资券的发行

1. 短期融资券的发行条件

一般来讲，只有实力雄厚、资信好的大企业才有资格发行短期融资券。

在我国，短期融资券的发行必须符合《短期融资券管理办法》中规定的发行条件：(1)是在中华人民共和国境内依法设立的企业法人；(2)具有稳定的偿债资金来源；(3)最近一个会计年度盈利；(4)流动性良好，具有较强的到期偿债能力；(5)发行短期融资券募集的资金用于本企业生产经营；(6)近3年没有违法和重大违规行为；(7)近3年发行的短期融资券没有延迟支付本息的情形；(8)具有健全的内部管理体系和募集资金的使用偿付管理制度；(9)中国人民银行规定的其他条件。

2. 短期融资券的发行程序

第一，企业做出发行短期融资券的决策。

第二，办理发行短期融资券的信用评级。

第三，向有关审批机构提出发行申请。

第四，审批机构对企业提出的申请进行审查和批准。

第五，正式发行短期融资券，取得资金。

（三）短期融资券筹资的优缺点

1. 短期融资券筹资的优点

（1）短期融资券的筹资成本较低

在西方，短期融资券的利率加上发行成本，通常低于银行的同期贷款利率。但在我国，目前由于短期融资券市场刚刚建立，还不完善，因此有时会出现短期融资券的利率高于银行借款利率的情况。

（2）短期融资券的筹资数额比较大

通常银行不会向企业发放巨额的短期借款，因此，银行短期借款常常面临数额的限制，而发行短期融资券的数额往往较大，可以筹集更多资金。

（3）发行短期融资券可以提高企业的知名度

一家企业如果能发行自己的短期融资券，就说明该企业有较好的信誉；同时，随着短期融资券的发行，企业的知名度也会大大提高。

2. 短期融资券筹资的缺点

（1）发行短期融资券的风险较大

短期融资券到期必须偿还，一般没有延期的可能，若到期不偿还，就会对企业的信誉等产生较严重的影响，因此，筹资风险较大。

（2）发行短期融资券的弹性较小

短期融资券一般不能提前偿还，即使企业资金比较充裕，也要到期才能还款。

（3）发行短期融资券的条件比较严格

并不是任何企业都能发行短期融资券，必须是信誉好、实力强、效益高的企业才能利用短期融资券来筹集资金。

课程思政

【章节知识点】权益筹资和负债筹资

【思政育人元素】增强学生合法筹资的意识，帮助学生树立诚实守信、德法兼修的理念。

复习思考题

1. 简述企业的筹资动机其及对企业造成的影响。
2. 简述企业的筹资渠道和筹资方式。

3. 企业筹资的基本原则是什么?
4. 简述吸收直接投资的程序和优缺点。
5. 简述发行普通股筹资的优缺点。
6. 简述股票发行和股票上市的基本程序,并分析股票上市对企业的利弊。
7. 简述优先股筹资的优缺点。
8. 试分析债券发行价格的决定因素。
9. 试说明发行债券筹资的优缺点。
10. 简述长期借款筹资的程序和优缺点。
11. 简述融资租赁的基本特征和主要形式。
12. 简述融资租赁筹资的优缺点。
13. 简述可转换公司债券的性质以及可转换公司债券筹资的优缺点。
14. 试分析认股权证的特点和认股权证筹资的作用。
15. 试分析短期借款的信用条件和短期借款筹资的优缺点。
16. 试说明商业信用筹资的种类和特点。
17. 简述短期融资券的发行条件。
18. 试分析短期融资券筹资的优缺点。

第四章　资本成本和资本结构

第一节　资本成本

一、资本成本概述

（一）资本成本的概念和内容

1. 资本成本的概念

资本成本是企业筹集和使用资本而承付的代价。资本成本是在市场经济条件下，资金所有权和资金使用权分离的产物。资本是一种特殊的商品，企业通过各种筹资渠道、采用各种筹资方式获得的资本往往是有偿的，需要承担一定的成本。资本成本是一个重要的经济范畴。

资本成本与货币时间价值既有联系，又有区别。货币时间价值是资本成本的基础；资本成本既包括货币时间价值，又包括投资风险价值。

2. 资本成本的内容

资本成本从绝对量的构成来看，包括用资费用和筹资费用两个部分。

(1)用资费用

用资费用是指企业在生产经营、对外投资活动中因使用资本而承付的费用。例如，向债权人支付的利息、向股东分配的股利等。用资费用是资本成本的主要内容。长期资本的用资费用是经常性的，并随使用资本数量的多少和时期的长短变动，因而属于变动性资本成本。

(2)筹资费用

筹资费用是指企业在筹集资本活动中为获得资本而付出的费用。例如，向银行支付的借款手续费，因发行股票、债券而支付的发行费用等。筹资费用与用资费用不同，它通常是在筹资时一次全部支付的，在获得资本后的用资过程中不再发生，因而属于固定性的资本成本，可视为对筹资额的一项扣除。

资本成本可以用绝对数表示，也可以用相对数表示。在企业筹资实务中，通常运用资本成本的相对数，即企业用资费用与有效筹资额之间的比率，用百分比来表示。其基本计算公式列示如下：

$$K=\frac{D}{P-F}$$

或

$$K=\frac{D}{P(1-f)}$$

式中：K——资本成本，用百分比表示；

D——年度用资费用额；

P——筹资额；

F——筹资费用额；

f——筹资费用率，即筹资费用额与筹资额的比率。

（二）资本成本的作用

资本成本对企业筹资管理、投资管理乃至整个财务管理和经营管理都有重要的作用。

1. 资本成本是比较筹资方式、选择筹资方案、进行资本结构决策的依据

资本成本有个别资本成本、综合资本成本、边际资本成本等形式，它们在不同情况下具有各自的作用。

（1）个别资本成本是企业选择筹资方式的依据

一家企业长期资本的筹集往往有多种筹资方式可供选择，包括长期借款、发行债券、发行股票等。这些长期筹资方式的个别资本成本的高低不同，可作为比较选择各种筹资方式的一个依据。

（2）综合资本成本是企业进行资本结构决策的依据

企业的全部长期资本通常是由多种长期资本筹资类型组合而成的。企业长期资本的筹资有多个组合方案可供选择。不同筹资组合的综合资本成本的高低，可以用来比较各个筹资组合方案，作为资本结构决策的一个依据。

（3）边际资本成本是比较选择追加筹资方案的依据

企业为了扩大生产经营规模，往往需要追加筹资。不同追加筹资方案的边际资本成本的高低可以作为比较选择追加筹资方案的一个依据。

2. 资本成本是评价投资项目、比较投资方案和进行投资决策的经济标准

一般而言，一个投资项目，只有当其投资收益率高于其资本成本率时，在经济上才是合理的；否则，该项目将无利可图，甚至发生亏损。在投资决策中，通常将资本成本作为折现率，用于测算各个投资方案的净现值和现值指数，以比较选择投资方案，进行投资决策。

3. 资本成本可以作为评估企业价值的基准

在企业价值评估中，资本成本是一个重要的参数，在现金流量折现法和经济利润法中，都要利用资本成本作为折现率来计算企业价值。

二、个别资本成本

个别资本成本是指企业各种长期资本的成本，包括长期债务资本成本和权益资本成本。

（一）长期债务资本成本

长期债务资本成本主要有长期借款成本和债券成本。按照《中华人民共和国企业所得税法》的规定，企业债务利息允许从税前利润中扣除，因此，企业实际负担的利息为利息×(1－所得税税率)。

1. 长期借款成本

企业长期借款成本可按下列公式计算：

$$K_l=\frac{I_l(1-T)}{L(1-f)}$$

式中：K_l——长期借款成本；

I_l——长期借款年利息；

T——企业所得税税率；

L——长期借款筹资额，即借款本金；

f——长期借款筹资费用率。

【例 4－1】 东方公司欲从银行取得一笔长期借款 800 万元，手续费为 0.1%，年利率为 5%，期限为 3 年，每年结息一次，到期一次还本。企业所得税税率为 25%。这笔借款的资本成本计算如下：

$$K_l=\frac{800\times5\%\times(1-25\%)}{800\times(1-0.1\%)}=3.75\%$$

相对而言，企业借款的筹资费用主要是借款手续费，一般数额很小，有时可以忽略不计。这时，长期借款的资本成本可按下式计算：

$$K_l=R_l\times(1-T)$$

式中：R_l——借款利息率。

【例 4－2】 根据例 4－1 的资料，但不考虑借款手续费，这笔借款的资本成本计算如下：

$K_l=5\%\times(1-25\%)=3.75\%$

在借款合同附加补偿性余额条款的情况下，企业的长期借款筹资额应扣除补偿性余额，这时，借款的实际利率和资本成本会上升。

【例 4－3】 东方公司欲获借款 800 万元，年利率为 5%，期限为 3 年，每年结息一次，到期一次还本。银行要求补偿性余额为 20%。企业所得税税率为 25%。这笔借款的资本成本计算如下：

$$K_l=\frac{800\times5\%\times(1-25\%)}{800\times(1-20\%)}=4.69\%$$

2. 债券成本

债券成本中的利息也在所得税前列支，但发行债券的筹资费用一般较高，应予全面考虑。债券的筹资费用即债券发行费用，包括申请费、注册费、印刷费、上市费以及推销费等，其中有的费用按一定的标准支付。此外，债券的发行价格有等价、溢价和折价等情况，与面值有时不一致。因此，债券资本成本的计算与借款有所不同。企业债券成本可按下列公式计算：

$$K_b=\frac{I_b(1-T)}{B(1-f)}$$

式中：K_b——债券成本；

I_b——债券年利息；

T——企业所得税税率；

B——债券筹资额，按发行价格确定；

f——债券筹资费用率。

【例 4－4】 东方公司拟平价发行面值 100 元、期限为 5 年、票面利率为 8% 的债券 50 000 张，每年结息一次。发行费用为发行价格的 3%，企业所得税税率为 25%。该批债券的资本成本计算如下：

$$K_b=\frac{100\times 8\%\times(1-25\%)}{100\times(1-3\%)}=6.19\%$$

例 4—4 中的债券系以等价发行，如果按每张 110 元的价格发行，即溢价发行，则其资本成本计算如下：

$$K_b=\frac{100\times 8\%\times(1-25\%)}{110\times(1-3\%)}=5.62\%$$

如果按每张 95 元的价格发行，即折价发行，则其资本成本计算如下：

$$K_b=\frac{100\times 8\%\times(1-25\%)}{95\times(1-3\%)}=6.51\%$$

由于利息的支付方式、债务的存续时间不同，因此上述债务资本成本的计算可能不够精确。这种方法把不同时点支付的利息看作等同的，从而也被称为静态法。

因为债权人的收益就是债务人的成本，所以可以根据债券收益率估价模型确定债务成本。这种方法要考虑利息支付的时点并予以折现，从而也被称为动态法。

在动态法下，债务资本成本是使下式成立的 K_b。

$$\boldsymbol{B\times(1-f)=\sum_{t=1}^{n}\frac{I\times(1-T)}{(1+K_b)^t}+\frac{M}{(1+K_b)^n}}$$

式中：K_b——债务资本成本；

I——债务的年利息；

B——债务筹资总额；

M——债务筹资本金；

T——企业所得税税率；

f——债务筹资费率；

t——年份。

上式还可用文字表述如下：

现金流入＝未来现金流出的现值

公式中的“现金流入”为实际筹资额；“未来现金流出”包括支付的税后利息和归还的本金两个部分，由于利息的支付时间与方式不同，因此未来现金流出的表现形式也可能不同。

因为现金流入是在筹资时点发生的，而未来现金流出是在以后时点发生的，所以要对其折现，折现率就是投资者要求的报酬率，也就是筹资者的筹资成本。

【例 4—5】 某企业发行债券 1 000 万元，面额为 1 000 元，按溢价 1 060 元发行，债券期限为 3 年，票面利率为 8%，每年年末付息，企业所得税税率为 25%，发行筹资费率为 2%。要求计算该债券的资本成本。

根据题意建立方程式如下：

$1\,060\times(1-2\%)=1\,000\times 8\%\times(1-25\%)\times(P/A,K_b,3)+1\,000\times(P/F,K_b,3)$

整理可得：

$1\,038.8=60\times(P/A,K_b,3)+1\,000\times(P/F,K_b,3)$

用 $K_b=4\%$ 测试：

等式右边$=60\times(P/A,4\%,3)+1\,000\times(P/F,4\%,3)$

$=60\times2.7751+1000\times0.889$

$=1055.51$

用 $K_b=5\%$ 测试：

等式右边 $=60\times(P/A,5\%,3)+1000\times(P/F,5\%,3)$

$=60\times2.7232+1000\times0.8638$

$=1027.19$

由上可知，本例中的债务资本成本大于4%小于5%，可采用插入法来确定。

$$K_b=4\%+\frac{1055.51-1038.8}{1055.51-1027.19}\times(5\%-4\%)=4.59\%$$

（二）权益资本成本

权益资本成本主要有普通股成本、优先股成本和留存收益成本。各种权益资本的股息或红利是以税后净利润支付的，不会减少企业应缴的所得税。

1. 普通股成本

普通股的资本成本就是普通股的必要报酬率。其测算方法一般有股利折现模型和资本资产定价模型两种。

(1)股利折现模型

股利折现模型的基本形式如下：

$$P=\sum_{t=1}^{n}\frac{D_t}{(1+K_S)^t}$$

式中：D_t——普通股第 t 年的股利；

K_S——普通股投资的必要报酬率，即普通股的资本成本。

运用上述模型计算普通股的资本成本时，因具体的股利政策而有所不同：

①如果企业采用固定股利政策，即每年分派现金股利 D 元，则普通股成本可按下式计算：

$$K_S=\frac{D}{P_S(1-f)}$$

式中：K_S——普通股的资本成本；

P_S——普通股筹资额。

【例 4—6】 东方公司拟发行一批普通股，发行价格为15元，每股发行费用为1.2元，预计每年分派现金股利1.6元。其资本成本计算如下：

$$K_S=\frac{1.6}{15-1.2}=11.59\%$$

②如果企业采用固定增长股利政策，股利固定增长率为 g，则普通股成本可按下式计算：

$$K_S=\frac{D_0(1+g)}{P_S(1-f)}+g=\frac{D_1}{P_S(1-f)}+g$$

式中：D_0——上一年的股利额；

D_1——预计第一年的股利额。

【例 4—7】 东方公司准备增发普通股，面值为1元，每股发行价为18元，筹资费用率为5%，预计第一年分派现金股利每股1.8元，以后每年股利增长3%。其资本成本计算如下：

$$K_S=\frac{1.8}{18\times(1-5\%)}+3\%=13.53\%$$

(2)资本资产定价模型

资本资产定价模型的含义可以简单地描述为，普通股投资的必要报酬率等于无风险报酬率加上风险报酬率。用公式表示如下：

$$K_S=R_f+\beta(R_m-R_f)$$

式中：R_f——无风险报酬率；

R_m——市场报酬率或市场投资组合的期望收益率；

β——第 i 种股票的贝塔系数。

在已确定无风险报酬率、市场报酬率和某种股票的 β 值后，就可测算该股票的必要报酬率，即资本成本。

【例 4—8】 已知某股票的 β 值为 1.5，市场报酬率为 10%，无风险报酬率为 5%。该股票的资本成本计算如下：

$K_S=5\%+1.5\times(10\%-5\%)=12.5\%$

2. 优先股成本

优先股的股利通常是固定的，企业利用优先股筹资需花费发行费用，因此，优先股资本成本的计算类似于普通股固定增长股利模型，计算公式如下：

$$K_p=\frac{D_p}{P_p(1-f)}$$

式中：K_p——优先股资本成本；

D_p——优先股年股利额；

P_p——优先股筹资额。

【例 4—9】 东方公司准备发行一批优先股，面值 1 元，每股发行价格为 6 元，筹资费用率为 2%，预计年股利为 0.6 元。其资本成本计算如下：

$K_p=\frac{0.6}{6\times(1-2\%)}=10.20\%$

3. 留存收益成本

企业的留存收益(或留用利润)是由企业税后利润形成的，属于股权资本。从表面上看，企业留用利润并不花费什么资本成本。实际上，股东愿意将其留于企业而不作为股利取出投资于别处，总是要求获得与普通股等价的报酬的。因此，留存收益也有资本成本。留存收益成本的计算方法与普通股基本相同，只是不考虑筹资费用。

三、综合资本成本

综合资本成本是指企业全部长期资本的总成本，通常是以各种长期资本的比重为权数，对个别资本成本进行加权平均确定的，故也被称为加权平均资本成本。

综合资本成本是由个别资本成本和各种长期资本比例这两个因素所决定的，其计算公式如下：

$$K_w=\sum_{j=1}^{n}K_jW_j$$

式中：K_w——综合资本成本，即加权平均资本成本；

K_j——第 j 种个别资本的成本；

W_j——第 j 种个别资本占全部资本的比重，即权数。

【例 4—10】 东方公司现有长期资本总额 10 000 万元，其中，长期借款 1 800 万元，长期债券 3 500 万元，优先股 1 000 万元，普通股 3 200 万元，留存收益 500 万元；各种长期资本成本分别为 4%、6%、9%、14%和 12%。该公司的综合资本成本可按以下两步计算：

第一步，计算各种长期资本占全部资本的比重：

$$长期借款占全部资本的比重=\frac{1\ 800}{10\ 000}\times 100\%=18\%$$

$$长期债券占全部资本的比重=\frac{3\ 500}{10\ 000}\times 100\%=35\%$$

$$优先股占全部资本的比重=\frac{1\ 000}{10\ 000}\times 100\%=10\%$$

$$普通股占全部资本的比重=\frac{3\ 200}{10\ 000}\times 100\%=32\%$$

$$留存收益占全部资本的比重=\frac{500}{10\ 000}\times 100\%=5\%$$

第二步，计算综合资本成本：

$$K_w=4\%\times 18\%+6\%\times 35\%+9\%\times 10\%+14\%\times 32\%+12\%\times 5\%=8.8\%$$

在计算加权平均资本成本时，企业资本结构或各种资本在全部资本中所占的比重取决于各种资本价值的确定。各种资本价值的确定基础主要有三种选择，即账面价值、市场价值和目标价值。

按账面价值确定资本比重，反映过去，易于从资产负债表中取得这些资料，容易计算；其主要缺点是，资本的账面价值可能不符合市场价值，如果资本的市场价值与账面价值差别很大，计算结果就会与资本市场的实际筹资成本有较大的差距，从而不利于对加权平均资本成本的测算和对筹资管理的决策。

按市场价值确定资本比重，是指债券和股票等以现行资本市场价格为基础确定其资本比重。这样计算的加权平均资本成本能反映企业的实际情况，但证券市场价格变动频繁。为弥补证券市场价格变动频繁的不便，也可选用平均价格。

按目标价值确定资本比重，是指债券和股票等以未来预计的目标市场价值确定其资本比重。这种权数能反映企业期望的资本结构，而不像按账面价值和市场价值确定的权数那样只反映过去和现在的资本结构，所以，按目标价值权数计算得出的加权平均资本成本更适用于企业筹措新资金。然而，企业很难客观合理地确定证券的目标价值，因此这种计算方法不易推广。

在实务中，通常以账面价值为基础确定的资本价值计算加权平均资本成本。

四、边际资本成本

（一）边际资本成本的含义

边际资本成本是指资金每增加一单位而增加的成本。企业在追加筹资时，不能仅仅考虑目前所使用资金的成本，而且要考虑为投资项目新筹集资金的成本，这就需要计算资金的边际成本。

企业追加筹资有时可能只采取某一种筹资方式。但在筹资数额较大,或在目标资本结构既定的情况下,往往需要通过多种筹资方式的组合来实现筹资目标。这时,边际资本成本应该按加权平均法计算,而且其资本比例必须以市场价值确定。因此,边际资本成本也被称为随筹资额增加而提高的加权平均资本成本。

(二)边际资本成本的计算

第一,确定目标资本结构。

第二,计算个别资本成本。

第三,计算筹资总额分界点。

筹资总额分界点是指在保持某资本成本的条件下,可以筹集到的资金总限度。一旦筹资额超过筹资总额分界点,即使维持现有的资本结构,其资本成本也会增加。

$$\text{筹资总额分界点}=\frac{\text{某种筹资方式的成本分界点}}{\text{目标资本结构中该种筹资方式所占比重}}$$

第四,计算边际资本成本。

根据计算出的分界点,可得出若干组新的筹资范围,对各筹资范围分别计算加权平均资本成本,即可得到各种筹资范围的边际资本成本。

【例 4—11】 东方公司现有资金 1 000 万元,其中,长期借款 100 万元,长期债券 300 万元,普通股(含留存收益)600 万元。公司考虑扩大经营规模,拟筹措新的资金。试测算追加筹资的边际资本成本。可按下列步骤进行:

(1)确定目标资本结构

经分析测算后,东方公司的财务人员认为当前的资本结构就是目标资本结构,希望在今后增资时保持,即债务资本 40%,权益资本 60%。

(2)计算个别资本成本

财务人员分析了资本市场状况和公司的筹资能力,认为随着公司筹资规模的不断扩大,各种资金的成本也会增加,测算结果如表 4—1 所示。

表 4—1　　**东方公司筹资资料**

筹资方式	目标资本结构	追加筹资数额范围(元)	个别资本成本(%)
长期借款	0.1	0～50 000	6
		50 000 以上	7
长期债券	0.3	0～180 000	8
		180 000 以上	9
普通股	0.6	0～120 000	11
		120 000～420 000	12
		420 000 以上	13

(3)计算筹资总额分界点

东方公司计算的筹资总额分界点如表 4—2 所示。

表 4—2　　　　东方公司筹资总额分界点计算

筹资方式	资本成本（%）	各种筹资方式的筹资范围（元）	筹资总额分界点（元）	筹资总额范围（元）
长期借款	6	0～50 000	$\frac{50\ 000}{0.1}=500\ 000$	0～500 000
	7	50 000 以上		500 000 以上
长期债券	8	0～180 000	$\frac{180\ 000}{0.3}=600\ 000$	0～600 000
	9	180 000 以上		600 000 以上
普通股	11	0～120 000	$\frac{120\ 000}{0.6}=200\ 000$	0～200 000
	12	120 000～420 000	$\frac{420\ 000}{0.6}=700\ 000$	200 000～700 000
	13	420 000 以上		700 000 以上

(4)计算边际资本成本

根据第(3)步计算的筹资总额分界点，可得出如下五组新的筹资范围：①200 000 元以下；②200 000～500 000 元；③500 000～600 000 元；④600 000～700 000 元；⑤700 000 元以上。对这五个筹资总额范围分别测算加权平均资本成本，便可得到各种筹资范围资金的边际成本，计算过程如表 4—3 所示。

表 4—3　　　　边际资本成本计算

序号	筹资总额范围（元）	筹资方式	目标资本结构	个别资本成本（%）
1	0～200 000	长期借款	0.1	6
		长期债券	0.3	8
		普通股	0.6	11
第一个筹资范围的边际资本成本＝9.6%				
2	200 000～500 000	长期借款	0.1	6
		长期债券	0.3	8
		普通股	0.6	12
第二个筹资范围的边际资本成本＝10.2%				
3	500 000～600 000	长期借款	0.1	7
		长期债券	0.3	8
		普通股	0.6	12
第三个筹资范围的边际资本成本＝10.3%				
4	600 000～700 000	长期借款	0.1	7
		长期债券	0.3	9
		普通股	0.6	12

续表

序号	筹资总额范围（元）	筹资方式	目标资本结构	个别资本成本（%）
第四个筹资范围的边际资本成本＝10.6%				
5	700 000 以上	长期借款	0.1	7
		长期债券	0.3	9
		普通股	0.6	13
第五个筹资范围的边际资本成本＝11.2%				

第二节　杠杆原理

杠杆是物理学中的概念，所谓“杠杆效应”，是指利用杠杆，可以用较小的力移动较重物体的现象。财务管理中也存在类似的“杠杆效应”：由于特定费用的存在，一个财务变量的小幅度变动会引起另一个财务变量较大幅度的变动。财务管理中的杠杆效应有三种形式，即经营杠杆、财务杠杆和联合杠杆。

一、经营杠杆

（一）经营杠杆效应

经营杠杆也称营业杠杆，是指固定性经营成本的存在导致企业息税前利润变动率大于销售量变动率的现象。

企业的成本总额按其与业务量之间的依存关系，可分为变动成本和固定成本两个部分。其中，变动成本是指总额随业务量的变动成正比例变动的成本；固定成本是指在一定时期和一定业务量范围内，总额不受业务量变动的影响而保持相对固定不变的成本。

息税前利润(Earnings Before Interest and Tax，EBIT)的计算公式如下：

$$EBIT=Q\cdot(P-V)-F$$

式中：$EBIT$——息税前利润；

Q——销售量；

P——销售单价；

V——单位变动成本；

F——固定成本总额。

上式中，影响息税前利润的因素包括产品售价、市场需求、产品成本等。在一定的销售量范围内，固定成本总额保持不变，随着销售量的增加，单位产品固定成本会降低，从而提高单位产品利润，使息税前利润的增长率大于销售量的增长率；相反，销售量的下降会提高单位产品固定成本，从而降低单位产品利润，使息税前利润的下降率大于销售量的下降率，这就是经营杠杆效应。如果企业不存在固定成本，则息税前利润的变动率将与销售量的变动率保持一致。

【例 4—12】 假定东方公司的有关资料如表 4—4 所示，测算其经营杠杆利益。

表 4—4　　东方公司经营杠杆利益测算表

项　目	2021 年	2022 年	变动率
销售单价(元)	100	100	
单位变动成本(元)	60	60	
销售量(万件)	10	12	20%
边际贡献(万元)	400	480	
固定成本(万元)	200	200	
息税前利润(万元)	200	280	40%

注:变动成本率为 60%。

由表 4—4 可见,东方公司在销售量为 10 万～12 万件的范围内,固定成本总额均为 200 万元。公司 2022 年与 2021 年相比,销售量的增长率为 20%,同期息税前利润的增长率为 40%。由此可知,由于东方公司有效地利用了经营杠杆,因此获得了较高的经营杠杆利益,即息税前利润的增长幅度高于销售量的增长幅度。

【例 4—13】 假定东方公司的有关资料如表 4—5 所示,测算其经营风险。

表 4—5　　东方公司经营风险测算表

项　目	2021 年	2022 年	变动率
销售单价(元)	100	100	
单位变动成本(元)	60	60	
销售量(万件)	10	9	−10%
边际贡献(万元)	400	360	
固定成本(万元)	200	200	
息税前利润(万元)	200	160	−20%

由表 4—5 可见,东方公司在销售量为 9 万～10 万件的范围内,固定成本总额均为 200 万元。公司 2022 年与 2021 年相比,销售量的下降率为 10%,同期息税前利润的下降率为 20%。由此可知,当公司遇上不利情况引起销售量下降时,息税前利润会以更大的幅度下降,从而导致经营风险。

(二)经营杠杆系数

经营杠杆系数(Degree of Operating Leverage,DOL),是指息税前利润变动率相对于销售量变动率的倍数。计算公式如下:

$$DOL=\frac{\Delta EBIT/EBIT}{\Delta Q/Q}$$

式中:DOL——经营杠杆系数;

$\Delta EBIT$——息税前利润变动额;

$EBIT$——基期息税前利润;

ΔQ——销售变动量；

Q——基期销售量。

假设企业的成本、销售量、利润保持线性关系，变动成本在销售收入中的比例不变，固定成本也保持稳定，经营杠杆系数可用下列公式计算：

$$DOL=\frac{Q(P-V)}{Q(P-V)-F}$$

式中：DOL——经营杠杆系数；

P——基期销售单价；

V——基期单位变动成本；

F——基期固定成本总额。

【例 4—14】 东方公司 A 产品的销售量为 30 000 件，产品销售单价为 1 000 元，单位变动成本为 600 元，变动成本率为 60%，固定成本总额为 4 000 000 元。其经营杠杆系数计算如下：

$$DOL=\frac{30\ 000\times(1\ 000-600)}{30\ 000\times(1\ 000-600)-4\ 000\ 000}=1.5$$

例 4—14 中经营杠杆系数为 1.5 的意义在于：当企业销售增长 1 倍时，息税前利润将增长 1.5 倍；反之，当企业销售减少 1 倍时，息税前利润将减少 1.5 倍。前种情形表现为经营杠杆利益，后种情形则表现为经营风险。一般而言，企业的经营杠杆系数越大，经营杠杆利益和经营风险就越大；企业的经营杠杆系数越小，经营杠杆利益和经营风险就越小。

二、财务杠杆

（一）财务杠杆效应

财务杠杆，是指固定性融资成本的存在导致普通股每股收益变动率大于息税前利润变动率的现象。固定性融资成本主要包括债务利息和优先股股利。

每股收益（Earning Per Share，EPS）的计算公式如下：

$$EPS=\frac{(EBIT-I)(1-T)-D_P}{N}$$

式中：EPS——每股收益；

I——债务利息；

T——企业所得税税率；

D_P——优先股股利；

N——普通股股数。

如果不考虑优先股因素，则每股收益的计算公式可简化如下：

$$EPS=\frac{(EBIT-I)(1-T)}{N}$$

上式中，影响普通股收益的因素包括资产报酬、资本成本、企业所得税税率等。在资本总额及其结构既定的情况下，企业债务融资的利息费用通常是固定的。随着息税前利润的增加，单位利润所负担的固定利息费用会相对减少，从而单位利润可供股东分配的部分会相应增加，使得普通股每股收益的增长率大于息税前利润的增长率；相反，当息税前利润减少时，单位利润所负担的固定利息费用会相对增加，从而单位利润可供股东分配的部分会相应减少，使得普通股每股收益的下降率大于息税前利润的下降率，这就是财务杠杆效应。如果企业不存在固定利息、股息等融资成本，则普通股每股收益的变动率将与息税前利润的变动率保持一致。

【例 4—15】 假定东方公司的有关资料如表 4—6 所示，测算其财务杠杆利益。

表 4—6　　东方公司财务杠杆利益测算表

项　目	2021 年	2022 年	变动率
息税前利润（万元）	300	360	20%
债务利息（万元）	200	200	
所得税（税率 25%）（万元）	25	40	
净利润（万元）	75	120	
普通股股数（万股）	100	100	
每股收益（元）	0.75	1.2	60%

由表 4—6 可见，在资本结构一定、债务利息保持不变的条件下，东方公司 2022 年与 2021 年相比，息税前利润的增长率为 20%，同期每股收益的增长率为 60%。由此可知，由于东方公司有效地利用了财务杠杆，从而给公司权益资本所有者带来了额外的利益，即每股收益的增长幅度高于息税前利润的增长幅度。

【例 4—16】 假定东方公司的有关资料如表 4—7 所示，测算其财务风险。

表 4—7　　东方公司财务风险测算表

项　目	2021 年	2022 年	变动率
息税前利润（万元）	300	270	−10%
债务利息（万元）	200	200	
所得税（税率 25%）（万元）	25	17.5	
净利润（万元）	75	52.5	
普通股股数（万股）	100	100	
每股收益（元）	0.75	0.525	−30%

由表 4—7 可见，在资本结构一定、债务利息保持不变的条件下，东方公司 2022 年与 2021 年相比，息税前利润的下降率为 10%，同期每股收益的下降率为 30%。由此可知，由于东方公司没能有效地利用财务杠杆，因此导致了财务风险，即每股收益的下降幅度大于息税前利润的下降幅度。

下面对不同财务杠杆的三家公司进行比较。相关资料如表 4—8 所示。

表 4-8　　A、B、C 三家公司的资本结构与普通股利润　　单位:元

时　间	项　目	A 公司	B 公司	C 公司
2021 年	普通股股本	1 000 000	600 000	200 000
	发行在外的普通股股数	10 000	6 000	2 000
	债务(年利率 8%)	0	400 000	800 000
	资本总额	1 000 000	1 000 000	1 000 000
	息税前利润	100 000	100 000	100 000
	债务利息	0	32 000	64 000
	利润总额	100 000	68 000	36 000
	所得税(税率 25%)	25 000	17 000	9 000
	净利润	75 000	51 000	27 000
	每股收益	7.5	5.1	2.7
2022 年	息税前利润增长率	20%	20%	20%
	增长后的息税前利润	120 000	120 000	120 000
	债务利息	0	32 000	64 000
	利润总额	120 000	88 000	56 000
	所得税(税率 25%)	30 000	22 000	14 000
	净利润	90 000	66 000	42 000
	每股收益	9	6.6	4.2
	每股收益增长率	20%	29.41%	55.56%

(二)财务杠杆系数

财务杠杆系数(Degree of Financial Leverage,DFL),是指普通股每股收益的变动率相对于息税前利润变动率的倍数。计算公式如下:

$$DFL=\frac{\Delta EPS/EPS}{\Delta EBIT/EBIT}$$

式中:DFL——财务杠杆系数;

ΔEPS——普通股每股收益变动额;

EPS——基期普通股每股收益;

$\Delta EBIT$——息税前利润变动额;

$EBIT$——基期息税前利润。

上述公式还可推导如下:

$$DFL=\frac{EBIT}{EBIT-I-D_p/(1-T)}$$

式中:DFL——财务杠杆系数;

$EBIT$——基期息税前利润;

I——债务利息；

D_P——优先股股利；

T——企业所得税税率。

如果不考虑优先股因素，则推导公式可简化如下：

$$DFL=\frac{EBIT}{EBIT-I}$$

将表 4—8 中 2021 年的有关资料代入上式，可求得 A、B、C 三家公司的财务杠杆系数。

$$A公司财务杠杆系数=\frac{100\ 000}{100\ 000-0}=1$$

$$B公司财务杠杆系数=\frac{100\ 000}{100\ 000-32\ 000}=1.47$$

$$C公司财务杠杆系数=\frac{100\ 000}{100\ 000-64\ 000}=2.78$$

【例 4—17】 东方公司的全部长期资本为 3 000 万元，其中普通股股本占 60%，发行在外的普通股股数为 100 万股；债务资本占 40%，债务年利率为 6%，企业所得税税率为 25%。公司 2017 年度息税前利润为 360 万元。其财务杠杆系数测算如下：

$$DFL=\frac{360}{360-72}=1.25$$

例 4—17 中财务杠杆系数为 1.25 的意义在于：当息税前利润增长 1 倍时，普通股每股收益将增长 1.25 倍；反之，当息税前利润下降 1 倍时，普通股每股收益将下降 1.25 倍。前一种情形表现为财务杠杆利益，后一种情形则表现为财务风险。一般而言，财务杠杆系数越大，企业的财务杠杆利益和财务风险就越大；财务杠杆系数越小，企业的财务杠杆利益和财务风险就越小。

三、联合杠杆

（一）联合杠杆效应

联合杠杆也称总杠杆，是指固定性经营成本和固定性融资成本的共同存在导致普通股每股收益变动率大于销售量变动率的现象。

如前所述，由于存在固定成本，因此产生经营杠杆效应，使得销售量变动对息税前利润有扩大的作用；同样，由于存在固定利息费用，因此产生财务杠杆效应，使得息税前利润变动对普通股每股收益有扩大的作用。如果两种杠杆共同起作用，销售额的细微变动就会使每股收益产生更大的变动，这种现象称为联合杠杆效应。

（二）联合杠杆系数

联合杠杆系数（Degree of Total Leverage，DTL），是指普通股每股收益变动率相对于销售量变动率的倍数。其计算公式如下：

$$DTL=\frac{\Delta EPS/EPS}{\Delta Q/Q}$$

式中：DTL——联合杠杆系数。

联合杠杆系数与经营杠杆系数、财务杠杆系数之间的关系可用下式表示：

$$DTL=DOL\times DFL$$

【例 4—18】 东方公司的经营杠杆系数为 2.5，财务杠杆系数为 2。该公司的联合杠杆系数测算如下：

$DTL=2.5\times2=5$

例 4—18 中联合杠杆系数为 5 的意义在于：当公司销售量或销售额增长 1 倍时，普通股每股收益将增长 5 倍，反映公司的联合杠杆利益；反之，当公司销售量或销售额下降 1 倍时，普通股每股收益将下降 5 倍，反映公司特有的风险。

在维持总风险一定的情况下，企业可以根据实际情况，选择不同的经营风险和财务风险组合来实施企业的财务管理策略。

第三节　资本结构

一、资本结构的概念

资本结构是指企业各种资本的价值构成及其比例关系。资本结构是企业筹资决策的核心问题。在企业筹资管理活动中，资本结构有广义和狭义之分。广义的资本结构是指企业全部资本价值的构成及其比例关系。它不仅包括长期资本，而且包括短期资本，主要是短期负债资本。狭义的资本结构是指企业各种长期资本价值的构成及其比例关系，尤其是指长期的权益资本与负债资本的构成及其比例关系。在狭义的资本结构下，短期负债资本作为营运资本来管理。本章所说的资本结构是指狭义的资本结构。

二、资本结构的影响因素

（一）企业的财务状况和发展能力

企业的财务状况和发展能力越强，越能负担财务上的风险，越会进行外部融资，倾向于使用更多负债资本。企业的财务状况和发展能力较弱，则主要通过留存收益来补充资本。

（二）投资者和经营者的态度

如果一家企业的股权较分散，则企业所有者不担心控制权旁落，因而会更多地采用发行股票的方式来筹集资金；反之，有的企业为了保证少数股东的绝对控制权，会采用优先股或负债方式筹集资金。喜欢冒险的财务管理人员可能安排比较高的负债比例；一些持稳健态度的管理人员就可能较少地利用财务杠杆，尽量降低负债资本的比例。

（三）债权人的态度

通常情况下，企业在决定资本结构并付诸实施前，要向贷款银行和信用评级机构咨询，并对它们提出的意见予以充分重视。一般而言，大部分贷款人不希望企业的负债比例太大；同样，如果企业债务太多，信用评级机构就可能降低企业的信用等级，从而影响企业的筹资能力。

（四）行业因素

不同行业的企业的资本结构有很大差别。在资本结构决策中，财务经理应掌握本企业所处行业的特点以及该行业资本结构的一般水准，以此作为确定本企业资本结构的参照，确定本企业的资本结构。

（五）税收政策

按照税法的规定，企业债务的利息可以抵税，而股票的股利不能抵税。一般而言，企业所得税税率越高，负债的好处越多；如果企业所得税税率很低，则采用举债方式的减税利益就不显著。

三、资本结构理论

人们对资本结构有不同的认识。早期企业的资本结构是按照净收益法、净营业收益法和传统折中法建立的；1958 年，莫迪格莱尼（Modigliani）和米勒（Miller）提出了著名的 MM 资本结构理论；在此基础上，后人进一步提出了代理理论和啄食顺序理论等。

（一）净收益理论

该理论认为，利用债务可以降低企业的综合资本成本。在企业的资本结构中，债权资本的比例越高，企业的净收益或税后利润就越多，从而企业的价值就越高。由于债权的投资报酬率固定，债权人有优先求偿权，因此，债权投资风险低于股权投资风险，债权资本成本一般低于股权资本成本。所以，企业的债权资本越多，债权资本比例越高，综合资本成本就越低，从而企业的价值就越大。

这是一种极端的资本结构理论观点。这种观点虽然考虑了财务杠杆利益，但忽略了财务风险。很明显，如果企业的债权资本比例过高，财务风险就会很高，企业的综合资本成本就会上升，企业的价值反而会下降。

（二）净营业收益理论

该理论认为，资本结构与企业的价值无关，决定企业价值高低的关键因素是企业的净营业收益。按照这种观点，企业的债权资本成本是固定的，但股权资本成本是变动的，企业的债权资本越多，企业的财务风险就越大，股权资本成本就越高；反之，企业的债权资本越少，企业的财务风险就越小，股权资本成本就越低。经加权平均计算后，企业的综合资本成本不变，是一个常数。因此，不论企业的财务杠杆程度如何，其整体的资本成本不变，企业的价值也就不受资本结构的影响。

这是另一种极端的资本结构理论观点。这种观点虽然认识到债权资本比例的变动会产生财务风险，也可能影响企业的股权资本成本，但实际上企业的加权平均资本成本不可能是一个常数。企业的净营业收益的确会影响企业的价值，但企业的价值不仅仅取决于企业的净营业收益的多少。

（三）MM 资本结构理论

1958 年，美国的莫迪格莱尼和米勒两位教授合作发表了《资本成本、企业价值与投资理论》一文，创立了 MM 资本结构理论，并开创了现代资本结构理论的研究。MM 资本结构理论的基本结论可以简要地归纳为，在符合该理论的假设下，企业的价值与其资本结构无关。企业的价值取决于其实际资产，而不是其各类债权和股权的市场价值。

MM 资本结构理论的假设主要有以下九项：(1)企业在无税收的环境中经营；(2)企业经营风险的大小由息税前利润标准差来衡量，企业经营风险决定其风险等级；(3)投资者对所有企业未来盈利及风险的预期相同；(4)投资者不支付证券交易成本，所有债务利率相同；(5)企业为零增长企业，即年平均盈利额不变；(6)个人和企业均可发行无风险债券，并有无风险利率；(7)企业无破产成本；(8)企业的股利政策与企业价值无关，企业发行新债时不会影响已有债权的市场价值；(9)存在高度完善和均衡的资本市场。这意味着资本可以自由流通、充分竞争，预期报酬率相同的证券价格相同，有充分信息，利率一致。

MM资本结构理论在上述假定下得出两个重要命题：

命题1：无论企业有无债权资本，其价值(普通股资本与长期债权资本的市场价值之和)都等于企业所有资产的预期收益额按适合该企业风险等级的必要报酬率予以折现。其中，企业资产的预期收益额相当于企业扣除利息、税收前的预期盈利即息税前利润，与企业风险等级相适应的必要报酬率相当于企业的加权资本成本率。

命题2：利用财务杠杆的企业，其股权资本成本随筹资额的增加而提高。因为便宜的债务给企业带来的财务杠杆利益会被股权资本成本的上升所抵销，所以，企业的价值与其资本结构无关。在没有企业所得税和个人所得税的情况下，任何企业的价值，不论其有无负债，都等于经营利润除以适用于其风险等级的收益率。风险相同的企业的价值不受有无负债及负债程度的影响。

修正的MM资本结构理论提出，有债务的企业的价值等于有相同风险但无债务的企业的价值加上债务的节税利益。因此，在考虑所得税的情况下，由于存在税额庇护利益，企业价值会随负债程度的提高而增加，股东也可获得更多好处。于是，负债越多，企业的价值越高。

(四)代理理论

代理理论是经过研究代理成本与资本结构的关系而形成的。该理论认为，企业债务的违约风险是财务杠杆系数的增函数。随着企业债权资本的增加，债权人的监督成本提升，债权人会要求更高的利率。这种代理成本最终要由股东承担，企业资本结构中债权比率过高会导致股东价值降低。均衡的企业所有权结构是由股权代理成本和债权代理成本之间的平衡关系决定的，债权资本适度的资本结构会增加股东的价值。除债务的代理成本之外，还有一些代理成本涉及企业雇员、消费者和社会等，在资本结构决策中也应予以考虑。

(五)啄食顺序理论

1984年，梅耶斯(Myers)等学者提出了啄食顺序理论。啄食顺序理论放宽了MM资本结构理论完全信息的假定，以不对称信息理论为基础，并考虑交易成本的存在，认为权益融资会传递企业经营的负面信息，而且外部融资要多支付各种成本，因此，企业融资一般会遵循内部融资、债务融资、权益融资这样的先后顺序。

由于企业所得税的节税利益，因此负债筹资可以增加企业的价值，即负债越多，企业价值增加得越多，这是负债的第一种效应；但是，财务危机成本期望值的现值和代理成本的现值会导致企业价值的下降，即负债越多，企业价值减少得越多，这是负债的第二种效应。负债比率较小时，第一种效应大；负债比率较大时，第二种效应大。由于上述两种效应相互抵销，因此企业应适度负债。最后，由于非对称信息的存在，因此企业需要保留一定的负债容量，以便有利可图的投资机会来临时可发行债券，避免以过高的成本发行新股。

按照啄食顺序理论，不存在明显的目标资本结构，因为虽然留存收益和增发新股均属股权筹资，但前者最先选用，后者最后选用；获利能力较强的企业之所以安排较低的债务比率，并不是因为已确立较低的目标债务比率，而是因为不需要外部筹资；获利能力较弱的企业选用债权筹资是因为没有足够的留存收益，而且在外部筹资选择中，债权筹资为首选。

四、资本结构的决策方法

企业资本结构决策就是要确定最佳资本结构。所谓“最佳资本结构”，是指在适度财务风险的条件下，使企业价值最大的资本结构。在该资本结构下，企业的加权平均资本成本也是最低的。根据前述资本结构原理，确定企业的最佳资本结构，可以采用资本成本比较法、每股收益分析法和企业价值比较法。

（一）资本成本比较法

资本成本比较法的基本思路：决策前拟订若干筹资组合方案，分别计算各方案的加权平均资本成本，并根据计算结果选择加权平均资本成本最低的筹资方案。

企业的资本结构决策可分为初始筹资的资本结构决策和追加筹资的资本结构决策。

1. 初始筹资的资本结构决策

企业对拟订的筹资总额，可以采用多种筹资方式来筹集，每种筹资方式的筹资额可以有不同的安排，由此形成若干资本结构（或筹资组合方案）以供选择。

【例4—19】 东方公司在初创时需要资本总额5 000万元，有以下三个筹资方案可供选择，有关资料经测算列入表4—9。

表4—9　　东方公司初始筹资方案相关资料　　单位：万元

筹资方式	筹资方案一		筹资方案二		筹资方案三	
	筹资额	资本成本(%)	筹资额	资本成本(%)	筹资额	资本成本(%)
长期借款	500	6.0	600	6.5	700	7.0
债券	1 000	7.0	1 200	7.5	1 300	8.0
优先股	800	12.0	1 000	12.0	500	12.0
普通股	2 700	15.0	2 200	15.0	2 500	15.0
合　计	5 000		5 000		5 000	

下面分别测算这三个筹资方案的加权平均资本成本，并比较其高低，从而确定最佳筹资方案，即最佳资本结构。

（1）筹资方案一

①计算各种筹资方式的筹资额占筹资总额的比重：

长期借款：500÷5 000=0.1

债券：1 000÷5 000=0.2

优先股：800÷5 000=0.16

普通股：2 700÷5 000=0.54

②计算加权平均资本成本：

6%×0.1+7%×0.2+12%×0.16+15%×0.54=12.02%

（2）筹资方案二

①计算各种筹资方式的筹资额占筹资总额的比重：

长期借款：600÷5 000＝0.12

债券：1 200÷5 000＝0.24

优先股：1 000÷5 000＝0.2

普通股：2 200÷5 000＝0.44

②计算加权平均资本成本：

6.5%×0.12＋7.5%×0.24＋12%×0.2＋15%×0.44＝11.58%

(3)筹资方案三

①计算各种筹资方式的筹资额占筹资总额的比重：

长期借款：700÷5 000＝0.14

债券：1 300÷5 000＝0.26

优先股：500÷5 000＝0.1

普通股：2 500÷5 000＝0.5

②计算加权平均资本成本：

7%×0.14＋8%×0.26＋12%×0.1＋15%×0.5＝11.76%

比较以上三个筹资方案的加权平均资本成本，筹资方案二的加权平均资本成本最低，在适度财务风险的条件下，应选择筹资方案二作为最佳筹资方案，由此形成的资本结构可确定为最佳资本结构。

2. 追加筹资的资本结构决策

企业在持续的生产经营活动过程中，由于扩大业务或对外投资的需要，有时会追加筹措新资金，即追加筹资。因追加筹资以及筹资环境的变化，企业原定的最佳资本结构未必仍是最优的，需要进行调整。因此，企业应在有关情况的不断变化中寻求最佳资本结构，实现资本结构的最优化。

企业追加筹资可有多个筹资方案供选择。企业在进行决策时，可将各备选追加筹资方案与原有资本结构汇总，测算各追加筹资方案下汇总资本结构的加权平均资本成本，从中比较选择最佳筹资方案。

【例 4－20】 东方公司原有资本总额为 5 000 万元，资本结构如下：长期借款 600 万元，长期债券 1 200 万元，优先股 1 000 万元，普通股 2 200 万元。现东方公司拟追加筹资 1 000 万元，有两个追加筹资方案可供选择，有关资料经测算整理后列入表 4－10。

表 4－10　　**东方公司追加筹资方案相关资料**　　单位：万元

筹资方式	追加筹资方案 A		追加筹资方案 B	
	筹资额	资本成本(%)	筹资额	资本成本(%)
长期借款	300	7.0	600	7.5
优先股	200	13.0	100	13.0
普通股	500	16.0	300	16.0
合　计	1 000		1 000	

(1)将东方公司原有资本与追加筹资方案 A、B 汇总列示，如表 4－11 所示。

表 4—11 初始筹资方案和追加筹资方案的相关资料 单位：万元

筹资方式	原资本结构		追加筹资方案 A		追加筹资方案 B		追加筹资后的资本结构	
	资本额	资本成本（%）	筹资额	资本成本（%）	筹资额	资本成本（%）	方案 A	方案 B
长期借款	600	6.5	300	7.0	600	7.5	900	1 200
债券	1 200	7.5					1 200	1 200
优先股	1 000	12.0	200	13.0	100	13.0	1 200	1 100
普通股	2 200	15.0	500	16.0	300	16.0	2 700	2 500
合 计	5 000		1 000		1 000		6 000	6 000

(2)根据表 4—11 的资料，分别计算两个汇总资本结构下的加权平均资本成本。

①追加筹资方案 A：

$$\frac{6.5\%\times600+7\%\times300}{6\ 000}+\frac{7.5\%\times1\ 200}{6\ 000}+\frac{12\%\times1\ 000+13\%\times200}{6\ 000}+\frac{15\%\times2\ 200+16\%\times500}{6\ 000}$$

$=11.77\%$

②追加筹资方案 B：

$$\frac{6.5\%\times600+7.5\%\times600}{6\ 000}+\frac{7.5\%\times1\ 200}{6\ 000}+\frac{12\%\times1\ 000+13\%\times100}{6\ 000}+\frac{15\%\times2\ 200+16\%\times300}{6\ 000}$$

$=11.42\%$

比较两个追加筹资方案与原资本结构汇总后的加权平均资本成本，结果是追加筹资方案 B 与原资本结构汇总后的加权平均资本成本低于追加筹资方案 A 与原资本结构汇总后的加权平均资本成本。因此，在适度财务风险的前提下，追加筹资方案 B 优于追加筹资方案 A，由此形成的新的资本结构为东方公司的最佳资本结构。

由此可见，东方公司追加筹资后，虽然改变了资本结构，但经过分析测算，做出正确的筹资决策，公司仍可保持资本结构的最优化。

(二)每股收益分析法

资本结构是否合理可以通过分析每股收益的变化来衡量，能提高每股收益的资本结构是合理的资本结构。

每股收益分析法是利用每股收益无差别点进行资本结构决策的方法。所谓“每股收益无差别点”，是指两种或两种以上筹资方案下普通股每股收益相等时的息税前利润点，也称筹资无差别点。运用这种方法，根据每股收益无差别点，可以分析判断在什么情况下可利用债权或股权筹资来安排及调整资本结构，进行资本结构决策，以达到每股收益最大。

每股收益无差别点处息税前利润的计算公式如下：

$$\frac{(\overline{EBIT}-I_1)(1-T)}{N_1}=\frac{(\overline{EBIT}-I_2)(1-T)}{N_2}$$

式中：$\overline{EBIT}$——每股收益无差别点处的息税前利润；

I_1,I_2——两种筹资方式下的年利息；

N_1, N_2——两种筹资方式下流通在外的普通股股数；

T——企业所得税税率。

【例 4－21】 东方公司目前的长期资本总额为 5 000 万元，其资本结构如下：长期债务 2 000 万元，平均利率为 8%；普通股 3 000 万元(300 万股)。现因生产发展需要，准备再筹集 2 000 万元资金，有两种追加筹资方案可供选择：(1)按 10%的利率发行债券(原有债务利息不变)；(2)按 20 元/股的价格增发普通股。

公司适用的所得税税率为 25%，证券发行费可忽略不计。

将上述资料中的有关数据代入计算公式：

$$\frac{(\overline{EBIT}-160-200)(1-25\%)}{300}=\frac{(\overline{EBIT}-160)(1-25\%)}{300+100}$$

求得：$\overline{EBIT}=960$(万元)

此时：$\overline{EPS}=1.5$(元)

从图 4—1 可以看出，在每股收益无差别点上，即当公司的息税前利润为 960 万元时，无论是采用负债筹资还是采用权益筹资，每股收益都是相等的；而当息税前利润高于 960 万元时，运用负债筹资可获得较高的每股收益；当息税前利润低于 960 万元时，运用权益筹资可获得较高的每股收益。

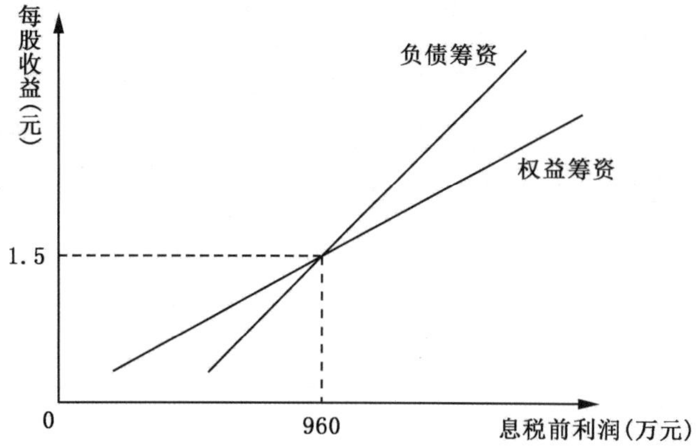

图 4—1　东方公司每股收益无差别点分析

(三)企业价值比较法

企业价值比较法，是以企业价值的大小作为标准来寻求最佳资本结构的方法。与资本成本比较法和每股收益分析法相比，企业价值比较法充分考虑了企业的财务风险和资本成本等因素的影响，进行资本结构的决策以企业价值最大化为标准，更符合企业价值最大化的财务目标；但其测算原理及测算过程较复杂，通常用于资本规模较大的上市公司。

衡量企业价值的常用方法：企业的市场价值 V 等于其股票的市场价值 S 加上债务资金的市场价值 B。计算公式如下：

$$V=S+B$$

为简化分析，假设企业债务资本的市场价值等于其账面价值；企业各期的 $EBIT$ 保持不变且永续，股东要求的报酬率(权益资本成本)K_S 不变，则权益资本的市场价值可通过下式计算：

$$S=\frac{(EBIT-I)(1-T)}{K_S}$$

利用资本资产定价模型计算股票的资本成本 K_S：

$$K_s=R_f+\beta(R_m-R_f)$$

式中：R_f——无风险报酬率；

R_m——平均风险股票报酬率；

β——第 i 种股票的贝塔系数。

通过上述公式可计算出企业的总价值，以企业价值最大化为标准确定最佳资本结构。此时加权平均资本成本最低，计算公式如下：

加权平均资本成本＝债务税前资本成本×债务资本比重×（1－税率）＋权益资本成本×权益资本比重

即

$$K_W=K_b\cdot\frac{B}{V}\cdot(1-T)+K_S\cdot\frac{S}{V}$$

【例 4—22】 某企业现有资本均由普通股构成，无债务资本和优先股。股票的账面价值为 7 000 万元。该企业认为目前的资本结构不合理，准备通过发行债券回购部分股票的方式来调整资本结构，提高企业价值。预计企业未来每年的息税前利润为 1 200 万元，企业所得税税率为 25%。经咨询调查，该企业目前的债务利率和权益资本成本的情况如表 4—12 所示。

表 4—12　不同债务水平下的债务资本成本和权益资本成本

债务市场价值（万元）	债务税前资本成本（%）	股票 β 值	无风险报酬率（%）	平均风险股票报酬率（%）	权益资本成本（%）
0	—	1.1	5	11	11.6
1 000	7	1.2	5	11	12.2
2 000	8	1.3	5	11	12.8
3 000	9	1.5	5	11	14.0
4 000	10	1.7	5	11	15.2
5 000	12	2.1	5	11	17.6

根据表 4—12 的资料，即可计算出不同负债规模下的企业价值和加权平均资本成本。

当债务等于 0 时：

$$S=\frac{(1\,200-0)\times(1-25\%)}{11.6\%}=7\,758.62（万元）$$

当债务等于 1 000 万元时：

$$S=\frac{(1\,200-1\,000\times7\%)\times(1-25\%)}{12.2\%}=6\,946.72（万元）$$

当债务等于 2 000 万元时：

$$S=\frac{(1\,200-2\,000\times8\%)\times(1-25\%)}{12.8\%}=6\,093.75（万元）$$

当债务等于 3 000 万元时：

$$S=\frac{(1\ 200-3\ 000\times 9\%)\times(1-25\%)}{14\%}=4\ 982.14(\text{万元})$$

当债务等于 4 000 万元时：

$$S=\frac{(1\ 200-4\ 000\times 10\%)\times(1-25\%)}{15.2\%}=3\ 947.37(\text{万元})$$

当债务等于 5 000 万元时：

$$S=\frac{(1\ 200-5\ 000\times 12\%)\times(1-25\%)}{17.6\%}=2\ 556.82(\text{万元})$$

计算结果如表 4—13 所示。

表 4—13　　企业市场价值和加权平均资本成本

企业市场价值(万元) ①=②+③	债务市场价值(万元) ②	股票市场价值(万元) ③	债务税前资本成本(%)	权益资本成本(%)	加权平均资本成本(%)
7 758.62	0	7 758.62	—	11.6	11.60
7 946.72	1 000	6 946.72	7	12.2	11.33
8 093.75	2 000	6 093.75	8	12.8	11.12
7 982.14	3 000	4 982.14	9	14.0	11.28
7 947.37	4 000	3 947.37	10	15.2	11.32
7 556.82	5 000	2 556.82	12	17.6	11.91

从表 4—13 可以看出，初始情况下，企业没有债务，企业的市场价值为 7 758.62 万元，加权平均资本成本为 11.6%。当企业开始发行债券回购股票时，企业价值上升，加权平均资本成本降低，直到债务为 2 000 万元时，企业价值达到最大，$V=8\ 093.75$ 万元；加权平均资本成本最低，$K_W=11.12\%$。若企业继续增加负债，企业价值便开始下降，加权平均资本成本上升。因此，债务资本为 2 000 万元时的资本结构为该企业的最佳资本结构。

课程思政

【章节知识点】资本成本

【思政育人元素】引导学生树立成本意识，体会开源节流、精打细算的重要性，培养学生勤俭节约的职业素质。

复习思考题

1. 简述资本成本的内容和作用。
2. 简述综合资本成本的概念及其计算方法。
3. 试说明经营杠杆的含义和经营杠杆系数的测算方法。
4. 试说明财务杠杆的含义和财务杠杆系数的测算方法。

5. 试说明联合杠杆的含义和联合杠杆系数的测算方法。
6. 简述资本结构的概念及其影响因素。
7. 简述资本结构理论的代表性观点。
8. 试说明资本成本比较法的基本原理和决策标准。
9. 试说明每股收益分析法的基本原理和决策标准。
10. 试说明企业价值比较法的基本原理和决策标准。

第五章　项目投资决策

第一节　项目投资概述

投资是组织或个人为了在可预见的未来获得预期的回报，向特定领域投放资源的经济行为。企业投资的基本目的是获得收益，保证实现企业经营目标和持续发展。企业投资的动机主要包括获利动机、扩张动机、降低风险和控制动机。按照投资对象的不同，投资分为项目投资和证券投资（分别在本章和下一章讲述）。

一、项目投资的含义

项目是在特定的时间、预算、资源范围内，为实现一定的目标而实施的一系列独特的、复杂的并相互关联的活动。项目投资主要是指企业对其内部各种生产性实物资产的长期投资，一般涉及新设备的购置、旧设备或厂房的更新改造等。

项目投资具有投资规模大、专用性强、周期长、流动性差及风险高等特点。

二、项目投资的分类

（一）资产购置项目投资和资产替代项目投资

按照投资对象的不同，项目投资可以分为资产购置项目投资和资产替代项目投资。

资产购置项目投资，是指企业为了开发新产品或者扩大生产规模、提高产能、购置新的资产而进行的投资。资产替代项目投资，是指由于企业用新的资产替换技术上或经济上不宜继续使用的旧资产，或者引进先进的技术对旧设备进行局部改造而进行的投资。

（二）独立项目投资和互斥项目投资

按照项目之间的关系，项目投资可以分为独立项目投资和互斥项目投资。

独立项目，是互不关联、互不影响的，可以同时存在的项目。独立项目投资的决策只需评价项目本身在财务上是否可行。互斥项目，是多个互相排斥的、不能共存的项目。互斥项目投资的决策就是在若干可行的方案中选择最优方案。

三、项目投资决策流程

项目投资由于周期长、资金需求量大而具有较高的风险，其决策结果必然给企业的财务状况和持续发展造成重大的影响。因此，必须在充分开展市场调查的基础上，运用科学的方法，按照特定的程序，对项目投资进行分析和决策。项目投资决策是对项目财务可行性的评价过程，主要包括以下流程：

（一）提出项目投资方案

相关部门根据企业发展战略和目标，结合前期调研的结果，提出项目投资方案。

（二）分析项目投资方案的可行性

企业针对备选的项目投资方案，结合企业的具体情况，预测与项目投资方案相关的现金流量，计算财务评价指标，分析项目投资方案的可行性和风险。一般来说，项目投资周期越长，现金流量的估计面临的不确定性越多，项目的风险就越大。

（三）确定项目投资方案

对独立项目的投资，决策者只需要根据方案本身的指标是否符合设定的标准做出决定，项目可行，就接受这个项目，进行投资；项目不可行，就拒绝投资。对互斥项目的投资决策，则需要从多个可行的方案中进行选择，是优中选优的过程。当然，如果项目准备不够充分，就可能被决策部门退回。

决策后，对可行的项目，企业相关部门除了按照投资预算的要求及时筹集足额的资金外，还要对项目的实施进行过程控制，反馈项目进展情况和实施中遇到的问题。

第二节　项目现金流量

项目现金流量是项目投资决策的数据基础。现金流量反映当期现金流入量和流出量，便于确定资金在不同时点的时间价值；而会计利润是账面经营成果，反映盈亏状况，但有利润的年份不一定产生相应的现金用于再投资。因此，现金流量能够更好地体现财务管理的价值理念，有利于企业科学地进行决策。

一、项目现金流量的含义及构成

（一）项目现金流量的含义

项目现金流量，是指在一定的投资周期内，与投资决策相关的增量现金流量，即由特定的项目引起的企业现金流量的增加额或者减少额。

（二）项目现金流量的构成

项目现金流量是与投资决策相关的增量现金流量，包括现金流入量、现金流出量和现金净流量。

1. 现金流入量

现金流入量是指项目引起的现金流入的增加额或现金支出的节约额，主要包括以下内容：

（1）营业收入

营业收入是指项目投产后每年实现的全部营业收入，是项目主要的现金流入量。为简化核算，假设正常营业年度内，每期发生的赊销额与当期收回的应收账款相等，即营业年度内的营业收入全部是当期的现金流入量。

(2)固定资产变价收入

固定资产变价收入是指项目终结时,固定资产报废残值变现引起的现金流入量,或者是指固定资产更新改造项目中,处置旧设备引起的现金流入量。

(3)收回的流动资金

收回的流动资金是指项目终结时,收回的原来垫支的各种流动资金。假设项目投资终结时能够收回垫支的流动资金。

(4)其他现金流入量

项目生命周期内,除了营业收入、固定资产变价收入和收回的流动资金以外,其他的现金流入量,如资产处置损失节约的所得税、折旧抵减的所得税,都视为项目的现金流入量。

2. 现金流出量

现金流出量是指项目引起的现金流出的增加额,主要包括以下内容:

(1)固定资产投资

固定资产投资是指项目购置固定资产的全部支出,包括固定资产的买价、运输费、安装调试费、保险费和其他相关税费(不包括可以抵扣的增值税)。

(2)垫支的流动资金

垫支的流动资金是指为保证项目建成投产以及正常运行而投放的流动资产(存货、应收账款等)占用的资金。

(3)付现的营业成本

营业成本是指项目投产后,为满足项目正常运营,在各营业期间发生的全部支出,包括付现的营业成本和非付现的营业成本。付现的营业成本是指在营业当期需要用现金支付的、能够引起现金流出企业的营业成本,如固定资产维修保养发生的支出;非付现的营业成本是指营业当期不需要用现金支付的成本,如固定资产折旧、无形资产摊销等,属于在资产使用年限内分摊的资产耗费,在营业当期没有实际的现金流出企业。因此,非付现的营业成本不是项目的现金流出量。

(4)所得税支出

所得税支出是指项目投产后,在营业期间因依法缴纳所得税而引起的现金流出量。

(5)其他现金流出量

其他现金流出量是指项目生命周期内,除了上述支出之外的其他现金流出量,如项目终结,因处置固定资产获得收益而缴纳的所得税等。

3. 现金净流量

现金净流量(NCF)是项目引起的一定时期的现金流入量与现金流出量的差额,当流入量大于流出量时,现金净流量为正值;反之,现金净流量为负值。根据概念,项目现金净流量的公式如下:

$$现金净流量=现金流入量-现金流出量$$

二、项目现金流量估计

项目投资一般周期较长,为了便于现金流量的估计,往往将项目划分为不同的阶段,并按年估计其现金流量。

（一）项目计算期

项目计算期是项目投资从建设到清理整个过程的全部时间，包括建设期和营业期。项目计算期、建设期和营业期的关系可以表示如下：

项目计算期＝建设期＋营业期

如图5－1所示，建设期是从项目资金正式投入开始到项目建成投产为止所需要的时间，建设期第一年的年初称为建设起点，建设期最后一年的年末称为投产日。项目计算期最后一年的年末称为终结点，一般假定项目收回垫支的流动资金及资产最终报废或清理均发生在终结点。从投产日到终结点之间的时间间隔被称为营业期。

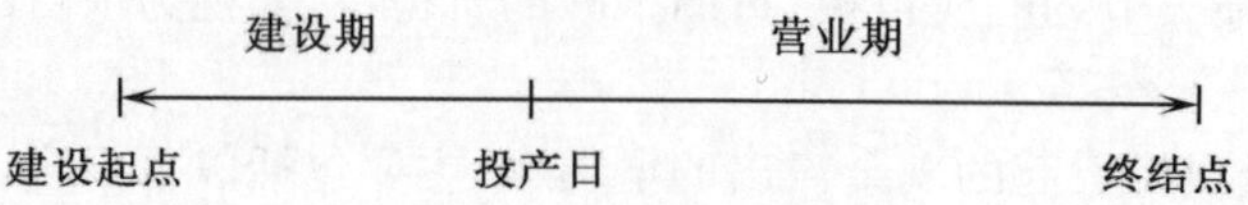

图5－1　项目计算期

【例5－1】 某公司拟购建一项固定资产，预计使用10年，投资后可立即投入生产，则此项目的计算期为几年？如果购建的固定资产需要安装调试，2年后才能投入使用，则项目的计算期为几年？

在建设起点投资并投产，建设期为0，则项目计算期为10年。

如果投资2年后才能投入生产使用，则建设期为2，项目计算期为12年(2＋10)。

（二）项目现金流量估计

按照项目计算期的划分，项目现金流量估计包括初始现金流量估计和营业现金流量估计。

1. 初始现金流量

初始现金流量也称建设期现金流量，是指购入资产和使之正常运行所需投入的现金流量，主要是现金流出量，可能包括固定资产投资、垫支的流动资金和其他支出。如果是固定资产更新项目，则初始现金流量还可能包括现金流入量，即因处置旧设备而引起的变价收入。

（1）新建项目的初始现金流量

如果在建设起点一次性投入全部投资额，则初始现金净流量等于建设起点全部现金流出量。

初始现金净流量(NCF_0)＝－投资总额

如果全部投资额在建设期分批投入，则建设期内各年的初始现金净流量等于该年现金流出量。

各年初始现金净流量＝－该年投资额

【例5－2】 某公司拟购建一项固定资产，预计投资100万元，可使用10年，项目建设期为2年，如果在建设起点一次投入100万元，则初始现金净流量为多少？如果在建设期每年年初分别投入50万元，则初始现金净流量为多少？

在建设起点一次性投入100万元，则NCF_0为－100万元。

如果建设期每年年初投入50万元，则NCF_0为－50万元，NCF_1为－50万元。

（2）固定资产更新项目的初始现金流量

固定资产更新项目中，除了购置新资产引起的现金流出外，还可能包括处置旧资产引起的现金流入。如果旧资产的变现价值与其账面折余价值存在差额，则还需要考虑所得税的影响。所谓“折余价值”，是指固定资产原值扣除累计折旧后的余额。处置旧资产的现金净流量可以用公式表示如下：

处置旧资产的现金净流量＝变现价值－(变现价值－折余价值)×所得税税率

【例 5—3】 某公司现有一台旧设备的折余价值为 10 000 元，如果购置新设备，将该旧设备出售就可能获得三种变现收入：10 000 元、8 000 元和 11 000 元。该公司的企业所得税税率为 25%。分别计算三种情况下该公司出售旧设备的现金净流量。

三种情况下，该公司出售旧设备的现金净流量如表 5—1 所示。

表 5—1　　**出售旧设备的现金净流量计算表**　　单位：元

项　目	情况 1	情况 2	情况 3
出售旧设备变现价值(1)	10 000	8 000	11 000
旧设备折余价值(2)	10 000	10 000	10 000
出售旧设备变现损益(3)＝(1)－(2)	0	－2 000	1 000
变现损益的所得税(4)＝(3)×25%	0	－500	250
出售旧设备的现金净流量(5)＝(1)－(4)	10 000	8 500	10 750

可见，企业处置旧资产时，如果其变现价值＞折余价值，则企业获得收益，需要纳税，处置旧资产的现金净流量＜变现价值；如果其变现价值＜折余价值，则产生变现损失，可以节税，处置旧资产的现金净流量＞变现价值。

2. 营业现金流量

营业现金流量是指项目投入使用后，在生命周期内由于生产经营所带来的现金流入和流出的数量。营业现金流入量一般是营业收入，营业现金流出量主要是付现成本和所得税。营业现金净流量一般按年计算。

由于营业期最后一年年末是项目终结的时点，因此，营业期最后一年现金流量的内容与正常营业的各年现金流量的内容不同。营业期现金流量的估计可以分为正常营业每年现金流量的估计和项目终结年度现金流量的估计两种情况。

(1)正常营业每年的现金流量

每年营业现金净流量＝营业现金流入量－营业现金流出量
＝营业收入－付现成本－所得税
＝营业收入－(营业成本－折旧)－所得税
＝净利润＋折旧

所得税是企业在生产经营中的一种义务，其结果是引起现金的流出，对现金流量具有直接的影响，影响的大小取决于利润和税率。由于缴纳所得税，因此营业收入的一部分金额会流出企业，项目实际的现金流入量是税后收入。

税后收入＝营业收入×(1－所得税税率)

税法允许企业在计算所得税时，从收入中扣除为取得这些收入而付出的代价。因此，一些成本就具有了抵税的作用。凡是可以抵减税负的成本，实际支出的现金流量要小于成本本身的金额。

税后成本＝营业成本×（1－所得税税率）

如果考虑所得税的影响，则付现成本引起的实际现金流出量是税后付现成本。

税后付现成本＝付现成本×（1－所得税税率）

折旧是企业在生产经营过程中由于使用固定资产而在其使用年限内分摊的固定资产耗费，当期没有现金流出，属于非付现成本。在不考虑所得税的情况下，折旧等非付现成本不产生现金流出量，对项目投资的现金流量没有影响。

在考虑所得税的情况下，符合税法规定条件的折旧金额可以从当期收入中扣除，从而减轻企业的税负，形成折旧节税效应。

折旧节税额＝折旧×税率

折旧节税效应可以视为项目的现金流入量，增加当期的现金净流量。可见，折旧对现金流量的影响是通过所得税引起的折旧节税效应实现的，是一种间接的影响。

综上，营业期每年现金净流量也可以表示如下：

每年营业现金净流量＝营业收入×（1－所得税税率）－付现成本×（1－所得税税率）＋折旧×所得税税率

＝税后营业收入－税后付现成本＋折旧节税额

(2)项目终结年度的现金流量

营业期最后一年的现金流量，除了正常营业的现金流量之外，还包括终结点的现金流量。终结现金流量是指项目投资终结时所发生的现金流量，主要包括固定资产残值收入和收回的流动资金等。因此，营业期最后一年的现金净流量可以表示如下：

营业期最后一年的现金净流量＝当年营业现金净流量＋终结现金净流量

＝当年营业现金净流量＋固定资产残值收入＋收回的流动资金

【例5－4】 星海公司打算购买一台设备以扩充生产能力。现有甲、乙两个方案可供选择：甲方案需投入10万元购置设备，设备使用寿命为5年，采用直线法计提折旧，5年后设备无残值，5年中每年营业收入为6万元，付现成本为2万元。乙方案需投入12万元购置设备，垫支3万元流动资金，设备使用寿命为5年，采用直线法计提折旧，设备净残值为2万元，5年中每年营业收入8万元，第一年营业付现成本为3万元，往后由于增加修理费和维护费0.4万元，每年付现成本为3.4万元。假设乙方案垫支的流动资金在项目终结时收回，企业所得税税率为25%。根据上述资料，分别计算甲、乙两个方案各年的现金净流量。

甲：$NCF_0=-10$（万元）

设备年折旧额＝10÷5＝2（万元）

$NCF_{1\sim5}=6\times(1-25\%)-2\times(1-25\%)+2\times25\%=3.5$（万元）

乙：$NCF_0=-12-3=-15$（万元）

设备年折旧额＝(12－2)÷5＝2（万元）

$NCF_1=8\times(1-25\%)-3\times(1-25\%)+2\times25\%=4.25$（万元）

$NCF_{2\sim4}=8\times(1-25\%)-3.4\times(1-25\%)+2\times25\%=3.95$（万元）

$NCF_5=3.95+3+2=8.95$（万元）

【例5－5】 某公司拟生产一种新产品，为此需购置一套价值36万元的新设备，设备安装费用为5万元。该设备的使用期为4年，预计净残值为1万元，按直线法计提折旧。此外，项目配套垫支的流动资金为10万元，在项目终结时收回。该公司的企业所得税税率为25%，营业期各年营业收入：第一年30万元，第二年40万元，第三年50万元，第四年30万元；营业期每年营业成本为12万元。根据上述资料，计算该项目各期的现金净流量。

$NCF_0=-36-5-10=-51$（万元）

营业期设备每年折旧额$=(36+5-1)\div4=10$（万元）

$NCF_1=(30-12)\times(1-25\%)+10=23.5$（万元）

$NCF_2=(40-12)\times(1-25\%)+10=31$（万元）

$NCF_3=(50-12)\times(1-25\%)+10=38.5$（万元）

$NCF_4=(30-12)\times(1-25\%)+10+(10+1)=34.5$（万元）

三、现金流量估计的前提假设

现金流量估计是一个充满不确定性的复杂过程，为了明确现金流量的基本构成，简化计算过程，现金流量估计的前提假设包括：

（一）全投资假设

全投资假设也称自有资金假设。在估计项目现金流量时，不区分自有资金和借入资金，都视为自有资金，现金流量估计时不必考虑利息的影响。

（二）建设期投入全部资金假设

项目的原始总投资不论是一次投入，还是分若干次投入，均假设投资额在建设期全部投入。

（三）项目经营期与折旧年限一致假设

假设项目主要固定资产的折旧年限或使用年限与其经营期一致。

（四）时点指标假设

为便于利用货币时间价值，不论现金流量具体内容所涉及的价值指标实际上是时点指标还是时期指标，均假设按照年初或年末的时点指标处理。具体包括，假设各年投资都在年初发生，各年的营业现金流量都在年末实现；营运资金投入发生在建设期最后一年年末；经营期内各年的营业收入、付现成本等均在年末发生；项目最终报废或清理回收流动资金均发生在经营期最后一年年末。

此外，与项目现金流量有关的价格、产销量、成本水平、所得税税率等均假设为已知常数。

四、项目现金流量估计应考虑的因素

项目投资的现金流量是与项目相关的增量的现金流量。现金流量估计的结果受以下因素的影响：

（一）相关成本和无关成本

相关成本是指与决策相关联，做决策分析时必须认真考虑的未来成本。差量成本、边际成本、机会成本、专属成本等属于相关成本。例如，某公司新建厂房可使用公司现有的一块土地，不必出资购买。假设当初公司以60万元购入这块土地，目前这块土地的市价为100万元，如果利用这块土地兴建厂房，该公司就必须放弃土地出售获得100万元的机会，这100万元就是该方案的机会成本。可见，机会成本是投资决策时，因选择一个方案而放弃的其他方案的收益。机会成本虽然不是实际发生的，但针对某一具体方案而言，放弃的其他收益的机会就是这一方案实施的代价，是投资决策的相关成本。

无关成本是指已经发生，或虽未发生但与决策不相关联，决策分析时也无须考虑的成本。无关成本不会因投资决策而改变，也不会影响项目投资的现金流量。例如，某公司计划新建一条生产线，并因此支付了 2 万元咨询费用，但项目中途被搁置。一年后，公司又对该项目进行可行性研究。对于已经发生的 2 万元咨询费而言，无论该项目是否被投资，都不会发生改变，2 万元咨询费成为沉没成本，也是决策的无关成本。

（二）项目交叉

企业在进行项目投资决策时，不能孤立地考察某一个项目的现金流量。决策者应当考虑投资于一个新项目时，该项目可能对企业的其他项目或部门产生有利或不利的影响。例如，某公司从事生物医药产品的生产和销售，年销售收入为 5 000 万元；若研制开发一种新药，预计该项目投产后每年可为公司带来 2 000 万元的收入，但原有的药品销量会受到新药的影响，公司原有产品销售收入会减少 500 万元。对公司整体而言，投资新项目预计的年现金流入量就被项目交叉的影响抵减了 500 万元，所以，该项目的现金流量是 1 500 万元，而不是 2 000 万元。

（三）净营运资金

项目投产后，应收账款和存货等流动资产的资金需求随之增加，相应地，应付账款等流动负债也会增加。新增的经营性流动资产与新增的经营性流动负债的差额形成的净营运资金，是项目对营运资金的需求，应计入项目投资现金流量，从而影响项目投资的现金流量。

第三节　项目投资评价指标

项目投资评价指标，是指用于衡量和比较投资项目可行性，并据以确定投资方案的定量化标准与尺度。按照是否考虑货币时间价值因素，投资评价指标可以分为非贴现指标和贴现指标两类。非贴现指标也称静态指标，是不考虑货币时间价值的指标，包括静态投资回收期、平均投资报酬率；贴现指标也称动态指标，是考虑货币时间价值的指标，包括动态投资回收期、净现值、净现值率、现值指数和内含报酬率。

一、非贴现指标

非贴现指标也称静态指标，不考虑货币时间价值因素，简单易懂，便于计算，是早期投资决策中普遍运用的方法。

（一）静态投资回收期

静态投资回收期（*PP*），是指项目引起的未来现金净流量与投资额相等所经历的时间，即收回项目投资所需要的年限。

1. *指标的计算方法*

如果原始投资在建设期一次性投入，项目每年现金净流量相等，则：

$$PP=\frac{\text{原始投资额}}{\text{投产后年现金净流量}}$$

如果投产后每年现金净流量不等，或原始投资在建设期内是多次投入的，则使累计现金净流量等于原始投资额的年数就是项目的投资回收期。在这种情况下，需要计算累计现金净流量，以确认尚未收回的投资额，可用公式表示如下：

$$PP=n+\frac{\text{第 } n \text{ 年年末尚未收回的投资额}}{\text{第 } n+1 \text{ 年的现金净流量}}$$

式中：

n＝累计现金净流量第一次出现正值的年数－1

或＝年末尚未收回投资额首次为 0 的年数－1

2. 决策规则

投资回收期越短，项目越有利。指标运用时，要区分具体情况，选择决策方法。对于独立的项目，当投资回收期≤设定的期限时，方案具有可行性；对于多个互斥方案，在投资回收期≤设定的期限的方案中选择期限最短者。

3. 指标的评价

静态投资回收期指标具有容易理解、计算简便的优点。但作为静态指标，它没有考虑货币时间价值的影响，在计算过程中由于该指标主要关注投资额收回时点附近的现金流量，因此忽视了回收期以后的现金流量。这一指标可能使企业放弃有战略意义的长期项目。

【例 5－6】 某企业拟进行一项固定资产投资，以扩大生产能力。现有 A、B 两个方案可供选择。A 方案初始投资 800 万元，B 方案初始投资 1 000 万元，两个方案的初始投资均在期初一次性投入，投资后即投入使用，固定资产使用年限相同，项目各年的现金净流量如表 5－2 所示。分别计算两个方案的静态投资回收期，并进行决策。

表 5－2　投资项目各年的现金净流量　　单位：万元

方案	初始	第一年	第二年	第三年	第四年	第五年	第六年
A	－800	300	300	300	300	300	300
B	－1 000	0	100	1 000	500	500	300

A 方案的投资回收期计算如下：

$$PP_A=\frac{\text{原始投资额}}{\text{投产后年现金净流量}}=\frac{800}{300}\approx 2.67(\text{年})$$

B 方案的投资回收期计算如表 5－3 所示。

表 5－3　B 方案各年年末尚未收回的投资额计算表　　单位：万元

时　间	每年现金净流量	年末尚未收回的投资额
初始	－1 000	
第一年	0	1 000
第二年	100	900
第三年	1 000	0

续表

时　间	每年现金净流量	年末尚未收回的投资额
第四年	500	0
第五年	500	0
第六年	300	0

项目年末尚未收回投资额首次为 0 的年份是第三年，所以 $n=2$。

$$PP_B=n+\frac{\text{第 }n\text{ 年年末尚未收回的投资额}}{\text{第 }n+1\text{ 年的现金净流量}}=2+\frac{900}{1\ 000}=2.9(\text{年})$$

结论：A 方案的静态投资回收期短，投资收回快，所以选择 A 方案。

（二）平均投资报酬率

平均投资报酬率（ARR），是项目生命周期内年平均现金流量与原始投资额的比率。

1. 指标的计算方法

$$ARR=\frac{\text{年平均现金流量}}{\text{原始投资额}}\times 100\%$$

2. 决策规则

平均投资报酬率是正指标，即报酬率越高，项目越有利。对于独立的项目，应事先确定必要的投资报酬率，当平均投资报酬率≥必要报酬率时，方案具有可行性；对互斥项目，则是在平均投资报酬率≥必要报酬率的方案中选择最优者。

3. 指标的评价

平均投资报酬率指标的优点：考虑了项目周期内的现金流量，容易理解，计算简便。

平均投资报酬率指标的缺点：没有考虑货币时间价值。

仍以例 5—6 的资料计算，A 方案的平均投资报酬率计算如下：

$$ARR_A=\frac{300}{800}\times 100\%=37.5\%$$

B 方案的平均投资报酬率计算如下：

$$ARR_B=\frac{(0+100+1\ 000+500+500+300)\div 6}{1\ 000}\times 100\%=40\%$$

结论：比较平均投资报酬率指标，则选择报酬率高的 B 方案。

二、贴现指标

（一）动态投资回收期

动态投资回收期（P_t），是指在考虑货币时间价值的条件下，项目现金净流量的现值抵偿原始投资现值所需要的全部时间，即动态投资回收期是项目从投资起至累计折现现金流量等于 0 时所需的时间。

1. 指标的计算方法

$$\text{动态投资回收期}=n+\frac{|\text{第 }n\text{ 年年末累计现金净流量现值}|}{\text{第 }n+1\text{ 年的现金净流量现值}}$$

式中：

$$n=\text{累计现金净流量现值出现正值的年数}-1$$

仍以例5—6的资料计算，如果折现率为10%，则A方案的动态投资回收期计算如下：

$800=300\times(P/A,10\%,n)$

$(P/A,10\%,n)\approx 2.6667$

查“年金现值系数表”，利用插值法计算投资回收期：

$$\text{投资回收期}=3+\frac{2.6667-2.4869}{3.1699-2.4869}\approx 3.26(\text{年})$$

B方案动态投资回收期的计算过程如表5—5所示。

表5—4　　B方案动态投资回收期的计算过程　　单位：万元

年　份	每年现金净流量	折现系数(10%)	现金净流量现值	累计净现值
初始	−1 000.00		−1 000.00	−1 000.00
第一年	0.00	0.909 1	0.00	−1 000.00
第二年	100.00	0.826 4	82.64	−917.36
第三年	1 000.00	0.751 3	751.30	−166.06
第四年	500.00	0.683 0	341.50	175.44
第五年	500.00	0.620 9	310.45	485.89
第六年	300.00	0.564 5	169.35	655.24

项目累计现金净流量现值出现正值的年份是第四年，所以$n=3$。

$$\text{动态投资回收期}=n+\frac{|\text{第}n\text{年年末累计现金净流量现值}|}{\text{第}n+1\text{年的现金净流量现值}}=3+\frac{166.06}{341.5}\approx 3.49(\text{年})$$

结论：如果考虑货币时间价值，项目投资回收期要比不考虑货币时间价值的回收期长，则根据动态投资回收期，应选择回收期短的A方案。

2. 指标的评价

动态投资回收期指标考虑了货币时间价值，克服了静态投资回收期指标的缺陷。但它仍然具有主观性，同样忽略了回收期以后的现金流量。当未来年份的净现金流量为负数时，动态投资回收期可能变得无效。

(二)净现值

净现值(NPV)，是指某一项目从投资开始到项目终结，各年现金净流量的现值之和。

1. 指标的计算方法

按照净现值的定义，净现值可以表示如下：

$$NPV=\sum_{t=0}^{n}\frac{NCF_t}{(1+i)^t}$$

式中：n——项目期限；

NCF_t——第t年的现金净流量；

i——资本成本。

当项目投资在建设期第一年年初即建设起点一次性投入时，建设期为0，项目的净现值是

其未来现金净流量现值之和扣除初始投资额后的余额，即

$$NPV=\sum_{t=1}^{n}\frac{NCF_t}{(1+i)^t}-C$$

式中：n——项目期限；

NCF_t——第 t 年的现金净流量；

C——初始投资额；

i——资本成本。

项目投产后，各年现金净流量相等时，上式的净现值计算过程可以简化如下：

$$NPV=NCF\cdot(P/A,i,n)-C$$

2. 决策规则

净现值指标是一个折现的绝对值指标，即在进行长期投资决策分析时，应当选择净现值大的项目。一般来说，对于独立项目，净现值≥0 的方案可行，净现值<0 的方案不可行；对于互斥项目，在投资规模相同或生命周期相同的情况下，净现值最大的方案为最优方案。

仍以例 5－6 的资料计算，如果折现率为 10%，则计算 A、B 两个方案的净现值，并进行决策。

A 方案的净现值计算如下：

$$\begin{aligned}NPV_A&=A\cdot(P/A,i,n)-C\\&=300\times(P/A,10\%,6)-800\\&=1\ 306.59-800\\&=506.59(\text{万元})\end{aligned}$$

B 方案的净现值计算如下：

$$\begin{aligned}NPV_B&=\sum_{t=1}^{6}\frac{NCF_t}{(1+i)^t}-C\\&=\frac{0}{(1+10\%)}+\frac{100}{(1+10\%)^2}+\frac{1\ 000}{(1+10\%)^3}+\frac{500}{(1+10\%)^4}+\frac{500}{(1+10\%)^5}\\&\quad+\frac{300}{(1+10\%)^6}-1\ 000\\&=655.24(\text{万元})\end{aligned}$$

结论：根据净现值指标，A 方案的净现值大于 0，B 方案的净现值也大于 0，两个方案都可行，但不能评价哪个方案更优，因为两个方案的初始投资额不同，B 方案虽然净现值高，但是其初始投资额也高。

3. 指标的评价

净现值指标的优点：考虑了货币时间价值，增强了对投资经济性的评价；考虑了项目投资全过程的现金净流量，体现了流动性与收益性的统一；考虑了投资风险，风险大则采用高折现率，风险小则采用低折现率。

净现值指标的缺点：净现值的计算比较麻烦；折现率的选择具有一定的主观性，需要具备较丰富的经验和较高的专业水平；不能从动态角度直接反映投资项目的实际收益水平；净现值指标是绝对数指标，当项目投资额不等或者生命周期不同时，无法比较项目的优劣。

(三)净现值率

净现值率($NPVR$),又称净现值比、净现值指数,是指项目净现值与原始投资现值的比率,反映每单位资金投入能够赚取的净现值大小。净现值率指标可以表示如下:

$$NPVR=\frac{NPV}{C_p}$$

式中:C_p——项目原始投资的现值。

净现值率指标是一个动态投资收益指标,用于衡量不同投资方案的获利能力强弱,说明某项目单位投资现值所能实现的净现值大小。净现值率小,单位投资的收益就低;净现值率大,单位投资的收益就高。

仍以例5—6的资料计算,A方案的净现值率计算如下:

$$NPVR_A=\frac{NPV}{C_p}=\frac{506.59}{800}\approx0.633$$

B方案的净现值率计算如下:

$$NPVR_B=\frac{NPV}{C_p}=\frac{655.24}{1\ 000}\approx0.655$$

结论:根据净现值率指标,B方案的净现值率高,说明B方案每单位投资获得的净收益高于A方案,所以选择B方案。

(四)现值指数

现值指数(PI),又称利润指数,是指投资方案未来现金净流量现值与原始投资现值的比值。

1. 指标的计算方法

与净现值率指标不同,现值指数是项目投入使用后的现金流量现值之和与初始投资额的现值之比。

$$PI=\frac{\text{未来现金净流量现值总额}}{\text{原始投资现值总额}}$$

2. 决策规则

现值指数是相对数指标,对于独立的项目,若$PI>1$,则该项目可行;对于互斥项目,PI最大者为最优。现值指数指标除了具有贴现指标的优点外,还因其是相对数指标而便于投资额不同的项目进行比较。

仍以例5—6的资料计算,A方案的现值指数计算如下:

$$PI_A=\frac{\text{未来现金净流量现值总额}}{\text{原始投资现值总额}}=\frac{300\times(P/A,10\%,6)}{800}=\frac{1\ 306.59}{800}\approx1.633$$

B方案的现值指数计算如下:

$$PI_B=\frac{\text{未来现金净流量现值总额}}{\text{原始投资现值总额}}=\frac{\sum_{t=1}^{6}\frac{NCF_t}{(1+10\%)^t}}{500}=\frac{1\ 655.24}{1\ 000}\approx1.655$$

结论:B方案的现值指数大于A方案,所以选择B方案。可见,现值指数与净现值率的结论是一致的。

现值指数反映单位投资获得的毛收益。A方案单位投资可以获得1.633元的现值毛收益，也就是现值净收益为 0.633 元；B 方案单位投资可以获得 1.655 元的现值毛收益，也就是现值净收益为 0.655 元，A 方案和 B 方案的现值净收益也就是其净现值率。因此，现值指数与净现值率的关系可以表示如下：

$$现值指数=净现值率+1$$

（五）内含报酬率

内含报酬率（IRR），又称内部报酬率，是指能够使未来现金流入量现值等于未来现金流出量现值的折现率，也就是使投资项目的累计净现值等于零的折现率。内含报酬率是根据项目的现金流量计算的，是项目本身的投资报酬率。

1. 指标的计算方法

（1）营业期每年现金净流量相等

如果项目的全部投资于建设起点一次投入，建设期为 0，营业期每年现金净流量相等，则可以利用年金现值系数简化内含报酬率的计算过程。在这种特殊情况下：

$$年金现值系数(P/A,IRR,n)=\frac{初始投资额}{每年\ NCF}$$

利用"年金现值系数表"可以直接获得内含报酬率的结果，或者在查系数表后利用内插法计算求得内含报酬率。

（2）每年现金净流量不相等

按照内含报酬率的定义，$NPV=\sum_{t=0}^{n}\frac{NCF_t}{(1+i)^t}=0$ 时的折现率就是项目的内含报酬率。

通常采用逐步测试法计算内含报酬率，具体步骤如下：

第一步，先自行预估一个折现率，按此折现率计算项目的净现值。若净现值为正值，则说明预估的折现率小于内含报酬率，应提高折现率再进行测试；如果净现值为负值，则应降低折现率再进行测试。经过逐步判断测试，找到净现值由正到负并且比较接近 0 的两个折现率。

第二步，根据上述两个邻近的折现率，运用插值法，计算项目的实际内含报酬率。

2. 决策规则

内含报酬率指标是一个折现的相对量指标，是投资项目本身的报酬率。在决策过程中，资本成本可以视为投资者对项目投资要求的最低报酬率。如果投资项目的内含报酬率低于资本成本，就达不到投资者要求的最低收益水平。所以，只有当项目的内含报酬率超过资本成本时，项目方案才是可行的；对于多个互斥项目，一般选择内含报酬率高的项目方案。

仍沿用例 5—6 的资料，假设投资者要求的报酬率为 10%，评价 A、B 两个方案是否可行。

A 方案的内含报酬率计算如下：

$$(P/A,IRR,6)=\frac{800}{300}\approx 2.6667$$

查 6 年的"年金现值系数表"：

$(P/A,IRR,6)=2.7$ 时，对应的折现率为 29%；

$(P/A,IRR,6)=2.6427$ 时，对应的折现率为 30%。

利用插值法，可以求出：

$$IRR_A=29\%+\frac{2.7-2.6667}{2.7-2.6427}\times(30\%-29\%)\approx 29.58\%$$

B方案的内含报酬率计算如下：

$$\sum_{t=1}^{6}\frac{NCF_t}{(1+IRR_B)^t}-C=0$$

$$\frac{100}{(1+IRR_B)^2}+\frac{1\ 000}{(1+IRR_B)^3}+\frac{500}{(1+IRR_B)^4}+\frac{500}{(1+IRR_B)^5}+\frac{300}{(1+IRR_B)^6}-1\ 000=0$$

当 $i=10\%$ 时，$NPV_B=655.24$，所以提高折现率进行测试，假设 $i=20\%$，则：

$$\sum_{t=1}^{6}\frac{NCF_t}{(1+i)^t}-C=\frac{100}{(1+20\%)^2}+\frac{1\ 000}{(1+20\%)^3}+\frac{500}{(1+20\%)^4}+\frac{500}{(1+20\%)^5}+\frac{300}{(1+20\%)^6}-1\ 000=190.71(\text{万元})$$

当 $i=20\%$ 时，$NPV=190.71$，NPV 为正值，所以继续提高折现率进行测试，假设 $i=24\%$，则：

$$\sum_{t=1}^{6}\frac{NCF_t}{(1+i)^t}-C=\frac{100}{(1+24\%)^2}+\frac{1\ 000}{(1+24\%)^3}+\frac{500}{(1+24\%)^4}+\frac{500}{(1+24\%)^5}+\frac{300}{(1+24\%)^6}-1\ 000=54.12(\text{万元})$$

NPV 为正值，所以继续提高折现率进行测试，假设 $i=28\%$，则：

$$\sum_{t=1}^{6}\frac{NCF_t}{(1+i)^t}-C=\frac{100}{(1+28\%)^2}+\frac{1\ 000}{(1+28\%)^3}+\frac{500}{(1+28\%)^4}+\frac{500}{(1+28\%)^5}+\frac{300}{(1+28\%)^6}-1\ 000=-62.19(\text{万元})$$

当 $i=28\%$ 时，$NPV=-62.19$，NPV 为负值，则 $24\%<IRR_B<28\%$，运用插值法，求 IRR_B：

$$IRR_B=24\%+\frac{54.12}{54.12+62.19}\times(28\%-24\%)\approx 25.86\%$$

结论：A、B两个方案的内含报酬率均高于投资者要求的报酬率，两个方案均可行。A方案的内含报酬率为29.65%，高于B方案的内含报酬率，所以选择A方案。

3. 指标的评价

内含报酬率指标的优点：充分考虑了货币时间价值，能反映投资项目的真实报酬率；不受行业基准收益率高低的影响，比较客观。

内含报酬率指标的缺点：计算过程比较复杂，通常需要一次或多次测算。

三、贴现指标的比较

（一）净现值、净现值率与现值指数

净现值是绝对数指标，用于对项目财务可行性的基本判断，只有净现值大于0的项目才可行。对于投资额相同的项目，可以仅用净现值予以评价；对于投资额不同的项目，净现值不可用。净现值率和现值指数作为相对数指标，可以评价投资额不同的项目。如果投资额是有限的，则可以综合运用现值指数和净现值，但现值指数主要用于项目排序，项目的决策取决于不

同项目组合净现值的大小。

（二）净现值、净现值率与内含报酬率

净现值着眼于项目能使企业的价值增加多少，内含报酬率着眼于项目本身的收益率。净现值与内含报酬率用于独立项目的评价时，不存在冲突。因为当某项目的净现值为正值时，该项目的内含报酬率一定大于资金成本。

净现值率与内含报酬率用于项目投资决策，一般来说两个指标的评价结果是一致的，但是，两者用于投资规模不同或者生命周期不同的项目评价时，可能会有冲突。上例中，根据净现值率指标选择 B 方案，但是根据内含报酬率指标则选择 A 方案，原因在于这两个指标隐含的假设不同，净现值法假设企业能够将收回的现金流量以资金成本再投资，而内含报酬率法假设收回的现金流量能够以内含报酬率再投资。一般来说，净现值的假设更为合理，因此，当净现值率与内含报酬率结论不一致时，可以选择净现值率指标进行决策。

第四节　项目投资评价指标的应用

项目投资评价指标是评价投资项目财务可行性的基本依据。对于独立项目，可直接计算相关的评价指标，比较后再做决策。对于互斥项目，财务上可行的不一定是最有利的，而且互斥项目决策过程可能面临项目投资金额或者生命周期不同的情况。总之，投资项目方案的差别使得投资评价指标在实际运用过程中形成了不同的决策方法。

一、独立项目决策

固定资产新建项目投资决策属于独立项目的决策，关键是分析项目的现金流量。依据现金流量计算净现值等评价指标，决定是否接受该项目。

估计新建项目现金流量时，需要注意以下几点：第一，新建项目一般在建设期会涉及固定资产投资、流动资金的垫支；第二，由于新建项目通常会增强企业的生产能力，因此，在营业期内，需要分析由于项目的实施而引起的现金流量的变化，计算税后营业现金净流量；第三，在项目终结点，需要分析固定资产变卖或停止使用所发生的相关现金流量以及流动资金的收回。

【例 5－7】 某公司拟新建一条生产线，以扩大产能。该生产线预计投资 80 万元，预计使用寿命为 5 年，采用直线法计提折旧，预计净残值为 8 万元。生产线投入使用后，每年增加营业收入 140 万元，增加付现成本 105 万元，项目投入运营时，需要垫支流动资金 20 万元。企业所得税税率为 25%，该项目要求的最低报酬率为 12%。计算该项目的净现值，并判断其可行性。

(1)计算生产线的年折旧额：

年折旧费＝(80－8)÷5＝14.4(万元)

(2)计算项目各期的现金净流量：

NCF_0＝－80－20＝－100(万元)

$NCF_{1\sim4}$＝(140－105)×(1－25%)＋14.4×25%＝29.85(万元)

NCF_5＝29.85＋20＋8＝57.85(万元)

(3)计算项目的净现值：

$$NPV=-100+29.85\times(P/A,12\%,4)+57.85\times(P/F,12\%,5)$$
$$=-100+29.85\times3.0373+57.85\times0.5674$$
$$\approx23.49(\text{万元})$$

结论：因为该项目的净现值大于0，所以该投资项目可行。

二、互斥项目决策

(一)固定资产更新决策

固定资产更新决策，就是决定是继续使用旧设备还是更换新设备。在新、旧设备未来可使用的年限相同的情况下，可以运用差量分析法进行决策。

差量分析法的基本思路：将继续使用旧设备视为一种方案，将出售旧设备、购置新设备视为另一种方案，确定两个方案的差量现金流量(ΔNCF)，并计算差量净现值或差量内含报酬率等指标，根据差量指标的结果确定最优方案。当然，也可以分别计算两个方案的上述指标，再进行比较分析，选择差量净现值大的或者内含报酬率符合要求的方案。不管计算过程如何，两个方案净现值或内含报酬率指标的差异归根结底都是由差量现金流量引起的。

【例5—8】 某公司一台设备已使用3年，现在考虑是否需要更新。旧设备原价140 000元，预计尚可使用5年，每年营业收入35 000元，每年营业成本22 000元，预计净残值14 000元，现在出售此设备可得价款82 750元；购置新设备需花费160 000元，预计可使用5年，每年营业收入50 000元，每年营业成本23 000元，预计净残值16 000元。假设新、旧设备残值收入与预计的净残值相同，新、旧设备均采用直线法计提折旧，企业所得税税率为25%，选择的折现率为12%。计算更新设备各年的差量现金净流量、差量净现值，并进行决策。

(1)旧设备的年折旧额＝(140 000－14 000)÷8＝15 750(元)

折余价值＝140 000－15 750×3＝92 750(元)

旧设备提前报废发生的损失＝92 750－82 750＝10 000(元)

损失节约的所得税金额＝10 000×25%＝2 500(元)

$$NCF_0=-(\text{新设备的投资}-\text{旧设备的变价收入}-\text{损失节税})$$
$$=-160\,000+82\,750+2\,500$$
$$=-74\,750(\text{元})$$

更新设备每年增加的折旧＝(160 000－16 000)÷5－(92 750－14 000)÷5＝13 050(元)

营业期第一至五年每年增加的营业收入＝50 000－35 000＝15 000(元)

营业期第一至五年每年增加的营业成本＝23 000－22 000＝1 000(元)

所以：

营业期第一至五年每年增加的净利润＝(15 000－1 000)×(1－25%)＝10 500(元)

各年差量的现金净流量如下：

$\Delta NCF_0=-74\,750$(元)

$\Delta NCF_{1-4}=10\,500+13\,050=23\,550$(元)

$\Delta NCF_5=23\,550+(16\,000-14\,000)=25\,550$(元)

(2)$\Delta NPV=-74\,750+23\,550\times(P/A,12\%,4)+25\,550\times(P/F,12\%,5)$

$=-74\ 750+71\ 528.415+14\ 497.07$

$\approx 11\ 275.49$(元)

结论：因为差额净现值大于0，所以更新设备是有利的，应当选择更新设备。

（二）生命周期不同的项目的投资决策

差量分析法适用于新、旧设备未来使用年限相同的项目的决策，如果项目未来生命周期不同，差量分析法就不再适用。

1. 年均净现值法

沿用例5—8的资料，假设新设备的使用年限为8年，其他条件不变。因为新、旧设备的使用年限不同，净现值指标不具有可比性，所以差量分析法不适用。

生命周期不同的项目的投资决策，可以运用年均净现值法，即比较两个方案年均净现值的大小，选择年均净现值高的方案。年均净现值（*ANPV*）的计算公式如下：

$$ANPV=\frac{NPV}{\text{年金现值系数}}$$

根据例5—8的相关资料，计算新、旧设备各年现金流量，如表5—5所示。

表5—5　新、旧设备各年现金流量　单位：元

指　标	旧设备	新设备
NCF_0	−85 250 (−82 750−2 500)	−160 000
$NCF_{1\sim4}$	25 500 (35 000−22 000)×(1−25%)+15 750	38 250 (50 000−23 000)×(1−25%)+18 000
NCF_5	39 500 (25 500+14 000)	38 250
$NCF_{6\sim7}$		38 250
NCF_8		54 250 (38 250+16 000)

$NPV_{旧}=-85\ 250+25\ 500\times(P/A,12\%,4)+39\ 500\times(P/F,12\%,5)$

$=-85\ 250+77\ 451.15+22\ 412.3$

$=14\ 613.45$(元)

$NPV_{新}=-160\ 000+38\ 250\times(P/A,12\%,7)+54\ 250\times(P/F,12\%,8)$

$=-160\ 000+174\ 565.35+21\ 911.58$

$=36\ 476.93$(元)

$$ANPV_{旧}=\frac{\text{净现值}}{\text{年金现值系数}}=\frac{14\ 613.45}{(P/A,12\%,5)}=\frac{14\ 613.45}{3.604\ 8}\approx 4\ 053.89(\text{元})$$

$$ANPV_{新}=\frac{\text{净现值}}{\text{年金现值系数}}=\frac{36\ 476.93}{(P/A,12\%,8)}=\frac{36\ 476.93}{4.967\ 6}\approx 7\ 342.97(\text{元})$$

结论：购置新设备的年均净现值高于继续使用旧设备的年均净现值，应当选择购置新设备。

2. 年均现值成本法

如果项目未来现金流入量很难估计，则可以通过比较项目年均现值成本来确定有利的项

目。年均现值成本越低,越有利。年均现值成本的计算公式如下:

$$\text{年均现值成本}=\frac{\text{总成本现值}}{\text{年金现值系数}}$$

【例 5—9】 某公司拟购入设备一台,有甲、乙两种型号可供选择,两种机器性能相同。甲设备的售价为 20 000 元,预计使用 8 年,投产后每年维护及运行成本为 4 000 元,预计残值为 2 000 元;乙设备的售价为 10 000 元,预计使用 5 年,投产后 1~5 年的维护及运行成本分别为 3 000 元、4 000 元、5 000 元、6 000 元、7 000 元,预计残值为 1 000 元。如果资金成本为 12%,则应该如何决策?

(1)甲设备:

$$\text{总成本现值}=20\,000+4\,000\times(P/A,12\%,8)-2\,000\times(P/F,12\%,8)=39\,062.6(\text{元})$$

$$\text{年均现值成本}=\frac{39\,062.6}{(P/A,12\%,8)}=\frac{39\,062.6}{4.967\,6}\approx 7\,863.48(\text{元})$$

(2)乙设备:

$$\begin{aligned}\text{总成本现值}&=10\,000+\frac{3\,000}{(1+12\%)}+\frac{4\,000}{(1+12\%)^2}+\frac{5\,000}{(1+12\%)^3}+\frac{6\,000}{(1+12\%)^4}\\&\quad+\frac{7\,000}{(1+12\%)^5}-\frac{1\,000}{(1+12\%)^5}\\&=26\,643.9(\text{元})\end{aligned}$$

$$\text{年均现值成本}=\frac{26\,643.9}{(P/A,12\%,5)}\approx 7\,391.23(\text{元})$$

结论:乙设备每年现值成本低于甲设备每年现值成本,应当选择乙设备。

三、资本限量决策

企业在生产经营过程中会遇到资源的限制,有时可能有很多获利项目可供投资,但无法筹集到足够的资金。资本限量决策是项目投资常见的决策形式。所谓"资本限量决策",是在资本限定的情况下,对所有备选投资项目进行筛选、组合,以获得最大收益的决策。

在资本有限的情况下,运用净现值指标选择一组既不超过投资限额又充分利用现有资本的方案,一般包括以下步骤:

第一步,确定财务可行的项目清单,即计算所有备选项目的净现值,淘汰净现值<0 的项目,列出所有净现值≥0 的项目。

第二步,对清单中可接受的项目在资本限量内进行各种可能的组合。

第三步,计算出各种组合的净现值总额。

第四步,选择净现值总额最大的组合。

【例 5—10】 某公司可以投资的资本总量为 10 000 万元,资本成本为 10%,现有三个独立的投资项目,有关数据如表 5—6 所示。该公司应当如何决策?

表 5—6　　投资项目净现值与投资额　　单位:万元

项　目	投资额	净现值
A	10 000	2 000

续表

项　目	投资额	净现值
B	6 000	1 200
C	4 000	1 100

现有备选方案的净现值均大于0，在资本限额条件下，可行的组合为A项目及B和C组合，A项目虽然满足资本限额的条件，但B和C组合的净现值为2 300万元(1 200＋1 100)，大于A项目2 000万元的结果，所以，该公司在资本限额内应当选择B和C组合进行投资，放弃A项目。

第五节　项目投资决策的风险调整

企业的投资活动是面向未来的，期望在未来获得理想的收益，所以，项目投资活动总是伴随着风险。如果风险较低，风险造成的偏差不至于影响投资者的决策，则风险可以忽略。但是，当风险造成的偏差足以改变决策结果的时候，就需要采用一定的方法在决策过程中反映风险的影响。也就是说，投资决策不仅要反映货币时间价值，而且要反映风险的大小及投资者的风险偏好。

风险的影响主要体现在两个方面：一方面是未来现金流量估计的可靠性，风险越高，估计的结果可靠性越差；另一方面是投资者对投资报酬率的要求，风险越高，投资者要求的报酬率越高。因此，对项目投资风险的调整可以采用以下两种方法：一种是风险调整现金流量法，另一种是风险调整贴现率法。

一、风险调整现金流量法

风险调整现金流量法，是根据项目投资风险评估的结果，采用适当的方法，将未来不确定的现金流量调整为大约确定的现金流量的方法。

风险调整现金流量法的基本思路：先对项目投资进行风险评估，按风险程度对各项目未来现金流量进行调整，然后据此对评价项目指标进行决策。项目投资决策对现金流量的调整一般采用肯定当量系数法。

肯定当量系数(a_t)也称约当系数，是指不确定的1元现金流量期望值相当于使投资者满意的确定的金额的系数，也就是肯定的现金流量与与之相当的不肯定的现金流量估计结果的比值，它介于0和1之间。项目现金流量的风险越大，约当系数越小，现金流量的确定当量也就越小。

如果利用肯定当量系数将未来不确定的现金流量调整为大约确定的现金流量，再用无风险的报酬率作为贴现率计算净现值，则净现值的计算公式如下：

$$\text{调整后的净现值}=\sum_{t=0}^{n}\frac{a_t\cdot\text{现金流量估计值}}{(1+\text{无风险贴现率})^t}$$

风险调整现金流量法的优点是可以根据各年不同的风险程度分别采用不同的肯定当量系

数，较客观地调整项目风险对现金流量的影响；风险调整现金流量法的缺点是肯定当量系数的确定比较困难。

【例 5—11】 甲公司某投资项目现金流量的概率分布，以及公司按离散程度规定的肯定当量系数如表 5—7 所示。假设无风险贴现率为 12%，请用肯定当量法确定调整后项目的净现值。

表 5—7　　项目现金流量的概率分布及肯定当量系数

时间	现金流量(万元)	概率	肯定当量系数
初始	−180	1.0	1.0
第一年	60	0.3	0.9
	80	0.4	
	100	0.3	
第二年	80	0.3	0.95
	90	0.4	
	100	0.3	
第三年	90	0.5	0.98
	100	0.5	

运用肯定当量法确定调整后项目的净现值的计算过程如表 5—8 所示。

表 5—8　　项目约当现金流量计算过程

年份	现金流量(万元)	肯定当量系数	约当现金流量(万元)
初始	−180	1.0	−180
第一年	60×0.3+80×0.4+100×0.3=80	0.9	80×0.9=72
第二年	80×0.3+90×0.4+100×0.3=90	0.95	90×0.95=85.5
第三年	90×0.5+90×0.5=95	0.98	95×0.98=93.1

$$\text{调整后的净现值}=\sum_{t=0}^{n}\frac{a_t\cdot\text{现金流量估计值}}{(1+\text{无风险贴现率})^t}$$

$$=\frac{72}{(1+12\%)}+\frac{85.5}{(1+12\%)^2}+\frac{93.1}{(1+12\%)^3}-180$$

$$\approx 18.72(\text{万元})$$

二、风险调整贴现率法

风险调整贴现率法是指根据项目投资风险情况，对高风险的项目，选择较高的贴现率计算净现值，再对项目进行评价和选择的方法。贴现率的选择取决于决策者的风险偏好，具有较强的主观性。

$$\text{调整后的净现值}=\sum_{t=0}^{n}\frac{NCF_t}{(1+\text{风险调整贴现率})^t}$$

【例 5－12】 甲公司投资于某项目，建设期期初一次性投入 200 万元，项目周期为 3 年，投产后各年现金流量分别为 50 万元、120 万元和 200 万元，假设无风险贴现率为 12%，投资者因项目风险较高，要求的报酬率提高至 20%，计算净现值。

因考虑风险，以投资者要求的报酬率 20%作为计算净现值的贴现率。

$$\text{调整后的净现值}=\frac{50}{(1+20\%)}+\frac{120}{(1+20\%)^2}+\frac{200}{(1+20\%)^3}-200\approx 40.73(\text{万元})$$

一般来说，项目投资的风险在不同阶段是有差异的，而风险调整贴现率法对不同时期的风险采用同一个贴现率，无疑会夸大远期的风险。

课程思政

【章节知识点】 项目现金流量的估计、项目投资评价指标及投资决策

【思政育人元素】 引导学生在深入理解投资决策相关成本与无关成本的基础上，树立投资决策的大局观，践行绿色发展理念。

复习思考题

1. 什么是项目投资决策？项目投资决策通常包括哪些过程？
2. 什么是项目投资相关的现金流量？请举例说明。
3. 估计现金流量需要考虑哪些因素的影响？
4. 举例说明折旧抵税的效应。
5. 用于项目投资决策评价的贴现指标有哪些？简要说明各指标的优点和缺点。
6. 什么是内含报酬率？如何计算内含报酬率？
7. 对于生命周期不同的项目，应当运用什么方法进行决策？

第六章　证券投资决策

第一节　证券投资概述

证券是用来证明持有者权益的法律凭证，如本票、汇票、支票、债券、股票、提货单等都属于证券，这是广义理解的证券。狭义的证券专指资本市场中的债券、股票、投资基金等有价证券及其衍生产品。证券投资是投资者针对狭义的资本市场证券进行的投资。科学合理的证券投资，不但可以充分利用企业的闲置资金，增加企业的收益，而且通过多样化投资，可以降低风险，有助于企业财务管理目标的实现。

一、证券投资的含义及特点

（一）证券投资的含义

证券投资是指投资者买卖股票、债券、基金等有价证券及其衍生产品，以获取收益的经济行为。证券投资按照投资对象，可以分为债券投资、股票投资、基金投资及组合投资等。

（二）证券投资的特点

证券投资是一种对外的间接投资，它与项目投资共同构成了企业投资决策的重要内容。与其他投资相比，证券投资具有以下特点：

1. 证券投资流动性强

有价证券具有活跃市场，交易价格信息的公开和大量的交易主体，使证券投资的流动性高于其他投资。

2. 交易成本低

证券投资的交易成本主要是委托买卖证券的各种税费及佣金，交易成本相对其他投资较低。

3. 投资风险高

有价证券的价格受外部市场环境及发行方内部因素的影响较大，市场价格不稳定，波动大，投资风险高。

二、证券投资的原则

（一）风险与报酬最佳组合原则

风险与报酬是对等的，高风险要求高回报，高回报意味着高风险。在证券投资过程中，风险与报酬相伴而生，决策者必须明确企业证券投资的目标，合理估计企业的风险承担能力，选择风险与报酬的最佳组合，即风险一定的前提下使收益最大化，或收益一定的前提下使风险最小化。

（二）分散投资原则

在证券投资中，风险分为系统风险和非系统风险。孤注一掷往往面临较高的非系统风险，而投资组合可以降低风险。决策者应以理性的态度选择有效的投资组合，分散投资风险。

（三）剩余资金投资原则

资金对企业的持续发展意义重大，保证资金链的良性循环是财务管理中一项重要的活动。企业进行证券投资能够增强资产的收益能力，但是，如果投资挤占正常经营所需的资金或依靠借入资金，则会给企业的资金循环带来巨大的压力，一旦发生损失，风险就很可能失控。所以，证券投资应以不影响企业正常经营为条件，即遵守剩余资金投资原则。

三、证券投资的风险与报酬

（一）证券投资风险

证券投资风险是证券投资中的不确定性，包括系统风险和非系统风险。系统风险是不可分散的风险，主要包括利率风险、购买力风险和再投资风险；非系统风险是可以通过投资组合分散的风险，主要包括企业经营中的违约风险和流动性风险。投资组合可以降低非系统风险。关于投资组合及其风险报酬，第二章已有详细分析，这里不再赘述。

（二）证券投资报酬

证券投资报酬从形式上来说，主要是债券利息、股利和资本利得。债券利息是按债券面值、利率和期限计算的利息；股利包括股息和红利，是企业向股东分配的税后利润；资本利得是投资者证券买卖所得的价差收入，即证券出售价格减去证券购买价格和证券交易费用后的余额。

因此，证券投资报酬率的通用计算公式可以表示如下：

$$K=\frac{P_1-P_0+I}{P_0}\times 100\%$$

式中：P_0——证券购买价格；

P_1——证券出售价格；

I——证券投资收益（股利或利息）；

K——证券投资报酬率。

第二节 债券投资

债券是发行人为筹集资金，向债权人发行的，在约定时间支付一定比例的利息，并在到期时偿还本金的一种有价证券。企业进行短期债券投资主要是为了配合企业对资金的需求，调节现金余额，使现金余额达到合理水平；企业进行长期债券投资，主要是为了获得稳定的收益。

一、债券的基本要素

（一）债券面值

债券面值又称票面价值，是发行人承诺于未来某一特定日期偿付给债券持有人的金额，也就是债券到期后的还本额。

（二）债券票面利率

债券票面利率也称息票率，是债券的年利率，即债券发行者预计一年内向投资者支付的利息占债券面值的比例，多数债券的票面利率在债券持有期间固定不变。债券票面利率决定债券未来现金流量的大小。

债券计息方式不同，如果一年内多次复利计息，受货币时间价值的影响，债券的票面利率就是名义利率。

（三）债券期限

债券期限是指债券从发行日至到期日的时间间隔。其中，到期日是发行人偿还本金的日期。债券投资的风险与债券期限有关，一般期限越长，风险越高，债券的票面利率也越高。

（四）债券价格

债券价格是指债券发行时的价格。受资金市场供求关系、利息率等多方面因素的影响，债券的市场价格有时高于面值，有时低于面值。债券价格又分为发行价格和交易价格，前者是原始投资者在一级证券市场购入债券的价格，后者是债券投资者在二级证券市场交易的价格。未来债券到期，发行人偿还本金的依据是债券面值而不是债券价格。

二、债券的分类

（一）按发行主体分

按照发行主体的不同，债券可以分为政府债券、金融债券和企业债券。政府债券在我国是指中央政府和省级地方政府为弥补财政赤字或筹措经济建设所需资金，在证券市场上发行的国库券和地方政府债券。金融债券是商业银行、政策性银行及非银行金融机构为筹措资金，经批准发行的债券。企业债券包括上市公司和其他企业为筹集资金经批准发行的债券。

（二）按发行价格与面值的关系分

按照发行价格与面值关系的不同，债券可以分为贴现发行债券、平价发行债券和溢价发行债券。

（三）按偿还与付息方式分

按照偿还与付息方式的不同，债券可以分为零息债券、平息债券和一次还本付息债券。零息债券是发行人承诺到期按面值偿还的债券，一般发行价低于票面金额，发行价与面值的差额就是贴息，是典型的贴现债券。平息债券是利息在到期日前平均支付的债券，支付的频率可能是一年一次、半年一次或每季度一次等。一次还本付息债券在到期时一次性支付利息并偿还本金，也叫利随本清债券。

债券的付息方式会影响债券投资未来现金流量的价值，是债券投资价值评估时必须考虑的因素。

三、债券估价的模型

债券价值评估是对债券内在价值的估计，是债券投资决策的基础。债券估价主要采用现值估价法，即通过计算债券投资未来获得的利息和所收回本金的现值之和，评估债券内在的价值。只有债券的价值大于市场价格，该债券才具有投资价值。

（一）债券估价基本模型

典型的债券是票面利率固定、每年计算并支付利息、到期归还本金。如图6－1所示，持有期间债券未来能为投资者带来的现金流量是每年固定的利息收入和到期收回的本金。

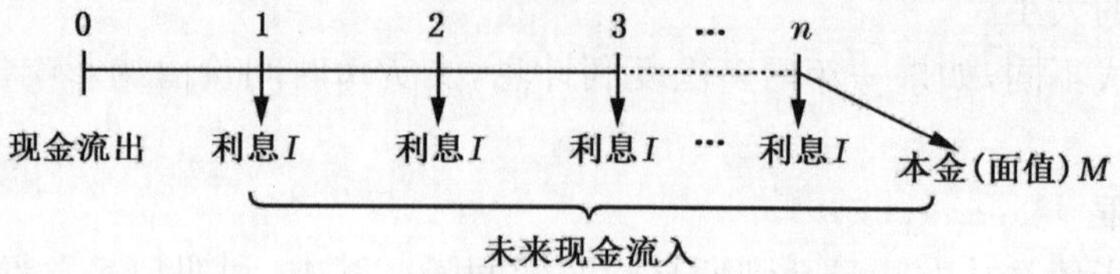

图6－1　典型债券未来现金流入情况

债券投资未来获得的利息和所收回本金的现值之和，是债券的内在价值。因此，债券估价的基本模型可以表示如下：

$$
\begin{aligned}
V_d &= \frac{I}{(1+i)} + \frac{I}{(1+i)^2} + \cdots + \frac{I}{(1+i)^n} + \frac{M}{(1+i)^n} \\
&= \sum_{t=1}^{n} \frac{I}{(1+i)^t} + \frac{M}{(1+i)^n} \\
&= I \cdot (P/A, i, n) + M \cdot (P/F, i, n)
\end{aligned}
$$

式中：V_d——债券价值；

I——债券每年的利息；

M——债券面值；

i——年折现率；

n——到期前的年数。

【例6－1】　某公司于2023年3月1日发行面值为100元、票面利率为8%、期限为5年的债券。每年3月1日计算并支付一次利息。市场上同等风险投资的必要报酬率为10%。计算债券的价值。

$I = 100 \times 8\% = 8$（元）

$V_d = I \cdot (P/A, i, n) + M \cdot (P/F, i, n)$

$= 8 \times (P/A, 10\%, 5) + 100 \times (P/F, 10\%, 5)$

≈ 92.42（元）

（二）一年内多次付息债券的估价模型

有的债券一年内计算并支付利息的次数不止一次，例如，债券可能半年付息一次或每季度付息一次。对于一年内多次付息债券的估价，通常的方法是先将票面年利息换算成计息期的利息，再以计息期利率作为折现率，计算计息期利息与收回本金的现值之和。假设债券一年内

计息 m 次，则债券的估价模型如下：

$$V_d=\sum_{t=1}^{m\cdot n}\frac{I/m}{(1+i/m)^t}+\frac{M}{(1+i/m)^{m\cdot n}}=\frac{I}{m}\cdot(P/A,i/m,m\cdot n)+M(P/F,i/m,m\cdot n)$$

【例 6—2】 某公司购入面值为 100 元、票面利率为 8%、每半年计息一次、期限为 5 年的债券。市场上同等风险投资的必要报酬率为 10%。计算债券的价值。

$I=100\times8\%=8$(元)

半年付息一次，每年计息两次，计息期利息为 4 元(8÷2)。

计息期折现率＝10%÷2＝5%

计息期数＝5×2＝10

$V_d=4\times(P/A,5\%,10)+100\times(P/F,5\%,10)\approx92.28$(元)

(三)纯贴现债券的估价模型

纯贴现债券也称零息债券，是指以折价方式发行，发行人承诺到期按面值偿还，债券到期日前没有利息支付的债券。零息债券的估价模型如下：

$$V_d=\frac{M}{(1+i)^n}=M\cdot(P/F,i,n)$$

【例 6—3】 某公司购入零息债券，面值为 100 元，期限为 10 年。假设折现率为 10%。计算债券的价值。

$$V_d=\frac{100}{(1+10\%)^{10}}=100\times(P/F,10\%,10)=38.55\text{(元)}$$

(四)一次还本付息债券的估价模型

到期日一次还本付息的债券也是一种贴现债券，到期日的现金流量包括面值和利息。在我国，一次还本付息的债券一般采用单利计息的方式，债券的估价模型如下：

$$V_d=\frac{M+M\cdot r\cdot n}{(1+i)^n}=M(1+r\cdot n)(P/F,i,n)$$

【例 6—4】 5 年期国债，面值为 100 元，票面利率为 12%，单利计息，到期一次还本付息。假设折现率为 10%，计算债券的价值。

$V_d=M\cdot(1+r\cdot n)(P/F,i,n)=100\times(1+12\%\times5)(P/F,10\%,5)\approx99.34$(元)

四、债券的到期报酬率

债券的到期报酬率可以用来评价债券的实际收益水平。所谓“到期报酬率”，是指投资者以特定价格购买债券并持有至到期日所获得的报酬率。在复利计息条件下，到期报酬率是未来的现金流入量现值等于债券购买价格的贴现率：

$$P_0=\sum_{t=1}^{n}\frac{I}{(1+K)^t}+\frac{M}{(1+K)^n}=I\cdot(P/A,K,n)+M\cdot(P/F,K,n)$$

式中：P_0——债券购买价格；

K——债券到期报酬率。

运用逐步测试法和内插法求解上述方程式，即可得到债券到期报酬率 K。

【例 6—5】 某公司于 2023 年 10 月 1 日平价购入 8 年期债券，债券面值为 100 元，其票面利率为 9%，每年计算并支付一次利息。该公司拟持有债券至到期，债券的到期收益率为多少？

$100=9\times(P/A,K,8)+100\times(P/F,K,8)$

采用逐步测试法求解。假设折现率为票面利率9%，则：

$9\times(P/A,9\%,8)+100(P/F,9\%,8)=9\times5.5348+100\times0.5019=100$（元）

可见，平价购买的每年付一次息的债券，其到期收益率等于票面利率。

沿用例6—5的资料，如果溢价购入债券，价格为110元，则：

$110=9\times(P/A,K,8)+100\times(P/F,K,8)$

当折现率为9%时，算式等于100，小于110，说明买价为110元时，贴现率应该低于9%。降低折现率继续测试。

假设折现率为7%，则：

$9\times(P/A,7\%,8)+100\times(P/F,7\%,8)=9\times5.9713+100\times0.5820=111.94$（元）

由此可以判断，$7\%<K<9\%$，利用内插法求K：

$$\frac{K-7\%}{9\%-7\%}=\frac{111.94-110}{111.94-100}$$

$$K=7\%+2\%\times\frac{1.94}{11.94}\approx7.32\%$$

通过计算可知，如果平价购入债券，则反映债券实际收益水平的到期报酬率等于票面利率；如果溢价或折价购入债券，即购买价格不等于面值，则到期报酬率与票面利率不同。

第三节　股票投资

股票是股份有限公司为筹集自有资金而发行的有价证券，是投资入股并取得股息、红利的凭证，它代表了投资者对公司的所有权。股票投资主要有两个目的：一是获取股利收入及股票变现的利得，二是通过大量购买某公司的股票来实现对该公司的控制。

一、股票估价模型

对股票内在价值的评估，可以采用现值估价法。通过股票估价，投资者可以判断股票价值被市场低估或者高估，并综合其他因素进行投资决策。

（一）股票估价的基本模型

股票投资产生的未来现金流入量是股利收入和股票的出售价格。股票的内在价值就是未来一系列股利和股票售价的现值之和。

如果投资者长期持有某股票，不打算出售，则该股票未来带给投资者的是一系列股利形成的现金流量，如图6—2所示。

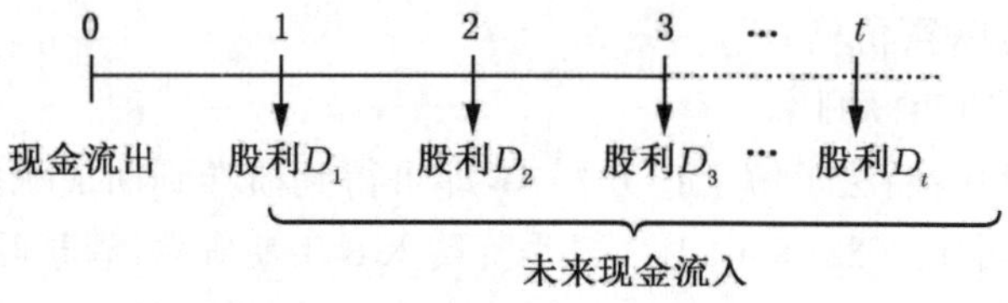

图6—2　长期持有股票的现金流量

此时，股票的内在价值是未来一系列股利的现值之和。因此，普通股股票估价的基本模型可以表示如下：

$$V_S=\frac{D_1}{(1+K)^1}+\frac{D_2}{(1+K)^2}+\frac{D_3}{(1+K)^2}+\cdots+\frac{D_t}{(1+K)^t}=\sum_{t=1}^{\infty}\frac{D_t}{(1+K)^t}$$

式中：V_S——普通股价值；

D_t——第 t 年的股利；

K——年折现率（一般是投资者要求的必要报酬率）。

（二）零增长股票的估价模型

如果股票未来的股利稳定不变，即 $D_1=D_2=D_3=\cdots=D_t=D$，这种股票就称为零增长股票。零增长股票未来每期固定不变的股利带来的现金流量可以看作永续年金，那么，零增长股票的估价模型可以表示如下：

$$V_S=\frac{D}{K}$$

【例 6—6】 某公司拟购入股票并长期持有，如果预计该股票未来每年每股现金股利为 3 元，股东要求的必要报酬率是 10%，则计算该股票的价值。

$V_S=3\div10\%=30$（元）

（三）固定增长股票的估价模型

普通股股利不仅受公司经营状况的影响，而且股利发放的多少要考虑公司的资本成本等诸多其他因素，所以股利波动在所难免。有些公司处于持续增长的发展状态，股利不断增长。如果股利的增长率是固定的，假设公司未来第一年的每股股利为 D_1，股利每年的增长率为 g，则：

第一年的股利 D_1

第二年的股利 $D_2=D_1(1+g)=D_1(1+g)^1$

第三年的股利 $D_3=D_1(1+g)^1(1+g)=D_1(1+g)^2$

⋮

第 t 年的股利 $D_t=D_1(1+g)^{t-1}$

将 D_t 代入股票估价基本模型，可以得到：

$$V_S=\frac{D_1}{(1+K)^1}+\frac{D_1(1+g)^1}{(1+K)^2}+\frac{D_1(1+g)^2}{(1+K)^3}+\cdots+\frac{D_1(1+g)^{t-1}}{(1+K)^t}$$

此时，等式为等比数列，首项为 $\frac{D_1}{1+K}$，公比为 $\frac{1+g}{1+K}$，利用等比数列求和公式，得到：

$$V_S=\frac{\frac{D_1}{1+K}\cdot\left[1-\left(\frac{1+g}{1+K}\right)^t\right]}{1-\frac{1+g}{1+K}}$$

长期持有固定增长的股票，$K>g$，$\lim\limits_{t\to\infty}\left(\frac{1+g}{1+K}\right)^t=0$，则固定增长股票的估价模型可以表示如下：

$$V_S=\frac{D_1}{K-g}$$

【例 6－7】 某公司投资于 A 公司的股票，购入当年 A 公司刚刚发放的股利为每股 3 元，预计未来 A 公司股利的年增长率为 12%。如果要求的报酬率为 16%，则计算 A 公司股票的价值。

$$V_S=\frac{D_1}{K-g}=\frac{3\times(1+12\%)}{16\%-12\%}=84(\text{元})$$

（四）非固定增长股票的估价模型

在复杂多变的市场环境中，公司股利可能出现阶段性变化，例如，股利在某一阶段高速增长，在另一阶段稳定增长或保持不变。在这种情况下，可以分段估计未来股利的现值，再计算股票的价值：

V_S＝高速增长股利的现值＋固定增长股利的现值＋固定股利的现值

用公式表示如下：

$$\boldsymbol{V_S=\sum_{t=1}^{n}\frac{D_t}{(1+K)^t}+\frac{D_n\times(1+g)}{K-g}\times(P/F,K,n)}$$

【例 6－8】 某公司投资于高速成长的 A 公司发行的股票，投资当年 A 公司发放的现金股利为每股 3 元。预计未来 3 年 A 公司的股利以每年 10% 的比率增长，从第四年开始，A 公司进入稳定发展阶段，股利每年增长 5%。假设必要报酬率为 15%，计算 A 公司股票的价值。

A 公司股利的变化分为两个阶段，即前三年每年 10% 高速增长阶段和第四年开始的每年 5% 固定增长阶段。如图 6－3 所示，假设两个阶段的股利现值分别为 V_1 和 V_2。

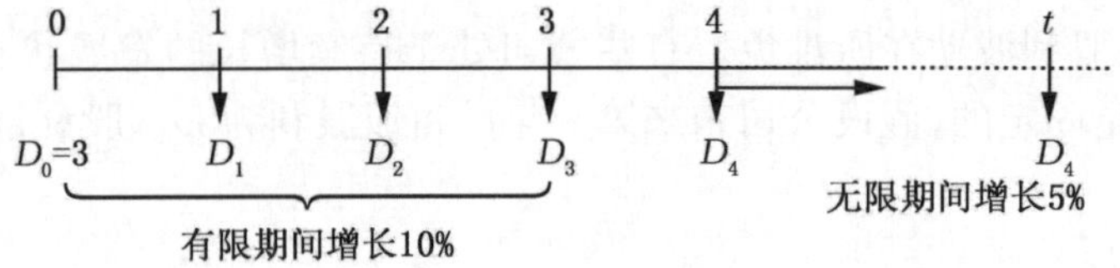

图 6－3 A 公司未来股利的变化

$$V_1=\frac{3\times(1+10\%)}{(1+15\%)^1}+\frac{3\times(1+10\%)^2}{(1+15\%)^2}+\frac{3\times(1+10\%)^3}{(1+15\%)^3}\approx 8.24(\text{元})$$

$$\begin{aligned}V_2&=\frac{D_4}{K-g}(P/F,K,n)\\&=\frac{3\times(1+10\%)^3(1+5\%)}{15\%-5\%}\times(P/F,15\%,3)\\&=41.926\,5\times 0.657\,5\\&\approx 27.57(\text{元})\end{aligned}$$

$$V_S=V_1+V_2=8.24+27.57=35.81(\text{元})$$

（五）未来准备出售的股票的估价模型

通常情况下，股票投资者不仅希望得到现金股利收入，而且希望在未来出售股票时获得利得。其估价模型如下：

$$\boldsymbol{V_S=\frac{D_1}{(1+K)^1}+\frac{D_2}{(1+K)^2}+\frac{D_3}{(1+K)^3}+\cdots+\frac{D_n}{(1+K)^n}+\frac{P_n}{(1+K)^n}=\sum_{t=1}^{n}\frac{D_n}{(1+K)^n}+\frac{P_n}{(1+K)^n}}$$

【例 6－9】 甲公司拟购买 A 公司发行的股票，预计每年可获现金股利依次为 8 元、5 元、

20 元，3 年后股票出售的预计售价是 30 元，股东要求的报酬率是 10%。计算该股票的价值。

$$V_S=\frac{8}{(1+10\%)^1}+\frac{5}{(1+10\%)^2}+\frac{20}{(1+10\%)^3}+\frac{30}{(1+10\%)^3}\approx 48.97(\text{元})$$

二、普通股的预期报酬率

股票的预期报酬率包括预期股利报酬率和预期资本利得报酬率两个部分，可以简单地表示如下：

$$K=\frac{D}{P_0}+\frac{P_n-P_0}{P_0}$$

式中：K——预期报酬率；

D——预期的现金股利；

P_0——购买价格；

P_n——未来售价。

在证券市场均衡的情况下，股票价格能够反映股票的内在价值。预期报酬率就是能够使股票内在价值等于股票价格的贴现率。在市场价格已知的情况下，可以利用股票估价模型计算预期报酬率，从而确定该股票未来的收益水平。只有当股票的预期报酬率高于投资者要求的最低报酬率，即高于必要报酬率时，股票投资才是可行的。

（一）零增长股票的预期报酬率

在股利固定的情况下，有下列等式成立：

$$P_0=\frac{D}{K}$$

所以，零增长股票的预期报酬率可以表示如下：

$$K=\frac{D}{P_0}$$

（二）固定增长股票的预期报酬率

在股利固定增长的情况下，有下列等式成立：

$$P_0=\frac{D_1}{K-g}$$

所以，固定增长股票的预期报酬率可以表示如下：

$$K=\frac{D_1}{P_0}+g$$

【例 6－10】 某种股票目前的市场价格是 40 元，每股股利为 3 元，预期的股利增长率为 5%，计算该股票的预期报酬率。

该股票属于固定增长股票，预期收益率计算如下：

$$K=\frac{D_1}{P_0}+g=\frac{3\times(1+5\%)}{40}+5\%\approx 12.9\%$$

（三）非固定增长股票的预期报酬率

$$P_0=\sum_{t=1}^{n}\frac{D_t}{(1+K)^t}+\frac{D_n\cdot(1+g)}{K-g}\cdot(P/F,K,n)$$

对于非固定增长股票的预期报酬率的计算，需要运用逐步测试法和内插法。

第四节　证券投资基金

证券投资基金是发起人以公开(公募)或非公开(私募)的方式向公众或特定合格投资者募集资金,形成独立的基金财产,由基金管理人管理、基金托管人托管,以资产组合方式进行证券投资的投资工具,是基金持有者以信托的方式对证券市场的间接投资。

证券投资基金在我国起步较晚,为规范基金运作,保障投资者的权益,2003 年 10 月 28 日第十届全国人民代表大会常务委员会第五次会议通过了《中华人民共和国证券投资基金法》,2015 年 4 月 24 日第十二届全国人民代表大会常务委员会第十四次会议对该法进行修正,将非公开募集基金纳入《中华人民共和国证券投资基金法》的调整范围。

一、证券投资基金的特点

证券投资基金是一种利益共享、风险共担的集合投资工具,与投资者直接进行的债券投资或股票投资相比,具有以下特点:

(一)证券投资基金是一种集合投资

证券投资基金是通过向社会公众或者特定合格投资者募集资金,通过专业化管理进行的投资。其投资规模巨大,与个别投资者的投资行为相比,基金运行涉及众多利益相关者,社会影响广,资金的运作受到多重监督。

(二)证券投资基金体现信托关系

证券投资基金是间接投资,由基金管理公司、基金托管公司对集合起来的巨额资金统一运营,基金持有者不参与投资管理,仅按照基金份额或者合同约定享受收益、承担风险,体现一种信托关系。

(三)证券投资基金能够分散风险

证券投资基金以募集所得的大规模资金选择资产组合进行投资,能够有效地利用资产组合分散一部分非系统风险。而且,通常情况下,基金的运营机构比个别投资者具备更加丰富的投资管理经验,按照合同(或契约)的要求确定资金投向,保证投资者的资金安全和收益最大化。因此,证券投资基金的风险要比个别投资者直接进行股票投资的风险低。相对于保本的债券投资来讲,证券投资基金的风险较高,但相应地,证券投资基金具有高于债券投资的收益。

二、证券投资基金的分类

(一)契约型基金和公司型基金

证券投资基金按组织形式,分为契约型基金和公司型基金。

契约型基金又称单位信托基金,是指将投资者、管理人、托管人三者作为信托关系的当事人,通过签订基金契约的形式发行受益凭证而设立的一种基金。

公司型基金在法律上是具有独立"法人"地位的股份投资公司,并以发行股份的方式募集资金,投资者则以基金持有人的身份成为投资公司的股东,凭其持有的股份依法享有投资收益。与契约型基金不同,公司型基金是公司实体,由公司董事会管理。

在我国，2015 年修订的《中华人民共和国证券投资基金法》尚未明确规定公司型基金的法律地位，仅在附则中规定“公开或者非公开募集资金，以进行证券投资活动为目的设立的公司或者合伙企业，资产由基金管理人或者普通合伙人管理的，其证券投资活动适用本法”。在实践中，公募基金全部为契约型基金，私募基金可以是契约型、有限合伙型①或公司型。

（二）封闭式基金和开放式基金

证券投资基金按运作方式，分为封闭式基金和开放式基金。

封闭式基金是指经核准的基金份额总额在基金合同期限内固定不变，基金份额可以在依法设立的证券交易场所交易，但持有人不得申请赎回的基金。

开放式基金是基金发起人在设立基金时，基金份额总额不固定，持有人可以在基金合同约定的时间和场所申购或者赎回的基金。

（三）债券基金、股票基金和货币基金

证券投资基金按投资标的，分为债券基金、股票基金和货币基金。

债券基金是一种以债券为主要投资对象的证券投资基金。

股票基金是以股票为主要投资对象的证券投资基金。

货币基金是以银行短期存款、国库券、公司短期债券、银行承兑票据及商业票据等货币市场工具为投资对象的证券投资基金。货币基金具有风险低、流动性强、收益稳定的特征。

（四）成长型基金、收入型基金和平衡型基金

证券投资基金按投资目标，分为成长型基金、收入型基金和平衡型基金。

成长型基金为了实现资本长期增值，主要投资于市场中有较大升值潜力的小公司的股票和一些新兴行业的股票。成长型基金在获得较高收益的同时，承担了较高的风险。

收入型基金以能为投资者带来高水平的当期收入为目的，主要投资于可带来比较稳定的现金收入的绩优股、债券、可转让大额存单等有价证券。收入型基金成长性较弱，风险也相应较低。

平衡型基金兼有成长型基金和收入型基金的目的，其风险和收益介于两者之间。

三、证券投资基金的风险

证券投资基金虽然具有资金的规模优势和专业的管理团队，能够在一定程度上分散投资风险，但投资者仍需要具备投资的风险意识，清晰地认识到证券投资基金可能面临的风险。证券投资基金的风险主要包括：

（一）市场风险

证券投资基金以证券资产组合为主要投资对象，相对于股票投资而言，资产组合虽然能有效分散个别公司的非系统风险，但无法消除市场的系统风险。证券市场价格依然会受到宏观政策、市场利率等政治、经济因素的影响，市场价格的波动必然导致基金收益水平和净值的变化，从而给基金投资者的投资收益带来不确定性。

（二）管理风险

作为专业投资机构的基金管理人，在风险控制方面比普通投资者更具优势，能更快地捕捉

① 有限合伙型私募基金由普通合伙人与有限合伙人组成，普通合伙人是私募基金的基金管理人。有限合伙模式具有设立门槛低、浪费少、投资广、税收少的优点。

市场信息，更加清醒地认识风险的性质、来源和种类，并运用专业手段对风险进行评估，在市场变动的情况下，能及时更新投资组合等。尽管如此，不同基金管理人对于风险的管理在能力、手段和技术等方面的差异还是存在的，从而影响不同基金的收益水平。另外，基金管理机构及其工作人员可能存在的道德风险、由于主体缺位导致的监管不到位，都可能增加投资的风险。

（三）技术风险

信息化时代，各类交易普遍依赖电子技术。当计算机、通信系统、交易网络等技术保障系统或信息网络支持出现异常情况时，可能导致基金日常的申购或赎回无法按正常时限完成、注册登记系统瘫痪、核算系统无法按正常时限显示基金净值、基金的投资交易指令无法即时传输等风险。

（四）巨额赎回风险

开放式基金可能因市场剧烈波动或其他因素而连续出现巨额赎回，在这种情况下，基金投资者申请巨额赎回基金份额，可能因基金管理人出现现金支付困难而遇到部分顺延赎回或暂停赎回等风险。

四、我国证券投资基金的发展

证券投资基金于 18 至 19 世纪起源于英国，后盛行于美国。我国证券投资基金起步较晚，从 20 世纪 70 年代开始到 1997 年 11 月 14 日出台《证券投资基金管理暂行办法》可视为证券投资基金的探索阶段。《证券投资基金管理暂行办法》出台后，证券投资基金的发展开始进入规范试点阶段。2004 年 6 月 1 日《中华人民共和国证券投资基金法》的颁布（2015 年修正）、2012 年 6 月 6 日基金行业自律组织——中国证券投资基金业协会的成立，标志着我国证券投资基金行业进入快速、规范化发展阶段。

中国证券投资基金业协会统计数据显示，截至 2023 年 10 月底，我国境内共有基金管理公司 144 家。其中，外商投资基金管理公司 48 家（包括中外合资和外商独资），内资基金管理公司 96 家；取得公募基金管理资格的证券公司或证券公司资产管理子公司 12 家、保险资产管理公司 1 家。以上机构管理的公募基金资产净值合计 27.38 万亿元。截至 2023 年 10 月末，存续私募基金管理人 21 720 家，管理基金数量 1 153 387 只，管理基金规模 220.59 万亿元（如表 6—1 所示）。

表 6—1　　2023 年 10 月末我国公开发行的投资基金规模

类别	基金数量（只）（2023 年 10 月 31 日）	份额（亿份）（2023 年 10 月 31 日）	净值（亿元）（2023 年 10 月 31 日）	基金数量（只）（2023 年 9 月 30 日）	份额（亿份）（2023 年 9 月 30 日）	净值（亿元）（2023 年 9 月 30 日）
封闭式基金	1 338	35 276.18	37 263.10	1 336	35 429.70	37 425.68
开放式基金	9 930	225 720.52	236 555.52	9 885	224 400.11	237 374.77
其中：股票基金	2 189	25 285.59	27 741.16	2 170	25 143.65	28 254.55
混合基金	4 877	36 563.45	40 531.56	4 872	37 416.21	42 350.03
债券基金	2 219	42 186.07	47 531.84	2 205	43 344.45	49 029.56
货币基金	372	116 847.09	116 938.33	372	113 812.26	113 942.27

续表

类别	基金数量(只)(2023年10月31日)	份额(亿份)(2023年10月31日)	净值(亿元)(2023年10月31日)	基金数量(只)(2023年9月30日)	份额(亿份)(2023年9月30日)	净值(亿元)(2023年9月30日)
QDII基金	273	4 838.32	3 812.63	266	4 683.54	3 798.35
合计	11 268	260 996.7	273 818.63	11 221	259 829.80	274 800.45

资料来源:https://www.amac.org.cn/sjtj/tjbg/gmjj/202312/P020231206628834034099.pdf。

注:"封闭式基金"包含申报为封闭运作和定期开放的基金。由于四舍五入的原因,可能存在分项之和不等于合计的情形。基金数量统计不含已向证监会报送清盘的基金。

课程思政

【章节知识点】债券、股票的估价模型及其风险与报酬,证券投资基金

【思政育人元素】引导学生在了解证券投资风险的基础上,培养投资决策的风险意识和法治思维;引导学生在理解债券、股票估价模型假设条件的基础上,树立正确的价值观,培养实事求是、积极创新的改革精神和科学精神。

复习思考题

1. 什么是证券投资?证券投资可能面临哪些风险?
2. 简述证券投资的原则。
3. 债券包括哪些基本要素?
4. 什么是纯贴现债券?如何估计纯贴现债券的内在价值?
5. 什么是债券的到期报酬率?到期报酬率与票面利率有什么关系?请举例说明。
6. 未来打算出售的股票的收益包括哪些?如何确定其内在价值?
7. 如何估计非固定增长股票的内在价值?
8. 什么是证券投资基金?证券投资基金有哪些分类?

第七章　营运资金管理

第一节　营运资金概述

一、营运资金的含义

营运资金是指流动资产减去流动负债后的余额，是企业用于维持日常经营活动所需的资金，即企业在生产经营中可用流动资产的净额。流动资产是指可以在 1 年或超过 1 年的一个营业周期内变现或者耗用的资产，包括货币资金、短期投资、应收预付款项、存货等。流动负债是指必须在 1 年或超过 1 年的一个营业周期内偿还的债务，包括短期借款、应付预收款项、应交税费等。

营运资金因其具有较强的流动性而成为企业日常生产经营活动的润滑剂和衡量企业短期偿债能力的重要指标。由于流动资产可转化为现金，构成现金流入，企业偿还流动负债需支付现金，构成现金流出，因此，企业持有的营运资金越多，偿债能力越强。另外，由于现金流入量和现金流出量不同步和具有不确定性，因此企业保持一定数量的营运资金十分重要。

二、营运资金的特点

（一）营运资金的来源具有多样性

企业筹集长期资金的方式一般较少，只有吸收直接投资、发行股票、发行债券等方式。与筹集长期资金的方式相比，企业筹集营运资金的方式较为灵活多样，通常有银行短期借款、短期融资券、商业信用、应交税费、应付股利、应付职工薪酬等多种内外部融资方式。

（二）营运资金的数量具有波动性

流动资产的数量会随企业内外条件的变化而变化，时高时低，波动很大。季节性企业如此，非季节性企业也如此。随着流动资产数量的变动，流动负债的数量也会相应变动。

（三）营运资金的周转具有短期性

企业占用在流动资产上的资金，通常会在 1 年或超过 1 年的一个营业周期内收回，对企业造成影响的时间比较短。根据这一特点，营运资金可以用商业信用、银行短期借款等短期筹资方式加以解决。

（四）营运资金的实物形态具有变动性和易变现性

企业营运资金的占用形态是经常变化的，营运资金的每次循环都要经过采购、生产、销售等过程，一般按照现金、材料、在产品、产成品、应收账款、现金的顺序转化。为此，在进行流动资产管理时，必须在各项流动资产上合理配置资金数额，做到结构合理，以促进资金周转顺利进行。同时，交易性金融资产、应收账款、存货等流动资产一般具有较强的变现能力，如果遇到意外情况，企业出现资金周转不灵、现金短缺时，则可迅速变卖这些资产，以获取现金，这对财务上应付临时性资金需求具有重要意义。

三、营运资金的管理原则

企业的营运资金在全部资金中占有相当大的比重，而且周转期短，形态易变，因此，营运资金管理是企业财务管理工作的一项重要内容。企业进行营运资金管理，应遵循以下原则：

（一）满足合理的资金需求

企业应认真分析生产经营状况，合理确定营运资金的需要数量。企业营运资金的需求数量与企业生产经营活动有直接关系。一般情况下，当企业产销两旺时，流动资产会不断增加，流动负债也会相应增加；而当企业产销量不断减少时，流动资产和流动负债也会相应减少。因此，企业财务人员应认真分析生产经营状况，采用一定的方法预测营运资金的需要数量，营运资金的管理必须把满足正常合理的资金需求作为首要任务。

（二）提高资金使用效率

营运资金的周转是指企业的营运资金从现金投入生产经营开始，到最终转化为现金的过程。加速资金周转是提高资金使用效率的主要手段之一。提高营运资金使用效率的关键就是采取得力措施，缩短营业周期，加速变现过程，加快营运资金周转。因此，企业要千方百计地加速存货、应收账款等流动资产的周转，以便用有限的资金服务于更大的产业规模，为企业取得更优的经济效益提供条件。

（三）节约资金使用成本

在营运资金管理中，必须正确处理保证生产经营需要和节约资金使用成本两者之间的关系。要在保证生产经营需要的前提下，尽力降低资金使用成本。一方面，要挖资金潜力，加速资金周转，精打细算地使用资金；另一方面，要积极拓展融资渠道，合理配置资源，筹措低成本资金，服务于生产经营。

（四）保持足够的短期偿债能力

偿债能力是企业财务风险高低的标志之一。合理安排流动资产与流动负债的比例关系，保持流动资产结构与流动负债结构的适配性，保证企业有足够的短期偿债能力，是营运资金管理的重要原则之一。流动资产、流动负债以及两者之间的关系能够较好地反映企业的短期偿债能力。流动负债是在短期内需要偿还的债务，流动资产则是在短期内可以转化为现金的资产。因此，如果一家企业的流动资产比较多，流动负债比较少，就说明企业的短期偿债能力较强；反之，则说明企业的短期偿债能力较弱。但是，如果企业的流动资产太多，流动负债太少，也不是正常现象，这可能是流动资产闲置或流动负债利用不足所致。

四、营运资金管理策略

（一）保守型投资策略

保守型投资策略，就是企业在一定的销售水平上保持较多的短期资产，这种政策的特点是报酬低、风险小。在该政策下，企业拥有较多的现金、短期有价证券和存货，能按期支付到期债务，并且为应付不确定情况保留了大量资金，使风险大大降低；但由于现金、短期有价证券的投资报酬率较低，存货占用使资金营运效率降低，因此降低了企业的盈利水平。

（二）适中型投资策略

适中型投资策略，就是企业在一定的销售水平上保持适中的短期资产，既不过高也不过低，流入的现金恰好满足支付的需要，存货也恰好满足生产和销售所用。这种政策的特点是报酬和风险平衡。在企业能够比较准确地预测未来经济状况时，可采用该政策。

（三）激进型投资策略

激进型投资策略，就是企业在一定的销售水平上保持较少的短期资产，这种政策的特点是报酬高、风险大。此时，企业的现金、短期有价证券、存货和应收账款等短期资产降到最低限度，可降低资金占用成本，增加企业收益；但也可能由于资金不足而产生拖欠货款或不能偿还到期债务等不良情况，加大企业风险。在外部环境相对稳定、企业能非常准确地预测未来的情况下，可采用该政策。

第二节　现金管理

现金，是指企业在生产经营过程中暂时停留在货币形态的资金，包括库存现金、银行存款、银行本票和银行汇票等。

现金是企业中变现能力最强的资产，可以用来满足生产经营开支的各种需要，也是还本付息和履行纳税义务的保证。因此，拥有足够的现金对于降低企业的风险，增强企业资产的流动性、债务的可清偿性，具有重要的意义。但是，现金属于收益性最弱的资产，即使是银行存款，其利率也非常低，现金持有量过多，它所提供的流动性边际效益便会随之下降，进而导致企业的收益水平降低。因此，企业必须合理确定现金持有量，使现金收支不但在数量上，而且在时间上相互衔接。现金管理的过程就是在现金的流动性和收益性之间进行权衡抉择，其目的是在保证企业经营活动所需现金的同时，尽量减少企业闲置的现金数量，提高资金收益率。

一、现金的持有动机

企业持有一定数量的现金，主要是为了满足交易性需要、预防性需要和投机性需要。

（一）交易性需要

交易性需要是指满足日常业务的现金支付需要。企业为了组织日常生产经营活动，必须保持一定数额的现金，用于购买原材料、支付工资、缴纳税款、偿付到期债务、派发现金股利等。企业经常得到收入，也经常发生支出，两者不可能同步计量。收入大于支出，形成现金置存；收入小于支出，需要借入资金。企业只有维持适量的现金余额，才能使业务活动正常进行下去。

（二）预防性需要

预防性需要是指企业为应付意外的、紧急的情况而需要保持的现金支付能力。市场行情的瞬息万变和各种不可测因素的存在，使得企业有时会发生意想不到的开支，如生产事故、自然灾害、客户违约等。一旦企业对未来现金流量的预期与实际情况发生偏离，就必然对企业的正常经营秩序产生极为不利的影响。因此，在正常业务活动现金需要量的基础上，追加一定数量的现金余额以应付未来现金流入和流出的随机波动，是企业在确定必要现金持有量时应当考虑的因素。企业为应付紧急情况所持有的现金余额主要取决于以下三个方面：一是企业愿意承担风险的程度，二是企业对现金流量预测的可靠程度，三是企业临时举债能力的强弱。

（三）投机性需要

投机性需要是指企业为抓住转瞬即逝的市场机会、获取较大的利益而准备的现金余额，如捕捉机会低价购入原材料、商品，在适当的时机购入价格有利的股票和其他有价证券等。

二、现金的持有成本

企业持有现金的成本通常由以下四个部分组成：

（一）机会成本

机会成本是指企业因持有一定数量的现金而丧失的再投资收益。企业保留一定的现金余额，就不能同时用该现金进行其他投资以获取收益，放弃的再投资收益就是现金的机会成本。假定某企业的平均投资报酬率为12%，年均持有100万元的现金，则该企业每年现金的机会成本为12万元（100×12%）。现金持有量越大，机会成本越高。企业为了经营业务的需要，拥有一定的现金，付出相应的机会成本是必要的，但现金拥有量过多，机会成本大幅度上升，就不合算了。

（二）管理成本

管理成本是指企业因持有一定数量的现金而发生的各项管理费用，如管理人员的工资、安全措施费等。管理成本是一种固定成本，与现金持有量无明显的比例关系。

（三）交易成本

交易成本是指企业用现金购入有价证券以及转让有价证券换取现金而付出的交易费用，如委托买卖佣金、证券过户费、交割手续费等。交易成本与证券变现次数有关，假定每次的交易成本是固定的，则交易成本总额为证券变现次数与每次的交易成本的乘积。交易成本与现金持有量的关系：在现金需要量既定的前提下，现金持有量越少，进行证券变现的次数越多，相应的交易成本就越大；反之，现金持有量越多，证券变现的次数越少，相应的交易成本就越小。

（四）短缺成本

短缺成本是指因现金持有量不足又无法及时通过有价证券变现加以补充而给企业造成的损失。短缺成本随现金持有量的增加而下降，随现金持有量的减少而上升。

三、最佳现金持有量分析

现金的管理除了做好日常收支，加快现金流转速度外，还需控制好现金持有规模，即确定适当的现金持有量。

对于如何确定最佳现金持有量，经济学家提出了许多模式，这里介绍其中的三种模式。

（一）成本分析模式

成本分析模式是根据现金有关成本，分析预测其总成本最低时现金持有量的一种方法。

在影响现金持有量的相关因素中，成本分析模式只考虑持有一定数量的现金而发生的机会成本、管理成本和短缺成本，不考虑交易成本。其中，管理成本具有固定成本的性质，与现金持有量不存在明显的线性关系；机会成本与现金持有量呈正比例变动；短缺成本与现金持有量呈负相关关系。这些成本与现金持有量之间的关系如图 7—1 所示。

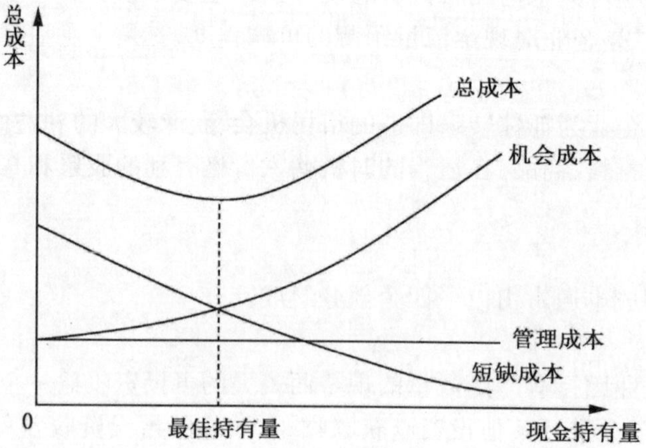

图 7—1　机会成本、管理成本、短缺成本与现金持有量的关系

从图 7—1 可以看出：总成本线呈一条抛物线，抛物线的最低点即现金持有成本的最低点，该点所对应的现金持有量便是最佳持有量。最佳持有量的计算，可先分别计算出各种方案的机会成本、管理成本、短缺成本之和，再从中选出成本之和最低者即最佳现金持有量。

【例 7—1】 某企业现有 A、B、C、D 四种现金持有方案，有关成本资料如表 7—1 所示。

表 7—1　　现金持有量备选方案

单位：元

项　目	A	B	C	D
现金持有量	200 000	400 000	600 000	800 000
机会成本率	12%	12%	12%	12%
管理成本	30 000	30 000	30 000	30 000
短缺成本	65 000	35 000	15 000	0

根据表 7—1 编制该企业最佳现金持有量测算表，见表 7—2。

表 7—2　　最佳现金持有量测算表

单位：元

方案及现金持有量	机会成本	管理成本	短缺成本	总成本
A(200 000)	24 000	30 000	65 000	119 000
B(400 000)	48 000	30 000	35 000	113 000
C(600 000)	72 000	30 000	15 000	117 000
D(800 000)	96 000	30 000	0	126 000

通过分析比较表 7—2 中各方案的总成本可以知道，B 方案的总成本最低，因此，企业持有 400 000 元现金时，各方面的总代价最低，故 400 000 元是该企业的最佳现金持有量。

(二)存货模式

存货模式又称鲍曼模式,它是由美国经济学家威廉·鲍曼(William Baumol)首先提出的,是将存货经济订货批量模型原理用于确定目标现金持有量,其着眼点也是现金相关成本之和最低。在现金持有成本中,管理成本具有固定成本的性质,与现金持有量的多少关系不大,在存货模式中将其视为无关成本而不予考虑;又由于短缺成本的发生有很大的不确定性,且短缺成本无法计量,因此在此模式中,对短缺成本也不予考虑。在存货模式中,只对机会成本和交易成本予以考虑。机会成本和交易成本随着现金持有量的变动而呈现相反的变动趋向,因此,能使机会成本与交易成本之和保持最低的现金持有量,即最佳现金持有量。

运用存货模式确定最佳现金持有量时,是以下列假设为前提的:(1)企业所需要的现金可通过证券变现取得,且证券变现的不确定性很小;(2)一定期间内的现金需求量可以预测;(3)现金的支出过程比较稳定、波动较小,而且每当现金余额降至零时,均通过部分证券变现得以补足;(4)证券的利率或报酬率以及每次的交易费用可以获悉。

在上列假设条件下,现金相关总成本的计算公式如下:

现金相关总成本=机会成本+交易成本=平均现金持有量×有价证券利率+证券变现次数×每次交易成本

假设:T—— 一定期间内的现金需求量;

Q——现金持有量;

F——每次转换有价证券的交易成本;

K——有价证券利率(机会成本率);

TC——现金相关总成本。

则:

$$TC=\frac{Q}{2}\times K+\frac{T}{Q}\times F$$

现金相关总成本与现金持有量的关系如图 7—2 所示。

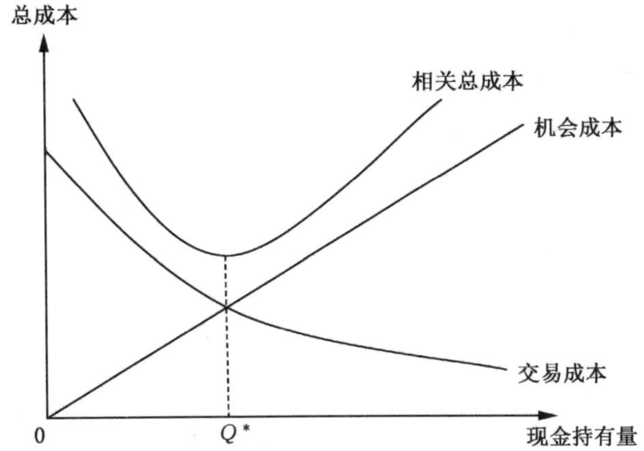

图 7—2 现金相关总成本与现金持有量的关系

从图 7—2 可以看出,现金相关总成本与现金持有量呈凹形曲线关系,相关总成本的最低点所对应的现金持有量就是最佳现金持有量,此时,机会成本与交易成本相等。最佳现金持有量的计算，可以通过导数方式求得：

$$Q^*=\sqrt{\frac{2TF}{K}}$$

将上式代入总成本计算公式，得：

$$\text{最低现金相关总成本}(TC^*)=\sqrt{2TFK}$$

【例7—2】 某企业现金收支状况比较稳定，预计全年（按360天计算）需要现金5 000 000元，每次转换有价证券的交易成本为80元，有价证券的年利率为8%。则：

$$\text{最佳现金持有量}(Q^*)=\sqrt{\frac{2\times 5\ 000\ 000\times 80}{8\%}}=100\ 000(\text{元})$$

$$\text{最低现金相关总成本}(TC^*)=\sqrt{2\times 5\ 000\ 000\times 80\%\times 8\%}=8\ 000(\text{元})$$

其中：

机会成本＝100 000÷2×8%＝4 000（元）

交易成本＝5 000 000÷100 000×80＝4 000（元）

有价证券交易次数＝5 000 000÷100 000＝50（次）

有价证券交易间隔时间＝360÷50＝72（天）

（三）随机模式

随机模式是在现金需求量难以预知的情况下进行现金持有量控制的方法。对企业来讲，现金需求量往往波动大且难以预知，但企业可以根据历史经验和现实需要，测算出一个现金持有量的控制范围，即制定出现金持有量的上限和下限，将现金持有量控制在上限和下限之间。当现金持有量达到控制上限时，用现金购入有价证券，使现金持有量下降；当现金持有量降到控制下限时，则抛售有价证券换回现金，使现金持有量回升。若现金持有量在控制的上限和下限之间，便不必进行现金与有价证券的转换，保持它们各自的现有存量。这种对现金持有量的控制如图7—3所示。

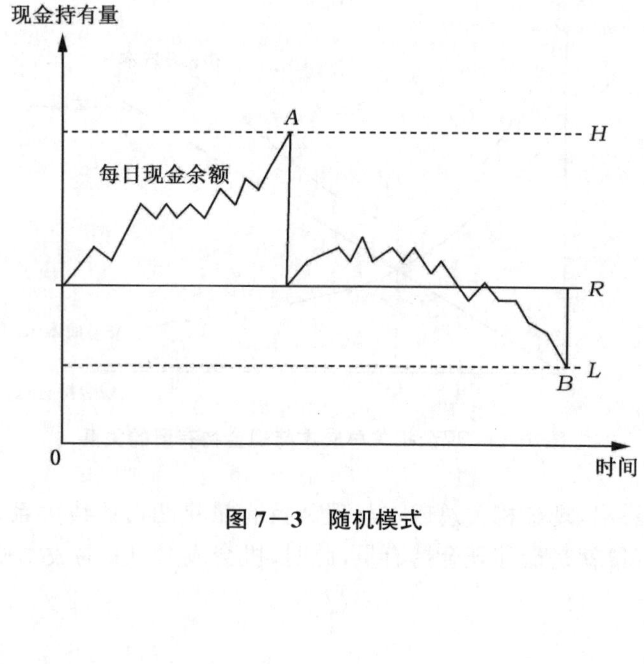

图7—3 随机模式

图 7—3 中，虚线 H 为现金持有量的上限，虚线 L 为现金持有量的下限，实线 R 为最优现金返回线。从图中可以看到，企业的现金持有量(表现为每日现金余额)是随机波动的，当其达到 A 点时，即达到了现金控制的上限，企业应用现金购买有价证券，使现金持有量回落到现金返回线(R 线)的水平；当现金持有量降至 B 点时，即达到了现金控制的下限，企业则应转让有价证券换回现金，使其持有的现金量回升至现金返回线的水平。现金持有量在上限和下限之间的波动属于控制范围内的变化，是合理的，不予理会。以上关系中的现金控制上限 H、现金返回线 R 可按下列公式计算：

$$R=\sqrt[3]{\frac{3b\delta^2}{4i}}+L$$

$$H=3R-2L$$

式中：b——每次有价证券的固定转换成本；

i——有价证券的日利息率；

δ——预期每日现金余额变化的标准差(可根据历史资料测算)。

下限 L 的确定则要受企业每日最低现金需要、管理人员的风险倾向等因素的影响。

【例 7—3】 假定某公司有价证券的年利率为 7.2%，每次固定转换成本为 80 元，公司认为任何时候其银行活期存款及现金余额均不能低于 2 000 元，又根据以往经验测算出现金余额波动的标准差为 600 元。最优现金返回线 R、现金控制上限 H 的计算如下：

有价证券的日利率＝7.2%÷360＝0.02%

$$R=\sqrt[3]{\frac{3b\delta^2}{4i}}+L=\sqrt[3]{\frac{3\times80\times600^2}{4\times0.02\%}}+2\ 000=6\ 762.20(\text{元})$$

$$H=3R-2L=3\times6\ 762.20-2\times2\ 000=16\ 286.60(\text{元})$$

这样，当公司的现金持有量为 16 286.60 元时，即应以 9 524.40 元(16 286.60—6 762.20)的现金购入有价证券，使现金持有量回落为 6 762.20 元；当公司的现金持有量降至 2 000 元时，则应转让 4 762.20 元(6 762.20—2 000)的有价证券，使现金持有量回升至 6 762.20 元。

随机模式建立在企业的现金未来需求总量和收支不可预测的基础上，因此，计算出来的现金持有量比较保守。

四、现金的日常管理

(一)力争现金流量同步

如果企业能使现金流入与现金流出发生的时间趋于一致，就可以使其所持有的交易性现金余额降到最低水平。

(二)合理利用现金浮游量

所谓“现金浮游量”，是指企业账户上的存款余额与银行账户上所示的存款余额之间的差额。之所以会出现这样的差额，是因为有些支票企业虽已开出，但收款方还没有到银行兑现。如果能够正确预测浮游量并加以利用，就可以节约大量资金。不过，在使用现金浮游量时，一定要控制好使用时间，否则会发生银行存款的透支。

(三)加速收款

为了提高现金的使用效率，企业应加速收款，即在不影响未来销售的情况下，尽可能地缩短应收账款的时间，实施妥善的收账政策。

（四）控制支出时间

为了最大限度地利用现金，合理地控制现金支出的时间是十分重要的。企业在不影响自己信誉的前提下，应尽可能地推迟应付款的支付期，充分运用供货方所提供的信用优惠。遇企业急需资金的情况，甚至可以放弃供货方的折扣优惠，在信用期的最后一天支付款项。当然，这要权衡折扣优惠与急需资金之间的利弊得失而定。

第三节 应收账款管理

应收账款是指企业因对外赊销产品、材料，供应劳务等而应向购货或接受劳务的单位收取的款项。应收账款是企业的一项资金投放，企业在采取赊销方式促进销售、减少存货的同时，会因持有应收账款而付出一定的代价，也会因销售增加而产生一定的收益。因此，在应收账款管理中，主要是通过比较可能增加的收益和可能发生的损失，合理制定信用政策，及时收回应收账款，降低坏账损失风险。

一、应收账款的功能

（一）增加销售

在市场经济条件下，激烈的市场竞争迫使企业以各种方法扩大销售。除了依靠产品质量、价格、售后服务、广告等外，赊销也是促进销售的一种重要方式。进行赊销的企业，不仅向顾客提供商品，而且在有限的时间内向顾客提供购买该商品的资金。赊销会给企业带来销售收入和利润，特别是在企业销售新产品、开拓新市场时，赊销具有重要的意义。

（二）减少存货

赊销可以加速产品销售的实现，加快产成品向销售收入转化的速度，对降低存货中的产成品数额有着积极的影响。赊销有利于缩短产成品库存时间，降低产成品存货的管理费用、仓储费用和保险费用等各方面的支出。因此，当产成品存货较多时，企业可以采用较为优惠的信用条件进行赊销，尽快把存货转化为应收账款，减少产成品存货，以节约各项存货支出。

二、应收账款的成本

企业在采取赊销方式促进销售的同时，会因持有应收账款而付出一定的代价，这种代价即应收账款的成本。其内容包括：

（一）机会成本

机会成本是指因资金投放在应收账款上而丧失的其他收入，如投资于有价证券便会有利息收入。这一成本的大小通常与企业维持赊销业务所需要的资金数量（应收账款投资额）、资金成本率或有价证券利息率有关。其计算公式如下：

应收账款机会成本＝维持赊销业务所需资金×资金成本率

式中，资金成本率一般可按有价证券利息率计算，维持赊销业务所需要的资金数量可按下列步骤计算：

第一，计算应收账款平均余额：

$$应收账款平均余额=\frac{年赊销额}{360}\times平均收现期=日均赊销额\times平均收现期$$

第二，计算维持赊销业务所需要的资金：

$$赊销业务所需资金=应收账款平均余额\times变动成本率$$

在上述分析中，假设企业的成本水平保持不变（单位变动成本不变，固定成本总额不变），随着赊销业务的扩大，只有变动成本上升。

【例 7—4】 假设某企业预测的年度赊销额为 1 200 000 元，应收账款平均收账天数为 60 天，变动成本率为 60%，资金成本率为 12%，则应收账款的机会成本可计算如下：

赊销业务所需资金＝200 000×60%＝120 000（元）

$$应收账款平均余额=\frac{1\ 200\ 000}{360}\times60=200\ 000（元）$$

应收账款机会成本＝120 000×12%＝14 400（元）

上述计算表明，企业投放 120 000 元资金可维持 1 200 000 元的赊销业务，相当于垫支资金的 10 倍。这一较高的倍数在很大程度上取决于应收账款的周转速度（收账天数）。在正常情况下，应收账款的周转速度越快，一定数量的赊销额所需垫支的资金就越少；反之，应收账款的周转速度越慢，一定数量的赊销额所需垫支的资金就越多。而应收账款机会成本在很大程度上取决于企业维持赊销业务垫支资金的多少。

（二）管理成本

管理成本是指企业对应收账款进行管理而发生的开支，主要包括对客户的资信调查费用、应收账款记录分析费用、收账费用和其他费用。

（三）坏账成本

坏账成本是指因应收账款无法收回而给企业带来的损失。应收账款基于商业信用而产生，存在无法收回的可能性，由此而给应收账款持有企业带来的损失，即坏账成本。这一成本一般与应收账款数量同方向变动，即应收账款越多，坏账成本也越多。因此，为了规避发生坏账成本给企业生产经营活动的稳定性带来不利影响，企业应合理提取坏账准备。

三、信用政策分析

制定合理的信用政策是加强应收账款管理、提高应收账款投资效益的重要前提。信用政策包括信用标准、信用条件和收账政策三部分内容。

（一）信用标准

信用标准是客户获得企业商业信用所应具备的条件。企业把信用标准定得过高，将使许多客户因达不到设定的标准而被企业拒之门外，其结果尽管有利于降低违约风险及收账费用，但不利于企业市场竞争能力的提高和销售收入的增加。相反，企业接受较低的信用标准，虽然有利于企业扩大销售，提高市场竞争力和占有率，但会导致坏账损失风险加大和收账费用增加。

企业在制定信用标准时，必须对客户的资信程度进行调查分析，在此基础上判断客户的信用等级并决定是否给予客户信用优惠。客户资信程度的高低通常取决于五个方面，即品质

(Character)、能力(Capacity)、资本(Capital)、抵押(Collateral)和条件(Conditions)，简称“5C”系统。

1. 品质

品质是指客户的信誉，即履行偿债义务的可能性。企业可以通过了解客户以往的付款记录及与其他供货企业的关系是否良好做出判断。品质是决定是否给予客户信用的首要因素。

2. 能力

能力是指客户偿还债务的能力。客户偿付能力的强弱取决于资产特别是流动资产的数量、质量(变现能力)及其与流动负债的比率关系。一般而言，企业流动资产的数量越多，流动比率越大，表明其偿付债务的物质保证越充分；反之，则偿债能力越弱。当然，对客户偿付能力的判断还需要注意对其资产质量即变现能力以及负债的流动性进行分析。资产的变现能力越强，企业的偿债能力就越强。

3. 资本

资本反映了客户的经济实力和财务状况，是客户偿付债务的最终保证。

4. 抵押

抵押是指客户拒付款项或无力支付款项时能被用作抵押的资产。能够作为信用担保的抵押财产，必须为客户实际所有，并且应具有较强的市场性，即变现能力。对于不十分熟悉或信用状况有争议的客户，只要能够提供足够的高质量抵押财产(最好经过投保)，一般就可以向它们提供相应的商业信用。

5. 条件

条件是指可能影响客户偿债能力的经济环境。企业在制定信用标准时，必须对客户的资信程度进行调查、分析，在此基础上判断客户的信用等级，并决定是否给予客户信用优惠。

(二)信用条件

信用标准是企业评价客户等级、决定给予或拒绝客户信用的依据。一旦企业决定给予客户信用优惠，就需要考虑具体的信用条件。所谓“信用条件”，就是指企业接受客户信用时所提出的付款要求，主要包括信用期限、折扣期限及现金折扣率等。信用条件的基本表现方式如“2/10，n/30”，意思是，若客户能在发票开出后的10日内付款，则可以享受2%的现金折扣；如果放弃折扣优惠，则全部款项必须在30日内付清。在此，30日为信用期限，10日为折扣期限，2%为现金折扣率。

1. 信用期限

信用期限是指企业允许客户从购货到支付货款的时间间隔。通常，延长信用期限可以在一定程度上扩大销售量，从而增加收益。但不适当地延长信用期限会给企业带来不良后果：一是延长平均收现期会使占用在应收账款上的资金增加，引起机会成本增加；二是引起坏账损失和收账费用的增加。因此，企业是否给予客户延长信用期限，应视延长信用期限增加的收益是否大于增加的成本而定。

【例7—5】 金丰公司现在采用信用期为30日的应收账款政策，产品销售量为100 000件；公司拟将信用期延长至60日，预计产品销售量可扩大到130 000件。假设销售收入全部为赊销收入，公司资金成本率为12%。其他有关数据资料如表7—3所示。要求根据提供的资料，确定该公司应采用的信用期限。

表 7—3　　信用期限备选方案

项　目	信用期	
	30 日	60 日
销售量(件)	100 000	130 000
销售额(单价 20 元)	2 000 000	2 600 000
变动成本(单位成本 12 元)	1 200 000	1 560 000
固定成本(元)	200 000	200 000
息税前利润(元)	600 000	840 000
可能发生的收账费用(元)	25 000	38 000
可能发生的坏账损失(元)	40 000	60 000

(1)计算增加的收益:

增加的收益=增加的销售量×单位边际贡献

$=(130\ 000-100\ 000)\times(20-12)$

$=240\ 000$(元)

(2)计算增加的成本:

$$30\text{日信用期的机会成本}=\frac{2\ 000\ 000}{360}\times 30\times\frac{1\ 200\ 000}{2\ 000\ 000}\times 12\%=12\ 000(\text{元})$$

$$60\text{日信用期的机会成本}=\frac{2\ 600\ 000}{360}\times 60\times\frac{1\ 560\ 000}{2\ 600\ 000}\times 12\%=31\ 200(\text{元})$$

增加的机会成本=31 200－12 000=19 200(元)

增加的收账费用=38 000－25 000=13 000(元)

增加的坏账损失=60 000－40 000=20 000(元)

增加的成本=19 200＋13 000＋20 000=52 200(元)

(3)计算增加的净收益:

增加的净收益=240 000－52 200=187 800(元)

由于增加的收益大于增加的成本,因此应采用 60 日的信用期限。

2. 现金折扣

延长信用期限会增加应收账款占用的时间和金额。许多企业为了加速资金周转、及时收回货款、减少坏账损失,往往在延长信用期限的同时,采用一定的优惠措施,即在规定的时间内提前偿付货款的客户可按销售收入的一定比率享受折扣。如上例,“2/10,n/30”表示信用期限为 30 日,若客户在 10 日内付款,则可享受 2%的折扣。现金折扣实际上是对现金收入的扣减,企业决定是否提供以及提供多大程度的现金折扣优惠,应着重考虑提供现金折扣后所得到的收益是否大于现金折扣的成本。如果加速收款带来的收益能够绰绰有余地补偿现金折扣成本,企业就可以采取现金折扣或进一步改变当前的折扣方针;如果加速收款的收益不能补偿现金折扣成本的话,便认为现金折扣优惠是不恰当的。

除上述表述的信用条件外，企业还可以根据需要，采取阶段性的现金折扣期与不同的现金折扣率，如“3/10，2/20，n/45”等，意思是，给予客户45日的信用期限，客户若能在开票后的10日内付款，便可以得到3%的现金折扣；超过10日而能在20日内付款，可以得2%的现金折扣；否则，只能全额支付账面款项。

3. 信用条件备选方案的综合评价

虽然企业在信用政策中已对可接受的信用风险水平做了规定，但是，当企业的经营环境发生变化时，就需要对信用政策中的某些条件进行修改，并且认真评价改变条件的各种备选方案。

【例7—6】 汇通公司预测的2022年度赊销额为4 200万元，其信用条件为n/30，变动成本率为60%，资金成本率（或有价证券利率）为10%。假设企业收账政策不变，固定成本总额不变。该企业准备了三个信用条件备选方案：A方案，维持n/30的信用条件；B方案，将信用条件放宽到n/60；C方案，将信用条件放宽到n/90。

为各种备选方案估计的赊销水平、坏账百分比和收账费用等有关数据见表7—4。

表7—4　　信用条件备选方案　　单位：万元

项　目	方案及其信用条件		
	A（n/30）	B（n/60）	C（n/90）
年赊销额	4 200	4 560	4 800
应收账款平均收账期	30	60	90
应收账款平均余额	4 200÷360×30=350	4 560÷360×60=760	4 800÷360×90=1 200
维持赊销业务所需资金	350×60%=210	760×60%=456	1200×60%=720
坏账损失÷年赊销额	2%	3%	5%
坏账损失	4 200×2%=84	4 560×3%=136.8	4 800×5%=240
收账费用	32	50	68

根据以上资料，可计算如表7—5所示指标。

表7—5　　信用条件分析评价（1）　　单位：万元

项　目	方案及其信用条件		
	A（n/30）	B（n/60）	C（n/90）
年赊销额	4 200	4 560	4 800
变动成本	2 520	2 736	2 880
边际贡献（收益）	1 680	1 824	1 920
信用成本：			
应收账款机会成本	210×10%=21	456×10%=45.6	720×10%=72

续表

项 目	方案及其信用条件		
	A (n/30)	B (n/60)	C (n/90)
坏账损失	84	136.8	240
收账费用	32	50	68
小计	137	232.40	380
净收益	1 543	1 591.60	1 540

根据表 7—5 中的资料可知，在这三个方案中，B 方案(n/60)的获利最大，因此，在其他条件不变的情况下，应选择 B 方案。

【例 7—7】 仍按上例，企业选择了 B 方案，但为了加快应收账款的回收，决定将赊销条件改为“3/10，1/20，n/60”(D 方案)，估计约有 60%的客户(按赊销额计算)会利用 3%的折扣，15%的客户将利用 1%的折扣。坏账损失率降为 1.5%，收账费用降为 36 万元。根据上述资料，有关指标计算如下：

应收账款平均收现期＝60%×10＋15%×20＋(1－60%－15%)×60＝24(天)

应收账款平均余额＝4 560÷360×24＝304(万元)

维持赊销业务所需资金＝304×60%＝182.40(万元)

应收账款机会成本＝182.40×10%＝18.24(万元)

坏账损失＝4 560×1.5%＝68.40(万元)

现金折扣＝4 560×(3%×60%＋1%×15%)＝88.92(万元)

根据以上资料，可编制表 7—6。

表 7—6 **信用条件分析评价(2)** 单位：万元

项 目	方案及其信用条件	
	B (n/60)	D (3/10，1/20，n/60)
年赊销额	4 560	4 560
减：现金折扣	—	88.92
年赊销净额	4 560	4 471.08
减：变动成本	2 736	2 736
边际贡献(收益)	1 824	1 735.08
减：信用成本		
应收账款机会成本	45.60	18.24
坏账损失	136.8	68.40
收账费用	50	36

续表

项　目	方案及其信用条件	
	B (n/60)	D (3/10,1/20,n/60)
小计	232.40	122.64
净收益	1 591.60	1 612.44

计算结果表明，实行现金折扣以后，企业的收益增加20.84万元，因此，企业最终应选择D方案(3/10,1/20,n/60)作为最佳方案。

（三）收账政策

收账政策是指当客户违反信用条件，拖欠甚至拒付账款时，企业所采取的收账策略。

从法律角度讲，履约付款是客户毋庸置疑的责任与义务，债权企业有权通过法律途径要求客户履约付款。但如果企业对所有客户拖欠或拒付账款的行为均付诸法律解决，往往不是最有效的办法。实际上，客户拖欠或拒付账款的原因是多种多样的，许多信用品质好的客户也可能因为某些原因而无法如期付款，所以对客户拖欠或拒付的货款，要具体情况具体分析，采取不同的措施和收账政策。

通常的步骤：当客户拖欠或拒付时，企业应当首先分析现有的信用标准及信用审批制度是否存在纰漏，然后重新对违约客户的资信等级进行调查、评价。对于信用品质恶劣的客户，应当从信用名单中排除，对其拖欠的款项可以通过信函、电信或者派员前往等方式进行催收，态度可以逐渐强硬，并提出警告。当这些措施无效时，可以通过法院裁决。对于信用记录一向正常的客户，在去电、去函的基础上，也可以派人与客户直接进行协商，彼此沟通意见，达成谅解协议。这样既可以密切相互间的关系，又有助于较为理想地解决账款拖欠问题。当然，如果双方无法取得谅解，就只能诉诸法律，让法院进行最后裁决。

企业对拖欠的应收账款，无论采用何种方式进行催收，都需要付出一定的代价，即收账费用，如收款所支付的邮电通信费、派专人收款的差旅费和不得已时的法律诉讼费等。通常，企业为了扩大销售，增强竞争能力，往往对客户逾期未付款项规定一个允许的拖欠期限，当客户逾期未付款项超过规定的拖欠期限时，企业就应采取各种形式进行催收。如果企业制定的收账政策过于宽松，就会导致逾期未付款项的客户拖延时间更长，对企业不利；收账政策过于严格，催收过急，又可能伤害无意拖欠的客户，影响企业未来的销售和利润。因此，企业在制定收账政策时，要权衡利弊，掌握好宽严界限。

一般而言，企业加强收账管理，尽早收回货款，可以减少坏账损失，减少应收账款上的资金占用，但会增加收账费用。因此，制定收账政策就是要在增加收账费用与减少坏账损失、减少应收账款机会成本之间进行权衡，若前者小于后者，则说明制定的收账政策是可取的。

【例7—8】 假设某企业应收账款原有的收账政策和拟改变的收账政策如表7—7所示。

表7—7　　收账政策备选方案资料

项　目	现行收账政策	拟改变的收账政策
年收账费用(万元)	80	120

续表

项　目	现行收账政策	拟改变的收账政策
应收账款平均收现期(天)	60	30
坏账损失占赊销额的百分比(%)	3	2
赊销额(万元)	4 500	4 500
变动成本率(%)	60	60

假设资金成本率为8%，根据表7—7中的资料，计算两种方案的收账总成本，如表7—8所示。

表7—8　收账政策分析评价(3)　单位：万元

项　目	现行收账政策	拟改变的收账政策
赊销额	4 500	4 500
应收账款平均收现期(天)	60	30
应收账款平均余额	4 500÷360×60=750	4 500÷360×30=375
应收账款占用的资金	750×60%=450	375×60%=225
收账成本：		
应收账款机会成本	450×8%=36	225×8%=18
坏账损失	4 500×3%=135	4 500×2%=90
年收账费用	80	120
收账总成本	251	228

表7—8的计算结果表明，与拟改变的收账政策相关的收账成本低于现行收账政策的收账成本。因此，改变收账政策的方案是可以接受的。

四、应收账款的日常管理

对于已经发生的应收账款，企业还应进一步强化日常管理工作，采取有力的措施进行分析、控制，及时发现问题，提前采取对策。

(一)应收账款追踪分析

为了达到按期足额收回客户所欠账款这一目的，企业有必要在收账前，对该项应收账款的运行过程进行追踪分析。既然应收账款是存货变现过程的中间环节，对应收账款实施追踪分析的重点就应放在赊销商品的销售与变现方面。客户以赊购方式购入商品后，具有获利和维护付款信誉的动力与压力；赊销企业则必然期望迅速地实现销售，并收回账款。如果这一期望能顺利地实现，而客户又具有良好的信用品质，则赊销企业如期足额地收回客户欠款一般不会有多大的问题。然而，市场供求关系所具有的瞬变性，使得客户所赊购的商品不能顺利地销售与变现，经常出现的情形有两种：积压或赊销。但无论属于其中的哪种情形，对客户而言，都意味着与应付账款相对应的现金支付能力匮乏。在这种情况下，客户能否严格满足赊销企业的信用条件，取决于两个因素：其一，客户的信用品质；其二，客户现金的持有量与调剂程度（如现金用途的约束性、偿还其他短期债务对现金的要求等）。如果客户信用品质良好，持有一定的现金余额，且现金支出的约束性较小，可调剂性较强，则客户大多是不愿以损失市场信誉为代价来拖欠赊销企业账款的。如果客户信用品质不佳，或者现金匮乏，或者现金的可调剂性弱，那么，赊销企业的账款遭受拖欠就在所难免。

（二）应收账款账龄分析

企业已发生的应收账款时间长短不一，有的尚未超过信用期，有的则已逾期拖欠。一般来讲，逾期拖欠时间越长，账款催收的难度越大，成为坏账的可能性也就越高。因此，进行账龄分析，密切注意应收账款的回收情况，是提高应收账款收现效率的重要环节。

应收账款账龄分析就是研究应收账款的账龄结构，即各账龄应收账款的余额占应收账款合计余额的比重。

【例 7—9】 已知某企业的账龄分析如表 7—9 所示。

表 7—9　　应收账款账龄分析

应收账款账龄	账户数量	金额（万元）	比重（%）
信用期内（设平均为 3 个月）	200	120	60
超过信用期 1 个月内	100	24	12
超过信用期 2 个月内	50	16	8
超过信用期 3 个月内	30	12	6
超过信用期 4 个月内	20	10	5
超过信用期 5 个月内	15	8	4
超过信用期 6 个月内	5	4	2
超过信用期 6 个月以上	10	6	3
应收账款余额合计	—	200	100

表 7—9 表明，该企业的应收账款余额中，有 120 万元尚在信用期内，占全部应收账款的 60%；过期数额 80 万元，占全部应收账款的 40%，其中逾期在 1、2、3、4、5、6 个月内的，分别为 12%、8%、6%、5%、4%、2%，另有 3%的应收账款已经逾期半年以上。此时，企业应分析逾期账款具体属于哪些客户，这些客户是否经常发生拖欠情况，发生拖欠的原因何在。

一般而言，账款的逾期时间越短，收回的可能性越大，发生坏账损失的可能性相对越小；反之，收账的难度及发生坏账损失的可能性就越大。因此，对不同拖欠时间的账款及不同信用品质的客户，企业应采取不同的收账方法，制定经济可行的收账政策。对可能发生的坏账损失，需有所准备，充分估计这一因素对企业损益的影响；对尚未过期的应收账款，也不能放松管理与监督，以防发生新的拖欠。

（三）催收拖欠款项

1. 确定合理的收账程序

催收账款的一般程序：信函通知、电话催收、派员面谈、法律行动。当客户拖欠账款时，要先给客户一封有礼貌的通知信件;接着,可寄出一封措辞较直率的信件;进一步则可通过电话催收;如无效,企业的收账员就可直接与客户面谈,协商解决;如果谈判不成,就交给企业的律师采取法律行动。

2. 确定合理的讨债方法

客户拖欠货款的原因多种多样,但可以概括为两类:无力偿付和故意拖欠。

无力偿付是指客户因经营管理不善,财务出现困难,没有资金偿还到期债务,对这种情况要进行具体分析。如果客户确实遇到暂时困难,经过努力可以东山再起,企业就应该帮助客户渡过难关,以便收回账款;如果客户遇到严重困难,已达到破产界限,无法恢复活力,则应及时向法院起诉,以期在破产清算时得到债权的部分清偿。

故意拖欠是指客户虽然有能力付款,但为了无偿使用或其他目的,想方设法不付款。这时就需要确定合理的讨债方法,以达到回笼货款的目的。常见的讨债对策有讲理法、恻隐术法、疲劳战术法、激将法、软硬兼施法等。

第四节　存货管理

存货是指企业在日常生产经营过程中为生产或销售而储备的物资,包括材料、燃料、低值易耗品、在产品、半成品、库存商品等。

企业持有充足的存货,不仅有利于生产过程的顺利进行,节约采购费用与生产时间,而且能迅速地满足客户各种订货的需要,从而为企业的生产与销售提供较大的机动性,避免因存货不足而造成的机会损失。但是,存货的增加必然占用更多资金,将使企业付出更大的成本,影响企业的获利能力。因此,如何在存货的功能(收益)与成本之间利弊权衡,在充分发挥存货功能的同时降低成本、增加收益,实现它们的最佳组合,成为存货管理的基本目标。

一、存货的功能

存货在企业生产经营过程中所具有的作用,主要表现在以下几个方面:

(一)防止停工待料

适量的原材料存货和在制品、半成品存货是企业生产正常进行的前提和保障。就企业外部而言,供货方的生产和销售往往会因某些因素而暂停或推迟,从而影响企业材料的及时采购、入库和投产。就企业内部而言,有适量的半成品储备,能使各生产环节的生产调度更加合理,各生产工序的步调更为协调,联系更为紧密,不至于因等待半成品而影响生产。可见,适量的存货能有效防止停工待料事件的发生,维持生产的连续性。

(二)适应市场变化

存货储备能增强企业在生产和销售方面的机动性以及适应市场变化的能力。企业有了足够的库存商品,就能有效地供应市场,满足客户的需要。相反,若某种畅销商品库存不足,就会坐失目前的或未来的推销良机,并有可能因此而失去客户。在通货膨胀时,适当地储存原材料存货,能使企业获得市场物价上涨带来的好处。

（三）降低进货成本

很多企业为扩大销售规模，对购货方提供较优厚的商业待遇，即购货达到一定数量时，便在价格上给予相应的折扣优惠。企业采取批量集中进货，可获得较大的商业折扣。此外，通过增加每次购货的数量，减少购货次数，可以降低采购费用支出。不少企业采取大批量购货方式，原因就在于这种方式有助于降低购货成本，只要购货成本的降低额大于因存货增加而导致的储存等各项费用的增加额，就是可行的。

（四）维持均衡生产

对于那些生产季节性产品或生产所需材料的供应具有季节性的企业，为实现均衡生产、降低生产成本，就必须适当储备一定的半成品存货或保持一定的原材料存货。这些企业若按照季节变动组织生产活动，则难免出现忙时超负荷运转、闲时生产能力得不到充分利用的情形，从而导致生产成本的提高。其他企业在生产过程中，也会因为各种因素引起生产水平的高低变化，拥有合理的存货可以缓冲这种变化对企业生产活动及获利能力的影响。

二、存货的成本

（一）购置成本

购置成本是指存货本身的价值，经常用数量与单价的乘积来确定。

（二）订货成本

订货成本是指企业为取得订单而支出的成本，如与材料采购有关的办公费、差旅费、邮资、电话电报费等。订货成本有一部分与订货次数无关，如常设采购机构的基本开支等，称为固定订货成本；另一部分与订货次数有关，如差旅费、邮资、电话电报费等，称为变动订货成本。

（三）储存成本

储存成本是指为保持存货而发生的成本，包括存货占用资金的应计利息（或机会成本）、仓储费、保险费、存货破损或变质损失等。

储存成本按照与储存数量的关系，分为固定储存成本和变动储存成本两类。其中，固定储存成本与存货储存数量的多少无关，如仓库折旧费、仓库职工的固定工资支出等；变动储存成本与存货储存数量有关，如存货资金的应计利息、存货残损和变质损失、存货的保险费用等。

（四）缺货成本

缺货成本是指因存货不足而给企业造成的损失，包括材料供应中断而造成的停工损失、成品供应中断而导致延误发货的信誉损失及丧失销售机会的损失等。如果生产企业能以替代材料解决库存材料供应中断之急，缺货成本就表现为替代材料紧急采购的额外开支。

三、存货决策

（一）经济批量控制

经济批量又称经济订货量，是指能使一定时期存货的相关总成本达到最低点的进货批量。通过上述对存货成本的分析可知，不同的成本项目与进货批量呈现不同的变动关系。减少进货批量，增加订货次数，在降低储存成本的同时，会导致订货成本与缺货成本的提高；相反，增加进货批量，减少订货次数，尽管有利于降低订货成本与缺货成本，但会提高储存成本。因此，如何协调各项成本之间的关系，使总成本保持最低水平，是企业组织进货需解决的主要问题。

1. 经济批量基本模型

经济批量基本模型以如下假设为前提:(1)企业能及时补充存货,即需要订货时能立即取得存货;(2)货物能集中到货而不是陆续入库;(3)不允许出现缺货情形,即无缺货成本;(4)存货的年需求量稳定,并且可以较为准确地予以预测;(5)存货的价格稳定,且不存在数量折扣;(6)仓储条件及所需现金不受限制;(7)所需存货市场供应充足,不会因买不到所需存货而影响其他方面。

在上列假设条件下,存货相关总成本的计算公式如下:

存货相关总成本＝变动订货成本＋变动储存成本＝订货次数×每次订货成本＋平均储存量×单位储存成本

假设:TC——存货相关总成本;

Q——进货批量;

A——存货年需求量;

F——平均每次订货成本;

C——单位存货储存成本。

则:

$$TC=\frac{A}{Q}\times F+\frac{Q}{2}\times C$$

当 A、F、C 为常数量时,TC 的大小取决于 Q。为了求 TC 的极小值,对其进行求导演算,可知,当变动订货成本和变动储存成本相等时,存货相关总成本最低,此时的进货批量就是经济进货批量。

$$\text{经济进货批量}(Q^{*})=\sqrt{\frac{2AF}{C}}$$

$$\text{经济进货批量的存货相关总成本}(TC^{*})=\sqrt{2AFC}$$

存货相关总成本与变动订货成本和变动储存成本的关系如图 7—4 所示。

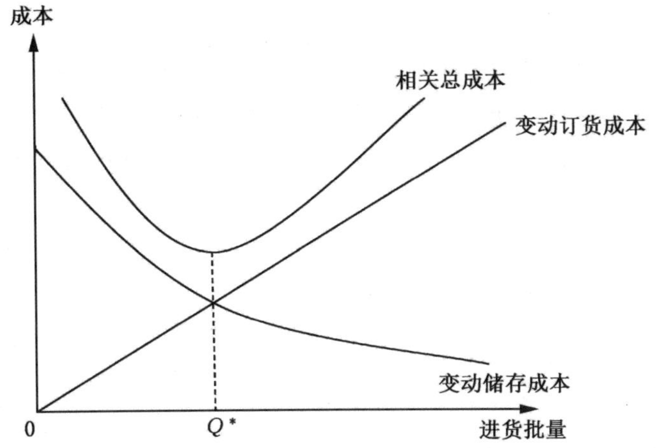

图 7—4　存货相关总成本与变动订货成本和变动储存成本的关系

从图 7—4 可以看出,当变动订货成本与变动储存成本相等时,存货相关总成本最低,此时的进货批量就是经济进货批量。

【例 7—10】 某企业每年需耗用甲材料 7 200 千克，该材料的单位采购成本为 50 元，单位储存成本为 4 元，平均每次订货成本为 64 元，则：

$$经济进货批量(Q^*)=\sqrt{\frac{2AF}{C}}=\sqrt{\frac{2\times 7\ 200\times 64}{4}}=480(千克)$$

$$最低相关总成本(TC^*)=\sqrt{2AFC}=\sqrt{2\times 7\ 200\times 64\times 4}=1\ 920(元)$$

$$最佳订货次数=\frac{A}{Q}=\frac{7\ 200}{480}=15(次)$$

$$最佳订货周期=\frac{360}{15}=24(天)$$

$$经济批量占用资金=\frac{Q}{2}\times 进货单价=\frac{480}{2}\times 50=12\ 000(元)$$

2. 实行数量折扣的经济批量模型

在上述经济批量分析中，假定价格不随批量变动。然而，许多企业在销售时有批量折扣，即对大批量采购在价格上给予一定的优惠。在这种情况下，进货企业对经济批量的确定，除了考虑订货成本和储存成本外，还应考虑存货的购置成本，因为此时的存货购置成本已经与进货批量的大小有了直接的联系，属于决策的相关成本。

在经济批量基本模型的其他各种假设条件均具备的前提下，存在数量折扣时的存货相关总成本可按下式计算：

存货相关总成本＝购置成本＋变动订货成本＋变动储存成本

实行数量折扣的经济进货批量的具体确定步骤如下：

第一步，按照基本经济批量模型确定经济进货批量。

第二步，计算按经济批量进货时的存货相关总成本。

第三步，计算按给予数量折扣的进货批量进货时的存货相关总成本。

如果给予数量折扣的进货批量是一个范围，如进货数量在 1 000～1 999 千克可享受 2% 的价格优惠，则此时按给予数量折扣的最低进货批量，即按 1 000 千克计算存货相关总成本。

在给予数量折扣的进货批量范围内，无论进货量是多少，存货进价成本总额都是相同的，而相关总成本的变动规律是进货批量越小，相关总成本就越低。

第四步，比较不同进货批量的存货相关总成本，最低存货相关总成本对应的进货批量就是实行数量折扣的最佳经济进货批量。

【例 7—11】 某企业甲材料的年需要量为 4 000 千克，每千克标准价为 20 元。销售企业规定：客户每批购买量不足 1 000 千克的，按照标准价格计算；每批购买量为 1 000 千克以上、2 000 千克以下的，价格优惠 2%；每批购买量为 2 000 千克以上的，价格优惠 3%。已知每批订货成本为 60 元，单位材料的年储存成本为 3 元。

按经济进货批量基本模型确定的经济进货批量如下：

$$Q^*=\sqrt{\frac{2\times 60\times 4\ 000}{3}}=400(千克)$$

每次进货 400 千克时的存货相关总成本如下：

$$存货相关总成本=4\ 000\times 20+\frac{4\ 000}{400}\times 60+\frac{400}{2}\times 3=81\ 200(元)$$

每次进货 1 000 千克时的存货相关总成本如下：

$$存货相关总成本=4\ 000\times20\times(1-2\%)+\frac{4\ 000}{1\ 000}\times60+\frac{1\ 000}{2}\times3=80\ 140(元)$$

每次进货 2 000 千克时的存货相关总成本如下：

$$存货相关总成本=4\ 000\times20\times(1-3\%)+\frac{4\ 000}{2\ 000}\times60+\frac{2\ 000}{2}\times3=80\ 720(元)$$

通过比较发现，每次进货为 1 000 千克时的存货相关总成本最低，所以经济进货批量为 1 000 千克。

3. 存货陆续供应的经济批量模型

在建立基本模型时，假设存货一次全部入库，故存货增加时存量变化为一条垂直线。事实上，各批存货可能陆续入库，使存量陆续增加。尤其是产成品入库和在产品转移，几乎总是陆续供应和陆续耗用的。

【例 7—12】 某零件年需用量为 36 000 件，每日送货量为 300 件，每日耗用量为 100 件，单价为 20 元，每次订货成本为 50 元，单位储存变动成本为 4 元。存货数量的变动如图 7—5 所示。

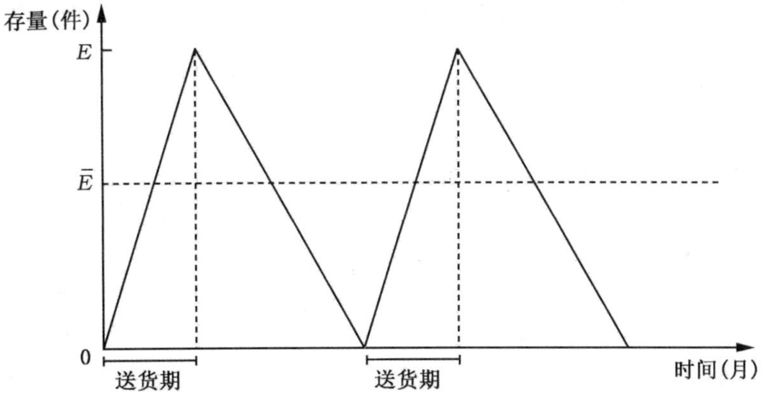

图 7—5　陆续供应时存货数量的变动

设每批订货数为 Q。由于每日送货量为 U，因此该批零件全部送达所需天数即送货期为 $\frac{Q}{U}$。

设零件每日耗用量为 d，送货期内的全部耗用量则为 $\frac{Q}{U}\times d$。

由于零件边送边用，因此每批送完时，最大库存量为 $Q-\frac{Q}{U}\times d$，平均存量为 $\frac{1}{2}\left(Q-\frac{Q}{U}\times d\right)$。

这样，与批量有关的总成本如下：

$$TC(Q)=\frac{A}{Q}\times F+\frac{1}{2}\left(Q-\frac{Q}{U}\times d\right)\times C=\frac{A}{Q}\times F+\frac{Q}{2}\left(1-\frac{d}{U}\right)\times C$$

经过求导计算可知，当变动订货成本与变动储存成本相等时，$TC(Q)$有最小值，故存货陆续供应和使用的经济订货量公式如下：

$$Q^*=\sqrt{\frac{2AF}{C}\cdot\frac{U}{U-d}}$$

将这一公式代入上述$TC(Q)$公式，可得存货陆续供应和使用的经济订货量总成本公式：

$$TC(Q^*)=\sqrt{2AFC\left(1-\frac{d}{U}\right)}$$

将上述例题数据代入，则：

$$Q^*=\sqrt{\frac{2\times 36\ 000\times 50}{4}\times\frac{300}{300-100}}\approx 1\ 162(件)$$

$$TC(Q^*)=\sqrt{2\times 36\ 000\times 50\times 4\times(1-100\div 300)}\approx 3\ 098(元)$$

（二）订货点控制

1. 订货提前期

一般情况下，企业的存货不能做到随时补充。为了保证生产和销售的正常进行，企业需要在原材料没有用完时提前订货。在提前订货的情况下，企业再次发出订货单时，尚有存货的库存量称为再订货点，用R表示。它的数量等于交货时间(L)和每日平均需用量(d)的乘积：

$$R=L\cdot d$$

【例7－13】 续例7－10，企业订货日至到货期的时间为10天，每日存货需要量为20千克(7 200千克/360天)，那么：

$R=L\cdot d=10\times 20=200$(千克)

企业在尚存200千克存货时，就应当再次订货，等到下批货物到达时(再次发出订货单10天后)，原有库存刚好用完。此时，有关存货的每次订货批量、订货次数、订货间隔时间等并无变化，与瞬时补充时相同。订货提前期的情形见图7－6。订货提前期对经济订货量并无影响，可仍以原来瞬时补充情况下的480千克为订货批量，只不过在达到再订货点(库存为200千克)时即产生订货单。

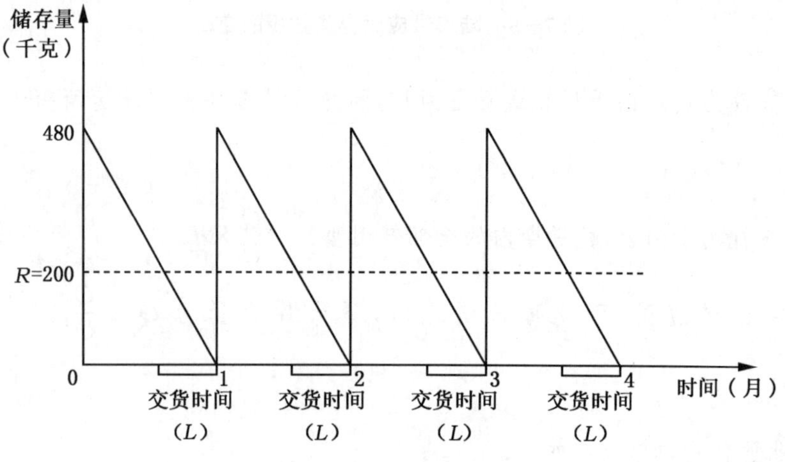

图7－6　订货提前期

2. 保险储备

前面讨论的都是假定存货供需稳定且确知，即每日需求量不变，交货时间也固定不变。实际上，每日需求量可能发生变化，交货时间也可能发生变化。按照某一订货批量（如经济进货批量）和再订货点发出订单后，如果需求增大或送货延迟，就会发生缺货或供货中断。为防止由此造成的损失，就需要多储备一些存货以备应急之需。这种存货被称为保险储备（安全存量），只有当存货过量耗用或送货延迟时才能动用。

【例 7—14】 某企业的材料年耗用量为 7 200 千克，单位储存成本为 4 元，平均每次订货成本为 64 元，已计算出经济订货量为 480 件，每年订货 15 次；又知全年平均日耗用量为 20 件，平均每次交货时间为 10 天。为防止需求变化引起缺货损失，设保险储备量为 100 件，则再订货点 R 相应提高如下：

R ＝交货时间×平均日需求＋保险储备＝$L \cdot d+B=10\times20+100=300$（件）

在每一个订货周期内，若 $d=20$，则不需要动用保险储备；若 $d>10$，需求量大于供货量，则需要动用保险储备；若 $d<10$，则不仅不需要动用保险储备，在正常储备尚未用完的情况下，下次存货即已送到。

四、存货的日常管理

（一）ABC 分类管理

企业存货品种繁多，尤其是大中型企业的存货往往多达上万种甚至数十万种。实际上，不同的存货对企业财务目标的实现具有不同的作用。有的存货尽管品种数量很少，但金额巨大，如果管理不善，将给企业造成极大的损失。相反，有的存货虽然品种数量繁多，但金额微小，即使管理中出现一些问题，也不至于对企业产生较大的影响。因此，无论是从能力还是从经济角度来看，企业均不可能也没有必要对所有存货不分巨细地严加管理。ABC 分类管理正是基于这一考虑而提出的，其目的在于使企业分清主次，突出重点，以提高存货管理的整体效果。

所谓“ABC 分类管理”，就是按照一定的标准，将企业的存货划分为 A、B、C 三类，分别实行按品种重点管理、按类别一般控制和按总额灵活掌握的存货管理方法。

1. 存货 A、B、C 的分类标准

分类的标准主要有两个：一是金额标准，二是品种数量标准。其中，金额标准是最基本的，品种数量标准仅作为参考。

A 类存货的特点是金额巨大，但品种数量较少；B 类存货金额一般，品种数量相对较多；C 类存货品种数量繁多，但金额很小。例如，一个拥有上万种商品的百货公司，家用电器、高档皮货、家具、摩托车、大型健身器械等商品的品种数量并不是很多，但金额相当大；大众化的服装、鞋帽、床上用品、文具用品等商品，品种数量比较多，但金额相对 A 类商品小得多；至于各种小百货，如针线、化妆品及其他日杂用品等，品种数量非常多，但所占金额很小。

一般而言，三类存货的金额比重大致为 A∶B∶C＝0.7∶0.2∶0.1，而品种数量比重大致为 A∶B∶C＝0.1∶0.2∶0.7。可见，由于 A 类存货占用企业绝大多数资金，因此只要能控制好 A 类存货，基本上就不会出现较大的问题。同时，由于 A 类存货品种数量较少，因此企业完全有能力按照每一个品种进行管理。B 类存货的金额相对较小，企业不必像对待 A 类存货那样花费太多的精力。同时，由于 B 类存货的品种数量远远多于 A 类存货，因此企业通常没有能力对每一个具体品种进行控制，但可以通过划分类别的方式进行管理。C类存货尽管品种数量繁多，但其所占金额很少，对此，企业只要把握一个总金额就可以了。不过，需要提醒的是，C类存货大多与消费者的日常生活息息相关，虽然这类存货的直接经济效益对企业并不重要，但如果企业能在服务态度、花色品种、存货质量、价格方面加以重视的话，其间接经济效益就是无法估量的。相反，企业一旦忽视了这些方面的问题，其间接的经济损失同样是无法估量的。

2. A、B、C三类存货的具体划分

A、B、C三类存货的具体划分可以分以下三个步骤（有条件的企业可以通过计算机）进行：

第一，列示企业全部存货明细表，计算每种存货的价值总额。

第二，计算每种存货占全部存货金额的百分比，并按大小顺序排列，编成表格。

第三，按照事先测算好的标准，划分A类存货、B类存货和C类存货。

第四，对A类存货进行重点管理，对B类存货进行次重点管理，对C类存货进行一般管理。

【例7—15】 某公司共有20种材料，总金额为500 000元，按金额多少的顺序排列并按上述原则将其划分成A、B、C三类，如表7—10所示。

表7—10 **ABC分类表**

材料编号	金额（元）	占全部存货金额的比重	类别	各类存货品种数量	各类存货占全部存货金额的比重
1	150 000	30%	A	3	70%
2	125 000	25%			
3	75 000	15%			
4	35 000	7%	B	5	20%
5	20 000	4%			
6	17 500	3.5%			
7	15 000	3%			
8	12 500	2.5%			
9	7 500	1.5%	C	12	10%
10	6 500	1.3%			
11	6 000	1.2%			
12	5 000	1.0%			
13	4 500	0.9%			
14	4 000	0.8%			
15	3 500	0.7%			
16	3 250	0.65%			

续表

材料编号	金额(元)	占全部存货金额的比重	类 别	各类存货品种数量	各类存货占全部存货金额的比重
17	3 000	0.6%			
18	2 750	0.55%			
19	2 500	0.5%			
20	1 500	0.3%			
合 计	500 000	100%	—	—	100%

各类存货金额百分比如图 7—7 所示。

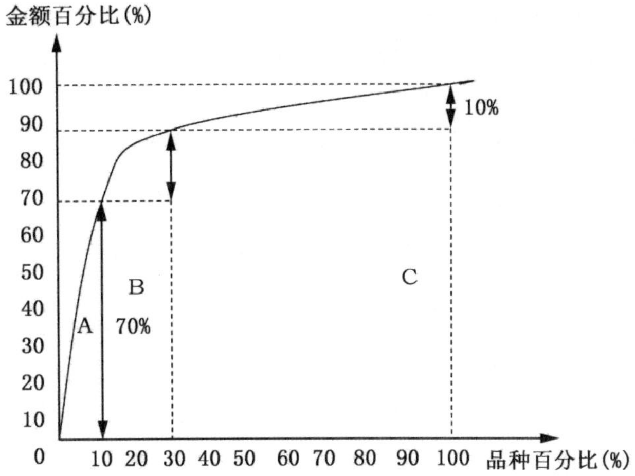

图 7—7 各类存货金额百分比

3. ABC 分类法在存货管理中的运用

通过对存货进行 ABC 分类，企业可以分清主次，抓住主要矛盾，采取相应的对策进行有效的管理和控制。对 A、B 两类存货可以分别按品种、类别进行管理和控制，对 C 类存货只需要加以灵活掌握。

(二)适时制管理

适时制(Just-in-time)管理，是指企业在生产过程中，只有在需要材料或零件时才要求供应商送货；企业的物资供应、生产和销售形成连续的同步运转，从而降低库存，最大限度地实现“零库存管理”。适时制管理能有效降低存货资金的占用，从而提高流动资金的使用效率。

课程思政

【章节知识点】营运资金管理原则和策略

【思政育人元素】加强职业道德教育，帮助学生树立清正廉洁的职业操守，不挪用公款，不谋取私利。

复习思考题

1. 简述现金的特点及其管理目标。
2. 企业持有现金的动机是什么？
3. 在成本分析模式中，现金的成本由哪几部分组成？
4. 为了提高现金使用效率，应如何进行现金日常管理？
5. 应收账款的作用是什么？
6. 试说明应收账款的成本及其计算方法。
7. 企业的信用政策主要包括哪些内容？如何决定合理的信用政策？
8. 什么是判断客户信用等级的“5C”系统？
9. 进行应收账款控制应采取什么措施？
10. 存货成本主要由哪几部分组成？
11. 试说明存货经济批量控制的含义及其基本模型的运用。
12. 什么是存货ABC控制法？

第八章 利润分配管理

第一节 利润分配概述

利润分配是企业按照有关规定将净利润在企业与投资者之间进行分配的财务活动。投资者对企业的投入要求回报，留存于企业的净利润是企业未来发展资金的重要来源，影响企业的筹资决策，利润分配管理就是解决净利润在企业和投资者之间如何进行分配的问题。

一、利润分配的项目和顺序

根据《中华人民共和国公司法》及《企业财务通则》的规定，企业经营实现的净利润不能直接向投资者分配，应当先行弥补亏损(如果需要)、提取公积金。具体项目和顺序如下：

(一)弥补以前年度亏损

企业当年的利润应当先用于弥补亏损。根据《中华人民共和国企业所得税法》的规定，企业可以用税前利润弥补以前年度的亏损，但使用税前利润连续弥补以前年度亏损的期限不得超过5年。税前利润未能弥补的亏损，企业应当用净利润弥补。因此，当企业存在连续5年未能弥补的亏损时，企业的净利润应当首先用于弥补亏损。

(二)提取法定公积金

企业应当按照净利润的10%提取法定公积金。法定公积金累计额占注册资本的50%以上的，可以不再提取。法定公积金是企业的内部积累，可用于弥补亏损或转增资本。

(三)发放优先股股利

优先股是享有优先权的股票。优先股股东没有选举及被选举权，一般不参与企业的经营决策，但是能获得固定的股利。如果企业有发行在外的优先股，就应当按照事先约定的股利率发放优先股股利。

(四)提取任意公积金

企业提取法定公积金后，经股东会或股东大会决议，还可以从净利润中提取任意公积金。任意公积金按照企业章程或者股东大会决议提取和使用。

(五)向普通投资者分配利润

企业弥补亏损和提取公积金后所余的净利润，可以向投资者或股东分配利润或者股利。其中，有限责任公司股东按照实缴的出资比例分配利润，全体股东约定不按照出资比例分配的除外；股份有限公司按照股东持有的股份比例分配，但股份有限公司章程规定不按照持股比例分配的除外。

二、利润分配的原则

（一）制度约束原则

企业不仅是市场主体，而且是社会的有机构成单元，在追求经济利益的同时，担负着社会责任。利润分配涉及股东、债权人、企业及员工的多方利益，是影响企业和谐稳定发展的重要因素。为保障企业利润分配有序进行，维护各方的合法权益，促进企业增加积累，避免短期行为的不利影响，企业的利润分配活动必须在既定的制度框架内进行，即利润分配既要遵守国家法律法规的规定，也要符合企业内部章程及协议的要求。

（二）资本保全原则

资本保全原则要求企业的利润分配是对经营中资本增值部分的分配，不是对资本金的返还，分配中不能侵蚀资本。按照这一原则，一般情况下，如果企业存在尚未弥补的亏损，就应首先弥补亏损，企业的资本金和资本公积不能用于弥补亏损，也不能用于利润分配。

（三）利益兼顾原则

利润分配虽然是将净利润在企业与投资者之间进行分配，但其影响企业积累的多少，进而涉及投资者、经营者、债权人等多方面的利益。投资者投入资本，承担企业的经营风险，按照风险与报酬对等原则要求投资回报，投资者分得的利润过少，势必影响其对企业的信心；经营者与员工直接参与企业日常生产经营，是企业战略和计划的执行者，企业向投资者分配利润，不能损害员工的生产经营积极性；债权人要求企业按照约定偿还本金及利息，如果利润分配过多，企业积累过少，就可能削弱企业的偿债能力，不利于保护债权人的权益。因此，企业在利润分配活动中，必须综合考虑，兼顾各方利益，才能促进企业的持续发展。

（四）分配与积累并重原则

企业的利润分配既要顾及投资者近期利益的诉求，又要考虑企业未来长远发展的需要，秉持分配与积累并重的原则。为满足投资者的投资期望，企业在获得稳定增长的利润后，应当增加利润分配的数额或比率；同时，除依法必须提留的利润外，企业出于发展及优化资本结构的考虑，可以适当扩大留存，增加积累，使利润分配真正成为促进企业发展的有效手段。

第二节　股利政策

利润分配是企业主要的财务活动之一，因为分配涉及多方利益，一方利益的增加可能导致另一方利益的减少，所以，利润分配政策的选择需要在利益冲突中寻求均衡。理想的分配政策应当是使投资者利益、企业价值及其可持续发展达成均衡的状态。本章主要针对利润分配的典型代表——股份有限公司，研究其利润分配即股利政策的选择。

股利政策的核心问题是权衡股利支付决策与未来公司价值之间的关系，围绕这一问题形成了多种观点。

一、股利理论

(一)股利无关论

股利无关论，也称 MM 理论，是由美国经济学家弗兰科·莫迪利安尼(Franco Modigliani)和财务学家默顿·米勒(Merton Miller)于 1961 年提出的。股利无关论认为，在完全市场条件下，股利政策不会对公司的价值或股票的价格产生任何影响。因为投资者对现金形式的股利和资本利得不存在偏好，不关心公司的股利分配，公司的价值或股票价格完全由公司的投资决策及其获利能力决定，而与公司的股利政策无关。

(二)股利相关理论

股利相关理论认为，股利无关论的完全市场假设是不存在的，因此，公司的股利政策将影响公司价值或股票价格。股利相关理论主要有：

1.“一鸟在手”理论

麦伦·戈登 (Myron Gordon)和约翰·林特纳 (John Lintner)提出了“一鸟在手”理论。该理论认为，投资者通过权衡当期股利和未来资本利得的风险及时间价值，更加偏好当期的现金股利，而不太喜欢将利润留给公司。因为资本利得好像林中之鸟，看上去多却不一定捉得到，而现金股利即使少却是手中之鸟。由于投资者对现金股利的偏好，公司提高股利支付率，分配较多的股利，会导致股票价格上升，股东权益价值增加。

2. 税收差别理论

税收差别理论由利兹伯格(Litzenberger)和赫拉马斯瓦米(Ramaswamy)提出。该理论认为，由于普遍存在的税率和纳税时间的差异，资本利得收入比现金股利收入更有助于实现股东收益最大化。在不考虑股票交易成本的情况下，公司应当采用低股利政策；在考虑股票交易成本的情况下，如果资本利得税和交易成本之和高于现金股利所得税，采用高股利政策就有利于公司价值或股票价格的提升。

3. 信号传递理论

该理论认为，在信息不对称的情况下，公司通过股利政策向市场传递了公司发展前景的信息，从而影响公司的股票价格。信息传递的效果表现为两个方面：一方面，公司提高股利支付比率的政策，传递出公司未来业绩将大幅提升、发展前景良好的信息，股票价格随股利支付的增加而上涨；另一方面，公司减少股利支付的政策，传递出公司未来业绩将下滑、发展前景不乐观的信息，股票价格随股利支付的减少而下跌。

当然，股利政策对股票价格或公司价值的影响取决于投资者对股利政策信号的不同理解。

二、股利政策的类型

(一)剩余股利政策

剩余股利政策是指公司根据目标资本结构，净利润首先用来满足公司投资的需求，有剩余时才用于分配的股利政策，是投资优先的股利政策。剩余股利政策是基于股利无关论的股利分配政策。

1. 剩余股利政策的优点

留存收益优先保证再投资的需要，有助于降低再投资的资金成本，保持最佳的资本结构，实现企业价值的长期最大化。

2. 剩余股利政策的缺点

若完全遵照执行剩余股利政策，股利发放额就会随着投资需求和盈利水平的波动而波动。剩余股利政策不利于投资者安排收入与支出，也不利于公司树立良好的形象，一般适用于公司初创阶段。

3. 公司采用剩余股利政策的步骤

(1)设定权益资本与债务资本的比率，即确定目标资本结构，在此资本结构下，公司的加权平均资本成本将达到最低水平。

(2)在目标资本结构下，确定投资需要增加的权益资本的数额。

(3)最大限度地使用净利润来满足资金需求中所需增加的权益资本数额，即净利润首先满足投资增加的权益资本量。

(4)净利润在满足公司权益资本增加需求后，还有剩余，再用来发放股利。

【例 8—1】 某公司 2022 年税后净利润为 1 200 万元，2023 年的投资计划需要资金 1 500 万元，公司的目标资本结构为权益资本占 60%，债务资本占 40%。如果采用剩余股利政策，则该公司当年能分配多少股利？

按照目标资本结构的要求，公司投资方案所需的权益资本数额如下：

1 500×60% = 900(万元)

公司当年全部可用于分派的盈利为 1 200 万元，除了满足上述投资方案所需的权益资本数额外，还有剩余可用于发放股利。2023 年，公司可以分配的股利额如下：

1 200−900 =300(万元)

(二)固定或稳定增长的股利政策

固定或稳定增长的股利政策，是指公司每年派发的股利固定在某一特定水平并在较长时间内不变，或者当公司认为未来盈余会显著地、不可逆转地增加时，在此基础上提高股利发放额的股利政策，如图 8—1 所示。固定或稳定增长的股利政策通常适用于经营比较稳定或正处于成长期的公司。在这一政策下，应首先确定股利分配额，而且该分配额一般不随资金需求的波动而波动。

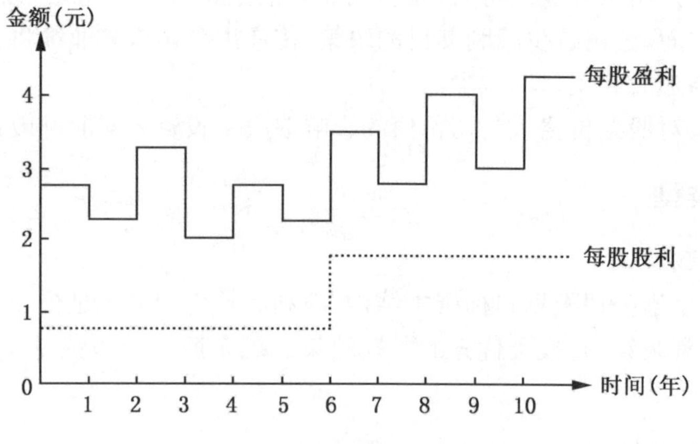

图 8—1 固定或稳定增长的股利

1. 固定或稳定增长的股利政策的优点

(1)稳定的股利向市场传递公司正常发展的信息，有利于树立公司的良好形象，增强投资者对公司的信心，稳定股票的价格。

(2)稳定的股利有助于投资者安排股利收入和支出，有利于吸引那些打算进行长期投资并对股利有很强依赖性的股东。

2. 固定或稳定增长的股利政策的缺点

在固定或稳定增长的股利政策下，不论公司盈利多少，均要支付固定的或按固定比率增长的股利，股利的支付与公司的盈利相脱节，这可能加大公司的资金压力，增加资本成本，甚至导致财务状况恶化。

(三)固定股利支付率政策

固定股利支付率政策，是指公司每年按净利润的某一固定比率发放股利的政策。在这一政策下，各年发放的股利金额随着公司经营业绩的高低而上下波动，如图 8—2 所示。固定股利支付率越高，公司留存的净利润越少。

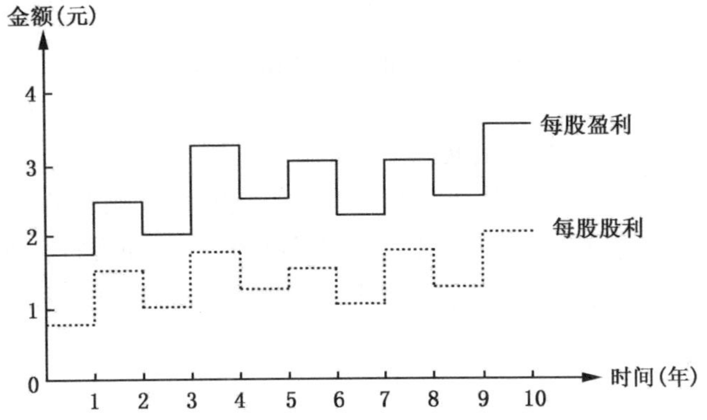

图 8—2　固定支付率的股利

1. 固定股利支付率政策的优点

股利发放金额与公司经营情况紧密联系，体现了“多盈多分、少盈少分、无盈不分”的股利分配原则。

2. 固定股利支付率政策的缺点

(1)由于各年股利发放的金额随利润变化出现波动，因此很容易向市场传递公司经营状况不稳定、投资风险较大的不良信息，不利于公司股价的稳定。

(2)公司的账面净利润高，并不代表公司有足够的资金来支付相应的现金股利，此种情况下，公司可能面临较大的财务压力。

【例 8—2】　某公司长期采用固定股利支付率政策进行股利分配，确定的股利支付率为 20%。2022 年税后净利润为 3 000 万元，如果仍然继续执行固定股利支付率政策，则公司本年度将要支付的股利如下：

3 000×20% = 600(万元)

（四）低正常股利加额外股利政策

公司每期都支付稳定但相对较低的正常股利，盈利较多时，再根据实际情况发放额外股利，但额外股利并非固定不变，也不意味着公司永久地提高了股利支付率，如图 8－3 所示。这种股利政策比较适合盈利随经济周期波动较大的公司或者盈利与现金流量很不稳定的阶段。

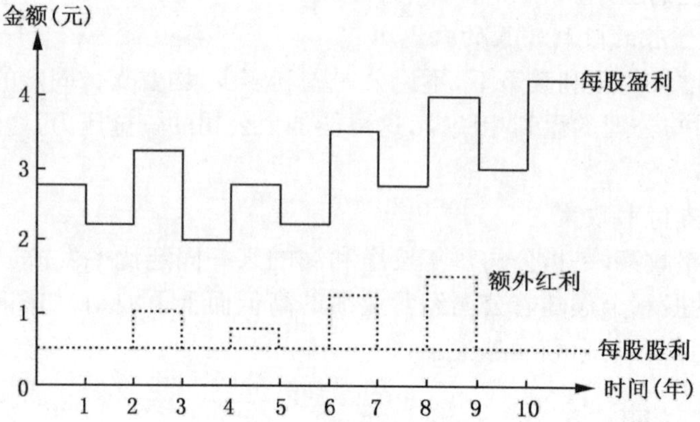

图 8－3　低正常股利加额外股利

1. 低正常股利加额外股利政策的优点

（1）赋予公司较大的灵活性，使公司在股利发放上具有较大的财务弹性。公司可根据每年的具体情况，选择不同的股利发放水平，以稳定和提高股价，进而实现公司价值最大化。

（2）对股利依赖性较强的股东每年至少可以得到虽然较低但比较稳定的收入，从而留住这部分股东。

2. 低正常股利加额外股利政策的缺点

公司在较长时间内持续发放的额外股利，可能被股东误认为"正常股利"，一旦取消，就可能使股东认为公司财务状况恶化，进而导致股价下跌。

三、影响股利政策的因素

公司选择股利政策，并结合公司具体情况制定股利分配方案时，应当考虑各种相关因素的影响。这些因素主要包括：

（一）法律因素

为保护债权人和股东的利益，维护社会公平，相关法律法规从资本保全、公司积累等多方面对利润分配行为进行规范和限制。

1. 资本保全约束

为保护公司完整的产权基础，保障债权人的利益，相关法律法规规定，公司不能用股本和资本公积发放股利，股利分配不能侵蚀资本。

2. 资本积累约束

为防止任意支付股利，相关法律法规规定，公司的净利润必须先按照一定的比例提取法定公积金，并鼓励公司提取任意公积金。当法定公积金达到注册资本的 50%的情况下，可以不再提取。提取法定公积金后的净利润才是可供股东分配的利润。

3. 盈利约束

公司利润分配应当贯彻“无利不分”的原则，即当公司年度没有盈利，发生亏损时，一般不进行利润分配。在存在亏损的情况下，公司当年的净利润必须先用于弥补亏损，年度累计净利润为正数时，才可以发放股利。

4. 超额累积利润约束

资本利得与股利收入的税率不一致，为防止公司出于避税目的而保留大量盈余，一些国家的法律规定，公司不得超额累积利润，一旦保留的盈余超过法律认可的水平，就会被征收额外的税款。

5. 偿债能力约束

为保证公司的偿债能力，保护债权人利益，如果公司无法偿还到期债务，或现金股利会导致公司未来没有足够的偿债能力，则不应当分配股利。

(二)公司因素

公司的股利分配政策直接受公司财务状况和获利能力的影响。

1. 盈余的稳定性

长期相对稳定的盈余，是公司股利政策的基础。一般来讲，公司的盈余稳定，经营风险和财务风险相对较低，筹资能力较强，其股利支付能力也应当较强。

2. 公司的流动性

很多时候，公司的盈余与现金流量并非同步，盈余的稳定或增加不一定意味着可供使用的现金流量的稳定或增加。现金股利的支付会减少公司的现金持有量，公司在制定股利分配政策时，要充分考虑流动性，以维持资金的正常周转，保证公司的生产经营活动能够持续进行。

3. 投资机会

公司良好的投资机会将产生大量需求，因此，处于成长中的公司一般具有较多投资机会，多采用低股利政策。如果投资机会少，保留大量盈余可能造成资金闲置，则公司倾向于支付较多股利，即采用较高的股利支付政策。

4. 筹资能力

如果公司具有较强的筹资能力，流动性压力相对较小，能及时筹措到所需的资金，公司就具有较强的股利支付能力，可能采取较高的股利支付政策。相反，筹资能力弱、流动性压力大的公司，一般倾向于采取低股利政策。

5. 资本成本

保留的盈余即留存收益是公司内部筹资的重要方式，与发行新股或举债相比，不需要花费筹资费用。而且，内源的筹资方式能增加公司权益资本的比重，降低财务风险，有利于公司以较低的成本获得其他方式筹集的资金。所以，考虑资本成本，如果公司有大规模的资金需求，也应当倾向于采用低股利政策。

(三)股东因素

公司的股利政策需要提交股东大会审议通过才能实施，因此，股利政策在一定程度上也是股东要求和影响的反映。

1. 控制权

如果公司支付大量现金股利，未来就可能需要以发行新的普通股的方式筹集资金，而发行新股必然导致现有股东的控制权被稀释。因此，现有股东出于对公司控制权的考虑，往往宁愿公司少发放股利。

2. 稳定的收入和避税

如果股东以股利作为主要收入来源，则往往要求公司支付稳定的股利以降低投资风险和维持日常生活，这些股东会反对公司保留较多盈余。另外，在没有资本利得税或资本利得税低于股利收入所得税时，一些股东出于避税的考虑往往倾向于采取较低的股利支付政策，反对公司支付较多股利。

（四）其他因素

1. 债务合同约束

一般来说，债权人为了维护自身的合法权益，往往对公司现金股利的支付有限制性要求，并以债务合同条款的方式明确和落实。鉴于债务合同的约束，公司只能采取低股利政策。

2. 通货膨胀

通货膨胀导致货币购买力下降，公司计提的折旧将不能满足重置固定资产的资金需求。为弥补由于购买力下降而造成的资金缺口，公司不得不保留一定的盈余。因此，在考虑通货膨胀的情况下，公司通常会减少股利分配，采取相对较低的股利政策。

【股利政策实例】

索菲亚家居股份有限公司股利分配政策

第一章　分配政策

第一条　为进一步规范公司股利分配行为，推动公司建立科学、持续、稳定的利润分配机制，保护中小股东合法权益，根据中国证监会的有关规定、广东证监局《关于进一步落实上市公司分红相关规定的通知》（广东证监〔2012〕91号）、《深圳证券交易所上市公司规范运作指引》以及公司章程的有关规定，结合公司实际情况，制定本股利分配政策。

第二条　股利分配的原则。本公司依照同股同利的原则，按各股东所持股份数分配股利。

第三条　公司股利分配采取现金或股票两种形式。公司根据每一会计年度的盈利状况和发展情况，由董事会提出利润分配方案，股东大会做出利润分配决议。公司在股东大会做出利润分配决议后2个月内完成股利或股份的派发。

公司分配现金股利，以人民币计价。

第四条　公司每年的税后利润，按下列顺序和比例分配：

（一）弥补以前年度亏损。

（二）提取法定盈余公积金。按税后利润的10%提取法定盈余公积金，当法定盈余公积金累积额已达到公司注册资本的50%时，可以不再提取。

（三）提取任意盈余公积金。公司从税后利润提取法定盈余公积金后经股东大会决议，还可以从税后利润中提取任意盈余公积金，具体比例由股东大会决定。

（四）支付普通股股利。公司弥补亏损和提取公积金后所余税后利润，普通股股利按股东持有股份比例进行分配。企业以前年度未分配的利润，可以并入本年度向股东分配。

（五）公司实现的利润，不得在未弥补公司亏损或提取法定盈余公积金前向股东分配股利。在进行上述分配后尚有剩余，即公司未分配利润，可留待以后年度进行分配。

第五条 本公司分派股利时，按有关法律和行政法规代扣代缴股东股利收入的应纳税金。

第六条 公司持有的本公司股份不参与分配利润。

第七条 公司的法定盈余公积金可用于弥补公司亏损、扩大公司生产经营或者转为增加公司资本。但是，资本公积金将不用于弥补公司的亏损。公司法定盈余公积金转增股本时，所留存的该项公积金将不得少于转增前公司注册资本的25%。

第八条 公司保证利润分配政策的连续性和稳定性，努力实施积极的利润分配政策，特别是现金分红的政策。

（一）公司的利润分配政策包括：

1.公司在盈利、现金流能满足正常经营和持续发展的前提下，在选择利润分配方式时，相对于股票股利等分配方式优先采用现金分红的利润分配方式。采用股票股利进行利润分配的，应当具有公司成长性、每股净资产的摊薄等真实合理因素。

2.实施现金分红的条件：

(1)公司当年或中期实现盈利；公司弥补亏损、提取公积金后，实现的可分配利润为正值，实施现金分红不会影响公司后续持续经营；累计可供分配利润为正值。

(2)公司无重大投资计划或重大现金支出等事项发生（募集资金投资项目除外）。

(3)法律法规、规范性文件规定的其他条件。

重大投资计划或重大现金支出是指公司在分红年度购买资产、对外投资或进行固定资产投资等交易涉及的资产总额占公司最近一期经审计净资产的10%以上的事项，同时存在账面值和评估值的，以高者为准。

3.现金分红期间间隔

在满足利润分配条件的前提下，原则上公司每年进行一次利润分配，以现金分红为主，但公司可以根据公司盈利情况及资金需求状况进行中期现金分红。

4.现金分红最低金额或比例

公司具备现金分红条件的，公司应当采取现金方式分配股利，以现金方式分配的利润不少于当年实现的可分配利润的20%；公司在实施上述现金分配股利的同时，可以派发股票股利。

5.公司发放股票股利的具体条件

公司在经营情况良好且董事会认为公司股票价格与公司股本规模不匹配、发放股票股利有利于公司全体股东整体利益时，可以在满足上述现金分红的条件下，采用发放股票股利方式进行利润分配，具体分红比例由公司董事会审议通过后，提交股东大会审议决定。

（二）公司董事会在年度报告中应披露利润分配预案，对于年度报告期内盈利但未提出现金利润分配预案的，应详细说明未分红的原因、未用于分红的资金留存公司的用途。

（三）公司董事会未做出现金利润分配预案的，应当在定期报告中披露原因，并由独立董事对此发表独立意见。

（四）公司利润分配不得超过累计可分配利润的范围，不得损害公司持续经营能力。

第二章 分配决策机制

第九条 公司管理层、董事会应结合公司盈利情况、资金需求，合理提出分红建议和预案。董事会在决策和形成分红预案时，需详细记录管理层建议、参会董事的发言要点、独立董事意见、董事会投票表决情况等内容，并形成书面记录作为公司档案妥善保存。

公司在制定现金分红方案时，董事会应当认真研究和论证公司现金分红的时机、条件和最低比例、调整的条件及其决策程序要求等事宜，独立董事应当发表明确意见。

公司股东大会应依法依规对董事会提出的分红议案进行表决。公司董事会、独立董事和符合一定条件的股东可以在股东大会召开前向公司的社会公众股股东征集其在股东大会上的投票权。征集股东投票权应当向被征集人充分披露具体投票意向等信息，不得采取有偿或者变相有偿方式进行征集。公司不得对征集投票权提出最低持股比例限制。独立董事行使上述职权应当取得全体独立董事的1/2以上同意。

第十条　公司根据生产经营情况、投资规划和长期发展的需要，需要调整利润分配政策的，调整后的利润分配政策不得违反中国证监会和证券交易所的有关规定，并且应以保护股东权益为出发点，详细论证和说明原因，并经2/3以上(含)独立董事同意后提交股东大会特别决议通过。

第三章　分配监督约束机制

第十一条　独立董事应对公司现金分红政策的制定、调整、决策程序、执行情况、信息披露，以及利润分配政策是否损害中小投资者合法权益发表独立意见。

第十二条　监事会对董事会和管理层执行公司分红政策的情况和决策程序进行监督。

第十三条　公司对利润分配、资本公积金转增股本方案进行预披露时，应当同时向深圳证券交易所提交经半数以上董事对预披露内容进行签字确认的书面文件，文件中应当说明提议人、提议理由、预披露内容的合法性、合规性、合理性以及签字董事承诺在董事会开会审议利润分配、资本公积金转增股本方案时投赞成票等内容。

第十四条　公司应在年度报告、半年度报告中披露利润分配预案和现金利润分配政策执行情况。若在前次发行招股说明书中披露了利润分配政策、股东回报规划和利润分配计划的，则应在年度报告中对其执行情况作为重大事项加以提示。

公司出现本制度第八条第(二)项情况的，公司在召开股东大会时，除现场会议外，应向股东提供网络形式的投票平台。

第十五条　存在股东违规占用公司资金情况的，公司应当扣减该股东所分配的现金红利，以偿还其占用的资金。

第十六条　公司应通过多种途径(电话、传真、电子邮件、投资者关系互动平台)听取、接受中小股东对利润分配尤其是现金分红事项的决策程序和机制，对既定利润分配政策尤其是现金分红政策做出调整的具体条件、决策程序和机制的建议和监督。

第十七条　在筹划或者讨论利润分配、资本公积金转增股本方案过程中，公司应当将内幕信息知情人控制在最小范围内，及时登记内幕信息知情人员及其个人信息，并采取严格的保密措施，防止方案提前泄露。

第四章　附　则

第十八条　本制度未尽事宜，依照相关法律法规、规范性文件及公司章程的规定执行。

第十九条　本政策由2020年年度股东大会修订通过，自修订之日起实施，由董事会负责解释。

索菲亚家居股份有限公司

2021年5月13日

资料来源：https://www.szse.cn/disclosure/listed/bulletinDetail/index.html?46c606b6－289a－4661－b92d－38ca78c21494。

第三节　股利种类及支付

一、股利种类

股利按支付方式分类，主要有以下四种：

(一)现金股利

现金股利是以现金支付的股利，是最常见的股利形式。公司选择发放现金股利，除了要有足够的盈余，还要筹备充足的现金。

(二)股票权利

股票权利，是公司以增发的股票作为支付给股东的股利，在我国上市公司实务中通常也被称为红股。发放股票股利虽然不直接增加股东的财富，也不增加公司的价值，但对股东和公司都有特殊意义。

【例 8—3】 某上市公司发放股票股利之前的股东权益构成如表 8—1 所示。

表 8—1　　股东权益构成情况　　单位：万元

项　目	金　额
股本(2 000 万股，每股面值 1 元)	2 000
资本公积	600
盈余公积	1 000
未分配利润	1 800
股东权益合计	5 400

假设该公司宣布发放 10%的股票股利，当时的股票价格为 6 元，则股票股利分配完成后，该公司的股东权益构成变化如下：

发放的普通股＝2 000×10%＝200(万股)

发放股票股利股本增加额＝200×1＝200(万元)

发放股票股利需要从未分配利润中转出的资金金额＝200×6＝1 200(万元)

股票溢价计入资本公积的金额＝1 200－200＝1 000(万元)

发放股票股利后股东权益构成情况如表 8—2 所示。

表 8—2　　发放股票股利后股东权益构成情况　　单位：万元

项　目	金　额
股本(2 200 万股，每股面值 1 元)	2 200
资本公积	1 600
盈余公积	1 000
未分配利润	600
股东权益合计	5 400

该公司股票股利发放前后，其股东权益总额不变，都是 5 400 万元，由于发放 10%的股票股利，因此普通股股数增加 200 万股，未分配利润减少 1 200 万元，股本增加 200 万元，资本公积增加 1 000 万元。

1. 股票股利对公司的影响

(1)不改变公司股东权益总额，只是将公司的未分配利润转化为股本和资本公积，从而改变股东权益的构成。

(2)流通在外的普通股数量增加，可能降低股票的价格，而股票价格的下降有利于吸引更多投资者，进而使股权更分散，从而有效地防止公司被恶意控制。

(3)股票股利无须分配现金，不会导致公司的财产减少，并且可以传递公司未来发展前景良好的信息，增强投资者的信心，在一定程度上稳定股票价格。

(4)发放股票股利的费用较高，会增加公司的负担。

2. 股票股利对股东的影响

(1)获得股票价值相对上升的利益。市场投资者往往认为，公司发放股票股利预示着公司未来会有较快的发展，这样的信息传递会导致发放股票股利后，其股价并不一定成比例下降，甚至不降反升，股东可得到股票价值相对上升的利益。

(2)投资的灵活性和节税的好处。股东如果需要现金，就可以随时出售股票以获得现金；如果认为公司发展前景良好，就可以长期持有股票，以获得更大的收益。此外，有些国家的税法规定出售股票应缴纳的资本利得税比获得股利应缴纳的所得税低，甚至不需要缴纳资本利得税，因此，股东可以获得节税的好处。

(三)财产股利

财产股利是公司以现金以外的资产支付的股利，其中，以实物方式支付的是实物股利，以公司拥有的其他公司的债券、股票等有价证券支付的股利是证券股利。公司通常在现金支付能力不足时，将财产股利作为发放现金股利的补救措施。在有些情况下，公司为了调整资产结构或规避垄断嫌疑，也会选择证券股利的支付方式。

(四)负债股利

负债股利是以负债方式支付的股利。通常，当公司有盈余但无现金可供发放股利时，可以应付票据等负债方式支付股利。

财产股利和负债股利实际上是现金股利的替代。目前，这两种股利支付方式在我国公司实务中很少使用。

二、股利支付程序

公司的股利分配方案通常由公司董事会根据公司盈利水平和股利政策，制定具体的股利分配预案，董事会的预案必须提交股东大会审议，通过才能实施分配。公司依法分配股利，还包括按照规定的程序发放股利。

(一)股利宣告日

根据有关规定，在分配股利前，董事会必须对外发布审议通过的分配方案，即对外披露股利分配对象、股利支付方式等具体信息。董事会公告的股利分配的日期，称为股利宣告日。

(二)股权登记日

股利分配方案公告后，需要确定有资格享受股利分配的股东的情况，即需要股权登记。股权登记日就是有权领取本期股利的股东的资格登记截止日期。只有在股权登记日及其之前持有或买入股票的股东，才有资格领取本期的股利。在股权登记日后取得股票的股东，则无权获得本期分派的股利。

（三）除权（息）日

股票登记日后，股票中不再包含股利分配权，因此，需要除权（息）调整公司每股股票的价值，以便投资者进行分析决策。

领取股利的权利与股票分离的日期，称为除权（息）日。只有在除权（息）日前购买股票的股东才能领取本次股利，在除权（息）日当天或之后购买股票的股东则不能领取本次股利。

（四）股利支付日

公司根据证券登记公司统计的股东名册，按照公布的分配方案，通过资金清算系统或其他方式将股利支付给股东。公司实际支付股利的日期，称为股利支付日。

【利润分配方案实例】

湖北江瀚新材料股份有限公司2022年年度权益分派实施公告（部分）

一、通过分配、转增股本方案的股东大会届次和日期

本次利润分配及转增股本方案经公司2023年5月16日的2022年年度股东大会审议通过。

二、分配、转增股本方案

1.发放年度：2022年

2.分派对象

截至股权登记日下午上海证券交易所收市后，在中国证券登记结算有限责任公司上海分公司（以下简称中国结算上海分公司）登记在册的本公司全体股东。

3.分配方案

本次利润分配及转增股本以方案实施前的公司总股本266 666 667股为基数，每股派发现金红利1.2元（含税），以资本公积金向全体股东每股转增0.4股，共计派发现金红利320 000 000.40元、转增106 666 667股，本次分配后总股本为373 333 334股。

三、相关日期

相关日期

股份类别	股权登记日	最后交易日	除权（息）日	新增无限售条件流通股份上市日	现金红利发放日
A股	2023年5月29日	—	2023年5月30日	2023年5月30日	2023年5月30日

四、分配、转增股本实施办法

1.实施办法

（1）无限售条件流通股的红利委托中国结算上海分公司通过其资金清算系统向股权登记日上海证券交易所收市后登记在册并在上海证券交易所办理了指定交易的股东派发。已办理指定交易的投资者可于红利发放日在其指定的证券营业部领取现金红利，未办理指定交易的股东的红利暂由中国结算上海分公司保管，待办理指定交易后再派发。

（2）派送红股或转增股本的，由中国结算上海分公司根据股权登记日上海证券交易所收市后登记在册股东持股数，按比例直接计入股东账户。

2.自行发放对象

公司限售流通股股东的现金红利由公司自行发放。

3.扣税说明

(1)对于持有公司无限售条件流通股的自然人股东及证券投资基金，根据《关于上市公司股息红利差别化个人所得税政策有关问题的通知》(财税〔2015〕101 号)和《关于实施上市公司股息红利差别化个人所得税政策有关问题的通知》(财税〔2012〕85 号)的有关规定，公司派发股息红利时，公司暂不扣缴个人所得税，待其转让股票时，中国结算上海分公司根据其持股期限计算应纳税额，由证券公司等股份托管机构从其资金账户中扣收并划付中国结算上海分公司，中国结算上海分公司应于次月 5 个工作日内划付公司，公司在收到税款当月的法定申报期内向主管税务机关申报缴纳。

具体实际税负如下：股东的持股期限在 1 个月以内(含 1 个月)的，其股息红利所得全额计入应纳税所得额，实际税负为 20%；持股期限在 1 个月以上至 1 年(含 1 年)的，暂减按 50%计入应纳税所得额，实际税负为 10%；持股期限超过 1 年的，股息红利所得暂免征收个人所得税。

(2)对于持有本公司股票的合格境外机构投资者(QFII)股东，由本公司根据《关于中国居民企业向 QFII 支付股息、红利、利息代扣代缴企业所得税有关问题的通知》(国税函〔2009〕47 号)的规定，按照 10%的税率统一代扣代缴企业所得税，扣税后实际派发现金红利为每股人民币 1.08 元。如果相关股东涉及享受税收协定(安排)待遇的，可按照相关规定在取得股息、红利后自行向主管税务机关申请办理。

(3)对于其他机构投资者和法人股东，公司不代扣代缴所得税，其股息、红利所得税由其按税法规定自行缴纳，每股实际派发现金红利 1.20 元。

(4)本次转增的资本公积金来源为公司股本溢价发行所形成的资本公积金，公司本次资本公积金转增股本不扣税。

五、股本结构变动表

股权结构变动表

单位：股

项　目	本次变动前	变动数/转增	本次变动后
一、有限售条件流通股份(非流通股)	200 000 000	80 000 000	280 000 000
二、无限售条件流通股份(流通股)	66 666 667	26 666 667	93 333 334
1. A 股	66 666 667	26 666 667	93 333 334
三、股份总数	266 666 667	106 666 667	373 333 334

六、摊薄每股收益说明

实施送转股方案后，按新股本总额 373 333 334 股摊薄计算的 2022 年度每股收益为 2.79 元。

湖北江瀚新材料股份有限公司董事会

2023 年 5 月 24 日

资料来源：http://www.sse.com.cn/disclosure/listedinfo/announcement/c/new/2023－05－24/603281_20230524_TP92.pdf。

第四节　股票分割与股票回购

股票分割与股票回购虽不属于股利的支付方式，但与股票股利有相似之处，故在此一并介绍并作比较。

一、股票分割

（一）股票分割的特征

股票分割又称拆股，即将面额较大的股票拆分成多股面额较小的股票的行为。

股票分割的特征包括：(1)股票分割不影响企业的资本结构；(2)股东权益各账户的余额和股东权益的总额保持不变；(3)股票总数会增加。

（二）股票分割的作用

1. 降低股票的价格

股票分割会使每股市价降低，买卖该股票所需资金量减少，从而促进股票的流通和交易。流通性的提高和股东数量的增加，会在一定程度上加大对公司股票恶意收购的难度。此外，降低股票价格还可以为公司发行新股做准备，因为股价太高会使许多潜在投资者不敢轻易对公司股票进行投资。

2. 传递信息

股票分割可以向市场和投资者传递"公司发展前景良好"的信息，有助于提高投资者对公司股票投资的信心。

股票分割与股票股利非常相似，都是在不增加股东权益的情况下增加股份数量，所不同的是，股票股利虽然不会引起股东权益总额的改变，但股东权益的内部结构会发生变化，而股票分割后，变化的只是股票面值，股东权益总额及其内部结构都不会发生变化。

二、股票回购

（一）股票回购的动机

股票回购是指公司依法出资购回其发行的股票。公司实施股票回购的动机主要包括：

1. 分配超额的现金

现金股利政策会对公司形成派现压力，而股票回购是公司在资金大量富余的情况下，通过回购股东所持股票将现金分配给股东。股东可以根据自己的需要选择继续持有股票或出售以获得现金。股票回购可以被看作现金股利的替代方式，但股东不需要支付较高的股利所得税，从而可以获得节税的收益。

2. 改善公司的资本结构

权益资本在资本结构中所占比例较大时，公司可能为了调整资本结构而回购股票。因此，股票回购能在一定程度上提高公司的财务杠杆水平，降低公司整体的资本成本，改善公司的资本结构。

3. 传递公司信息

信息不对称和预期差异使证券市场上的公司股票价格可能被低估。公司主动回购股票的行为会向市场传递股价被低估的信息，从而吸引更多投资者的关注。

4. 防止恶意收购

股票回购使流通在外的股份数量变少，股价上升，有利于巩固股东的控制权，有效地防止公司被恶意收购。

（二）股票回购对公司的影响

股票回购对公司的影响主要表现在以下几个方面：

第一，股票回购需要大量资金，容易造成资金紧张，降低资产流动性，影响公司的后续发展。

第二，股票回购在一定程度上削弱了对债权人利益的保障。股票回购将改变公司的资本结构，提高公司的资产负债率，从而增加公司的偿债压力和财务风险，不利于维护债权人的利益。

第三，股票回购容易导致公司操纵股价。公司回购自己的股票容易导致其利用内幕消息进行炒作，加剧公司行为的非规范化，损害投资者的利益。

鉴于以上影响，《中华人民共和国公司法》明确规定，公司不得收购本公司股份。但是，有下列情形之一的除外：(1)减少公司注册资本；(2)与持有本公司股份的其他公司合并；(3)将股份奖励给本公司职工；(4)股东因对股东大会做出的公司合并、分立决议有异议，要求公司收购其股份的。

三、股票股利、股票分割与股票回购的比较

股票股利、股票分割与股票回购既有相似之处，又存在本质的差异。股票股利是股利支付方式之一，股票分割与股票回购均不属于股利支付的范畴，具体比较如表8—3所示。

表8—3　股票股利、股票分割与股票回购的比较

项　目	股份数量	每股收益	控制权	资本结构
股票股利	增加	减少	不影响	股东权益总额不变，内部结构调整
股票分割	增加	减少	不影响	不影响
股票回购	减少	增加	巩固既定控制权或转移控制权	提高财务杠杆水平

课程思政

【章节知识点】股利政策、股利种类及股利支付方式

【思政育人元素】引导学生在了解股利政策影响因素的基础上，树立财务管理的法治意识和大局意识，践行公平、公正的职业要求。

复习思考题

1. 企业经营获得的净利润是否可以直接向股东分配？为什么？
2. 企业利润分配需要遵循哪些基本原则？
3. 什么是股利分配的税收差异理论？请举例说明。
4. 股利政策有哪些类型？
5. 企业制定股利分配政策受哪些因素影响？

6. 什么是股票股利？发放股票股利对公司有什么影响？

7. 什么是股票分割？它与股票股利有什么区别？

8. 公司为什么会回购股票？《中华人民共和国公司法》允许公司在什么情况下进行股票回购？

第九章　财务分析

第一节　财务分析概述

一、财务分析的作用

财务分析是以企业的财务报告等会计资料为依据，运用特定方法，对企业的财务状况和经营成果进行综合评价的过程。

财务分析的目的是了解过去、评价现在和预测未来，为股东、债权人和管理层等会计信息使用者的各项决策提供依据。在实务中，财务分析可以发挥以下重要作用：

第一，通过财务分析，可以全面评价企业在一定时期内的各种财务能力，包括偿债能力、营运能力、盈利能力和发展能力，从而分析企业经营活动中存在的问题，总结财务管理工作的经验教训，促进企业改进经营活动、提高管理水平。

第二，通过财务分析，可以为企业外部投资者、债权人和其他有关部门和人员提供更加系统的、完整的会计信息，便于他们更加深入地了解企业的财务状况、经营成果和现金流量情况，为其投资决策、信贷决策和其他经济决策提供依据。

第三，通过财务分析，可以检查企业内部各职能部门和单位完成经营计划的情况，考核各部门和单位的经营业绩，有利于企业建立和完善业绩评价体系，协调各种财务关系，保证企业财务目标的顺利实现。

二、财务分析的内容

财务分析信息的需求者主要包括企业所有者、企业债权人、企业经营决策者和政府等。不同主体出于不同的利益考虑，对财务分析信息有各自不同的要求。

企业所有者作为投资人，十分关心企业资本的保值和增值状况，因此较为重视企业的盈利能力和风险状况，同时关注企业的资产管理水平、竞争能力和发展前景等。

企业债权人因不能参与企业剩余收益分配，所以关注的是企业投资的安全性，更重视企业的偿债能力和财务状况，同时关注企业的资产质量、盈利能力和信用水平等。

企业经营决策者必须充分掌握企业经营理财的各个方面，包括营运能力、偿债能力、盈利能力及发展能力的全部信息，主要进行综合分析，并关注企业财务风险和经营风险。

政府兼具多重身份，既是宏观经济的管理者，又是国有企业的所有者和重要的市场参与者，因此政府不仅关注企业的经济效益，而且会考虑投资的社会效益，据此掌握宏观经济的运行情况，有效组织和调整社会资源的配置；同时，借助财务分析，了解企业的经营活动是否遵守法律法规，为制定相关政策提供依据。

三、财务分析的方法

财务分析的方法主要包括比较分析法、比率分析法和因素分析法。

(一)比较分析法

比较分析法是指对两个或两个以上的可比数据进行对比，找出企业财务状况、经营成果中的问题。

根据比较对象的不同，比较分析法分为趋势分析法、横向比较法和预算差异分析法。趋势分析法的比较对象是本企业的历史；横向比较法的比较对象是同类企业，比如行业平均水平或竞争对手；预算差异分析法的比较对象是预算数据。在财务分析中，最常用的比较分析法是趋势分析法。

趋势分析法是通过对比两期或连续数期财务报告中的相同指标，确定其增减变动的方向、数额和幅度，来说明企业财务状况或经营成果变动趋势的一种方法。采用这种方法，可以分析引起变化的主要原因、变动的性质，并预测企业未来的发展趋势。

(二)比率分析法

比率分析法是通过计算各种比率指标来确定财务活动变动程度的方法。比率指标的类型主要有构成比率、效率比率和相关比率三类。

1. 构成比率

构成比率又称结构比率，是某项财务指标的各组成部分数值占总体数值的百分比，反映部分与总体的关系。其计算公式如下：

$$\text{构成比率}=\frac{\text{某个组成部分的数值}}{\text{总体数值}}\times 100\%$$

比如，企业资产中流动资产、固定资产和无形资产占资产总额的百分比(资产构成比率)，企业负债中流动负债和长期负债占负债总额的百分比(负债构成比率)等。利用构成比率，可以考察总体中某个部分的形成和安排是否合理，以便协调各项财务活动。

2. 效率比率

效率比率是反映某项经济活动中投入与产出关系的财务比率。利用效率比率指标，可以考察经营成果，评价经济效益。

比如，将利润项目与营业收入、营业成本、股东权益等项目加以对比，可以计算出营业利润率、成本利润率和股东权益报酬率等指标，从不同角度观察比较企业盈利能力的强弱及其增减变化情况。

3. 相关比率

相关比率是反映经济活动中某两个或两个以上相关项目比值的财务比率。利用相关比率，可以考察企业相互关联的业务安排得是否合理，以保障经营活动顺畅进行。

比如，将流动资产与流动负债进行对比，计算出流动比率，可以判断企业的短期偿债能力；将负债总额与资产总额进行对比，可以判断企业的长期偿债能力。

采用比率分析法时，应当注意以下几点：(1)对比项目的相关性；(2)对比口径的一致性；(3)衡量标准的科学性。

(三)因素分析法

因素分析法是依据财务指标与其驱动因素之间的关系，从数量上确定各因素对指标影响程度的一种方法。该方法将分析指标分解为各个可以量化的因素，并根据各个因素之间的依存关系，依次用各个因素的比较值(通常为实际值)替代基准值(通常为标准值或计划值)，据以测定各个因素对分析指标的影响程度。由于分析时要逐次进行各个因素的有序替代，因此因素分析法又称“连环替代法”。

因素分析法一般分为四个步骤：

第一，确定分析对象，即确定需要分析的财务指标，比较其实际数额和标准数额(如上一年实际数额)，并计算两者的差额。

第二，确定该财务指标的驱动因素，即根据该财务指标的形成过程，建立财务指标与各驱动因素之间的函数关系模型。

第三，确定驱动因素的替代顺序。

第四，按顺序计算各驱动因素脱离标准的差异对财务指标的影响。

【例 9—1】 某企业 2022 年 6 月生产产品所耗某种材料费用的实际数是 75 790 元，而其计划数是 70 000 元，实际比计划增加 5 790 元。由于材料费用是产品产量、单位产品材料耗用量和材料单价三个因素的乘积，因此，可以把材料费用这一总指标分解为三个因素，然后逐个分析它们对材料费用总额的影响程度。现假设这三个因素的数值如表 9—1 所示。

表 9—1　　影响材料费用的因素指标

项　目	单　位	计划数	实际数
产品产量	件	500	530
单位产品材料消耗量	千克/件	7	6.5
材料单价	元/千克	20	22
材料费用总额	元	70 000	75 790

根据表中资料，材料费用总额实际数较计划数增加 5 790 元，这是分析对象。运用连环替代法，可以计算各因素变动对材料费用总额的影响程度，具体如下：

计划指标：500×7×20＝70 000(元)　①

第一次替代：530×7×20＝74 200(元)　②

第二次替代：530×6.5×20＝68 900(元)　③

第三次替代：530×6.5×22＝75 790(元)(实际数)　④

各因素变动的影响程度分析如下：

②－①＝74 200－70 000＝4 200(元)　产量增加的影响

③－②＝68 900－74 200＝－5 300(元)　材料节约的影响

④－③＝75 790－68 900＝6 890(元)　价格提高的影响

4 200－5 300＋6 890＝5 790(元)　全部因素的影响

四、财务分析的局限性

(一)资料来源的局限性

1. 报表数据的时效性问题

财务报表中的数据均为企业过去经济活动的结果和总结,可用于预测未来发展趋势,只有参考价值,并非绝对合理。

2. 报表数据的真实性问题

在企业形成其财务报表之前,信息提供者往往对信息使用者所关注的财务状况以及对信息的偏好进行仔细分析与研究,并尽力满足信息使用者对企业财务状况和经营成果信息的期望。其结果极有可能使信息使用者所看到的报表信息与企业实际状况相距甚远,从而误导信息使用者的决策。

3. 报表数据的可靠性问题

财务报表虽然是按照会计准则编制的,但不一定能准确反映企业的客观实际。例如:报表数据未按通货膨胀进行调整;某些资产以成本计价,并不代表其现在的真实价值;许多支出在记账时存在灵活性,既可以作为当期费用,也可以作为资本项目在以后年度摊销;很多资产以估计值入账,但未必客观;偶然事件可能歪曲本期的损益,不能反映盈利的正常水平。

4. 报表数据的可比性问题

根据会计准则的规定,不同的企业或同一家企业的不同时期可以根据情况采用不同的会计政策和会计处理方法,使得报表上的数据在企业不同时期和不同企业之间的对比在很多时候失去意义。

5. 报表数据的完整性问题

由于报表本身的原因,其提供的数据是有限的。对报表使用者来说,可能不少需要的信息在财务报表或附注中根本找不到。

(二)财务分析方法的局限性

对于比较分析法来说,在实际操作时,比较的双方必须具备可比性才有意义。对于比率分析法来说,比率分析是针对单个指标进行分析,综合程度较低,在某些情况下无法得出令人满意的结论;财务比率的计算一般是建立在以历史数据为基础的财务报表上的,这使得财务比率提供的信息与决策之间的相关性大打折扣。对于因素分析法来说,在计算各因素对综合经济指标的影响额时,主观假定各因素的变化顺序而且规定每次只有一个因素发生变化,这些假定往往与事实不符。无论何种分析法,它们均是对过去经济事项的反映,随着环境的变化,这些比较标准也会发生变化。在分析时,分析者往往只注重数据的比较,而忽略经营环境的变化,这样得出的分析结论是不全面的。

(三)财务分析指标的局限性

1. 财务指标体系不严密

每一个财务指标只能反映企业的财务状况或经营业绩的某一个方面,每一类指标过分强调其本身所反映的方面,导致整个指标体系不严密。

2. 财务指标所反映的情况具有相对性

在判断某个具体财务指标是好还是坏,或根据一系列指标形成对企业的综合判断时,必须注意财务指标本身所反映情况的相对性。因此，在利用财务指标进行分析时，必须掌握好对财务指标的“信任度”。

3. 财务指标的评价标准不统一

比如，对流动比率，人们一般认为指标值为 2 比较合理，对速动比率则认为指标值为 1 比较合适，但许多成功企业的流动比率低于 2，不同行业的速动比率也有很大差别。例如，采用大量现金销售的企业，几乎没有应收账款，速动比率大大低于 1 是很正常的。相反，一些应收账款较多的企业，速动比率可能大于 1。因此，对不同企业用财务指标进行评价时没有一个统一的标准，不便于不同行业间的对比。

4. 财务指标的比较基础不统一

在对财务指标进行比较分析时，需要选择比较的参照标准，包括同业数据、本企业历史数据和计划预算数据。横向比较时需要使用同业标准。同业平均数只有一般性的指导作用，不一定有代表性，不一定是合理性的标志。选同行业一组有代表性的企业计算平均数作为同业标准，可能比整个行业的平均数更有意义。近年来，分析人员更重视以竞争对手的数据作为分析基础。不少企业实行多种经营，没有明确的行业归属，对此类企业进行同业比较更加困难。

趋势分析应以本企业历史数据作为比较基础，而历史数据代表过去，并不代表合理性。经营环境变化后，当年比上一年利润提高了，并不一定说明已经达到应该达到的水平，甚至不一定说明管理有了改进。会计标准、会计规范的改变会使财务数据失去直接可比性，而要恢复可比性则成本很高，甚至缺乏必要的信息。

实际与计划的差异分析应以预算为比较基础。实际和预算出现差异，可能是执行中有问题，也可能是预算不合理，两者的区分并非易事。

总之，对比较基础本身要准确理解，并且要在限定意义上使用分析结论，避免简单化和绝对化。

第二节　财务比率分析

财务比率分析是最主要的财务分析方法，一般包括偿债能力分析、营运能力分析、盈利能力分析、发展能力分析、现金流量分析等方面。

为了便于说明财务比率的计算和分析，本章将以 ABC 股份有限公司的财务报表数据为例。该公司的资产负债表、利润表、现金流量表如表 9－2、表 9－3、表 9－4 所示。

表 9－2　资产负债表

编制单位：ABC 公司　2022 年 12 月 31 日　单位：万元

资　产	年末余额	年初余额	负债和股东权益	年末余额	年初余额
流动资产			流动负债		
货币资金	580	380	短期借款	820	710
交易性金融资产	100	60	交易性金融负债		
应收票据	30	40	应付票据	140	100

续表

资　产	年末余额	年初余额	负债和股东权益	年末余额	年初余额
应收账款	1 670	1 487	应付账款	520	428
预付款项	38	28	预收款项	20	40
其他应收款	61	43	合同负债		
其中:应收利息	16	6	应付职工薪酬	6	4
应收股利	12	10	应交税费	90	80
存货	1 475	1 360	其他应付款	58	78
合同资产			其中:应付利息	20	24
一年内到期的非流动资产		60	应付股利	12	16
其他流动资产	6	62	一年内到期的非流动负债	110	160
流动资产合计	3 960	3 520	其他流动负债	16	10
非流动资产			流动负债合计	1 780	1 610
债权投资	40	40	非流动负债		
其他债权投资	60	60	长期借款	1 360	1 100
长期应收款	20	20	应付债券	670	650
长期股权投资	180	60	租赁负债		
其他权益工具投资			长期应付款	290	250
其他非流动金融资产			长期应付职工薪酬		
投资性房地产	60	40	预计负债	50	30
固定资产	4 300	3 500	递延收益		
在建工程	260	282	递延所得税负债		
生产性生物资产	40	18	其他非流动负债		
油气资产			非流动负债合计	2 370	2 030
使用权资产			负债合计	4 150	3 640
无形资产	64	40	所有者权益或股东权益		
开发支出			股本	3 000	3 000
商誉			资本公积	470	470
长期待摊费用	16	20	减:库存股		
递延所得税资产			盈余公积	920	340
其他非流动资产			未分配利润	460	150
非流动资产合计	5 040	4 080	股东权益合计	4 850	3 960
资产总计	9 000	7 600	负债和股东权益总计	9 000	7 600

表 9—3 利润表

编制单位：ABC 公司 2022 年度 单位：万元

项 目	本期金额	上期金额
一、营业收入	9 580	8 470
减：营业成本	5 710	5 120
税金及附加	225	176
销售费用	930	815
管理费用	1 020	908
财务费用	106	86
加：其他收益		
投资收益（损失以"—"号填列）	115	96
其中：对联营企业和合营企业的投资收益		
公允价值变动收益（损失以"—"号填列）		
信用减值损失（损失以"—"号填列）	—35	—28
资产减值损失（损失以"—"号填列）	—17	—13
资产处置收益（损失以"—"号填列）		
二、营业利润（损失以"—"号填列）	1 652	1 420
加：营业外收入	51	78
减：营业外支出	35	43
其中：非流动资产处置损失		
三、利润总额（损失以"—"号填列）	1 668	1 455
减：所得税	498	435
四、净利润（损失以"—"号填列）	1 170	1 020
五、每股收益		
（一）基本每股收益	0.39	0.34
（二）稀释每股收益	0.39	0.34

表 9—4 现金流量表

编制单位：ABC 公司 2022 年度 单位：万元

项 目	本期金额	上期金额
一、经营活动产生的现金流量		略

续表

项　目	本期金额	上期金额
销售商品、提供劳务收到的现金	8 570	
收到的税费返还	480	
收到其他与经营活动有关的现金	320	
经营活动现金流入小计	9 370	
购买商品、接受劳务支付的现金	5 830	
支付给职工以及为职工支付的现金	278	
支付的各项税费	1 192	
支付其他与经营活动有关的现金	950	
经营活动现金流出小计	8 250	
经营活动产生的现金流量净额	1 120	
二、投资活动产生的现金流量		
收回投资收到的现金	102	
取得投资收益收到的现金	68	
处置固定资产、无形资产和其他长期资产收回的现金净额	8	
处置子公司及其他营业单位收到的现金净额	5	
收到其他与投资活动有关的现金	7	
投资活动现金流入小计	190	
购建固定资产、无形资产和其他长期资产支付的现金	860	
投资支付的现金	215	
取得子公司及其他营业单位支付的现金净额	30	
支付其他与投资活动有关的现金	15	
投资活动现金流出小计	1 120	
投资活动产生的现金流量净额	−930	
三、筹资活动产生的现金流量		
吸收投资收到的现金		
取得借款收到的现金	738	
收到其他与筹资活动有关的现金		
筹资活动现金流入小计	738	
偿还债务支付的现金	436	
分配股利、利润或偿付利息支付的现金	122	
支付其他与筹资活动有关的现金		
筹资活动现金流出小计	558	
筹资活动产生的现金流量净额	180	

续表

项　目	本期金额	上期金额
四、汇率变动对现金的影响		
五、现金及现金等价物净增加额	370	
加：期初现金及现金等价物余额	390	
六、期末现金及现金等价物余额	760	

一、偿债能力分析

企业偿债能力分析包括短期偿债能力分析和长期偿债能力分析。

（一）短期偿债能力分析

短期偿债能力是指企业偿付流动负债的能力。一般来说，流动负债需要以现金直接偿还，而流动资产是在1年内或超过1年的一个营业周期内可变现的资产，因此，企业的短期偿债能力主要考察的是流动资产对流动负债的清偿能力。企业短期偿债能力的衡量指标主要有营运资金、流动比率、速动比率和现金比率。

1. 营运资金

营运资金是指流动资产超过流动负债的部分。其计算公式如下：

营运资金＝流动资产－流动负债

根据ABC公司的财务报表数据，ABC公司的营运资金计算如下：

本年年末营运资金＝3 960－1 780＝2 180（万元）

上一年年末营运资金＝3 520－1 610＝1 910（万元）

计算营运资金使用的“流动资产”和“流动负债”，通常可以直接取自资产负债表。正是为了便于计算营运资金和分析流动性，资产负债表项目才区分为流动项目和非流动项目，并且按照流动性强弱排序。

营运资金越多，偿债就越有保障。当流动资产大于流动负债时，营运资金为正，说明企业财务状况稳定，不能偿债的风险较小；反之，当流动资产小于流动负债时，营运资金为负，此时，企业部分非流动资产以流动负债作为资金来源，企业不能偿债的风险很大。因此，企业必须保持正的营运资金，以避免流动负债的偿付风险。

营运资金是绝对数，不便于不同历史时期及不同企业之间的比较。因此，在实务中很少直接使用营运资金作为偿债能力的衡量指标，更多的是通过债务的存量比率来评价。

2. 流动比率

流动比率是企业流动资产与流动负债之比。其计算公式如下：

流动比率＝流动资产÷流动负债

流动比率表明每1元流动负债有多少流动资产作为保障。流动比率越大，通常企业的短期偿债能力越强。一般认为，生产型企业合理的最低流动比率是2。这是因为流动资产中变现能力最弱的存货的金额约占流动资产总额的一半，剩下的流动性较强的流动资产至少要等于流动负债，企业短期偿债能力才会有保证。

运用流动比率进行分析时，要注意以下几个问题：

(1)流动比率高，不一定意味着企业的短期偿债能力强，因为流动比率假设全部流动资产可变现清偿流动负债。实际上，各项流动资产的变现能力并不相同，而且变现金额可能与账面金额存在较大差异。因此，流动比率是对短期偿债能力的粗略估计，还需进一步分析流动资产的构成项目。

(2)计算出来的流动比率，只有与同行业平均流动比率、本企业历史流动比率进行比较，才能知道这个比率是高还是低。这种比较通常并不能说明流动比率为什么这么高或低，要找出过高或过低的原因，还必须分析流动资产和流动负债所包括的内容以及经营上的因素。

一般情况下，营业周期、流动资产中的应收账款和存货的周转速度是影响流动比率的主要因素。营业周期短、应收账款和存货的周转速度快的企业，其流动比率低一些是可以接受的。

根据表 9—2 的资料，ABC 公司的流动比率计算如下：

年末流动比率＝3 960÷1 780＝2.22

年初流动比率＝3 520÷1 610＝2.19

ABC 公司 2022 年年初、年末的流动比率均大于 2，说明该公司具有较强的短期偿债能力。

流动比率的缺点是该比率比较容易被人为操纵，并且没有揭示流动资产的构成内容，只能大致反映流动资产整体的变现能力。但流动资产中包含存货这类变现能力较弱的资产，如能将其剔除，其所反映的短期偿债能力就更加可信，这个指标就是速动比率。

3. 速动比率

速动比率是企业速动资产与流动负债之比，其计算公式如下：

速动比率＝速动资产÷流动负债

速动资产是指可以迅速变现的流动资产，主要包括货币资金、交易性金融资产和各种应收款项等。构成流动资产的各个项目的流动性差别很大。其中，货币资金、交易性金融资产和各种应收款项，可以在较短时间内变现；而存货、预付款项、一年内到期的非流动资产和其他流动资产等，变现速度较慢。

在实践中，主要是将存货从流动资产中剔除得到速动资产，其原因如下：(1)流动资产中存货的变现速度比应收账款慢得多；(2)部分存货可能已被抵押；(3)存货的成本和市价可能存在差异。由于剔除了存货等变现能力较弱的资产，因此速动比率比流动比率能更准确、可靠地评价企业资产的流动性及其偿还短期债务的能力。

速动比率表明每 1 元流动负债有多少速动资产作为偿债保障。一般情况下，速动比率越高，企业的短期偿债能力越强。由于通常认为存货占了流动资产的一半左右，因此，剔除存货影响的速动比率至少是 1。速动比率过低，企业面临偿债风险；但速动比率过高，会因占用现金及应收账款过多而增加企业的机会成本。影响速动比率可信性的重要因素是应收账款的变现能力。因为应收账款的账面金额不一定都能转化为现金，而且对于季节性生产的企业，其应收账款金额存在季节性波动，所以根据某时点计算的速动比率不能客观反映其短期偿债能力。此外，使用速动比率指标应考虑行业的差异性。例如，大量使用现金结算的企业，其速动比率大大低于 1 是正常现象。

根据表 9—2 的资料，ABC 公司的速动比率计算如下：

年末速动比率＝2 485÷1 780＝1.40

年初速动比率＝2 160÷1 610＝1.34

ABC 公司 2022 年年初、年末的速动比率比一般公认标准高，说明其短期偿债能力较强，但进一步分析可以发现，在 ABC 公司的速动资产中，应收账款比重很高，账面上的应收账款不一定都能变成现金，实际坏账可能比计提的准备要多，所以，我们还必须计算分析另一个重要比率——现金比率。

4. 现金比率

现金资产包括货币资金和交易性金融资产等。现金资产与流动负债的比值，称为现金比率。现金比率的计算公式如下：

$$现金比率=\frac{货币资金+交易性金融资产}{流动负债}$$

现金比率剔除了应收账款对偿债能力的影响，最能反映企业直接偿付流动负债的能力，表明每 1 元流动负债有多少现金资产作为偿债保障。由于流动负债是在一年内（或一个营业周期内）陆续到期清偿，因此并不需要企业时时保留相当于流动负债金额的现金资产。经验表明，0.2～0.3 的现金比率是可以接受的。若这一比率过高，就意味着企业有过多资源被占用在盈利能力较弱的现金资产上，从而影响企业盈利能力。

根据表 9—2 的资料，ABC 公司的现金比率计算如下：

年末现金比率＝(580＋100)÷1 780＝0.38

年初现金比率＝(380＋60)÷1 610＝0.27

ABC 公司 2022 年年初、年末的现金比率均在正常范围内，说明该公司的短期偿债能力基本可以得到保障。

（二）长期偿债能力分析

长期偿债能力是指企业在较长期间偿还债务的能力。企业在长期内，不仅需要偿还流动负债，而且需要偿还非流动负债，因此，长期偿债能力衡量的是对企业所有负债的清偿能力。企业对所有负债的清偿能力取决于其总资产水平，因此，长期偿债能力考察的是企业资产、负债和所有者权益之间的关系。企业长期偿债能力的衡量指标主要有资产负债率、产权比率、权益乘数和利息保障倍数。

1. 资产负债率

资产负债率是企业负债总额与资产总额之比。其计算公式如下：

$$资产负债率=\frac{负债总额}{资产总额}\times 100\%$$

资产负债率反映总资产中有多大比例是通过负债取得的，可以衡量企业清算时资产对债权人权益的保障程度。当资产负债率高于 50%时，表明企业资产来源主要依靠负债，财务风险较大；当资产负债率低于 50%时，表明企业资产的主要来源是所有者权益，则财务比较稳健。这一比率越低，表明企业资产对负债的保障能力越强，企业的长期偿债能力越强。

事实上，利益主体不同，看待该指标的立场也不同。从债权人的立场看，债务比率越低越好，企业偿债有保证，贷款不会有太大风险。从股东的立场看，其关心的是举债的效益。在全部资产收益率高于借款利息率时，负债比率越高越好，因为股东所得到的利润会增加。从经营者的角度看，其进行负债决策时，更关注如何实现风险和收益的平衡。资产负债率较低，表明财务风险较低，但也意味着可能没有充分发挥财务杠杆的作用，盈利能力较弱；而较高的资产负债率表明较大的财务风险，只有当负债增加的收益能够涵盖其增加的风险时，经营者才会考虑提高负债水平。在风险和收益实现平衡的条件下，是选择较高的负债水平还是较低的负债水平则取决于经营者的风险偏好等多种因素。

对该指标进行分析时，应结合以下几个方面：(1)行业周期。营业周期短的企业，资产周转速度快，可以适当提高资产负债率。(2)资产构成。流动资产的占比较大的企业，可以适当提高资产负债率。(3)企业经营状况。兴旺期的企业，可以适当提高资产负债率。(4)客观经济环境，如利率和通货膨胀率水平。利率提高会提高企业负债的实际利率水平，加大企业的偿债压力，这时企业应降低资产负债率。(5)资产质量和会计政策。(6)行业差异，不同行业的资产负债率存在较大差异。

根据表 9—2 的资料，ABC 公司的资产负债率计算如下：

年末资产负债率＝4 150÷9 000×100%＝46.11%

年初资产负债率＝3 640÷7 600×100%＝47.89%

ABC 公司 2022 年年初、年末的资产负债率均在 50%以下，说明其财务风险较低，长期偿债能力较强。企业仍有空间进一步提高负债水平，以发挥财务杠杆效应。

与资产负债率相对应的指标是权益比率，即企业股东权益总额与资产总额之比。其计算公式如下：

$$\text{权益比率}=\frac{\text{股东权益总额}}{\text{资产总额}}\times 100\%$$

因此：

$$\text{资产负债率}+\text{权益比率}=1$$

2. 产权比率

产权比率是负债总额与股东权益之比，它是揭示企业财务结构稳健程度的重要标志。其计算公式如下：

$$\text{产权比率}=\text{负债总额}\div\text{股东权益}$$

产权比率反映了由债务人提供的资本与股东提供的资本的相对关系，即企业财务结构是否稳健以及自有资金对偿债风险的承受能力。一般来说，这一比率越低，表明企业长期偿债能力越强，债权人权益保障程度越高。在分析时同样需要结合企业的具体情况，当企业的资产收益率大于负债成本率时，负债经营有利于获得额外利润，提高净资产收益率，这时的产权比率可适当高些。产权比率高，是高风险、高报酬的财务结构；产权比率低，是低风险、低报酬的财务结构。

根据表 9—2 的资料，ABC 公司的产权比率计算如下：

年末产权比率＝4 150÷4 850＝0.86

年初产权比率＝3 640÷3 960＝0.92

ABC 公司 2022 年年末的产权比率比年初有所下降，而且保持在 1 以下，说明公司的财务结构更加稳健了。

3. 权益乘数

权益乘数是总资产与股东权益的比值。其计算公式如下：

$$\text{权益乘数}=\text{总资产}\div\text{股东权益}$$

权益乘数表明股东每投入 1 元可实际拥有和控制的资产金额。一般情况下，权益乘数大于1。企业负债比例越高，权益乘数越大。产权比率和权益乘数是资产负债率的另外两种表现形式，是常用的反映财务杠杆水平的指标。

根据表9—2的资料，ABC公司的权益乘数计算如下：

年末权益乘数＝9 000÷4 850＝1.86

年初权益乘数＝7 600÷3 960＝1.92

4. 利息保障倍数

利息保障倍数是指企业息税前利润与全部利息费用之比，又称已获利息倍数，用于衡量企业偿付借款利息的能力。其计算公式如下：

$$\text{利息保障倍数}=\text{息税前利润}\div\text{利息费用}=\frac{\text{净利润}+\text{利息费用}+\text{所得税}}{\text{利息费用}}$$

公式中，息税前利润是指利润表中扣除利息费用和所得税前的利润；利息费用是指本期的全部应付利息，不仅包括财务费用中的利息费用，而且包括计入固定资产等成本的资本化利息。

利息保障倍数表明每1元利息支付有多少倍息税前利润做保障。该比率越高，利息支付越有保障，长期偿债能力越强。从长期看，利息保障倍数至少要大于1(国际公认标准为3)，也就是说，息税前利润至少要大于利息费用，企业才具备负债的可能性。如果利息保障倍数过低，企业就会面临亏损、偿债的安全性与稳定性下降的风险。在分析时需要比较企业连续多个会计年度(如5年)的利息保障倍数，以说明企业付息能力的稳定性。

根据表9—3的资料，假定表中财务费用全部为利息费用，资本化利息为0，则ABC公司的利息保障倍数计算如下：

本年利息保障倍数＝(1 668＋106)÷106＝16.74

上一年利息保障倍数＝(1 455＋86)÷86＝17.92

从以上计算结果看，ABC公司的利息保障倍数虽然有所下降，但仍在十几倍以上，利息支付能力非常强。

(三)影响偿债能力的其他因素

1. 资产质量

在财务报表内反映的资产金额为资产的账面价值，但财务会计核算的局限性使得资产的账面价值与实际价值可能存在差异，如资产可能被高估或低估，一些资产无法进入财务报表等。此外，资产的变现能力也会影响企业的偿债能力。

2. 租赁活动

财产租赁通常有两种形式：融资租赁和经营租赁。融资租赁形成的负债会反映在资产负债表中，经营租赁形成的负债则未反映在资产负债表中。经营租赁作为一种表外融资方式，会影响企业的偿债能力。当企业存在经营租赁时，特别是租赁金额较大、租赁期限较长，意味着企业要在租期内分期支付租赁费用，也即有固定的、经常性的支付义务，此时应考虑租赁费用对偿债能力的影响。

3. 或有事项和承诺事项

如果企业存在债务担保或未决诉讼等或有事项，就会加大企业的潜在偿债压力；同样，各种承诺支付事项也会加大企业的偿债义务。

二、营运能力分析

营运能力反映企业资产管理效率的高低。一般而言，资金周转速度越快，说明企业的资产管理效率越高，企业能以较少的投入获得较多的收益。企业营运能力的衡量指标主要有应收账款周转率、存货周转率、流动资产周转率、固定资产周转率和总资产周转率。

(一)应收账款周转率

应收账款周转率是指企业一定时期内营业收入与应收账款平均余额的比率，即企业的应收账款在一定时期内周转的次数。其计算公式如下：

$$\text{应收账款周转率(次数)}=\text{营业收入}\div\text{应收账款平均余额}$$

$$\text{应收账款平均余额}=\frac{\text{期初应收账款余额}+\text{期末应收账款余额}}{2}$$

应收账款周转天数是指应收账款周转一次(从销售开始到收回现金)所需要的时间。其计算公式如下：

$$\text{应收账款周转天数}=360\div\text{应收账款周转率}$$

通常，应收账款周转次数越多(或周转天数越少)，表明应收账款管理效率越高。

根据表 9—2、表 9—3 的资料，ABC 公司 2022 年应收账款周转率指标计算如下：

$$\text{应收账款周转率}=\frac{9\ 580}{(1\ 487+1\ 670)\div 2}=6.07$$

$$\text{应收账款周转天数}=360\div 6.07=59.31(\text{天})$$

运用应收账款周转率指标评价企业应收账款管理效率时，应将计算出的指标与该企业前期、行业平均水平或其他类似企业相比较来判断。

在计算和使用应收账款周转率指标时，应注意以下问题：

第一，营业收入的赊销比例问题。从理论上讲，应收账款是由赊销引起的，其对应的收入应为赊销收入，而非全部营业收入。但是，赊销数据难以取得，且可以假设现金销售是收账时间为零的应收账款，因此，只要保持计算口径一致，使用营业收入不影响分析。

第二，应收账款期末余额的可靠性问题。应收账款是特定时点的存量，容易受季节性、偶然性和人为因素的影响。在使用应收账款周转率进行业绩评价时，最好使用多个时点的平均数，以减少这些因素的影响。

第三，应收账款的减值准备问题。应收账款在财务报表中按净额列示，计提坏账准备会使财务报表中列示的应收账款金额减少，而营业收入不变。其结果是，计提的坏账准备越多，应收账款周转率越高、周转天数越少，对应收账款实际管理欠佳的企业反而会得出应收账款周转情况更好的错误结论。

第四，应收票据是否纳入考虑。大部分应收票据是销售形成的，是商业债权的另一种形式。当企业的应收票据规模较大时，必须将应收票据纳入考虑，计算商业债权周转率。

(二)存货周转率

存货周转率是指企业一定时期内营业成本与存货平均资金占用额的比率，是衡量和评价企业购入存货、投入生产、销售收回等各环节管理效率的综合性指标。其计算公式如下：

$$\text{存货周转率(次数)}=\text{营业成本}\div\text{存货平均余额}$$

$$存货平均余额=\frac{期初存货余额+期末存货余额}{2}$$

存货周转天数是指存货周转一次（从存货取得到存货销售）所需要的时间。其计算公式如下：

$$存货周转天数=360\div 存货周转率$$

根据表 9—2、表 9—3 的资料，ABC 公司 2022 年存货周转率指标计算如下：

$$存货周转率=\frac{5\ 710}{(1\ 360+1\ 475)\div 2}=4.03$$

$$存货周转天数=360\div 4.03=89.33（天）$$

在计算和使用存货周转率指标时，应注意以下问题：

第一，一般来说，存货周转率越高，表明存货周转速度越快，资金占用水平越低，存货变现能力越强，这样会增强企业的短期偿债能力及盈利能力。

第二，不能盲目追求高存货周转率。比如，减少存货量可以增加存货的周转次数，但可能对正常的经营活动带来不利影响。

第三，存货周转率的高低与企业的经营特点有密切联系，应注意行业的可比性。

第四，应结合应收账款周转情况和信用政策进行分析。

（三）流动资产周转率

流动资产周转率是指营业收入与流动资产平均余额的比率。其计算公式如下：

$$流动资产周转率（次数）=营业收入\div 流动资产平均余额$$

$$流动资产平均余额=\frac{期初流动资产余额+期末流动资产余额}{2}$$

$$流动资产周转天数=360\div 流动资产周转率$$

流动资产周转率是分析流动资产周转情况的一个综合指标。流动资产周转得越快，表明以相同的流动资产完成的周转额越多，流动资产的利用效果越好。但是，究竟流动资产周转率为多少才算好，并没有一个确定的标准。通常分析流动资产周转率时，应比较企业历年数据，并结合行业特点。

根据表 9—2、表 9—3 的资料，ABC 公司 2022 年流动资产周转率指标计算如下：

$$流动资产周转率=\frac{9\ 580}{(3\ 520+3\ 960)\div 2}=2.56$$

$$流动资产周转天数=360\div 2.56=140.63（天）$$

（四）固定资产周转率

固定资产周转率是指营业收入与固定资产平均余额的比率。它是反映企业固定资产周转情况，从而衡量固定资产利用效率的一项指标。其计算公式如下：

$$固定资产周转率（次数）=营业收入\div 固定资产平均余额$$

$$固定资产平均余额=\frac{期初固定资产余额+期末固定资产余额}{2}$$

固定资产周转率高，说明企业固定资产投资得当，结构合理，利用效率高；反之，固定资产周转率不高，则表明固定资产利用效率不高，提供的生产成果不多，企业的营运能力不强。

根据表 9—2、表 9—3 的资料，ABC 公司 2022 年固定资产周转率计算如下：

$$固定资产周转率=\frac{9\ 580}{(3\ 500+4\ 300)\div 2}=2.46$$

（五）总资产周转率

总资产周转率是指营业收入与平均总资产的比率。其计算公式如下：

$$总资产周转率（次数）=营业收入\div 平均总资产$$

$$平均总资产=\frac{期初总资产+期末总资产}{2}$$

这一比率用来衡量企业资产整体的使用效率。总资产由各项资产组成，在营业收入既定的情况下，总资产周转率的驱动因素是各项资产。因此，对总资产周转情况的分析应结合各项资产的周转情况，以发现影响企业资产周转的主要因素。

根据表9—2、表9—3的资料，ABC公司2022年总资产周转率计算如下：

$$总资产周转率=\frac{9\ 580}{(7\ 600+9\ 000)\div 2}=1.15$$

三、盈利能力分析

盈利能力是企业获取利润、实现资金增值的能力。因此，盈利能力指标主要通过收入与利润之间的关系、资产与利润之间的关系反映。衡量企业盈利能力的指标主要有营业毛利率、营业利润率、营业净利率、总资产报酬率、资产净利率和净资产收益率。

（一）营业毛利率

营业毛利率是营业毛利与营业收入之比。其计算公式如下：

$$营业毛利率=\frac{营业毛利}{营业收入}\times 100\%$$

其中：

$$营业毛利=营业收入-营业成本$$

营业毛利率反映企业每1元营业收入所包含的毛利润，即营业收入扣除营业成本后还有多少剩余可用于各期费用和形成利润。营业毛利率越高，表明产品的盈利能力越强。将营业毛利率与行业平均水平进行比较，可以反映企业产品的市场竞争地位。那些营业毛利率高于行业平均水平的企业意味着实现一定的收入占用了更少的成本，表明它们在资源、技术或劳动生产率方面具有竞争优势；而那些营业毛利率低于行业平均水平的企业则意味着在行业中处于竞争劣势。此外，将不同行业的营业毛利率进行横向比较，也可以说明行业间盈利能力的差异。

根据表9—3的资料，ABC公司营业毛利率计算如下：

$$2022年营业毛利率=\frac{9\ 580-5\ 710}{9\ 580}\times 100\%=40.40\%$$

$$2021年营业毛利率=\frac{8\ 470-5\ 120}{8\ 470}\times 100\%=39.55\%$$

（二）营业利润率

营业利润率是营业利润与营业收入之比。其计算公式如下：

$$营业利润率=\frac{营业利润}{营业收入}\times 100\%$$

营业利润率反映每 1 元营业收入中包含多少营业利润，即企业日常经营活动中所有收入扣除所有支出后还剩余多少利润。该比率越高，说明企业的获利能力越强。

根据表 9—3 的资料，ABC 公司营业利润率计算如下：

2022 年营业利润率＝1 652÷9 580×100%＝17.24%

2021 年营业利润率＝1 420÷8 470×100%＝16.77%

（三）营业净利率

营业净利率是净利润与营业收入之比。其计算公式如下：

$$营业净利率=\frac{净利润}{营业收入}\times 100\%$$

营业净利率反映每 1 元营业收入最终赚取的利润，用于反映企业最终的盈利能力。该比率越高，说明企业通过扩大营业额获取报酬的能力越强。

根据表 9—3 的资料，ABC 公司营业净利率计算如下：

2022 年营业净利率＝1 170÷9 580×100%＝12.21%

2021 年营业净利率＝1 020÷8 470×100%＝12.04%

从上述计算分析可以看出，ABC 公司 2022 年各项利润率指标均比 2021 年有所上升，说明企业盈利水平提高了。

（四）总资产报酬率

总资产报酬率是息税前利润与平均总资产的比率，反映企业包括净资产和负债在内的全部资产的总体获利能力。其计算公式如下：

$$总资产报酬率=\frac{息税前利润}{平均总资产}\times 100\%$$

总资产报酬率衡量的是企业利用现有资源创造价值的能力。计算时排除利息费用和纳税等非经营因素，该指标越高，表明企业投入产出的水平越高，企业的资产运营越有效。

根据表 9—2、表 9—3 的资料，ABC 公司 2022 年总资产报酬率计算如下：

$$总资产报酬率=\frac{1\ 668+106}{(7\ 600+9\ 000)\div 2}\times 100\%=21.37\%$$

（五）资产净利率

资产净利率是净利润与平均总资产的比率，反映每 1 元资产创造的净利润。其计算公式如下：

$$资产净利率=\frac{净利润}{平均总资产}\times 100\%$$

资产净利率衡量的是企业资产的盈利能力。资产净利率越高，表明企业资产的利用效果越好。影响资产净利率的因素是营业净利率和总资产周转率。

$$资产净利率=\frac{净利润}{平均总资产}=\frac{净利润}{营业收入}\times\frac{营业收入}{平均总资产}=营业净利率\times 总资产周转率$$

企业可以通过提高营业净利率和总资产周转率来提高总资产净利率。

据表 9—2、表 9—3 的资料，ABC 公司 2022 年的资产净利率计算如下：

$$资产净利率=\frac{1\ 170}{(7\ 600+9\ 000)\div 2}\times 100\%=14.10\%$$

(六)净资产收益率

净资产收益率又称股东权益报酬率或权益净利率，是净利润与平均股东权益的比值，表示每1元股东资本赚取的净利润，反映资本经营的盈利能力。其计算公式如下：

$$净资产收益率=\frac{净利润}{平均净资产}\times100\%=\frac{净利润}{平均股东权益}\times100\%$$

$$平均净资产=\frac{期初净资产+期末净资产}{2}$$

净资产收益率指标是企业盈利能力指标的核心，也是杜邦财务指标体系的核心，更是投资者关注的重点。一般来说，净资产收益率越高，股东和债权人的利益保障程度就越高。如果企业的净资产收益率在一段时间内持续增长，就说明资本盈利能力稳定上升。但净资产收益率不是越高越好，分析时要注意企业的财务风险。

$$净资产收益率=\frac{净利润}{平均净资产}=\frac{净利润}{平均总资产}\times\frac{平均总资产}{平均净资产}=资产净利率\times权益乘数$$

通过对净资产收益率的分解可以发现，改善资产盈利能力和增加企业负债都可以提高净资产收益率。如果不改善资产盈利能力，单纯通过加大举债来提高权益乘数进而提高净资产收益率的做法则十分危险。因为企业负债经营的前提是有足够的盈利能力以保障偿还债务本息，单纯增加负债对净资产收益率的改善只具有短期效应，最终将因盈利能力无法涵盖增加的财务风险而使企业面临财务困境。所以，只有当企业净资产收益率上升的同时财务风险没有明显加大，才能说明企业财务状况良好。

根据表9—2、表9—3的资料，ABC公司2022年净资产收益率计算如下：

$$净资产收益率=\frac{1\ 170}{(3\ 960+4\ 850)\div2}\times100\%=26.56\%$$

四、发展能力分析

衡量企业发展能力的指称主要有营业收入增长率、总资产增长率、营业利润增长率、资本保值增值率和资本积累率等。

(一)营业收入增长率

营业收入增长率反映相对化的营业收入增长情况，是衡量企业经营状况和市场占有能力、预测企业经营业务拓展趋势的重要指标。其计算公式如下：

$$营业收入增长率=\frac{本年营业收入增长额}{上一年营业收入}\times100\%$$

其中：

$$本年营业收入增长额=本年营业收入-上一年营业收入$$

营业收入增长率大于零，表明企业本年营业收入有所增长。该指标值越高，表明企业营业收入的增长速度越快，企业市场前景越好。

根据表9—3的资料，ABC公司2022年营业收入增长率计算如下：

$$2022年营业收入增长率=\frac{9\ 580-8\ 470}{8\ 470}\times100\%=13.11\%$$

(二)总资产增长率

总资产增长率是企业本年资产增长额与年初资产总额的比率，反映企业本期资产规模的增长情况。其计算公式如下：

$$总资产增长率=\frac{本年资产增长额}{年初资产总额}\times 100\%$$

其中：

$$本年资产增长额=年末资产总额-年初资产总额$$

总资产增长率越高，表明企业一定时期内资产经营规模扩张的速度越快。但在分析时，要关注资产规模扩张的质与量的关系，以及企业的后续发展能力，避免盲目扩张。

根据表 9—2 的资料，ABC 公司 2022 年总资产增长率计算如下：

$$2022年总资产增长率=\frac{9\,000-7\,600}{7\,600}\times 100\%=18.42\%$$

（三）营业利润增长率

营业利润增长率是企业本年营业利润增长额与上一年营业利润总额的比率，反映企业营业利润的增减变动情况。其计算公式如下：

$$营业利润增长率=\frac{本年营业利润增长额}{上一年营业利润总额}\times 100\%$$

其中：

$$本年营业利润增长额=本年营业利润-上一年营业利润$$

根据表 9—3 的资料，ABC 公司 2022 年营业利润增长率计算如下：

$$2022年营业利润增长率=\frac{1\,652-1\,420}{1\,420}\times 100\%=16.34\%$$

（四）资本保值增值率

资本保值增值率是指扣除客观因素影响后的股东权益的期末总额与期初总额之比。其计算公式如下：

$$资本保值增值率=\frac{扣除客观因素影响后的期末股东权益}{期初股东权益}\times 100\%$$

如果企业本期净利润大于 0，并且利润留存率大于 0，则必然使期末股东权益大于期初股东权益。所以，该指标也是衡量企业盈利能力的重要指标。当然，这一指标的高低，除了受企业经营成果的影响外，还受企业利润分配政策和投入资本的影响。

根据表 9—2 的资料，ABC 公司 2022 年资本保值增值率计算如下：

$$2022年资本保值增值率=4\,850\div 3\,960\times 100\%=122.47\%$$

（五）资本积累率

资本积累率是企业本年股东权益增长额与年初股东权益的比率，反映企业当年资本的积累能力。其计算公式如下：

$$资本积累率=\frac{本年股东权益增长额}{年初股东权益}\times 100\%$$

$$本年股东权益增长额=年末股东权益-年初股东权益$$

资本积累率越高，表明企业的资本积累越多，应对风险和持续发展的能力越强。

根据表 9—2 的资料，ABC 公司 2022 年资本积累率计算如下：

$$2022年资本积累率=\frac{4\,850-3\,960}{3\,960}\times 100\%=22.47\%$$

五、现金流量分析

现金流量分析能进一步评价企业的偿债能力、获现能力和收益质量。现金流量分析指标主要有以下几个：

(一)现金流量比率

现金流量比率是指经营活动现金流量净额与流动负债余额的比率。其计算公式如下：

$$现金流量比率=经营活动现金流量净额÷年末流动负债$$

现金流量比率反映了企业经营活动所产生的现金流量对当期流动负债的保障程度。该比率越高，说明企业的财务状况越好，偿付到期债务的能力越强。

根据表9—2、表9—4的资料，ABC公司2022年现金流量比率计算如下：

现金流量比率=1 120÷1 780=0.63

(二)现金负债总额比率

现金负债总额比率是指经营活动现金流量净额与负债总额的比率。其计算公式如下：

$$现金债务总额比率=经营活动现金流量净额÷年末负债总额$$

现金负债总额比率反映了企业能够承担的债务规模的大小。该比率越大，企业所能承担的债务规模越大；该比率越小，企业所能承担的债务规模越小。

根据表9—2、表9—4的资料，ABC公司2022年现金负债总额比率计算如下：

现金负债总额比率=1 120÷4 150=0.27

(三)到期债务本息偿付比率

到期债务本息偿付比率指的是企业的经营活动现金流量净额对本期到期债务本金和利息支出对现金需要的满足程度。其计算公式如下：

$$到期债务本息偿付比率=\frac{经营活动现金流量净额}{本期到期债务本金+利息支出}$$

到期债务本息偿付比率越大，企业偿付到期债务的能力越强；如果到期债务本息偿付比率小于1，则表明企业经营活动产生的现金不足以偿付到期债务本息，企业必须依靠投资活动和筹资活动的现金流入才能偿还债务。

根据表9—2、表9—3、表9—4的资料，假设ABC公司2022年的到期债务本金为1 680万元，财务费用全部为利息支出，则公司2022年到期债务本息偿付比率计算如下：

$$到期债务本息偿付比率=\frac{1\ 120}{1\ 680+106}=0.63$$

(四)全部资产现金回收率

全部资产现金回收率指的是经营活动现金流量净额与平均总资产的比率，它反映了企业全部资产整体创造现金的能力。其计算公式如下：

$$全部资产现金回收率=经营活动现金流量净额÷平均总资产$$

全部资产现金回收率反映了企业一定时期全部资产创造现金的能力。与同行业平均数值相比，该数值越大，表明企业资产整体质量越好；该数值越小，表明企业资产整体质量越差。

根据表 9—2、表 9—4 的资料，ABC 公司 2022 年全部资产现金回收率计算如下：

$$全部资产现金回收率=\frac{1\ 120}{(7\ 600+9\ 000)\div 2}=0.13$$

（五）现金购销比率

现金购销比率是指企业在经营活动中购买商品、接受劳务支付的现金与销售商品、提供劳务收到的现金的比率。其计算公式如下：

现金购销比率＝购买商品、接受劳务支付的现金÷销售商品、提供劳务收到的现金

可以看出，该比率的分子和分母分别对应企业经营活动中的投入和产出。在企业正常经营的情况下，这一比率一般对应利润表中的营业成本率。这一比率过大或过小，都应该引起重视。企业所处发展阶段不同、信用政策不同、市场环境不同，此比率所揭示的意义也不同。

根据表 9—4 的资料，ABC 公司 2022 年现金购销比率计算如下：

现金购销比率＝5 830÷8 570＝0.68

（六）收入现金比率

收入现金比率是指一定时期销售商品、提供劳务收到的现金与营业收入的比率。其计算公式如下：

收入现金比率＝销售商品、提供劳务收到的现金÷营业收入

该比率反映了企业从每 1 元营业收入中所实现的现金流入，也体现了企业对应收款项回收的效率。该比率越大，表明企业的收益质量越高，企业应收款项回收的效率越高。

根据表 9—3、表 9—4 的资料，ABC 公司 2022 年收入现金比率计算如下：

收入现金比率＝8 570÷9 580＝0.89

（七）盈利现金比率

盈利现金比率是指一定时期经营活动产生的现金流量净额与净利润的比值。其计算公式如下：

盈利现金比率＝经营活动现金流量净额÷净利润

盈利现金比率反映了企业当期收益的质量。一般来说，该比率越大，企业的收益质量越高；反之则越低。如果该比率过小，则即使利润表上反映企业盈利，也应该注意企业现金流量的质量是否存在问题，是否会影响企业的发展乃至生存。

根据表 9—3、表 9—4 的资料，ABC 公司 2022 年盈利现金比率计算如下：

盈利现金比率＝1 120÷1 170＝0.96

六、上市公司的特殊比率

（一）每股收益

每股收益又称每股利润或每股盈余，它是综合反映股份有限公司盈利能力的重要指标，可以用来判断和评价管理层的经营业绩。若不考虑优先股因素，则每股收益的计算公式如下：

每股收益＝净利润÷发行在外的普通股加权平均股数

其中：

$$\begin{array}{c}发行在外的普通\\股加权平均股数\end{array}=\begin{array}{c}期初发行在外\\普通股股数\end{array}+\begin{array}{c}当期新发普\\通股股数\end{array}\times\frac{已发行时间}{报告期时间}-\begin{array}{c}当期回购普\\通股股数\end{array}\times\frac{已回购时间}{报告期时间}$$

每股收益表示公司普通股每股所获得的净利润。每股收益越高，说明公司的盈利能力越强。

虽然每股收益可以很直观地反映股份有限公司的盈利能力以及股东的报酬，但它是一个绝对数指标，在分析每股收益时，还应考虑流通在外的普通股股数的变动情况。如果某股份有限公司采用股本扩张的政策，大量转增股本或以股票股利的形式分配股利，就必然摊薄每股收益，此时应结合股东权益报酬率来分析公司的盈利能力。

（二）每股净资产

每股净资产也称每股账面价值，等于股东权益总额除以发行在外的普通股股份总数。其计算公式如下：

每股净资产＝期末股东权益总额÷期末发行在外的普通股股份总数

每股净资产反映了发行在外的每一普通股股份所能分配的企业账面净资产的价值。这里所说的"账面净资产"，是指企业账面上的总资产减去负债后的余额，即股东权益总额。每股净资产指标反映了在会计期末每一股份在企业账面上到底值多少钱，是理论上股票的最低价值。利用该指标进行横向和纵向对比，可以衡量上市公司股票的投资价值。

（三）每股现金流量

每股现金流量反映公司普通股每股所取得的经营活动现金流量。其计算公式如下：

每股现金流量＝经营活动现金流量净额÷发行在外的普通股加权平均股数

注重股利分配的投资者应当注意，每股收益的高低虽然与股利分配有密切的关系，但它不是决定股利分配的唯一因素。即使某公司的每股收益很高，如果公司缺乏现金，也是无法分配现金股利的。因此，还有必要分析公司的每股现金流量。每股现金流量越大，说明公司越有能力支付现金股利。

（四）每股股利与股利支付率

1. 每股股利

每股股利等于普通股分配的现金股利总额除以普通股股份总数，它反映了普通股每股分得的现金股利的多少。其计算公式如下：

每股股利＝普通股现金股利总额÷期末发行在外的普通股股份总数

每股股利的高低，不仅取决于公司盈利能力的强弱，而且取决于公司的股利政策和现金是否充裕。倾向于分配现金股利的投资者，应当比较分析公司历年的每股股利，从而了解公司的股利政策。

2. 股利支付率

股利支付率是每股股利与每股收益的比值，它表明股份有限公司的净利润中有多少用于现金股利的分派。其计算公式如下：

$$\text{股利支付率}=\frac{\text{普通股每股股利}}{\text{普通股每股收益}}\times 100\%$$

与股利支付率相关的反映利润留存比例的指标是留存比率。其计算公式如下：

$$\text{留存比率}=\frac{\text{每股收益}-\text{每股股利}}{\text{每股收益}}\times 100\%$$

$$\text{或}=\frac{\text{净利润}-\text{现金股利}}{\text{净利润}}\times 100\%$$

留存比率反映了公司净利润留存的百分比，它与股利支付率之和等于1：

股利支付率＋留存比率＝1

（五）市盈率与市净率

市盈率和市净率是以企业盈利能力为基础的市场估值指标。这两个指标并不是直接用于分析公司盈利能力的，而是投资者以盈利能力分析为基础，对公司股票进行价值评估的工具。通过对市盈率和市净率的分析，可以判断股票的市场定价是否符合公司的基本面，为投资者的投资活动提供决策依据。

1. 市盈率

市盈率（Price/Earnings Ratio，P/E），是指普通股每股市价与每股收益的比率，反映普通股股东为获取1元净利润所愿意支付的股票价格。其计算公式如下：

市盈率＝每股市价÷每股收益

市盈率是反映公司市场价值与盈利能力之间关系的一个重要财务比率，投资者对这个比率十分重视，将它作为投资决策的重要参考因素之一。资本市场上并不存在一个标准市盈率，对市盈率的分析要结合行业特点和企业的盈利前景。通常，市盈率高，说明投资者对该公司的发展前景看好，愿意出较高的价格购买该公司股票，所以，成长性好的公司股票的市盈率往往高，而盈利能力弱、缺乏成长性的公司股票的市盈率往往低。但是，也应注意，如果某股票的市盈率过高，则意味着这只股票具有较高的投资风险。

2. 市净率

市净率（Price/Book-value Ratio，P/B），是指普通股每股市价与每股净资产的比率。其计算公式如下：

市净率＝每股市价÷每股净资产

市净率反映了公司股票的市场价格与账面价值之间的关系。一般来说，市净率较低的股票，投资价值较高；反之，则投资价值较低。但有时较低的市净率反映的可能是投资者对公司前景的不良预期，较高的市净率则相反。因此，在判断某只股票的投资价值时，还要综合考虑当时的市场环境以及公司经营情况、资产质量和盈利能力等因素。

第三节　财务综合分析

财务综合分析就是将偿债能力、营运能力、盈利能力和发展能力等各类分析指标有机地联系起来，作为一套完整的体系相互配合使用，全面、客观地对企业的财务状况和经营情况进行考察和分析，从而对企业经济效益的优劣做出准确的评价。

企业财务综合分析的方法很多，传统方法主要有财务比率综合评分法和杜邦分析法。

一、财务比率综合评分法

财务比率综合评分法也称沃尔评分法，是指对选定的几项财务比率进行评分，然后计算出综合得分，并据此评价企业的综合财务状况的方法。因为最早采用这种方法的是亚历山大·沃尔（Alexander Wall），故该方法又称沃尔评分法。1928年，亚历山大·沃尔在《信用晴雨表研究》和《财务报表比率分析》两本著作中采用评分方法对企业的信用状况进行综合评价，并提出了信用能力指数的概念。他选择了 7 个财务比率，包括流动比率、产权比率、固定资产比率、存货周转率、应收账款周转率、固定资产周转率和股权资本周转率，并且对各项财务比率分别给定不同的权重，然后以行业平均数为基础确定各项财务比率的标准值，将各项财务比率的实际值与标准值进行比较，得出一个关系比率，将此关系比率与各项财务比率的权重相乘得出总评分，以此来评价企业的信用状况。在亚历山大·沃尔之后，这种方法不断发展，成为对企业进行财务综合分析的一种重要方法。

采用财务比率综合评分法对企业财务状况进行综合分析，一般要遵循以下程序：

1. 选定评价财务状况的财务比率

在选择财务比率时，需要注意以下三个方面：(1)财务比率要求具有全面性。一般来说，反映企业的偿债能力、营运能力和盈利能力的三类财务比率都应当包括在内。(2)财务比率应当具有代表性。所选择的财务比率数量不一定很多，但应当具有代表性，要选择能说明问题的重要的财务比率。(3)各项财务比率要具有变化方向的一致性。当财务比率增大时，表示财务状况的改善；反之，当财务比率减小时，表示财务状况的恶化。

2. 确定财务比率标准评分值

根据各项财务比率的重要程度，确定其标准评分值。各项财务比率的标准评分值之和应等于 100 分。各项财务比率评分值的确定是财务比率综合评分法的一个重要问题，它直接影响对企业财务状况的评分，一般来说，应根据企业的经营活动性质、生产经营规模、市场形象和分析者的分析目的等因素来确定。

3. 确定财务比率评分值的上限和下限

规定各项财务比率评分值的上限和下限，即最高评分值和最低评分值。这主要是为了避免个别财务比率的异常给总分造成不合理的影响。上限可定为正常评分值的 2 倍左右，下限可定为正常评分值的 0.5 倍左右。

4. 确定财务比率的标准值

财务比率的标准值是指各项财务比率在本企业现时条件下最理想的数值，也即最优值。财务比率的标准值，通常可以参照同行业的平均水平，并经过调整后确定。

5. 计算关系比率

先计算企业在一定时期各项财务比率的实际值，然后计算出各项财务比率的实际值与标准值的比值，即关系比率。关系比率反映企业某一财务比率的实际值偏离标准值的程度。

6. 计算各项财务比率的实际得分

各项财务比率的实际得分是关系比率和标准评分值的乘积，每项财务比率的得分都不得超过上限或下限，所有财务比率实际得分的合计数就是企业财务状况的综合得分。

企业财务状况的综合得分反映企业综合财务状况是否良好。如果综合得分等于或接近 100 分，就说明企业的财务状况是良好的，达到了预先确定的标准；如果综合得分远远低于 100 分，就说明企业的财务状况较差，应当采取适当的措施加以改善；如果综合得分远远超过 100 分，就说明企业的财务状况很理想。

下面采用财务比率综合评分法，对 ABC 公司 2022 年的财务状况进行综合评价（如表 9—5 所示）。

表 9－5　　ABC 公司 2022 年财务比率综合评分

财务比率	评分值 (1)	上/下限 (2)	标准值 (3)	实际值 (4)	关系比率 (5)＝(4)÷(3)	实际得分 (6)＝(1)×(5)
流动比率	10	20/5	2.0	2.22	1.11	11.10
速动比率	10	20/5	1.2	1.40	1.17	11.70
资产负债率	12		2.1	2.17	1.03	12.36
应收账款周转率	8		8.0	6.07	0.76	6.08
存货周转率	10	20/5	6.0	4.03	0.67	6.70
总资产周转率	10	20/5	1.2	1.15	0.96	9.60
资产净利率	15	30/7	10%	14.10%	1.41	21.15
净资产收益率	15	30/7	25%	26.56%	1.06	15.90
营业净利率	10	20/5	12%	12.21%	1.02	10.20
合　计	100					104.79

表 9－5 所选择的财务比率包括偿债能力比率、营运能力比率和盈利能力比率三类。由于发展能力比率需要观察多个会计年度才有效，因此在评价一年的财务状况时没有选用这一比率。从表 9－5 的计算结果来看，ABC 公司财务状况的综合得分为 104.79 分，说明该公司的财务状况是良好的。

二、杜邦分析法

企业的财务状况是一个完整的系统，内部各种因素都是相互依存、相互作用的，任何一个因素的变动都会引起企业整体财务状况的改变。因此，财务分析者在进行财务状况综合分析时，必须深入了解企业财务内部的各项因素及其相互之间的关系，这样才能比较全面地揭示企业的财务状况。杜邦分析法正是这样一种分析方法，它利用几种主要的财务比率之间的关系来综合分析企业的财务状况。因该方法最初由美国杜邦公司成功应用，故称杜邦分析法。杜邦分析体系如图 9－1 所示。

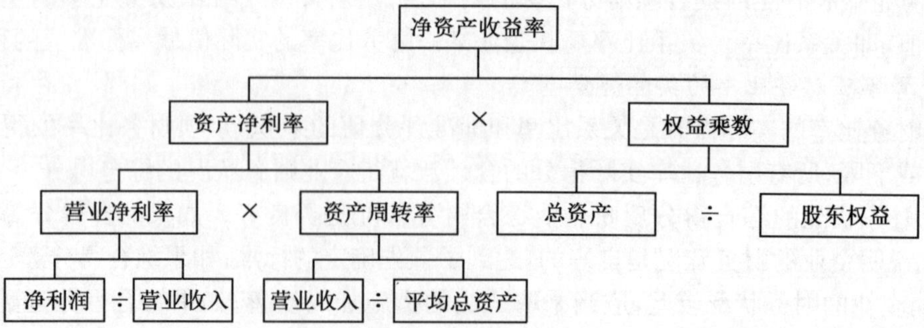

图 9－1　杜邦分析体系

注：图中有关资产、负债与权益指标通常用平均值计算。

运用杜邦分析法需要把握以下几点：

第一，净资产收益率是一个综合性极强的财务比率，是杜邦分析体系的核心。

财务管理的目标之一是股东财富最大化，净资产收益率恰恰反映了企业所有者投入资本的盈利能力，反映了企业筹资、投资、资产营运等各方面活动的效率。因此，这一财务比率是企业所有者、经营者都十分关心的。

净资产收益率取决于企业的资产净利率和权益乘数。资产净利率主要反映企业运用资产从事生产经营活动的效率；权益乘数则主要反映企业的财务杠杆情况，即企业的资本结构。

第二，资产净利率是反映企业盈利能力的一个重要财务比率，它揭示了企业生产经营活动的效率，综合性很强。

企业的营业收入、成本费用、资产结构、资产周转速度以及资金占用量等各种因素，都直接影响资产净利率的高低。资产净利率是营业净利率与总资产周转率的乘积，因此，可以从企业的营业活动与资产管理两个方面来分析。

第三，营业净利率反映了企业净利润与营业收入的关系，它的高低取决于企业的营业收入和成本费用。

企业要想提高营业净利率，一要扩大营业收入，二要降低成本费用。在市场经济中，企业必须深入调查研究市场情况，努力开发新产品，提高产品质量，加强营销手段，不断扩大市场份额；同时，要注重成本费用控制，在保证产品质量的前提下，尽可能降低产品成本，并严格控制企业的各项期间费用，增加利润。

第四，影响企业盈利能力的另一个重要因素是资产周转率。

资产周转速度直接影响企业的盈利能力，如果企业资产周转较慢，就会占用大量资金，增加资本成本，减少企业的利润。在分析资产周转情况时，不仅要分析企业总资产周转率，而且要分析企业的存货周转率和应收账款周转率，并将其周转情况与资金占用情况结合分析；同时，要分析资产结构是否合理，一般来说，流动资产直接体现企业的偿债能力和变现能力，非流动资产则体现企业的经营规模、发展潜力，两者之间应该有一个合理的比例关系。如果发现某项资产比重过大，影响资金周转，就应深入分析其原因。例如，企业持有的货币资金超过业务需要，就会影响企业的盈利能力；如果企业占有过多存货和应收账款，则既会影响盈利能力，又会影响偿债能力。通过上述分析，可以发现企业资产管理方面存在的问题，以便加强管理，提高资产的利用效率。

第五，权益乘数主要受资产负债率指标的影响。

资产负债率越高，权益乘数就越大，说明企业的负债程度越高，给企业带来了越多的杠杆利益，也带来了越大的财务风险。

从杜邦分析体系可以看出，企业的盈利能力涉及生产经营活动的方方面面。净资产收益率与企业的资本结构、销售规模、成本水平、资产管理等因素密切相关，这些因素构成一个完整的系统，系统内部各因素之间相互作用，只有协调好系统内部各因素之间的关系，才能使净资产收益率提高，从而实现企业股东财富最大化的目标。

课程思政

【章节知识点】财务比率分析和财务综合分析

【思政育人元素】教导学生坚决抵制粉饰报表等财务造假行为，让学生体会财务人员所需具备的求真务实、客观公正的职业精神。

复习思考题

1. 为什么要进行财务报表分析？财务报表分析有哪些局限性？

2. 财务报表的基本分析方法有哪些？具体运用时应注意哪些问题？

3. 财务比率分析主要从哪些方面评价企业的财务状况和经营业绩？

4. 采用沃尔评分法对企业财务状况进行综合分析一般要遵循哪些程序？

5. 为什么说净资产收益率是杜邦分析体系的核心指标？

6. 应用杜邦分析法进行企业财务状况的综合分析时，应当如何分析各项因素对净资产收益率的影响程度？

第十章 财务预算

第一节 财务预算概述

预算是企业在预测与决策的基础上，以量化方式反映的企业未来一定时期经营、投资、财务等活动的一系列计划和规划。从量化的结果来看，预算可以看作数字化、表格化和明细化的一系列计划。企业的营业预算、资本预算和财务预算共同构成了全面预算体系。

一、财务预算的概念

财务预算是企业全面预算的组成部分，是企业在预算期内预计现金收支、经营成果和财务状况的预算。财务预算作为预算体系中的最后环节，能从价值方面总括地反映经营预算与资本预算的结果。因此，财务预算也被称为总预算。

二、财务预算的内容

财务预算通常包括现金预算、预计利润表和预计资产负债表。

(一)现金预算

现金预算是财务预算的核心，反映企业在预算期内全部现金流入和现金流出，以及由此预计的现金收支所产生的结果的预算。

(二)预计利润表

预计利润表是反映和控制企业在预算期内损益情况和盈利水平的预算。

(三)预计资产负债表

预计资产负债表是反映预算期末企业财务状况的预算。

三、财务预算的作用

财务预算是企业的总预算，它在企业管理中具有以下重要作用：

(一)财务预算是落实企业决策目标的重要手段

财务预算使决策目标具体化和定量化，不但有利于企业将有限的资源分配给获利能力较强的项目或产品，有助于协调、规划企业内部各部门、各层次的经济关系与职能，使之统一服从于决策目标的要求，而且目标的具体化和量化可以明确有关生产经营人员各自的职责和任务，保证决策目标的实现。

（二）财务预算是控制企业业务活动的重要方式

企业业务执行过程需要有效的控制，财务预算作为量化的具体计划，是控制企业业务活动的重要方式，企业各部门将业务执行情况与预算目标相比较，可以及时发现问题并纠正偏差，实现对业务活动的有效控制。

（三）财务预算是评价企业业绩的重要标准

财务预算作为企业管理活动的行为标准，使各项活动的执行有章可循，经过分解落实的预算规划目标与部门、责任人的业绩考评结合起来，成为企业业绩评价的标准。客观的业绩评价标准有利于激发企业员工生产经营的积极性，促进企业和谐发展。

四、财务预算的步骤

财务预算作为全面预算体系中的最后环节，其预算的编制是在营业预算和资本预算基础上完成的。财务预算的步骤主要包括：

第一，根据销售预测编制销售预算，确定预计销售量。

第二，在预计销售量的基础上，结合产成品的期初结存量和预计期末结存量编制生产预算，确定预计生产量。

第三，在预计生产量的基础上，分别编制直接材料采购预算、直接人工预算和制造费用预算，汇总编制出产品生产成本预算。

第四，根据销售预算编制销售及管理费用预算。

第五，根据销售预算和生产预算估计所需的固定资产投资，编制资本资产预算。

第六，根据执行以上各项预算所产生的现金流量和必需的现金流量，编制现金预算。

第七，综合以上各项预算，进行试算平衡，编制预计财务报表。

第二节　财务预算编制方法

一、固定预算与弹性预算

按照业务量基础的数量特征的不同，预算编制的方法可以分为固定预算和弹性预算。

（一）固定预算

固定预算又称静态预算，是以预算期内正常的、可实现的某一既定业务量水平为基础编制的预算，一般适用于固定费用或者数额比较稳定的预算项目。

按照固定预算，不论未来预算期内的实际业务量水平是否发生波动，都只以事先预计的某一确定的业务量水平作为编制的基础，这显得过于机械呆板。当实际的业务量与编制预算所依据的业务量差异较大时，有关预算指标的实际数与预算数就会因业务量基础不同而失去可比性。此时如果采用此法，就可能扭曲甚至误导企业的经营活动。

（二）弹性预算

弹性预算又称动态预算，是在成本性态分析的基础上，以业务量、成本和利润之间的依存关系为依据，按照预算期内可能的一系列业务量（如生产量、销售量、工时等）水平编制的系列预算。由于这种预算可以随着业务量的变动机动调整，适用面广，具有弹性，因此被称为弹性预算或变动预算。弹性预算弥补了固定预算的缺陷，并具有预算范围广和可比性强的显著特征。

弹性预算的准确性，主要取决于成本性态分析的可靠性。在编制预算时，变动成本随业务量的变动而增减，固定成本则在相关的业务量范围内稳定不变。实务中，弹性预算主要用于制造费用预算和利润预算的编制。

弹性预算有公式法和列表法两种编制方式。

1. 公式法

公式法是假设成本和业务量之间存在线性关系，各项目成本总额可以分解为变动成本和固定成本两个部分。成本总额、固定成本总额、业务量和单位变动成本之间的变动关系可以表示如下：

$$Y=a+bx$$

式中：Y——成本总额；

a——固定成本总额；

b——单位变动成本；

x——业务量。

【例10－1】 某公司预算期业务量范围为7 000～11 000人工工时，2023年5月份制造费用项目资料如表10－1所示。分别假设该公司当月的业务量为7 800人工工时和11 000人工工时，运用公式法编制制造费用预算。

表10－1　　制造费用项目单位变动成本和固定成本　　单位：元

费用项目	7 000～11 000人工工时	
	固定成本(a)	单位变动成本(b)
管理人员工资	10 000	—
设备租金	6 000	—
保险费	4 000	—
维修费	2 000(7 000～10 000人工工时) 2 500(＞10 000人工工时)	0.15
辅助材料费用	1 000(7 000～10 000人工工时) 1 200(＞10 000人工工时)	0.10
辅助工人工资		0.35
运输费用		0.30
合　计	23 000(7 000～10 000人工工时) 23 700(＞10 000人工工时)	0.90

根据表10－1，当业务量在7 000～10 000人工工时范围内，将固定成本和单位变动成本代入公式$Y=a+bx$，得到：

$Y=23\ 000+0.90x$

当业务量超过10 000人工工时，将固定成本和单位变动成本代入公式$Y=a+bx$，得到：

$Y=23\ 700+0.90x$

该公司的制造费用预算如表 10—2 所示。

表 10—2　　制造费用预算（公式法）　　单位：元

费用项目	业务量	
	7 800 人工工时	11 000 人工工时
管理人员工资	10 000	10 000
设备租金	6 000	6 000
保险费	4 000	4 000
维修费	2 500＋7 800×0.15＝3 170	2 500＋11 000×0.15＝4 150
辅助材料费用	1 000＋7 800×0.1＝1 780	1 200＋11 000×0.1＝2 300
辅助工人工资	0.35×7 800＝2 730	0.35×11 000＝3 850
运输费用	0.3×7 800＝2 340	0.3×11 000＝3 300
合　计	23 000＋0.9×7 800＝30 020	23 700＋0.9×11 000＝33 600

上例中，只是假设两种不同业务量情况来编制制造费用预算。实际上，利用公式法，可以计算出业务量在规定范围内任何人工工时基础上的某一费用项目的预算额及制造费用预算总额。

公式法的优点是便于计算在规定范围内任何业务量的成本预算；缺点是成本分解比较麻烦，进行预算控制和考核时，不能直接查出特定业务量下的总成本预算额。

2. 列表法

列表法又称多水平法，是指在规定的范围内，将业务量按一定的组距划分为若干不同的水平，然后根据各个不同业务量水平分别计算其对应的成本，并汇总列示在预算表格中的弹性预算编制方法。

【例 10—2】 某公司 2022 年 5 月份制造费用项目资料如表 10—1 所示。业务量水平划分的组距为 1 000，可能的人工工时分别为 7 000、8 000、9 000、10 000、11 000。用列表法编制该公司 2023 年 5 月的制造费用弹性预算。

表 10—3　　制造费用弹性预算（列表法）　　单位：元

费用项目	业务量				
	7 000 人工工时	8 000 人工工时	9 000 人工工时	10 000 人工工时	11 000 人工工时
变动成本项目	4 550	5 200	5 850	6 500	7 150
辅助工人工资	2 450	2 800	3 150	3 500	3 850
运输费用	2 100	2 400	2 700	3 000	3 300
混合成本项目	3 850	5 000	5 250	5 500	6 450
维修费	3 050	3 200	3 350	3 500	4 150

续表

费用项目	业务量				
	7 000 人工工时	8 000 人工工时	9 000 人工工时	10 000 人工工时	11 000 人工工时
辅助材料费用	1 700	1 800	1 900	2 000	2 300
固定成本项目	20 000	20 000	20 000	20 000	20 000
管理人员工资	10 000	10 000	10 000	10 000	10 000
设备租金	6 000	6 000	6 000	6 000	6 000
保险费	4 000	4 000	4 000	4 000	4 000
制造费用预算额	28 400	30 200	31 100	32 000	33 600

表10－3中不同业务量水平的组距为1 000，实际工作中，可以选择更小的组距。显然，业务量的组距越小，实际业务量水平出现在预算表中的可能性就越大，但工作量也就越大。

列表法的优点是，可以直接从表中找到与业务量相近的预算成本，便于预算的控制和考核；但这种方法不能包括所有业务量条件下的费用预算，在实际运用时，往往需要运用插值法计算不同级差的业务量的预算成本，计算较麻烦。

二、增量预算与零基预算

按照编制基础的不同，预算编制的方法可以分为增量预算和零基预算。

（一）增量预算

增量预算又称调整预算，是指以基期水平为基础，评估预算期业务量水平及有关影响因素的变动情况，通过调整基期项目水平编制的预算。

增量预算遵循如下前提条件：(1)现有的业务活动是企业正常经营所必需的；(2)基期的项目水平是合理的。

【例10－3】 某公司上一年的制造费用为80 000元，考虑到本年生产任务增加15%，按增量预算编制计划年度的制造费用预算。

计划年度制造费用预算＝80 000×(1＋15%)＝92 000(元)

增量预算的缺点是，预算受基期项目水平限制，可能导致对落后的保护，即不加分析地保留或接受原有的项目水平，可能使原来不合理的开支得以继续，不能发挥预算控制的作用，不利于企业目标的实现。

（二）零基预算

零基预算是“以零为基础编制预算”的方法。编制零基预算时，不考虑以往期间所发生的费用项目和费用数额，以零为出发点，根据预算期的实际需要和可能的情况分析费用项目的合理性，在综合平衡的基础上编制费用预算。

零基预算的编制步骤如下：

第一，根据企业预算期的销售目标、利润目标和生产指标等，评估预算期的费用项目，预计费用水平。

第二，拟订预算期费用的预算方案，划分费用支出的等级并排序，保证必要的支出，控制不必要的支出。

第三，根据预算期费用控制总目标，按照费用支出等级和顺序，分解落实具体的费用控制目标，编制对应的预算。

零基预算的优点是，预算不受基期项目水平的限制，有助于调动各部门费用控制的积极性；缺点是，预算编制的工作量大。

三、定期预算与滚动预算

按照预算期的时间特征，预算编制可以采用定期预算和滚动预算。

（一）定期预算

定期预算也称阶段性预算，是指以不变的会计期间（如日历年度）作为预算期间编制预算的方法。这种方法的优点是预算期间与会计期间相对应，便于根据财务报表的数据与预算目标比较的结果，对预算执行情况进行考核和评价。但是，由于受预算期间的限制，预算执行人员往往局限于本期的业务活动，通常不考虑下一期，甚至造成人为的预算间断。因此，定期预算阶段性的特征无法适应企业连续不断的经营过程，不利于促进企业的长远发展。

（二）滚动预算

滚动预算又称连续预算或永续预算，是在上一期预算完成情况的基础上，调整和编制下一期预算，并随着预算的执行不断地补充预算，将预算期间逐期连续向后滚动推移，使预算期间保持一定时间跨度的预算编制方法。

按照滚动的时间单位不同，滚动预算可以分为逐月滚动、逐季滚动和混合滚动。

1. 逐月滚动

逐月滚动是指在预算编制过程中，以月份为滚动单位，每个月根据上一个月的执行情况调整一次预算的方法。如图 10－1 所示，2022 年 1 月到 12 月的预算执行过程中，在 1 月末根据当月预算执行情况，调整 2 月至 12 月的预算，同时补充 2023 年 1 月的预算；到 2 月末根据当月的情况调整 3 月到 2023 年 1 月的预算，同时补充 2023 年 2 月的预算……如此滚动推移，从而保证了预算的连续性。

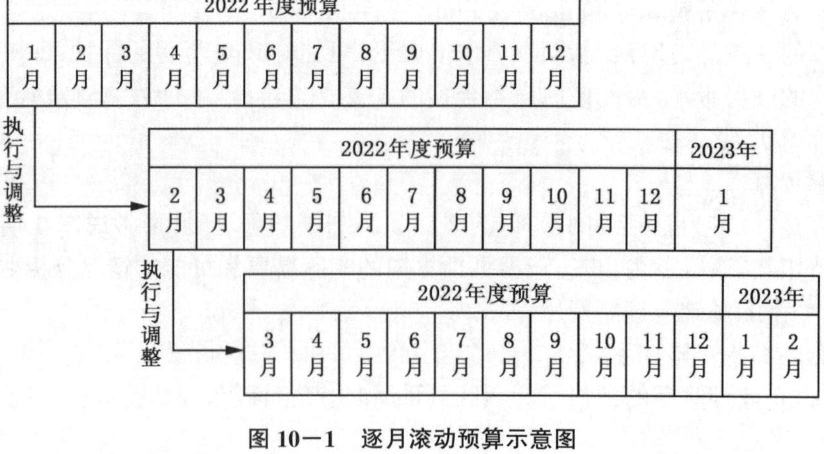

图 10－1　逐月滚动预算示意图

2. 逐季滚动

逐季滚动是指以季度为预算编制和滚动单位，每个季度根据上一个季度的情况调整一次预算的方法。这种方法编制的预算比逐月滚动的工作量小，但精确度不高。

3. 混合滚动

混合滚动是指同时以月份和季度作为预算编制和滚动单位的预算编制方法。采用混合滚动方式编制预算时，先将年度按季划分，并将临近的第一季度按月细化，建立各月的明细预算，以便预算的执行和控制，远期的三个季度只预计季度预算总数。第一季度结束后，再根据预算执行情况，调整第二季度各月的具体预算，第三、第四季度以及补充的下一年度第一季度的预算只列出季度总数，如图 10—2 所示。

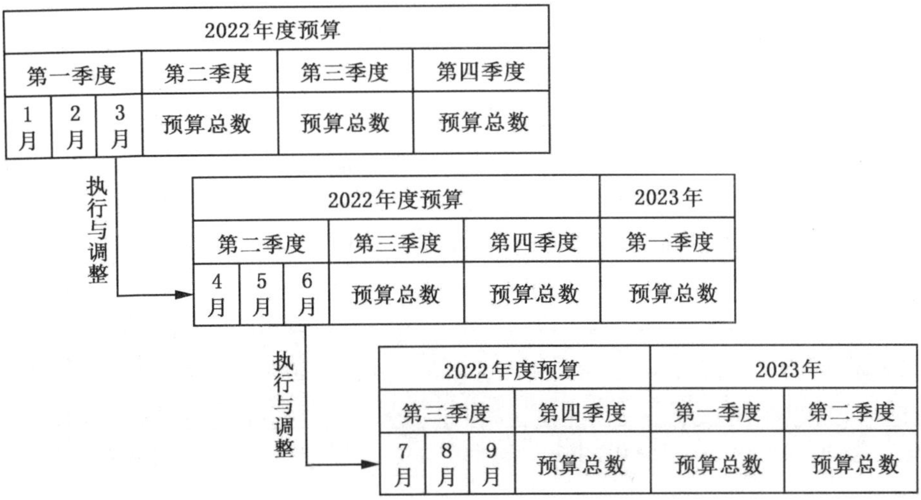

图 10—2　混合滚动预算示意图

滚动预算弥补了定期预算的不足，在预算期间不断滚动推移的过程中，保持了预算的连续性，有利于企业的长远发展；另外，预算随时间推移不断调整和完善，从而更符合实际情况，有利于发挥财务预算的控制作用。滚动预算的缺点是预算期间与会计年度相脱节，预算工作量较大。

第三节　财务预算编制流程

财务预算是在企业预测和决策的基础上，针对企业目标，从价值方面对营业预算和资本预算的总括反映。因此，财务预算通常以销售预算、生产预算、成本费用预算等为基础先编制现金预算，在进行综合分析后，编制预计利润表和预计资产负债表。

一、编制现金预算

现金预算是以营业预算和资本预算为依据编制的，专门反映预算期现金收入与现金支出活动的预算。现金预算包括四个部分：可供使用现金、现金支出、现金收支差额以及现金的筹措和运用。

其中，“可供使用现金”部分包括期初现金余额和预算期现金收入，主要来自销售预算。“现金支出”部分包括预算期各项现金支出，数据来自具体的“直接材料”“直接人工”“制造费用”“销售费用及管理费用”等有关的预算；有时还涉及购置设备等资本性现金支出或股利分配等专门支出，相关数据来自对应的专门预算。

可见，在编制现金预算前，需要先行编制销售预算、生产预算、直接材料预算、直接人工预算、制造费用预算、销售费用及管理费用等相关预算。

（一）销售预算

销售预算是预算编制的起点，是现金预算必要的资料来源。销售预算主要包括销售数量、销售单价和销售收入。销售数量可以根据市场预测或销售合同并结合企业生产能力确定，销售单价由定价决策决定，销售收入可以通过计算得出。

【例 10—4】 甲公司生产一种产品，销售单价为 50 元，预算年度内 4 个季度的销售量分别为 1 000 件、1 500 件、2 000 件和 1 800 件。假设每季度销售收入中，本季度收到现金 70%，另外的 30%要到下一季度才能收到。预计第一季度可收回上一年第四季度的应收账款 12 000 元。根据上述资料，编制销售预算及现金收入预算，如表 10—4 所示。

表 10—4　　销售预算　　单位：元

项目		季度				全年
		一	二	三	四	
预计销售量（件）		1 000	1 500	2 000	1 800	6 300
销售单价		50	50	50	50	50
销售收入		50 000	75 000	100 000	90 000	315 000
预计现金收入	年初应收账款	12 000				12 000
	第一季度	35 000	15 000			50 000
	第二季度		52 500	22 500		75 000
	第三季度			70 000	30 000	100 000
	第四季度				63 000	63 000
	现金收入合计	47 000	67 500	92 500	93 000	300 000

（二）生产预算

生产预算是根据销售预算编制的，主要包括销售量、期初和期末产成品存货量、生产量。通常，企业的生产和销售不能做到“同步同量”，因此，需要设置一定的产成品存货，以保证为意外需求供货，避免赶工的额外支出。期末产成品存货量一般根据下一期销售量的百分比确定，年末产成品存货量根据企业长期销售趋势确定。计算公式如下：

预计生产量＝预计销售量＋预计期期末产成品存货量－预计期期初产成品存货量

按照例 10—4 的资料，假设甲公司期末存货量为下一期销售量的 10%，预算年度第一季度期初存货量为 30 件，年末存货量为 150 件。根据销售预算的预计销售量和上述有关数据，编制预算年度的生产预算，如表 10—5 所示。

表 10—5　　**生产预算**　　单位：件

项　目	季　度				全　年
	一	二	三	四	
预计销售量	1 000	1 500	2 000	1 800	6 300
加：预计期末产成品存货量	150	200	180	150	150
减：预计期初产成品存货量	30	150	200	180	30
预计生产量	1 120	1 550	1 980	1 770	6 420

实践中，生产预算的编制情况比较复杂，要考虑企业生产能力的限制、仓库容量的限制，以及销售季节性的变化，需要权衡不同成本的大小，选择成本最低的方案编制生产预算。

（三）直接材料预算

直接材料预算是根据生产预算所确定的预计产量并考虑存货水平编制的预算，主要包括单位产品材料用量、生产需用量、期初和期末库存量等。"预计生产量"的数据来自生产预算，"单位产品材料用量"的数据来自标准成本资料或消耗定额资料，"生产需用量"是上述两项的乘积。年初和年末的材料库存量是根据当前情况和长期销售预测估计的结果。为了便于编制现金预算，还需要预计各预算期材料采购的现金支出。各预算期的现金支出包括偿还上一期应付账款和本期应支付的现金采购货款。预计各期材料采购量的公式如下：

预计材料采购量＝生产需用量＋期末库存量－期初库存量

【例 10—5】 假设甲公司生产的产品只需要一种原材料，单位产品材料用量为 2 千克/件，材料采购单价为 5 元/千克，每季度末的材料存量为下一季度生产用量的 20%，估计预算年度期初库存量为 300 千克，年末材料库存量为 800 千克。假定每季度采购金额中，有 60%需要当季度用现金支付，其余 40%到下一季度支付。预算年度第一季度应付上一年第四季度赊购材料款 4 000 元。

根据预计生产量和上述单位产品的材料消耗定额以及年初、年末的材料库存量等相关资料，编制直接材料预算及材料采购现金支出预算，如表 10—6 所示。

表 10—6　　**直接材料预算**

项　目	季　度				全　年
	一	二	三	四	
预计生产量(件)	1 120	1 550	1 980	1 770	6 420
单位产品材料用量(千克/件)	2	2	2	2	2
生产需用量(千克)	2 240	3 100	3 960	3 540	12 840
加：预计期末库存量(千克)	620	792	708	800	800
减：预计期初库存量(千克)	300	620	792	708	300

续表

项目		季度				全年
		一	二	三	四	
预计采购量(千克)		2 560	3 272	3 876	3 632	13 340
材料采购单价(元/千克)		5	5	5	5	5
预计采购金额(元)		12 800	16 360	19 380	18 160	66 700
预计现金支出(元)	上一年应付账款	4 000				4 000
	第一季度	7 680	5 120			12 800
	第二季度		9 816	6 544		16 360
	第三季度			11 628	7 752	19 380
	第四季度				10 896	10 896
	现金支出合计	11 680	14 936	18 172	18 648	63 436

(四)直接人工预算

直接人工预算是以生产预算为基础编制的，其主要内容有预计生产量、单位产品人工工时、人工总工时、每小时人工成本和总人工成本。“预计生产量”的数据来自生产预算，“单位产品人工工时”和“每小时人工成本”的数据来自标准成本资料。“人工总工时”和“总人工成本”是在直接人工预算中计算出来的结果。由于人工工资一般由现金支付，不需要单独预计与此相关的现金支出，因此可以直接汇入现金预算。

【例 10—6】 假设甲公司的单位产品人工工时为 2 小时/件，每小时人工成本为 4 元。根据单位产品人工工时、每小时人工成本和预计生产量，编制直接人工预算，如表 10—7 所示。

表 10—7　　直接人工预算

项目	季度				全年
	一	二	三	四	
预计生产量(件)	1 120	1 550	1 980	1 770	6 420
单位产品人工工时(小时/件)	2	2	2	2	2
人工总工时(小时)	2 240	3 100	3 960	3 540	12 840
每小时人工成本(元/小时)	4	4	4	4	4
总人工成本(元)	8 960	12 400	15 840	14 160	51 360

(五)制造费用预算

制造费用按其成本性态可分为变动制造费用和固定制造费用两个部分，制造费用预算通常也分为两个部分进行。变动制造费用根据生产预算编制；固定制造费用与本期产量无关，可在上一年的基础上根据预期变动调整得到。

为了编制现金预算，在制造费用预算中，应当预计现金支出。现金支出的费用是预算期制造费用数额扣除折旧后的金额。

表 10—8 是甲公司的制造费用预算。

表 10—8 **制造费用预算** 单位:元

项 目	季度 一	二	三	四	全 年
变动制造费用:					
间接人工(1 元/件)	1 120	1 550	1 980	1 770	6 420
间接材料(0.5 元/件)	560	775	990	885	3 210
运输费(1 元/件)	1 120	1 550	1 980	1 770	6 420
水电费(1 元/件)	1 120	1 550	1 980	1 770	6 420
小计	3 920	5 425	6 930	6 195	22 470
固定制造费用:					
管理人员工资	6 000	6 000	6 000	6 000	2 4000
折旧费	2 000	2 000	2 000	2 000	8 000
办公费	250	150	180	320	900
保险费	2 000	3 500	4 500	5 000	15 000
小计	10 250	11 650	12 680	13 320	47 900
合计	14 170	17 075	19 610	19 515	70 370
减:折旧	2 000	2 000	2 000	2 000	8 000
现金支出的费用	12 170	15 075	17 610	17 515	62 370

为便于编制现金预算,需要计算小时费用率。

变动制造费用分配率=22 470÷12 840=1.75(元/小时)

固定制造费用分配率=47 900÷12 840≈3.73(元/小时)

(六)产品成本预算

产品成本预算是销售预算、生产预算、直接材料预算、直接人工预算、制造费用预算的汇总。产品成本预算的主要内容是产品的总成本和单位成本。

表 10—9 是甲公司的产品成本预算。

表 10—9 **产品成本预算** 单位:元

项 目	单位成本 每千克或每小时	投入量	成本	生产成本(6 420 件)	期末存货(150 件)	销货成本(6 300 件)
直接材料	5.00	2 千克	10.00	64 200.00	1 500.00	63 000.00
直接人工	4.00	2 小时	8.00	51 360.00	1 200.00	50 400.00
变动制造费用	1.75	2 小时	3.50	22 470.00	525.00	22 050.00
固定制造费用	3.73	2 小时	7.46	47 893.20	1 119.00	46 998.00
合 计	/	/	28.96	185 923.20	4 344.00	182 448.00

（七）销售费用及管理费用预算

销售费用预算是以销售预算为基础，预计销售费用支出的预算。它通过分析销售收入、销售利润和销售费用的关系，实现对销售费用的控制。在安排销售费用时，要利用本量利分析法，费用的支出应能获取更多收益。

管理费用预算是指企业日常经营中管理业务所必需的支出预算。在编制管理费用预算时，要分析企业的业务成绩和一般经济状况，使管理费用合理化。

销售费用及管理费用预算要编制相应的现金支出预算，其中，固定资产折旧费、无形资产摊销等非付现项目，在预计现金支出时，应予以扣除。

表10—10是甲公司的销售费用及管理费用预算。

表10—10　　销售费用及管理费用预算　　单位：元

项目	金额
销售费用：	
销售人员工资	6 000
广告费	8 000
运输费	4 500
其他销售费用	1 200
管理费用：	
管理人员工资	8 000
办公费	1 300
培训费	2 000
其他管理费用	500
合计	31 500
每季度现金支出	7 875

（八）现金预算

现金预算包括四个部分：可供使用现金、现金支出、现金收支差额、现金筹措及运用。

"可供使用现金"包括期初现金余额和预算期现金收入，主要来自销售预算的销售现金收入。

"现金支出"包括预算期的各项现金支出，即来自"直接材料""直接人工""制造费用"及"销售费用与管理费用"等预算的现金支出数据，有时还涉及资本预算的现金支出。

"现金收支差额"列示可供使用现金与现金支出合计的差额。差额为正，说明现金有多余，可用于偿还银行借款或用于购买有价证券；差额为负，说明现金不足，需要举债或抛售有价证券。

【例10—7】 假定甲公司每季度所得税费用为6 000元，第二季度购置设备预计支出现金35 000元，每季度末现金余额不得少于5 000元，否则可以在授信额度内向银行借入短期借款，甲公司当年的银行授信额度为100 000元。借款数额一般为1 000的倍数，借款年利率为8%，利随本清。现金多余时，可购买有价证券作为临时调剂。预计预算期期初现金余额为5 000元。

根据前述销售预算、直接材料预算等相关资料，编制各季度的现金预算，如表10—11所示。

表10—11　　**现金预算**　　单位：元

项　目	季度 一	季度 二	季度 三	季度 四	全　年
期初现金余额	5 000	5 315	5 529	5 532	5 000
加：销售现金收入(表10—4)	47 000	67 500	92 500	93 000	300 000
可供使用现金合计	52 000	72 815	98 029	98 532	321 376
减：现金支出					
直接材料(表10—6)	11 680	14 936	18 172	18 648	63 436
直接人工(表10—7)	8 960	12 400	15 840	14 160	51 360
制造费用(表10—8)	12 170	15 075	17 610	17 515	62 370
销售费用及管理费用(表10—10)	7875	7875	7875	7875	31 500
所得税费用	6 000	6 000	6 000	6 000	24 000
购买设备		30 000			30 000
股利		6 000		6 000	12 000
现金支出合计	46 685	92 286	65 497	70 198	274 666
现金收支差额	5 315	(19 471)	32 532	28 334	46 710
资金筹措及运用					
向银行借款		25 000			25 000
归还银行借款本金			25 000		25 000
短期借款利息(8%)			1 000		1 000
购入有价证券			1 000	23 000	24 000
期末现金余额	5 315	5 529	5 532	5 334	5 334

本例中，当第二季度现金不足时，向银行借入短期借款25 000元，年利率为8%，利随本清，所以，第三季度还款时，需要支付两个季度即6个月的利息1 000元。当现金余额超过要求的最低持有量时，可以通过购买有价证券进行调节，发挥预算对现金的管理作用。

二、编制预计利润表

财务报表预算的作用与实际的财务报表不同。实际的财务报表是企业按照法律法规的强制性要求编制，向外部使用者提供的财务信息；财务报表预算主要是为企业内部管理服务，是企业配置资源、控制成本、实现企业价值目标的重要手段。

预计利润表是指以货币形式综合反映预算期内企业经营成果计划水平的一种财务预算。预计利润表与实际利润表的格式、内容相同，只不过数据是预算期预计的结果。预计利润表需要在销售预算、产品成本预算、销售费用及管理费用预算等形成的预算结果的基础上编制。

根据甲公司前例各预算资料编制的预计利润表如表10—12所示。

表10—12　　预计利润表　　单位：元

项　目	金　额
销售收入（表10—4）	315 000
减：销货成本（表10—9）	182 448
毛利	132 552
减：销售费用及管理费用（表10—10）	31 500
借款利息（表10—11）	1 000
利润总额	100 052
减：所得税费用（表10—11）	24 000
净利润	76 052

通过编制预计利润表，可以了解企业预期盈利水平，如果最初的目标利润与预计利润偏差较大，就需调整部门预算，或者经审批同意后修改目标利润。

三、编制预计资产负债表

预计资产负债表是总括反映企业预算期期末财务状况的预算。预计资产负债表与实际资产负债表的格式、内容相同，只是数据由预算形成。预计资产负债表中除了上一年期末数已知外，其余项目均应在前述各项预算的基础上分析填列。

根据甲公司前例各预算资料编制的预计资产负债表如表10—13所示。

表10—13　　预计资产负债表　　单位：元

资　产			负债及所有者权益		
项　目	年初余额	年末余额	项　目	年初余额	年末余额
现金（表10—11）	5 000	5 334	应付账款（表10—5）	4 000	7 264
应收账款（表10—4）	12 000	27 000	短期借款	0	0
有价证券投资（表10—11）	0	24 000	长期借款	0	0
产成品（表10—5、表10—9）	869	4 344	负债合计	4 000	7 264
直接材料（表10—6）	1 500	4 000	普通股	20 000	20 000
固定资产	30 000	51 457	未分配利润	25 369	89 421
			所有者权益合计	45 369	109 421
资产总计	49 369	116 135	负债及所有者权益总计	49 369	116 135

注：产成品年初余额＝28.96×30＝868.8（元），取整数869元；

期末未分配利润＝期初未分配利润＋本期利润－本期股利＝25 369＋76 052－12 000＝89 421（元）。

编制预计资产负债表的目的在于评价预算反映的企业财务状况。如果通过预计资产负债表反映的某些财务比率不佳,必要时就可以修改有关预算,以改善财务状况。

课程思政

【章节知识点】财务预算的作用、财务预算编制的方法及流程

【思政育人元素】引导学生在练习预算编制的基础上,树立财务管理的全局意识和战略意识,克服功利思想,践行诚实守信、实事求是、客观公正的职业操守。

复习思考题

1. 什么是财务预算?财务预算有哪些作用?
2. 预算的编制方法有哪些?
3. 请举例说明增量预算法和零基预算法的区别。
4. 什么是滚动预算?滚动预算有什么优点?
5. 简要说明财务预算编制的过程。

第十一章 财务控制

第一节 财务控制概述

一、财务控制的概念

财务控制是为保证企业各部门和相关人员全面落实并实现财务预算目标，设计和实施的一系列政策及程序，即在预算执行过程中对资金的取得、投放、使用和分配过程实施的控制活动。

财务控制是企业内部控制的重要组成部分，财务控制的对象是企业的财务关系及资金运动过程，因此，财务控制实际上是企业内部控制在资金和价值方面的表现形式。

二、财务控制的特征

(一)财务控制是价值形式的控制

财务控制是落实和实现预算目标的控制，是针对以价值形式反映的现金预算、预计利润表和预计资产负债表的执行情况的控制。因此，财务控制是价值控制，是内部控制在资金和价值方面的体现，是防止、发现并纠正预算执行过程中的偏差，保证企业目标实现的一系列制度安排。

(二)财务控制是对预算执行的综合控制

财务控制用价值手段来实施其控制过程，它不仅可以将各种不同性质的业务综合起来控制，而且可以将不同层次、不同部门的业务综合起来控制，从而体现财务控制的全面性。

(三)财务控制表现为对资金运动的控制

企业日常的财务活动表现为组织现金流量的过程，财务控制的重点应在现金流量的控制上，通过现金预算、现金流量表等保证企业资金活动的顺利进行。因此，财务控制是在预算执行过程中对资金的取得、投放、使用和分配过程实施的控制活动。

三、财务控制的分类

(一)一般控制和应用控制

按控制的内容不同，财务控制可以分为一般控制和应用控制。一般控制也称环境控制，主要是指管理层和相关人员的理念及对财务控制的态度和认识，具体可以包括：企业对诚信和道德价值观念的沟通与落实、组织结构及其职权划分、管理层的经营思想和经营作风、治理层参与管理的程度、人力资源政策及实务等内容。一般控制是财务控制活动的基础，能对财务活动整体产生影响。应用控制是直接作用于具体财务活动的控制措施和控制活动，只影响具体业务活动的效果。

（二）事前控制、事中控制和事后控制

按控制的时间不同，财务控制可以分为事前控制、事中控制和事后控制。事前财务控制是在相关活动发生前所进行的预防性控制，如授权审批制度。事中财务控制是在相关活动进行过程中实施的控制。事后财务控制是在相关活动完成后进行的控制，如对执行结果的检查或考核等。

（三）预算控制和制度控制

按控制的依据不同，财务控制可以分为预算控制和制度控制。预算控制是以财务预算为依据，对预算执行主体的相关活动进行检查、调整的一种控制形式。制度控制是指通过制定内部规章制度，并以此为依据约束企业和各责任中心相关业务活动的一种控制形式。

（四）定额控制和定率控制

按控制的手段不同，财务控制可以分为定额控制和定率控制。定额控制是指采用绝对数指标对企业及各责任中心的相关活动进行指导和控制。一般而言，对于激励性指标，可以通过绝对数控制其最低限度；对于约束性指标，可以通过绝对数控制其最高限度。定率控制是指采用相对比率指标对企业及各责任中心的相关活动进行控制。两种控制比较而言，定率控制更具有弹性。

四、财务控制的主要活动

企业的业务活动通常可以划分为授权、审批、执行、记录和评价等环节。财务控制针对业务活动的具体环节，主要包括以下控制活动：

（一）授权批准

授权批准是对企业内部的部门或相关人员处理经济业务的权限进行审核批准的控制。授权可以分为一般授权和特别授权。一般授权是指企业内部各级管理人员在其职权范围内，根据既定的预算、计划、制度等标准，对常规性的业务活动或行为进行的授权，一般授权的时效性较长。特别授权也称一次性授权，是针对非常规的业务活动或行为的授权。企业相关的业务活动必须经过授权批准才是合法有效的。

（二）不相容职务分离

不相容职务是指那些如果由一个人或一个部门执行，可能发生错误和舞弊，并且可能掩盖其错误和舞弊行为的职务。不相容职务由不同的部门或人员执行，可以互相牵制，防止此类错误或舞弊的发生，有利于企业防止、发现并纠正业务活动中的偏差，实现财务控制的目标。

（三）记录及信息处理

各部门在相关活动执行过程中，应当及时记录业务的执行情况。财务控制中的记录及信息处理主要是指企业的会计系统，即用于生成、记录、处理、报告交易、事项和情况，对相关资产、负债和所有者权益履行责任的记录的系统。企业应当设计与业务流程相匹配的信息处理系统，并加强对所记录信息的内部核查。

（四）实物资产保全

实物资产的控制是重要的财务控制活动，主要包括限制接触实物资产、定期盘点清查、记录保护、财产保险等措施。

（五）业绩评价

业绩评价是通过实际结果与目标或标准的比较，评价企业、部门或个人的责任履行情况。科学合理的业绩评价，可以为管理层及员工提供有效的激励，并强化其监督和约束，还可以为政府有关部门、投资者、债权人等利益相关方提供有效的信息支持。

五、财务控制的程序

财务控制作为企业财务管理活动的重要手段，通过规范化的控制活动和特定的程序，对企业预算目标的履行情况实施控制和评价。

（一）制定控制标准

标准是财务控制的关键，也是衡量企业的经济活动是否按计划进行的尺度。财务控制过程中，企业应当按照有关规定，制订具体的收支计划、各项资产消耗定额及业务执行的相关要求，明确评价标准和控制目标，将企业的一切经济活动控制在标准之内，以实现预算目标。

（二）建立责任中心

规模较大、经营较复杂的企业一般实行分权管理。所谓“分权管理”，就是将决策权连同相应的责任下放给企业下属部门或单位，使其能对日常的经营活动进行及时有效的决策，以迅速适应市场的变化。企业对责权的逐级下放及对分权效果的评价，就形成了责任中心制度。

责任中心是指承担一定经济责任，并享有一定权利的企业内部（责任）单位。建立责任中心，有利于明确内部各单位的责、权、利，便于落实责任，有针对性地进行财务控制，及时发现并纠正偏差，从而实现企业整体的目标。

（三）业务执行和比较分析

各责任中心在日常活动中详细记录预算执行情况，并通过将实际执行结果与预算目标或控制标准相比较，发现偏差，确定差异的性质和程度，分析产生差异的原因。针对业务执行的问题，不断改进方法，改善管理；针对目标设置的问题，结合实际情况，调整目标，并不断加强企业的预测和预算能力。

（四）考核评价

企业应定期对责任中心的计划执行和目标落实情况进行考核和评价，督促内部各部门按标准履行责任，并通过科学合理的奖惩机制调动各部门及相关人员参与企业管理的积极性。

第二节　责任中心及其业绩评价

一、责任中心的概念和分类

责任中心是指承担一定经济责任，并享有一定权利的企业内部（责任）单位。对于实行分权管理的企业来说，凡是管理上可以分离、责任可以辨认、业绩可以单独考核的单位，都可以划分为责任中心，大到分公司、地区工厂或部门，小到车间、班组。责任中心应当是一个责、权、利相结合的实体，具有相对独立的经营业务和财务收支活动，便于进行业绩核算、考核与评价。

根据企业内部单位职责范围和权限的大小，责任中心可以分为成本中心、利润中心和投资中心。

二、成本中心

（一）成本中心的含义

成本中心是指不形成或者不考核其收入，着重考核其所发生的成本和费用的责任中心，是最基本的责任中心。

成本中心一般不具有销售职能，其经济活动的结果一般不形成收入；或者有少量收入，但不能成为主要考核内容。

（二）成本中心的分类

成本中心有两种类型：标准成本中心和费用中心。

1. 标准成本中心

标准成本中心必须是所生产的产品稳定而明确，并且已经知道单位产品所需要的投入量的责任中心。一般来说，任何一种能够计量产出的实际数量，并且能够说明投入与产出之间可望达到的函数关系的重复性活动，都可以建立标准成本中心。因此，各行业都可能建立标准成本中心。

2. 费用中心

费用中心是指那些产出不能用财务指标来衡量，或者投入与产出之间没有密切关系的部门或单位。企业的财务、人力资源、计划等行政管理部门及研发等部门都适合划分为费用中心。

（三）成本中心的考核指标

通常，标准成本中心不需要进行定价决策，也不必对企业生产能力的利用程度负责，只需要对既定产量的投入量负责。因此，标准成本中心的考核指标比较明确，即既定产品质量和数量条件下的标准成本。由于标准成本中心的绩效会影响其他责任中心，因此，企业对标准成本中心的要求应当是“硬性的”，调整的幅度较小。

费用中心由于不具备投入与产出的对应关系，其工作质量和服务水平也很难量化，唯一可以准确计量的是实际发生的费用，因此，费用中心的控制主要是限制不必要的支出，即重点控制预算支出的总额。通常，使用预算来评价费用中心的控制业绩。企业可以通过考察同行业类似职能的支出水平，采用适当的方法编制预算，并利用有经验的专业人员对费用中心进行较科学的评价。

（四）责任成本

成本中心只对责任成本进行考核和控制。所谓“责任成本”，是以具体的责任单位（部门、单位或个人）为对象，以其承担的责任为范围所归集的成本，是特定责任中心的全部可控成本。

可控成本是在特定时期内，特定责任中心能够直接控制其发生的成本。可控成本的概念是相对的，是针对特定责任主体和特定时期的。比如，折旧费和租赁费在决策前是可控的，但决策后，在使用设备或执行合同过程中就是不可控的。

责任成本与产品成本是既有联系又有区别的两个概念。两者的联系：成本的本质是相同的，都是企业生产经营过程中一定量的资金耗费；在一定时期内，企业发生的全部责任成本应当等于全部产品成本。

责任成本与产品成本的区别如下：

第一，成本核算的目的不同。核算产品成本是为了确定产品存货成本和销货成本，方便经营决策；核算责任成本是为了评价成本控制的效果和业绩。

第二，成本核算的范围不同。产品成本核算的是产品的全部成本，包括直接材料、直接人工和制造费用；责任成本核算的是责任中心的可控成本。

第三，成本核算的对象不同。产品成本以产品为核算对象，责任成本以责任中心为核算对象。

第四，共同费用分配的原则不同。产品成本的分配原则是受益原则，即“谁受益，谁承担”；责任成本的分配原则是可控原则，即“谁控制，谁承担”。

企业可以通过责任成本差异指标考核各责任中心的责任成本预算执行情况。考核时既要考核责任成本预算差异，以揭示各项成本的支出水平，又要评价各责任中心通过增加产量形成的成本相对节约额，促使责任中心寻求降低成本的途径。另外，成本中心的评价还要结合其他一些诸如质量、反应时间等因素，使业绩评价能体现成本中心对组织的贡献。

三、利润中心

（一）利润中心的含义

利润中心是同时控制生产和销售，既要对成本负责，又要对收入负责，并可以依据其利润多少来评价业绩的责任中心。收入中心负责分配和销售产品，不能控制产品的生产。利润中心则被同时赋予生产和销售的职能，管理人员能决定生产资源的配置、产品质量水平、销售方式及产品价格等。因此，利润中心是指管理人员有权对其货物的来源和市场的选择进行决策的单位。利润中心的目的是激励下级组织制定有利于企业整体的决策。

（二）利润中心的类型

1. 自然利润中心

自然利润中心的特征是直接向企业外部出售产品，在市场上进行购销。

2. 人为利润中心

人为利润中心的主要特征是在企业内部按照内部转移价格出售产品。比如，有些生产部门的产品主要在企业内部转移，只有少量对外销售或者全部销售由专门的销售机构完成，这些生产部门就是人为利润中心。

（三）利润中心的业绩考核与评价

利润中心的考核指标主要是利润，此外，还需要结合市场地位、产品质量、职工态度、社会责任等非货币因素进行综合评价。

作为主要评价指标的利润，运用时至少有可供选择的三种具体指标：边际贡献、可控利润总额和部门营业利润。

【例 11—1】 某公司的一家分公司的有关数据如表 11—1 所示。

表 11—1　　利润中心的有关数据　　单位:元

项　目	成本费用	收　益
销售收入		30 000
减:销货成本	20 000	
变动费用	2 000	
(1)边际贡献		8 000
可控固定成本	1 200	
(2)部门可控经营利润		6 800
不可控固定成本	1 500	
(3)部门税前经营利润		5 300

比较可知,以边际贡献 8 000 元作为利润中心的业绩评价依据不够全面。部门经理至少可以控制某些固定成本,并且在固定成本和变动成本的划分上有一定选择余地,以边际贡献为评价依据,有可能导致部门经理尽可能多地支出固定成本以减少变动成本。因此,对利润中心的业绩评价至少应包括可控的固定成本。

以可控经营利润 6 800 元作为依据评价利润中心的业绩时,包括了部门经理的可控收入以及变动成本和部分固定成本,因而可以较客观地反映部门经理在其权限和控制范围内有效使用资源的能力。部门经理可以控制收入、变动成本和部分固定成本,因而对可控利润承担责任,以此作为业绩评价依据可能是最佳的选择。这一指标的主要问题是,固定成本的可控性是相对的,与部门经理的权限有关。比如,职工的工资水平通常由公司集中决定,但部门经理如果有权决定本部门的用工人数,工资费用就是可控成本;部门经理如果不能决定工资水平,也无权决定用工人数,工资费用就是不可控成本。

以部门税前经营利润 5 300 元作为业绩评价依据,可能更适合评价该部门对公司利润和管理费用的贡献。要决定该部门的取舍,该指标是有重要意义的信息。如果要评价部门经理的业绩,则该指标不合适,因为有一部分固定成本是过去更高的管理层决策的结果,不是部门经理能够决定的,部门税前经营利润已经超出了部门经理的控制范围。

(四)内部转移价格

内部转移价格是分散经营的企业内部单位或部门之间相互提供产品或劳务时确定的内部交易的价格。转移价格对于提供产品或劳务的生产部门来说表示收入,对于使用这些产品或劳务的购买部门来说则表示成本。因此,转移价格会影响这两个部门的获利水平,从而使部门经理非常关心转移价格的制定。

制定转移价格的目的有两个:一是防止成本转移带来的部门间责任转嫁,使每个部门的利润都能作为单独的组织单位进行业绩评价;二是作为一种价格引导下级部门采取明智的决策,生产部门据此确定提供产品的数量,购买部门据此确定所需要产品的数量。但是,这两个目的往往有矛盾。我们要根据企业的具体情况,尽量寻求能兼顾业绩评价和制定决策的转移价格。通常采用的转移价格有以下几种:

1. 以市场价格为基础的转移价格

产品内在经济价值计量的最好方法是将其投入市场,在市场竞争中能反映产品被社会认可的价格。在中间产品存在完全竞争市场的情况下，市场价格减去对外的销售费用，是比较理想的转移价格。

需要注意的是，外部供应商为了促成交易，可能先报一个较低的价格，以期日后抬高价格。因此，确认外部市场价格时要采用可以长期保持的价格。

2. 以市场为基础的协商价格

如果中间产品存在非完全竞争的外部市场，就可以采用协商的方法确定转移价格。成功的协商价格需要具备两个前提条件：首先，要有一个某种形式的外部市场，参与谈判的部门经理可以自由选择接受或拒绝某一价格，否则，协商价格可能变成垄断价格；其次，谈判参与各方共享所有信息资源，只有信息公开畅通，谈判才有价值。通过谈判确定转移价格反映了责任中心控制下的可信度及可控性，因为每个部门最终要对通过谈判确定的转移价格负责。考虑到企业整体的最优决策，最高管理层有必要干预转移价格的协商。

协商的过程往往浪费时间和精力，还可能导致部门之间的矛盾，部门获利能力的强弱与谈判者的谈判技巧有很大的关系，这是协商价格的缺点。

3. 以成本为基础的转移价格

当转移的中间产品或劳务无法以市场为基础确定转移价格时，另一种选择就是基于成本的考虑来确定转移价格。通常包括两种情况：

(1)变动成本加固定费用转移价格

这种定价方法要求中间产品的转移价格以单位变动成本为基础加上固定费用来确定。这样，生产部门可以通过每期收取固定费用来补偿其固定成本并获得利润；购买的部门每期支付特定数量的固定费用后，对于购入的产品只需要支付相当于其变动成本的价格，通过边际成本等于边际收入的原则来选择产量水平，以便达成利润最优水平。

采用这种定价方法，需要注意购买部门的需求量不能超过生产部门的产能，否则变动成本就不再是追加的边际成本，转移价格也就失去了意义。另外，如果最终产品的市场份额下降较多，购买部门需要的中间产品很少，固定费用却保持不变，则购买部门承担了全部的市场风险，也是有失公允的。

(2)全部成本转移价格

全部成本转移价格是以全部成本或者全部成本加上一定利润作为内部转移价格。这种方法唯一的优点是简单。以目前各部门的成本为基础，会鼓励部门经理维持比较高的成本水平，并据此取得更多利润；相反，节约成本的部门会因转移价格下降而利润减少。另外，一定利润的成本加成率也很难确定。可见，全部成本转移价格既不是业绩评价的良好标准，也不能引导部门经理做出有利于企业整体的决策。只有在无法获得其他形式的转移价格时，才考虑使用此种方法确定转移价格。

四、投资中心

(一)投资中心的含义

投资中心是指在分权管理模式下，不仅能控制除企业分摊的管理费用外的全部成本、收入和利润，而且能控制占用的资产的责任中心，也就是说，该中心不仅拥有短期的经营决策权，而且拥有投资决策权。投资中心是最高层次的责任中心，既拥有最大的决策权，也承担最大的责任。

(二)投资中心的考核指标

投资中心的考核指标主要有投资报酬率和剩余收益。

1. 投资报酬率

投资报酬率是投资中心一定时期的税前经营利润和投资额的比率，其中，投资额是指该中心拥有的平均净资产。其计算公式如下：

$$投资报酬率=\frac{投资中心税前经营利润}{投资额(平均净资产)}\times 100\%=投资周转率\times 经营利润率$$

投资报酬率是最常见的投资中心业绩考核指标，该指标既能揭示投资中心的经营利润水平，又能反映资产的使用效果。

【例 11－2】 假设某公司有 A 和 B 两个投资中心，相关数据如表 11－2 所示。

表 11－2　　**A、B 部门相关数据**　　单位：万元

项　目	A 投资中心	B 投资中心
部门税前经营利润	96	88
部门平均经营资产	900	600
部门平均经营负债	100	50
平均净资产	800	550

根据上述资料，计算两个投资中心的投资报酬率。

A 投资中心投资报酬率＝96÷800×100%＝12%

B 投资中心投资报酬率＝88÷550×100%＝16%

投资报酬率是根据现有的会计资料计算的，比较客观，可以用于部门之间以及不同行业之间的比较。而且，投资报酬率可以分解为投资周转率与部门营业利润率的乘积，如果进一步分解就会发现，B 部门的资产周转率较 A 部门高，所以 B 部门的投资报酬率高于 A 部门。

投资报酬率指标的优点：综合反映了投资中心的经营业绩，考虑了投资规模，是一个相对指标，可以用于不同投资中心之间的横向比较，也可以用于不同规模企业和同一企业不同时期之间的比较。

投资报酬率指标的缺点：该指标可能导致部门经理考虑自身及部门利益而忽视企业整体利益。因为部门经理可以通过调增分子或调减分母来提高投资报酬率指标，以获得更好的评价，其中，调减分母更容易实现。从引导部门经理顾全大局方面来看，投资报酬率不是理想的选择。

2. 剩余收益

为了克服比率指标的缺陷，企业可以采用剩余收益指标来评价投资中心的业绩。剩余收益是指投资中心获得的税前经营利润扣除投资应计收益后的余额，其中，投资应计收益是投资额(或净资产占用额)按规定(或预期)的最低报酬率计算的投资收益。其计算公式如下：

$$\begin{aligned}剩余收益&=投资中心的税前经营利润-平均净经营资产应计收益\\&=税前经营利润-平均净经营资产\times 要求的最低投资报酬率\end{aligned}$$

【例 11－3】 依前例，假设该公司要求的最低投资报酬率为 10%，分别计算 A、B 投资中

心的剩余收益。

A投资中心剩余收益＝96－800×10%＝16(万元)

B投资中心剩余收益＝88－550×10%＝33(万元)

现有一个投资项目,需追加投资额100万元(投资报酬率为14%),根据剩余收益指标判断B投资中心是否应当接受该项投资。

B投资中心接受追加投资后的剩余收益如下:

(88＋100×14%)－(550＋100)×10%＝37(万元)

根据剩余收益的计算结果可以判断,B投资中心接受追加投资后剩余收益增加了4万元,从公司整体目标考虑,选择追加投资是有利的。根据剩余收益指标的结果,B投资中心应当选择追加投资。但是,如果考虑投资报酬率指标,该项追加的投资报酬率(14%)低于B投资中心的投资报酬率(16%),B投资中心就可能放弃这项对公司整体有利的投资机会。

剩余收益指标的优点:可以避免本位主义,使投资中心业绩评价与企业目标协调一致。因为只要投资项目的收益高于企业要求的最低投资报酬率,就会给企业带来利润,也会给投资中心增加剩余收益,从而保证投资中心的决策与企业总体目标一致。

剩余收益指标的缺点:它是绝对数指标,不适合不同规模的企业和部门之间的比较。

课程思政

【章节知识点】 财务控制的主要活动、责任中心及业绩评价

【思政育人元素】 引导学生在了解责任中心业绩评价指标的基础上,树立财务管理的长远意识和大局意识,避免急功近利,践行可持续发展理念。

复习思考题

1. 什么是责任中心？简述成本中心、利润中心和投资中心的主要特征与区别。
2. 什么是责任成本？责任成本和产品成本有什么区别与联系？
3. 什么是内部转移价格？企业确定内部转移价格的方法有哪些？
4. 简述利润中心和投资中心的区别。
5. 企业以投资报酬率指标评价投资中心的业绩容易产生什么弊端？

第十二章　企业价值评估

第一节　企业价值评估概述

一、企业价值评估的含义

企业价值评估简称企业估值，是投资者和管理当局为改善决策，对一家企业或一个经营单位的公平市场价值进行分析和估算，并提供有关信息的过程。

价值评估是一种经济评估方法。“评估”一词不同于“计算”。评估是一种定量分析，但它并不是完全客观和科学的。一方面，它使用许多定量分析模型，具有一定的科学性和客观性；另一方面，它使用许多主观估计的数据，带有一定的主观估计性质。评估的质量与评估人员的经验、责任心、投入的时间和精力等因素有关。价值评估既然带有主观估计的成分，其结论就必然存在一定误差，不可能绝对准确。

价值评估是一种分析方法，不是随便找几个数据代入模型的计算工作，而是通过逻辑的分析来完成的。好的分析来源于好的理解，好的理解建立在正确的概念框架基础上。价值评估涉及大量信息，有了合理的概念框架，就可以指导评估人正确选择模型和有效利用信息。因此，必须正确理解价值的有关概念。

二、区别相关价值概念

（一）会计价值与市场价值

会计价值，是指资产、负债和所有者权益的账面价值。会计计量大多使用历史成本，历史成本具有客观性，可以重复验证。在一般情况下，价值评估不使用账面价值，只有在其他方法无法获得恰当的数据时才将其作为质量不高的替代品。其主要原因在于：(1)制定经营或投资决策必须以现实的和未来的信息为依据，历史成本计价提供的信息是面向过去的，与管理人员、投资人和债权人的决策缺乏相关性。(2)历史成本不能反映企业真实的财务状况，资产的报告价值是未分配的历史成本（或剩余部分），并不是可支配的资产或可抵偿债务的资产。(3)历史成本计价缺乏方法上的一致性。货币性资产不以历史成本反映，非货币性资产在使用历史成本计价时有很多例外，所以历史成本会计是各种计价方法的混合，不能为经营和投资决策提供有用的信息。(4)历史成本计价缺乏时间上的一致性。资产负债表把不同会计期间的资产的购置价格混合在一起，导致其缺乏明确的经济意义。由于历史成本计价存在上述缺点，因此各国会计准则的制定机构陆续引入公允价值、可变现净值、重置成本、现值等多种计量属性，以改善财务报告信息与报告使用人决策的相关性。

市场价值是指任何资产或资产组合在有组织的市场（如各种证券和商品交易所）上进行交易的价值。在不存在有组织的市场的情况下，市场价值也可以通过个人之间的交易来确定。参与交易的双方都会随时调整他们各自对资产价值的评估，从而达成共识。因此可以说，市场价值受很多因素的制约，如资产或证券的交易数量、各当事人的偏好、重大的产业调整和发展、政治经济条件的转变等，具有潜在的不稳定性，但与账面价值相比，仍被公认为一种较合理的估算财务报表上所列资产与负债现有价值的标准。

（二）现时市场价值与公平市场价值

企业价值评估的目的是确定一家企业的公平市场价值。所谓“公平市场价值”，是指在公平的交易中，熟悉情况的双方，自愿进行资产交换或债务清偿的金额。资产被定义为未来的经济利益。所谓“经济利益”，其实就是现金流入。资产就是未来可以带来现金流入的资源。由于不同时间的现金不等价，需要通过折现处理，因此，资产的公平市场价值就是未来现金流量的现值。未来现金流量的现值面向的是未来，而不是历史或现在，符合决策面向未来的时间属性。经济学家认为，未来现金流量的现值是资产的一项最基本的属性，是资产的经济价值。

要区分现时市场价值与公平市场价值。现时市场价值，是指按现行市场价格计量的资产价值，它可能是公平的，也可能是不公平的。

首先，作为交易对象的企业，通常没有完善的市场，也没有现成的市场价格。非上市企业或者它的一个部门，由于没有在市场上出售，因此其价格不得而知。对于上市企业来说，每天参加交易的只是少数股权，多数股权不参加日常交易，因此，市场价格只是少数股东认可的价格，未必代表公平价值。

其次，以企业为对象的交易双方存在比较严重的信息不对称。人们对于企业的预期会有很大差距，成交的价格不一定是公平的。

再次，股票价格是经常变动的，人们不知道哪一个是公平的价格。

最后，评估的目的之一是寻找被低估的企业，也就是价格低于价值的企业。如果用现时市场价值作为企业的估值，企业的价值就与价格相等，人们也就得不到有意义的信息了。

（三）实体价值与股权价值

企业全部资产的总体价值被称为企业实体价值。企业实体价值是股权价值与净债务价值之和。

企业实体价值＝股权价值＋净债务价值

股权价值在这里不是指所有者权益的会计价值（账面价值），而是指股权的公平市场价值。净债务价值也不是指它们的会计价值（账面价值），而是指净债务的公平市场价值。

大多数企业并购是以购买股份的形式进行的，因此，评估的最终目标和双方谈判的焦点是卖方的股权价值。但是，如果买方收购的是整个企业实体，其实际收购成本就应等于股权成本加上所承接的债务。

（四）持续经营价值与清算价值

企业能给所有者提供价值的方式有两种：一种是由营业所产生的未来现金流量的现值，称为持续经营价值；另一种是停止经营，出售资产产生的现金流，称为清算价值。这两者的评估方法和评估结果有明显区别。我们必须明确拟评估的企业是一家持续经营的企业还是一家准备清算的企业,评估的价值是其持续经营价值还是其清算价值。在大多数情况下,评估的是企业的持续经营价值。

一家企业的公平市场价值,应当是其持续经营价值与清算价值中较高的那一个,如图12—1所示。

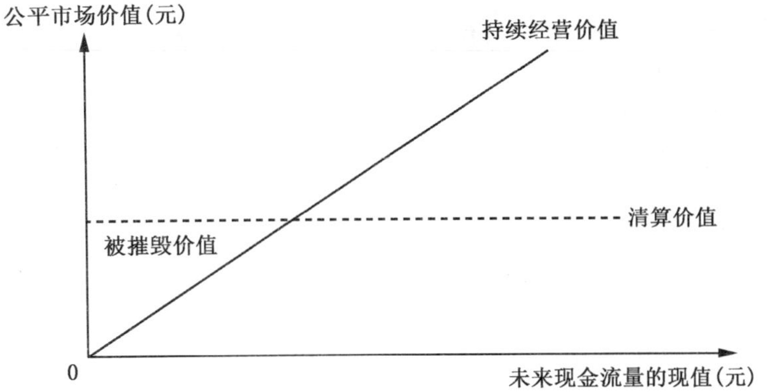

图12—1　持续经营价值与清算价值下的公平市场价值

一家企业持续经营的基本条件,是其持续经营价值超过清算价值。依据理财的"自利原则",当未来现金流的现值大于清算价值时,投资人会选择持续经营。如果现金流量减少,或者资本成本提高,使得未来现金流量的现值低于清算价值,投资人就会选择清算。

一家企业的持续经营价值已经低于其清算价值,本应当进行清算。但是,也有例外,那就是控制企业的人拒绝清算,企业得以持续经营。这种持续经营将持续削减股东本来可以通过清算得到的价值。

(五)少数股权价值与控股权价值

企业的所有权和控制权是两个极为不同的概念。一方面,少数股权对企业事务发表的意见无足轻重,只有获取控制权的人才能决定企业的重大事务。另一方面,从世界范围来看,多数上市企业的股权高度分散化,没有哪一个股东可以控制企业,此时,有效控制权被授予董事会和高层管理人员,所有股东只是"搭车的乘客",不满意的"乘客"可以"下车",但是无法控制"方向盘"。

在股票市场上交易的只是少数股权,大多数股权并没有参加交易。掌握控股权的股东不参加日常交易。我们看到的股价通常只是少数已经交易的股票价格,它们衡量的只是少数股权的价值。少数股权与控股权的价值差异明显地出现在收购交易中。一旦控股权参加交易,股价就会迅速上升,甚至达到少数股权价值的数倍。在评估企业价值时,必须明确拟评估的对象是少数股权价值还是控股权价值。

买入企业的少数股权与买入企业的控股权是完全不同的两件事。买入企业的少数股权,是承认企业现有的管理和经营战略,买入者只是一个旁观者。买入企业的控股权,投资者获得改变企业生产经营方式的充分自由,或许还能增加企业的价值。这两者如此不同,以至于可以认为:同一家企业的股票在两个分割开来的市场上交易。一个是少数股权市场,它交易的是少数股权代表的未来现金流量；另一个是控股权市场，它交易的是企业控股权代表的现金流量。获得控股权，不仅意味着取得了未来现金流量的索取权，而且获得了改组企业的特权。在两个不同市场上交易的，实际上是不同的资产。

如图 12－2 所示，对少数股权投资者来说，V(当前)是企业股票的公平市场价值，是现有管理和战略条件下企业能给股票投资人带来的现金流量的现值。对谋求控股权的投资者来说，V(新的)是企业股票的公平市场价值，它是企业进行重组，改进管理和经营战略后可以为投资人带来的未来现金流量的现值。新的价值与当前价值的差额称为控股权溢价，它是由于转变控股权而增加的价值。

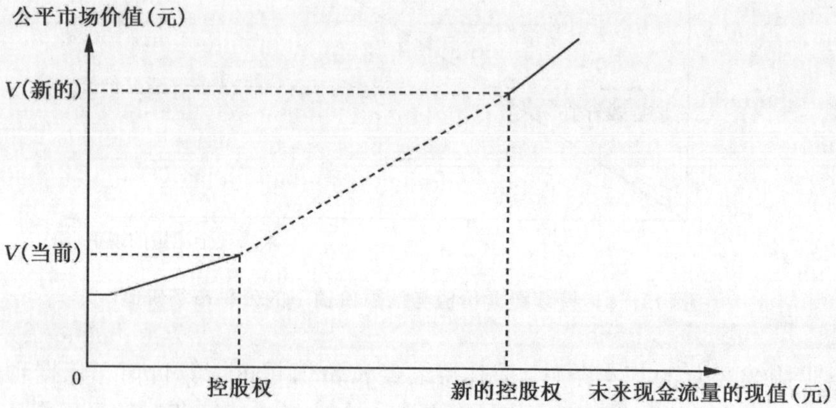

图 12－2　少数股权价值与控股权价值

$$控股权溢价=V(新的)-V(当前)$$

总之，在进行企业价值评估时，要明确拟评估的对象是什么，即搞清楚要评估的是企业实体价值还是股权价值，是持续经营价值还是清算价值，是少数股权价值还是控股权价值。它们是不同的评估对象，有不同的用途，需要使用不同的方法进行评估。

三、价值评估的目的

（一）价值评估可以用于投资分析

价值评估是基本分析的核心内容。投资人信奉不同的投资理念，有的人相信技术分析，有的人相信基本分析。相信基本分析的人认为企业价值与财务数据之间存在函数关系，这种关系在一段时间内是稳定的，证券价格与价值的偏离经过一段时间的调整会向价值回归。他们据此原理寻找并且购进被市场低估的证券或企业，以期获得高于必要报酬率的收益。

（二）价值评估可以用于战略分析

战略是指一整套决策和行动方式，包括刻意安排的有计划的战略和非计划的突发应变战略。战略管理是指涉及企业目标和方向、带有长期性、关系企业全局的重大决策和管理。战略管理可以分为战略分析、战略选择和战略实施。战略分析是指使用定价模型清晰地说明经营设想和发现这些设想可能创造的价值，目的是评价企业目前和今后增加股东财富的关键因素。价值评估在战略分析中起核心作用。例如，收购属于战略决策，收购企业要估计目标企业的合理价格，在决定收购价格时要对合并前后的价值变动进行评估，以判断收购能否增加股东财富，以及依靠什么来增加股东财富。

(三)价值评估可以用于以价值为基础的管理

企业价值最大化是现代财务管理的根本目标。企业决策正确性的根本标志是能够增加企业价值。不了解一项决策对企业价值的影响，就无法对决策进行评价。从这种意义上来说，价值评估是改进企业一切重大决策的手段。为了搞清楚财务决策对企业价值的影响，需要清晰地描述财务决策、企业战略和企业价值之间的关系。在此基础上实行以价值为基础的管理，依据价值最大化原则制订和执行经营计划，通过度量价值的增减来监控经营业绩并确定相应报酬。

第二节　企业价值评估方法

一、现金流量折现模型

(一)现金流量折现模型的基本形式

现金流量折现模型是企业价值评估使用最广泛、理论上最健全的模型。其基本思想是增量现金流量原则和货币时间价值原则，也就是说，任何资产(包括企业或股权)的价值都是其产生的未来现金流量的现值，用公式表示如下：

$$价值 = \sum_{t=1}^{n} \frac{现金流量_t}{(1+资本成本)^t}$$

该模型有三个参数：现金流量、资本成本和时间序列。

模型中的“现金流量”，是指各期的预期现金流量。对投资者来说，企业现金流量有三种：股利现金流量、股权现金流量和实体现金流量。

模型中的“资本成本”，是指计算现值使用的折现率。折现率是现金流量风险的函数，风险越大则折现率越大。折现率与现金流量要匹配。股权现金流量只能用股权资本成本来折现，实体现金流量只能用企业的加权平均资本成本来折现。

模型中的“时间序列”，是指产生现金流量的时间，通常用“年数”来表示。从理论上说，现金流量的持续年数应当等于资源的寿命。企业的寿命是不确定的，通常采用持续经营假设，即假设企业将无限期地存续下去。预测无限期的现金流量数据是很困难的，时间越长，远期的预测越不可靠。为了避免预测无限期的现金流量，大部分估值将预测的时间分为两段：第一段是有限的、明确的预测期，被称为详细预测期，简称预测期，在此期间需要对每年的现金流量进行详细预测，并根据现金流量模型计算其预测期价值；第二段是预测期以后的无限时期，被称为后续期或永续期，在此期间假设企业进入稳定状态，有一个稳定的增长率，可以用简便方法直接估计后续期价值。后续期价值也被称为永续价值或残值。这样，企业价值被分为两个部分：

$$企业价值=预测期价值+后续期价值$$

（二）现金流量折现模型的种类

1. 股权现金流量模型

股权现金流量是一定期间企业可以提供给股权投资人的现金流量，它等于企业实体现金流量扣除对债权人的支付后剩余的部分。

股权现金流量＝实体现金流量－债务现金流量

股权现金流量模型的基本形式如下：

$$股权价值=\sum_{t=1}^{n}\frac{股权现金流量_t}{(1+股权资本成本)^t}$$

有多少股权现金流量会作为股利分配给股东，取决于企业的筹资和股利分配政策。

2. 实体现金流量模型

实体现金流量是企业全部现金流入扣除成本费用和必要投资后剩余的部分，它是企业一定期间可以提供给所有投资人（包括股权投资人和债权投资人）的税后现金流量。

实体现金流量模型的基本形式如下：

$$实体价值=\sum_{t=1}^{n}\frac{实体现金流量_t}{(1+加权平均资本成本)^t}$$

$$股权价值=实体价值-净债务价值$$

$$净债务价值=\sum_{t=1}^{n}\frac{偿还债务现金流量_t}{(1+等风险债务利率)^t}$$

（三）现金流量折现模型参数的估计

现金流量折现模型的参数是相互影响的，需要整体考虑，不可以完全孤立地看待和处理。资本成本的估计在前面的章节已经介绍过，这里主要说明现金流量的估计和预测期的确定。

未来现金流量的数据需要通过财务预测取得。财务预测可以分为单项预测和全面预测。单项预测的主要缺点是容易忽视财务数据之间的联系，不利于发现预测假设的不合理之处。全面预测是指编制成套的预计财务报表，通过预计财务报表获取需要的预测数据。由于计算机的普遍应用，人们越来越多地使用全面预测。

1. 预测销售收入

预测销售收入是全面预测的起点，大部分财务数据与销售收入有内在联系。

销售收入取决于销售数量和销售价格两个因素，但是财务报表不披露这两项数据，企业外部的报表使用人无法得到销售价格和销售数量的历史数据，也就无法分别预计各种产品的销售价格和销售数量。他们只能直接对销售收入的增长率进行预测，然后根据基期销售收入和预计增长率计算预测期的销售收入。销售增长率的预测以历史增长率为基础，根据未来的变化进行修正。在修正时，要考虑宏观经济、行业状况和企业的经营战略。如果预计未来在这三个方面都不会发生明显变化，就可以按上一年增长率预测。如果预计未来有较大变化，就需要根据其主要影响因素调整销售增长率。

【例12－1】 ABC公司目前正处在高速增长的时期，20×0年的销售增长了12%。预计20×1年可以维持12%的增长率，20×2年增长率开始逐步下降，每年下降2个百分点，20×5年下降1个百分点，即增长率为5%。自20×5年起，公司进入稳定增长状态，永续增长率为5%，如表12－1所示。

表 12—1　　ABC公司的销售预测

年份	基期	20×1	20×2	20×3	20×4	20×5	20×6	20×7	20×8	…
销售增长率	12%	12%	10%	8%	6%	5%	5%	5%	5%	…

2. 确定预测期间

预测的时间范围涉及预测基期、详细预测期和后续期。

(1)预测基期

基期是指作为预测基础的时期，它通常是预测工作的上一个年度。基期的各项数据被称为基数，它们是预测的起点。基期数据不仅包括各项财务数据的金额，而且包括它们的增长率以及反映各项财务数据之间联系的财务比率。

确定基期数据的方法有两种：一种是以上一年实际数据作为基期数据，另一种是以修正后的上一年数据作为基期数据。如果通过历史财务报表分析认为，上一年财务数据具有可持续性，就以上一年实际数据作为基期数据。如果通过历史财务报表分析认为，上一年财务数据不具有可持续性，就应适当调整，使之适合未来的情况。

ABC 公司的预测以 20×0 年为基期，以经过调整的 20×0 年财务报表数据为基数。该公司的财务预测将采用销售百分比法，需要根据历史数据确定主要报表项目的销售百分比，以作为对未来进行预测的假设。

(2)详细预测期与后续期的划分

实务中的详细预测期通常为 5～7 年，如果有疑问，就应当延长，但很少超过 10 年。企业增长的不稳定时期有多长，预测期就应当有多长。这种做法与竞争均衡理论有关。竞争均衡理论认为，一家企业不可能永远以快于宏观经济增长速度的速度发展下去。竞争均衡理论还认为，一家企业通常不可能在竞争的市场中长期取得超额收益，其投资资本报酬率会逐渐恢复到正常水平。投资资本报酬率是指税后经营利润与投资资本(净负债＋股东权益)的比率，它反映企业投资资本的盈利能力。如果一个行业的投资资本报酬率较高，就会吸引更多投资并使竞争加剧，导致成本上升或价格下降，使得投资资本报酬率降低到社会平均水平。如果一个行业的投资资本报酬率较低，就会有一些竞争者退出该行业，减少产品或服务的供应量，导致价格上升或成本下降，使得投资资本报酬率上升到社会平均水平。一家企业具有较高的投资资本报酬率，往往会比其他企业更快地扩展投资，增加投资资本总量。如果新增投资与原有投资的盈利水平相匹配，就能维持投资资本报酬率。但是，通常企业很难做到这一点，竞争使盈利的增长跟不上投资的增长，因而投资资本报酬率最终会下降。实践表明，只有很少的企业具有长时间的可持续竞争优势，它们往往具有某种特殊的因素，可以防止竞争者进入。绝大多数企业会在几年内恢复到正常的投资资本报酬率水平。

竞争均衡理论得到了实证研究的有力支持。各企业销售收入的增长率往往趋于正常水平。拥有高于或低于正常水平的销售收入增长率的企业，通常在 3～10 年内恢复到正常水平。

3. 估计详细预测期现金流量

沿用例 12—1 的资料，ABC 公司基期营业收入为 2 000 万元，其他相关信息预测如表 12—2 所示。

表 12—2　　ABC 公司的相关财务比率预测

项　目	预　测
销售成本÷营业收入	65%
销售和管理费用÷营业收入	10%
净经营资产÷营业收入	80%
净负债÷营业收入	40%
债务利息率	6%
所得税税率	25%

相应地，ABC 公司的预计现金流量如表 12—3 所示。

表 12—3　　ABC 公司的预计现金流量　　单位：万元

项　目	基期	20×1 年	20×2 年	20×3 年	20×4 年	20×5 年
一、营业收入	2 000	2 240.00	2 464.00	2 661.12	2 820.79	2 961.83
减：营业成本		1 456.00	1 601.60	1 729.73	1 833.51	1 925.19
销售和管理费用		224.00	246.40	266.11	282.08	296.18
二、税前经营利润		560.00	616.00	665.28	705.20	740.46
减：经营利润所得税		140.00	154.00	166.32	176.30	185.11
三、税后经营利润		420.00	462.00	498.96	528.90	555.35
减：净经营资产增加		192.00	179.20	157.70	127.74	112.83
四、实体现金流量		228.00	282.80	341.26	401.16	442.52
减：税后利息费用		40.32	44.35	47.90	50.77	53.31
加：净负债增加		96.00	89.60	78.85	63.87	56.42
五、股权现金流量		283.68	328.05	372.21	414.26	445.63

以 20×1 年为例：

营业收入＝2 000×(1＋12%)＝2 240(万元)

营业成本＝2 240×65%＝1 456(万元)

销售和管理费用＝2 240×10%＝224(万元)

税前经营利润＝2 240－1 456－224＝560(万元)

经营利润所得税＝560×25%＝140(万元)

税后经营利润＝560－140＝420(万元)

净经营资产增加＝2 000×12%×80%＝192(万元)

实体现金流量＝420－192＝228(万元)

税后利息费用＝2 240×40%×6%×(1－25%)＝40.32(万元)

净负债增加＝2 000×12%×40%＝96(万元)

股权现金流量＝2 228－40.32＋96＝283.68(万元)

4.估计后续期现金流量增长率

后续期价值的估计方法有许多种，包括永续增长模型、剩余收益模型、价值驱动因素模型、价格乘数模型、延长预测期法、账面价值法、清算价值法和重置成本法等。这里只讨论永续增长模型。

永续增长模型如下：

$$后续期价值=\frac{现金流量_n}{资本成本-现金流量增长率}\times(P/F,i,n-1)$$

现金流量的预计在前面已经讨论过，这里说明现金流量增长率的估计。

在稳定状态下，实体现金流量、股权现金流量和营业收入的增长率相同，因此，可以根据销售增长率估计现金流量增长率。

为什么这三个增长率相同呢？因为在稳定状态下，经营效率和财务政策不变，即经营资产净利率、资本结构和股利分配政策不变，财务报表将按照稳定的增长率在扩大的规模上被复制。影响实体现金流量和股权现金流量的各因素都与销售额同步增长，所以，现金流量增长率与销售增长率相同。那么，销售增长率如何估计呢？

根据竞争均衡理论，后续期的销售增长率大体上等于宏观经济的名义增长率。如果不考虑通货膨胀因素，则宏观经济的增长率大多在2%～6%。

极少数企业凭借其特殊的竞争优势，其销售增长率可以在较长时间内超过宏观经济增长率。判定一家企业是否具有特殊的、可持续的优势，应当掌握具有说服力的证据，并且被长期的历史所验证。即使是具有特殊优势的企业，后续期销售增长率超过宏观经济增长率的幅度也不会超过2%。绝大多数可以持续生存的企业，其销售增长率可以按宏观经济增长率估计。

(四)现金流量折现模型的应用

1.股权现金流量模型

根据现金流量分布的特征，股权现金流量模型分为两种类型：永续增长模型和两阶段增长模型。

(1)永续增长模型

永续增长模型假设企业未来长期稳定、可持续地增长。在永续增长的情况下，企业价值是下一期现金流量的函数。

$$股权价值=\frac{下一期股权现金流量}{股权资本成本-永续增长率}$$

永续增长模型的特例是永续增长率等于0，即零增长模型。

$$股权价值=\frac{下一期股权现金流量}{股权资本成本}$$

永续增长模型的使用条件：企业必须处于永续状态。所谓“永续状态”，是指企业有永续的增长率和投资资本报酬率。使用永续增长模型，企业价值对增长率的估计值很敏感，当增长率接近折现率时，股票价值趋于无限大。因此，该模型对增长率和股权成本的预测质量要求很高。

【例12－2】 甲公司是一家上市公司，目前处于稳定增长状态，增长率为3%。20×0年每股股权现金流量为5元，该公司的股权资本成本为8%。请计算该公司20×1年年初每股股权价值。

$$20×1\text{年年初每股股权价值}=\frac{5×(1+3\%)}{8\%-3\%}=103(\text{元/股})$$

(2)两阶段增长模型

两阶段增长模型的一般表达式如下：

股权价值＝详细预测期价值＋后续期价值

＝详细预测期股权现金流量现值＋后续期股权现金流量现值

假设详细预测期为 n，则：

$$\text{股权价值}=\sum_{t=1}^{n}\frac{\text{股权现金流量}_t}{(1+\text{股权资本成本})^t}+\frac{\text{股权现金流量}_{n+1}\div(\text{股权资本成本}-\text{永续增长率})}{(1+\text{股权资本成本})^n}$$

两阶段增长模型的适用条件：企业增长呈现两个阶段，通常第二个阶段具有永续增长的特征。

【例 12－3】 乙企业是一家高新技术企业，具有领先同业的优势。其预计 20×1 至 20×5 年每股股权现金流量如表 12－4 所示，自 20×6 年起进入稳定增长状态，永续增长率为 5%。企业股权资本成本为 12%。试计算目前的每股股权价值。

表 12－4　　乙企业每股股权价值

单位：元/股

项　目	基期	20×1 年	20×2 年	20×3 年	20×4 年	20×5 年	20×6 年
股权现金流量		1.25	1.46	1.82	2.13	2.58	2.71
股权资本成本		12%	12%	12%	12%	12%	12%
折现系数		0.892 9	0.797 2	0.711 8	0.635 5	0.567 4	
详细预测期价值	6.39	1.12	1.16	1.30	1.35	1.46	
后续期增长率							5%
后续期价值	21.97					38.71	
股权价值	28.36						

$$\text{详细预测期每股股权现金流量现值}=\sum_{t=1}^{n}\frac{\text{每股股权现金流量}_t}{(1+\text{股权资本成本})^t}=6.39(\text{元 / 股})$$

$$\begin{array}{c}\text{后续期每股股权现金流量}\\\text{在 20×5 年年末的价值}\end{array}=\frac{\text{后续期第一年每股股权现金流量}}{\text{股权资本成本}-\text{永续增长率}}=\frac{2.71}{12\%-5\%}=38.71(\text{元/股})$$

后续期每股股权现金流量现值＝38.71×0.567 4≈21.97(元/股)

每股股权价值＝6.39＋21.97＝28.36(元/股)

2. 实体现金流量模型

在实务中，大多使用实体现金流量模型，主要原因是股权成本受资本结构的影响较大，估计起来比较复杂。债务增加时，风险增加，股权成本会上升，而上升的幅度不容易测定。加权平均资本成本受资本结构的影响较小，比较容易估计。债务成本较低，增加债务比重使加权平均资本成本下降。与此同时，债务增加使风险增加，股权成本上升，导致加权平均资本成本上升。在无税和交易成本的情况下，两者可以完全抵销，这就是资本结构无关论。在有税和交易成本的情况下，债务成本的下降会大部分被股权成本的上升所抵销，平均资本成本对资本结构变化不敏感，估计起来比较容易。

实体现金流量模型，如同股权现金流量模型，也可以分为两种：

(1)永续增长模型

$$实体价值=\frac{下一期实体现金流量}{加权平均资本成本-永续增长率}$$

(2)两阶段增长模型

$$\begin{aligned}实体价值&=详细预测期价值+后续期价值\\&=详细预测期实体现金流量现值+后续期实体现金流量现值\end{aligned}$$

假设详细预测期为 n，则：

$$实体价值=\sum_{t=1}^{n}\frac{实体现金流量_t}{(1+加权平均资本成本)^t}+\frac{实体现金流量_{n+1}\div(加权平均资本成本-永续增长率)}{(1+加权平均资本成本)^n}$$

下面通过一个例子来说明实体现金流量模型的应用。

【例 12—4】 丙公司预计 20×1 至 20×5 年实体现金流量如表 12—5 所示，自 20×6 年起进入稳定增长状态，永续增长率为 3%。公司当前的加权平均资本成本为 10%，20×6 年及以后年份资本成本降为 8%。债务当前的市场价值为 3 852 万元，普通股当前每股市价为 10.5 元，流通在外的普通股股数为 1 000 万股。通过计算分析，说明该股票是被市场高估了还是低估了。

表 12—5　　**丙公司每股股权价值**

项　目	基期	20×1 年	20×2 年	20×3 年	20×4 年	20×5 年	20×6 年
实体现金流量(万元)		620.52	676.12	715.30	782.36	850.50	876.015
加权平均资本成本		10%	10%	10%	10%	10%	8%
折现系数		0.909 1	0.826 4	0.751 3	0.683 0	0.620 9	
详细预测期价值(万元)	2 722.69	564.11	558.75	537.40	534.35	528.08	
后续期增长率							3%
后续期价值(万元)	10 878.35					17 520.30	
实体价值(万元)	13 601.05						
净债务价值(万元)	3 852.00						
股权价值(万元)	9 749.05						
股数(万股)	1 000						
每股价值(元)	9.75						

股权价值＝实体价值－净债务价值＝13 601.05－3 852＝9 749.05(万元)

每股股权价值＝9 749.05÷1 000＝9.75(元/股)

该股票目前每股市价为 10.5 元，所以它被市场高估了。

二、相对价值评估模型

现金流量折现模型在概念上很完整，但是在应用时会碰到较多技术问题。有一种相对容易的估值方法，就是相对价值法，也称价格乘数法或可比交易价值法等。这是利用类似企业的市场定价来估计目标企业价值的一种方法。它的假设前提是存在一个支配企业市场价值的主要变量（如净利），市场价值与该变量的比值对各企业而言是类似的、可以比较的。

相对价值法的基本做法：首先，寻找一个影响企业价值的关键变量（如净利）；然后，确定一组可以比较的类似企业，计算可比企业的市场价值/关键变量的平均值（如平均市盈率）；最后，用目标企业的关键变量（如净利）乘以得到的平均值（如平均市盈率），计算目标企业的评估价值。

相对价值法，是将目标企业与可比企业对比，用可比企业的价值衡量目标企业的价值。如果可比企业的价值被高估了，则目标企业的价值也会被高估。实际上，所得结论是相对于可比企业来说的，以可比企业价值为基准，是一种相对价值，而非目标企业的内在价值。

例如，某投资者准备购买商品住宅，出售者报价为130万元。如何评估这个报价呢？一个简单的办法就是寻找一个类似地段、类似质量的商品住宅，计算每平方米的价格（价格与面积的比率）。假设类似商品住宅每平方米的价格为1.5万元，拟购置的住宅是80平方米，利用相对价值法评估其价值是120万元，投资者认为出售者的报价偏高。投资者对报价高低的判断是相对于类似商品住宅而言的，实际上，也可能是类似商品住宅的价格偏低。

这种做法虽简单，但真正使用起来并不容易。因为类似商品住宅与拟购置的商品住宅有“不类似”之处，类似商品住宅的价格也未必是公平市场价格。准确的评估还需要对计算结果进行修正，而这种修正往往十分复杂，它涉及每平方米价格的决定因素等问题。

现金流量折现模型的假设是明确显示的，而相对价值法的假设是隐含在比率中的。因此，相对价值法看起来简单，实际应用时并不简单。

（一）相对价值模型的原理

相对价值模型分为两大类：一类是以股票市价为基础的模型，包括每股市价/每股收益、每股市价/每股净资产、每股市价/每股销售收入等模型；另一类是以企业实体价值为基础的模型，包括实体价值/息税折旧摊销前利润、实体价值/税后经营净利润、实体价值/实体现金流量、实体价值/投资资本、实体价值/销售收入。这里只讨论三种最常用的股票市价模型。

1. 市盈率模型

（1）基本模型

市盈率，是指普通股每股市价与每股收益的比率。

市盈率＝每股市价÷每股收益

运用市盈率估值的模型如下：

目标企业每股价值＝可比企业市盈率×目标企业每股收益

该模型假设每股市价是每股收益的一定倍数。每股收益越大，每股价值就越大。同类企业有类似的市盈率，所以目标企业的每股价值可以用每股收益乘以可比企业市盈率计算。

（2）模型原理

为什么市盈率可以作为计算股价的乘数呢？影响市盈率高低的基本因素有哪些？

根据股利折现模型，处于稳定状态的企业的每股价值如下：

$$每股价值P_0=\frac{每股股利_1}{股权成本-增长率}$$

两边同时除以每股收益$_0$：

$$\frac{P_0}{每股收益_0}=\frac{每股股利_1\div 每股收益_0}{股权成本-增长率}$$

$$=\frac{每股收益_0\times(1+增长率)\times 股利支付率\div 每股收益_0}{股权成本-增长率}$$

$$=\frac{股利支付率\times(1+增长率)}{股权成本-增长率}$$

$$=本期市盈率$$

上述根据当前市价和同期净利计算的市盈率，称为本期市盈率，简称市盈率。

这个公式表明，市盈率的驱动因素是企业的增长潜力、股利支付率和风险（股权资本成本）。只有这三个因素类似的企业，才具有类似的市盈率。可比企业实际上应当是这三个比率类似的企业，同业企业不一定都具有这种类似性。

如果把公式两边同时除以的当前每股收益$_0$换为预期下一期每股收益$_1$，其结果就被称为内在市盈率或预期市盈率：

$$\frac{P_0}{每股收益_t}=\frac{每股股利_t\div 每股收益_t}{股权成本-增长率}$$

$$内在市盈率=\frac{股利支付率}{股权成本-增长率}$$

在影响市盈率的三个因素中，关键是增长潜力。所谓"增长潜力类似"，不仅指具有相同的增长率，而且包括增长模式的类似性，例如，是同为永续增长，还是同为由高增长转为永续低增长。

上述内在市盈率模型是根据永续增长模型推导而来的。如果企业符合两阶段模型的条件，则可以通过类似的方法推导出两阶段情况下的内在市盈率模型。它比永续增长的内在市盈率模型形式复杂，但是仍然由这三个因素驱动。

（3）模型的优缺点及适用性

市盈率模型的优点：首先，计算市盈率的数据容易取得，并且计算简单；其次，市盈率把价格和收益联系起来，直观地反映投入与产出的关系；最后，市盈率涵盖了风险、增长率、股利支付率的影响，具有很强的综合性。

市盈率模型的缺点：如果收益是0或负值，市盈率就失去了意义。

因此，市盈率模型最适合连续盈利的企业。

【例12—5】 A公司今年的每股收益是0.6元，分配股利0.42元/股，该公司净利润和股利的增长率都是5%，β值为0.8。政府长期债券利率为6%，市场风险溢价为4.5%。问该公司的本期市盈率和预期市盈率各是多少？

B公司与A公司是类似企业，今年实际每股收益为0.8元，根据A公司本期市盈率对B公司估值，其股票价值是多少？B公司预期明年每股收益是0.84元，根据A公司预期市盈率对B公司估值，其股票价值是多少？

A公司股利支付率＝每股股利÷每股收益＝0.42÷0.6＝70%

A 公司股权成本＝无风险利率＋β×市场风险溢价＝6%＋0.8×4.5%＝9.6%

$$A公司本期市盈率=\frac{股利支付率\times(1+增长率)}{股权成本-增长率}=\frac{70\%\times(1+5\%)}{9.6\%-5\%}=15.98$$

$$A公司预期市盈率=\frac{股利支付率}{股权成本-增长率}=\frac{70\%}{9.6\%-5\%}=15.22$$

B 公司股票价值＝目标企业本期每股收益×可比企业本期市盈率

＝0.8×15.98

＝12.78（元/股）

B 公司股票价值＝目标企业预期每股收益×可比企业预期市盈率

＝0.84×15.22

＝12.78（元/股）

通过上述例子可知：如果目标企业的预期每股收益变动与可比企业相同，则根据本期市盈率和预期市盈率进行估值的结果相同。值得注意的是，在估值时，目标企业本期净利必须乘以可比企业本期市盈率，目标企业预期净利必须乘以可比企业预期市盈率。这一原则不仅适用于市盈率，而且适用于市净率和市销率；不仅适用于未修正的价格乘数，而且适用于后面所讲的各种修正的价格乘数。

2. 市净率模型

（1）基本模型

市净率，是指每股市价与每股净资产的比率。

市净率＝每股市价÷每股净资产

这种方法假设股权价值是净资产的函数，类似企业有相同的市净率，净资产越大则股权价值越大。因此，股权价值是净资产的倍数，目标企业的每股价值可以用每股净资产乘以市净率计算。

目标企业每股价值＝可比企业市净率×目标企业每股净资产

（2）模型原理

市净率是由哪些因素决定的？

如果把股利折现模型的两边同时除以同期每股净资产，就可以得到市净率：

$$\frac{P_0}{每股净资产_0}=\frac{每股股利_0\times(1+增长率)\div每股净资产_0}{股权成本-增长率}$$

$$=\frac{\dfrac{每股股利_0}{每股收益_0}\times\dfrac{每股收益_0}{每股净资产_0}\times(1+增长率)}{股权成本-增长率}$$

$$=\frac{股利支付率\times权益净利率\times(1+增长率)}{股权成本-增长率}$$

$$=本期市净率$$

该公式表明，驱动市净率的因素有权益净利率、股利支付率、增长潜力和风险。其中，权益净利率是关键因素。这四个比率类似的企业会有类似的市净率。不同企业市净率的差别也是由这四个比率不同引起的。

如果把公式中的每股净资产$_0$换成预期下一期的每股净资产$_1$，则可以得出内在市净率，或称预期市净率。

$$\frac{P_0}{\text{每股净资产}_1}=\frac{\text{每股股利}_0\times(1+\text{增长率})\div\text{每股净资产}_1}{\text{股权成本}-\text{增长率}}$$

$$=\frac{\dfrac{\text{每股股利}_0}{\text{每股收益}_1}\times\dfrac{\text{每股收益}_1}{\text{每股净资产}_1}\times(1+\text{增长率})}{\text{股权成本}-\text{增长率}}$$

$$=\frac{\text{股利支付率}\times\text{权益净利率}}{\text{股权成本}-\text{增长率}}$$

$$=\text{内在市净率}$$

(3)模型的优缺点及适用性

市净率估值模型的优点：首先，净利为负值的企业不能用市盈率估值，而市净率极少为负值，可用于大多数企业。其次，净资产账面价值的数据容易取得，并且容易理解。再次，净资产账面价值比净利稳定，也不像利润那样经常被人为操纵。最后，如果会计标准合理并且各企业会计政策一致，市净率的变化就可以反映企业价值的变化。

市净率估值模型的缺点：首先，账面价值受会计政策选择的影响，如果各企业执行不同的会计标准或会计政策，市净率就会失去可比性。其次，固定资产很少的服务性企业和高科技企业，其净资产与企业价值的关系不大，市净率的比较没有实际意义。最后，少数企业的净资产是 0 或负值，市净率没有意义，无法用于比较。

因此，这种方法主要适用于拥有大量资产、净资产为正值的企业。

3. 市销率模型

(1)基本模型

市销率是指每股市价与每股营业收入的比率。

$$\text{市销率}=\text{每股市价}\div\text{每股营业收入}$$

这种方法是假设影响每股价值的关键变量是营业收入，每股价值是每股营业收入的函数，每股营业收入越大则每股价值越大。既然每股价值是每股营业收入的倍数，那么目标企业的每股价值就可以用每股营业收入乘以可比企业市销率估计。

$$\text{目标企业每股价值}=\text{可比企业市销率}\times\text{目标企业每股营业收入}$$

(2)模型原理

市销率是由哪些财务比率决定的？

如果将股利折现模型的两边同时除以每股营业收入，就可以得出市销率：

$$\frac{P_0}{\text{每股收入}_0}=\frac{\text{每股股利}_0\times(1+\text{增长率})\div\text{每股收入}_0}{\text{股权成本}-\text{增长率}}$$

$$=\frac{\dfrac{\text{每股股利}_0}{\text{每股收益}_0}\times\dfrac{\text{每股收益}_0}{\text{每股收入}_0}\times(1+\text{增长率})}{\text{股权成本}-\text{增长率}}$$

$$=\frac{\text{股利支付率}\times\text{营业净利率}\times(1+\text{增长率})}{\text{股权成本}-\text{增长率}}$$

$$=\text{本期市销率}$$

由上述公式可以看出，市销率的驱动因素是营业净利率、股利支付率、增长潜力和风险。其中，营业净利率是关键因素。这四个比率类似的企业会有类似的市销率。

如果把公式中的每股收入$_0$换成预期下一期的每股收入$_1$，就可以得出内在市销率，或称预期市销率。

$$\frac{P_0}{\text{每股收入}_1}=\frac{\text{每股股利}_0\times(1+\text{增长率})\div\text{每股收入}_1}{\text{股权成本}-\text{增长率}}$$

$$=\frac{\dfrac{\text{每股股利}_0}{\text{每股收益}_1}\times\dfrac{\text{每股收益}_1}{\text{每股收入}_1}\times(1+\text{增长率})}{\text{股权成本}-\text{增长率}}$$

$$=\frac{\text{股利支付率}\times\text{营业净利率}}{\text{股权成本}-\text{增长率}}$$

$$=\text{内在市销率}$$

(3)模型的优缺点及适用性

市销率估值模型的优点：首先，它不会出现负值，对于亏损企业和资不抵债的企业而言，也可以计算出一个有意义的市销率。其次，它比较稳定、可靠，不容易被操纵。最后，它对价格政策和企业战略变化敏感，可以反映这种变化的后果。

市销率估值模型的缺点：不能反映成本的变化，而成本是影响企业现金流量和价值的重要因素之一。

因此，这种方法主要适用于销售成本率较低的服务类企业，或者销售成本率趋同的传统行业的企业。

(二)相对价值模型的应用

1. 可比企业的选择

相对价值法应用的主要困难是选择可比企业。通常的做法是，选择一组同业的上市企业，计算出它们的平均市价比率并将其作为估计目标企业价值的乘数。

根据前面的分析可知，市盈率取决于增长潜力、股利支付率和风险(股权成本)。选择可比企业时，需要先估计目标企业的这三个比率，然后按此条件选择可比企业。在这三个因素中，最重要的驱动因素是增长率，应格外重视它。处在生命周期同一阶段的同业企业，大体上有类似的增长率，可将其作为判断增长率类似的主要依据。

如果符合条件的企业较多，就可以进一步根据规模的类似性进行筛选，以提高可比性。

【例12-6】 M企业是一家制造业企业，其每股收益为1.2元，股票价格为35元。假设制造业上市企业中，增长率、股利支付率和风险与M企业类似的有三家，它们的本期市盈率如表12-6所示。用市盈率法评估M企业的股价是被市场高估了还是被市场低估了。

表12-6　　三家上市企业市盈率

企业名称	本期市盈率
A	23.5
B	27.8
C	31.2
平均数	27.5

因为股票价值33元/股(1.2×27.5)，实际股票价格是35元，所以M企业的股价被市场高估了。

市盈率的平均数通常采用简单算术平均。在使用市净率和市销率模型时，选择可比企业的方法与市盈率类似，只是它们的驱动因素有区别。

2. 修正的市价比率

在实际选择可比企业的时候，往往不像上述举例那么简单，尤其是要求的可比条件较严格，或者同行业的上市企业很少的时候，经常找不到足够的可比企业。解决问题的办法之一是采用修正的市价比率。

(1)修正市盈率

在影响市盈率的诸驱动因素中，关键变量是增长率。增长率的差异是市盈率差异的主要驱动因素。因此，可以用增长率来修正市盈率，消除增长率差异对同业企业可比性的影响。

$$\text{修正市盈率}=\frac{\text{可比企业市盈率}}{\text{可比企业预期增长率}\times 100}$$

修正市盈率排除了增长率对市盈率的影响，剩下的部分是由股利支付率和股权成本决定的市盈率，可以被称为排除增长率影响的市盈率。

【例 12—7】 沿用例 12—6 的数据，各可比企业的预期增长率如表 12—7 所示。

表 12—7　　可比企业的预期增长率

企业名称	本期市盈率	预期增长率(%)
A	23.5	12
B	27.8	15
C	31.2	19
平均数	27.5	15.33

M 企业的每股收益是 1.2 元/股，假设预期增长率是 15.2%。有两种评估方法：

①修正平均市盈率法

$$\text{修正平均市盈率}=\frac{\text{可比企业平均市盈率}}{\text{可比企业平均预期增长率}\times 100}=27.5\div 15.33=1.79$$

M 企业每股价值＝修正平均市盈率×目标企业预期增长率×100×目标企业每股收益

＝1.79×15.2%×100×1.2

＝32.65(元)

可比企业本期市盈率和预期增长率的平均数通常采用简单算术平均。修正平均市盈率根据可比企业平均本期市盈率和平均预期增长率计算。

②股价平均法

这种方法是根据各可比企业的修正市盈率估计 M 企业的价值：

目标企业每股价值＝修正市盈率×目标企业预期增长率×100×目标企业每股收益

然后，将得出的股票估值进行算术平均，计算过程如表 12—8 所示。

表 12－8　　M 企业每股价值

企业名称	本期市盈率	预期增长率(%)	修正市盈率	M 企业预期增长率(%)	M 企业每股收益(元)	M 企业每股价值(元)
A	23.5	12	1.96	15.2	1.2	35.72
B	27.8	15	1.85	15.2	1.2	33.80
C	31.2	19	1.64	15.2	1.2	29.95
平均数						33.16

这两种评估方法都适用于修正市净率和修正市销率估值。

(2)修正市净率

市净率的修正方法与市盈率类似。市净率的驱动因素有增长率、股利支付率、权益净利率和风险。其中,关键因素是权益净利率。因此:

$$\text{修正市净率}=\frac{\text{可比企业市净率}}{\text{可比企业预期权益净利率}\times 100}$$

$$\text{目标企业每股价值}=\text{修正市净率}\times\text{目标企业预期权益净利率}\times 100\times\text{目标企业每股净资产}$$

(3)修正市销率

市销率的修正方法与市盈率类似。市销率的驱动因素是增长率、股利支付率、营业净利率和风险。其中,关键因素是营业净利率。因此:

$$\text{修正市销率}=\frac{\text{可比企业市销率}}{\text{可比企业预期营业净利率}\times 100}$$

$$\text{目标企业每股价值}=\text{修正市销率}\times\text{目标企业预期营业净利率}\times 100\times\text{目标企业每股销售收入}$$

课程思政

【章节知识点】价值评估方法

【思政育人元素】培养学生爱岗敬业的职业素质和细致严谨的职业判断习惯。

复习思考题

1. 如何理解会计价值与市场价值的区别?
2. 企业价值评估的目的是什么?
3. 现金流量折现模型的基本原理是什么?需要考虑哪几个参数?
4. 常用的股票市价模型有哪几种?简述各模型的优缺点及适用性。
5. 相对价值模型如何具体应用?

第十三章　企业并购

第一节　企业并购概述

一、企业并购的内涵

企业并购(Mergers and Acquisitions，M&A)包括兼并和收购两层含义、两种方式，国际上习惯将兼并和收购合在一起使用，统称为 M&A，在我国称为并购。

兼并，是指一家企业采取各种形式有偿接受其他企业的产权，使被兼并企业丧失法人资格或改变法人实体的经济行为，包括承担债务式兼并、购买式兼并、吸收股份式兼并、控股式兼并。

收购，是指一家企业通过产权交易取得目标企业一定程度的控制权以实现一定经济目标的行为，包括股权收购和资产收购。

兼并与收购都以企业产权为交易对象，具有相似的基本动因，但两者又存在以下差异：

第一，在兼并中，被兼并企业作为法人实体不复存在；而在收购中，被收购企业仍可以保留法人实体，其产权可以是部分转让。

第二，兼并后，兼并企业成为被兼并企的所有者和债权债务承担者，是资产、债权债务的一同转让；而在收购中，收购企业是被收购企业的新股东，以收购出资的股本为限承担被收购企业的风险。

第三，兼并多发生在被兼并企业财务状况不佳、生产经营停滞或半停滞时，兼并后一般需要调整其生产经营，重新组合其资产；而收购一般发生在企业正常生产经营时，产权流动比较平和。

综上所述，企业并购是在市场机制的作用下，企业为了获得其他企业的控制权而进行的产权重组活动，是企业资本运作的重要方式。

二、企业并购的发展历程

(一)以横向并购为特征的第一次并购浪潮(1895—1904 年)

19 世纪下半叶，科学技术的进步极大地促进了社会生产力的发展，以铁路、冶金、石化、通信等为代表的行业出现了大规模并购的浪潮。此次并购以行业内并购为主要特征，即横向并购，许多企业通过资本集中组成了规模巨大的垄断公司，如美国钢铁公司、杜邦公司、美国烟草公司、美国橡胶公司等。在这一阶段，美国有75%的公司因并购而消失。

（二）以纵向并购为特征的第二次并购浪潮（1916—1929年）

20世纪20年代，汽车工业、电力工业空前繁荣，消费时代的到来使得这些工业的发展需要资本的进一步集中，第二次并购浪潮出现。在第一次并购浪潮中形成的大型企业继续并购，进一步增强经济实力，巩固对市场的垄断地位，这一时期并购的典型特征是以纵向并购为主，即把一个部门的各个生产环节统一在一个企业联合体内，形成纵向托拉斯组织。在这一时期，纵向并购所占比例达到85%，形成了一批在各部门处于领导地位的大型企业，如总部设在英国的ICI集团、美国福特汽车公司等。

（三）以混合并购为特征的第三次并购浪潮（20世纪50—60年代）

第二次世界大战后，世界经济逐渐复苏。随着各国反垄断制度日趋严格，行业内并购受到控制，跨行业多元化并购兴起。另外，资本市场的发展使得以股票为支付手段的并购得到极大的发展。在以混合并购为特征的第三次并购浪潮中，企业并购规模及并购速度均超过了前两次。

（四）以杠杆并购为特征的第四次并购浪潮（20世纪80年代）

20世纪80年代兴起的第四次并购浪潮的显著特征是以杠杆并购为主要手段，并购规模远超前三次，并购企业范围扩展到国外，出现了小企业并购大企业的现象，金融界为并购提供了极大的支持。

（五）以跨国并购为特征的第五次并购浪潮（20世纪90年代）

从20世纪90年代开始，经济全球化、一体化发展日益深入，在此背景下，跨国并购逐渐成为跨国直接投资的主导方式。此次并购浪潮涉及通信、化工、航空、零售、医疗保健、银行等多个行业，促进了产业结构调整，出现了波音-麦道公司等世界性行业垄断集团。

（六）第六次并购浪潮

全球正进入第六次并购浪潮，与前五次并购浪潮不同，第六次并购浪潮的重心在中国，核心是技术转移，带动资本、品牌、渠道、管理、人才的全球转移。①

我国企业并购开始于20世纪80年代。1984年，保定纺织机械厂以承担全部债权债务的形式兼并了保定市针织器材厂，之后企业并购在我国陆续出现。1993年，深圳宝安收购上海延中实业，拉开了我国上市公司并购的序幕。进入21世纪，随着我国经济的高速发展和市场竞争机制的逐步成熟，企业间的并购重组越来越频繁。2013年，“一带一路”倡议的提出更加拓宽了我国企业跨国投资的广度。

二十大报告指出：“高质量发展是全面建设社会主义现代化国家的首要任务。必须完整、准确、全面贯彻新发展理念，坚持社会主义市场经济改革方向，坚持高水平对外开放，加快构建以国内大循环为主体、国内国际双循环相互促进的新发展格局。”“深化国资国企改革，加快国有经济布局优化和结构调整，推动国有资本和国有企业做强做优做大，提升企业核心竞争力。完善中国特色现代企业制度，弘扬企业家精神，加快建设世界一流企业。”未来我国企业并购将更加聚焦提升竞争力，更加注重重组质量，更加关注产业发展方向，更加积极地推进新业态、新领域的并购重组。

---

① 如何看待全球第六次并购浪潮[EB/OL]. https://ofdi.sww.sh.gov.cn/ywzh/16791.jhtml.

三、企业并购的类型

企业并购，按照并购双方所处行业或业务性质、支付方式、程序或实现方式等不同的标准，可以划分为多种类型。

（一）按并购双方所处行业或业务的性质分类

按照并购双方所处行业或业务性质的不同，并购可以分为横向并购、纵向并购和混合并购。

1. 横向并购

横向并购，即同一行业或同一产品生产企业之间的并购。横向并购可以消除重复建设，提供系列产品，有效地实现规模经营。

2. 纵向并购

纵向并购，即从事同类产品的不同产销阶段的生产企业之间的并购。纵向并购是对生产工艺或经营方式上有前后关联的企业进行的并购，是生产、销售的连续性过程中互为购买者和销售者（生产经营上互为上下游关系）的企业之间的并购，其主要目的是组织专业化生产和实现产销一体化。

3. 混合并购

混合并购，即不同行业的企业之间的并购。混合并购是对处于不同产业领域、产品属于不同市场，且与其产业部门之间不存在特别的生产技术联系的企业进行的并购。混合并购有助于企业资源互补、优化组合、扩大市场活动范围。通过这种并购方式，企业可以达到分散投资、多样化经营，从而降低企业风险的目的。

（二）按支付方式分类

按照支付方式的不同，并购可以分为现金购买式并购、股权交易式并购和承担债务式并购。

1. 现金购买式并购

现金购买式并购，也称现金并购，是指并购方向目标企业的股东支付一定数额的现金而获得目标企业控制权的并购方式，包括以下两种情况：

(1)出资购买资产式并购

出资购买资产式并购，是指并购方使用现金购买目标企业的全部或绝大部分资产，以达成目标的并购方式，主要适用于并购非上市公司。

(2)出资购买股票式并购

出资购买股票式并购，是指并购方使用现金方式购买目标企业的股票，以达成目标的并购方式，主要适用于并购上市公司。

现金并购具有交易迅速、不影响股权结构及控制权的优势，同时存在以下弊端：一是现金支付要求并购方必须在确定的日期支付巨额货币资金，企业资金压力大；二是跨国并购中，并购方会面临货币的可兑换性风险以及汇率风险。

2. 股权交易式并购

股权交易式并购，是指并购方与目标企业的股东就购买目标企业的股权或者类似权利，包括股权、股份等达成协议，并购完成后目标企业成为并购方子公司的行为。股权式并购包括以下两种形式：

(1)股票换取资产式

股票换取资产式，即并购企业以自己的股票交换目标企业所拥有的大部分资产。

(2)股票换取股票式

股票换取股票式，即并购企业向目标企业的股东发行股票以交换目标企业的大部分股票。

3. 承担债务式并购

承担债务式并购，是指在目标企业资不抵债或债务负担较重但产品或技术有发展前景的情况下，并购方以承担目标企业全部或部分债务为条件，取得目标企业资产的所有权和经营权而实现的并购。

(三)按并购实现方式分类

按照并购实现方式的不同，企业并购可以分为要约并购、协议并购和二级市场并购。

1. 要约并购

要约并购，是指并购方通过证券交易所向目标企业的股东发出购买其所持该企业股份的书面意思表示，并按照依法公告的收购要约中所规定的收购条件、价格、期限以及其他规定事项，收购目标企业股份的并购方式。要约并购直接在股票市场上进行，受市场规则的严格限制，风险较大，但自主性强，速战速决。敌意并购多采取要约并购的方式。

2. 协议并购

协议并购，是指并购方不通过证券交易所，直接与目标企业取得联系，双方通过面对面的谈判、协商达成协议，据以实现目标企业股权转移的并购方式。协议并购易取得目标企业的理解与合作，有利于降低并购活动的风险与成本，但谈判过程中的契约成本较高。协议并购一般属于善意并购，目前，国内外发生的并购活动多数为协议并购。

3. 二级市场并购

二级市场并购，是指并购方直接在二级市场上购买目标企业的股票以控制目标企业的并购方式。

(四)按是否利用目标企业本身的资产来支付并购资金分类

按照是否利用目标企业本身的资产来支付并购资金，并购可以分为杠杆并购和非杠杆并购。

1. 杠杆并购

杠杆并购，其实质是举债并购，即并购方以未来并购的目标企业的资产和收益为担保，向银行或其他金融机构大量举债，用借款支付并购价款以实现目标的并购方式。由于财务杠杆的作用，杠杆并购与其他并购方式相比，需要承担巨大的财务风险。

2. 非杠杆并购

非杠杆并购，是指并购方不利用目标企业资金及营运所得来支付或担保支付并购价款的并购方式。早期并购浪潮中的收购形式多属此类。非杠杆并购并不意味着并购企业完全不用举债，相较于杠杆并购，非杠杆并购只是存在举债数额的多少、贷款抵押对象的差异而已。

四、企业并购案例

（一）巨额现金并购：陕西煤业收购彬长集团、神南矿业股权①

2022 年 10 月 28 日晚间，陕西煤业宣布拟收购控股股东陕煤集团持有的陕西彬长矿业集团有限公司（以下简称彬长集团）99.564 9%的股权，以及陕煤集团与陕北矿业合计持有的神南矿业有限公司（以下简称神南矿业）100%的股权，转让价分别为 143.16 亿元和 204.47 亿元，两项收购合计斥资 347.63 亿元。

彬长集团于 2002 年 11 月成立，主要从事矿井建设及煤炭采掘、洗选和销售，配套铁路、电厂等基础设施投资建设与管理运营等。彬长集团注册资本为 82.75 亿元，其中陕煤集团持股 99.564 9%、国开基金持股 0.435 1%。

2021 年度，彬长集团营业收入为 36.99 亿元，利润总额为 4.34 亿元；2022 年 1—7 月，彬长集团营业收入为 35.96 亿元，利润总额为 12.27 亿元。

陕西煤业拟以非公开协议方式收购彬长集团 99.564 9%的股权，收购价格以 2022 年 7 月 31 日为评估基准日且经陕煤集团备案的彬长集团评估净资产值 143.78 亿元为依据，确定 99.564 9%股权的价格为 143.16 亿元，增值率为 56.47%。

神南矿业于 2017 年 5 月成立，主要从事煤炭资源的开发及煤矿的建设与管理。神南矿业的注册资本为 66 亿元，其中陕煤集团持股 99.242 4%，陕北矿业持股 0.757 6%。神南矿业报告期内尚无营业收入，2021 年度亏损 2.7 亿元，2022 年 1—7 月亏损 2.05 亿元。

陕西煤业拟以非公开协议方式收购神南矿业 100%的股权，收购价格以 2022 年 9 月 30 日为评估基准日且经陕煤集团备案的神南矿业评估净资产值 204.47 亿元为依据，确定收购价格合计 204.47 亿元，增值率为 266.8%。

陕西煤业解释称，神南矿业评估结果与账面价值相比增值的原因主要系无形资产——矿业权评估增值。矿业权增值主要系煤炭市场行情差异导致，本次评估涉及的两个矿业权的原始取得和有偿处置时间较早，有偿处置时当地的煤炭行业市场行情远低于评估基准日所参照的近五年煤炭行业市场行情。

此外，两个矿业权在原始取得和有偿处置时的地质勘查程度很低，仅为普查程度，而截至评估基准日地质工作程度已达勘探程度，地质勘查程度的差异也是导致矿业权评估增值的重要原因。

陕西煤业强调称，本次关联交易可以增加陕西煤业现有煤炭资源量和产量，增强企业盈利能力，同时为陕西煤业后续产业发展提供资源储备，极大地增强市场对陕西煤业未来发展的信心，有利于提升陕西煤业市值水平。

陕西煤业同日披露的 2022 年三季报显示，该上市公司前三季度实现营业收入 1 307.39 亿元，同比增长 7.8%；实现净利润 283.07 亿元，同比增长 98.5%。

值得关注的是，陕西煤业期末货币资金达到 771.36 亿元，正是在此背景下，上市公司此次收购全部支付现金。

---

① 陕西煤业拟斥资 347 亿现金收购控股股东旗下矿业公司股权[EB/OL]. 证券时报，2022－10－30. https://baijiahao.baidu.com/s?id=1748122911399642627&wfr=spider&for=pc.

（二）马斯克要约收购推特①

2022 年 4 月 14 日，特斯拉 CEO 埃隆·里夫·马斯克(Elon Reeve Musk)发起要约收购，高调宣布要以 54.20 美元/股的价格收购推特 100%的股权，较其公开宣布投资推特前一天溢价 38%。

起初，推特董事会试图采取"毒丸计划"等自卫手段积极抵抗，奈何马斯克给的实在太多，短短 10 日内推特的董事们便对其大开门庭。4 月 25 日，推特董事会宣布已与马斯克达成最终协议，后者以 440 亿美元的"慷慨报价"兵不血刃地将推特收入囊中。

但事情没有这么简单，要完成要约收购有一个重要的条件是马斯克给出的收购价要高于推特在二级市场的股价。因此，在宣布要约收购后，推特股价大涨，在超过收购价的情况下，马斯克开始玩起了"宫心计"来打压推特的股价(如图 13－1 所示)。

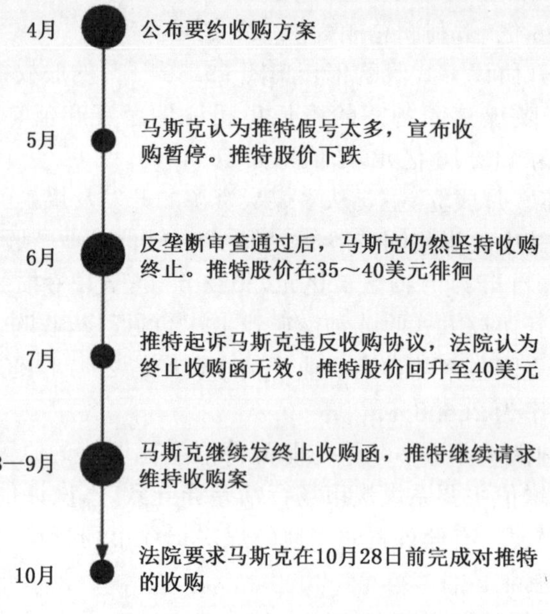

图 13－1　收购推特时间线

最终，马斯克在时机成熟时火速完成了收购，并进行了私有化退市。有市场分析指出，对于一家当前管理及商业模式不及竞争对手且在华尔街眼中股价上行空间已被封死的社交平台来说，马斯克的巨资收购无异于"冲动消费"。

但外界可能大大低估了推特对马斯克的价值，通过推特，马斯克在某种程度上掀起了一场现代营销与公司治理革命。时至今日，马斯克的推特粉丝量超过 1 亿，与泰勒·斯威夫特(Taylor Swift)、克里斯蒂亚诺·罗纳尔多(Cristiano Ronaldo)、贝拉克·侯赛因·奥巴马(Barack Hussein Obama)等各界社会名流一起同属"顶流"，随随便便一条推文便能收获千万次的曝光，为自己和品牌取得了无可比拟的关注度。

① 重组并购之要约收购|对马斯克收购推特等实际案例复盘分析[EB/OL]. 亿云财务官，2022－11－25. https://m.163.com/dy/article/HN1KD7BI05522Q6F.html.

第二节　企业并购动因

一、企业并购理论

企业并购理论认为，企业并购是现代经济生活中企业自我发展的一项重要内容，是市场经济条件下企业资本经营的重要方面。通过并购，企业可以有效实现资源合理配置，扩大生产经营规模，实现协同效应，降低交易成本，并可以提高企业的价值。

学者在对企业并购的动机及其社会效应进行大量理论研究的基础上，提出了多种理论假说，形成了较为完整的理论体系，主要理论包括规模经济理论、交易费用理论、信号理论、市场势力理论、多元化经营理论、效率理论和代理理论等。

（一）规模经济理论

亚当·斯密（Adam Smith）在《国富论》中对规模经济的解释使其成为规模经济理论的创始人。美国经济学家阿尔弗雷德·马歇尔（Alfred Marshall）论述了规模经济形成的两种途径，即依赖个别企业对资源的充分有效利用、组织和经营效率的提高而形成的“内部规模经济”和依赖多家企业之间因合理的分工与联合、合理的地区布局等所形成的“外部规模经济”。根据规模经济理论，企业通过并购使其资产、管理能力等得到了最有效的利用，从而使长期平均成本不断下降。但是，适宜的生产规模受到购并后企业资产存量、管理能力、人员分工等因素的限制，所以生产规模一旦超出最优状态，就会出现规模不经济。在大多数行业的生产过程中，企业在得到规模内在经济的全部好处后，规模内在不经济的情况往往要在很高的产量水平上才会出现，所以大型企业之间的并购要考虑并购后是否会出现规模不经济的问题。

（二）交易费用理论

1937 年，著名经济学家罗纳德·哈里·科斯（Ronald H. Coase）在《企业的性质》中首次提出“交易费用”的思想。该理论认为，企业和市场是两种可以相互替代的资源配置机制，有限理性、机会主义、不确定性与小数目条件的存在使得市场交易费用高昂，为节约交易费用，企业作为代替市场的新型交易形式应运而生。企业运用收购、兼并、重组等资本运营方式，可以将市场内部化，消除由于市场的不确定性所带来的风险，从而降低交易费用。只要一体化的成本不高于一体化的收益，并购就具有了可能性。信息技术的发展和各国对外资管制的放开都降低了管理大型企业的成本，导致企业并购案例的增加。

（三）信号理论

美国经济学家迈克尔·斯宾塞（Michael Spence）最早提出信号理论。信号理论认为，特别的行动会传达其他形式的重要信息。作为内部人的经理，拥有比外部人更多的关于企业状况的信息，此情形也就是所谓的“信息不对称性”。当目标企业被收购，或者收购活动并未最终成功时，可能传递给市场这样的信息：该企业拥有迄今为止尚未被认识到的额外的价值，或者企业未来的现金流量将会增加。目标企业的股票在收购的过程中会被重新提高估值，资本市场将会重新评价该企业的价值。

（四）市场势力理论

市场势力理论的核心观点是，增大企业规模将会增大企业势力。企业通过增加市场份额，实现兼并同行业企业、减少竞争者、扩大本企业的规模的目的，从而使企业对市场产生一定的控制力。

（五）多元化经营理论

多样化经营是指企业持有并经营那些收益相关程度较低的资产的情形。多元化经营理论认为，不同的行业存在着不同的风险，通过多元化经营可以有效地降低企业风险，企业合并是企业多元化经营的一条捷径。

（六）效率理论

效率理论认为，并不是每家企业的内部都是有效率的，当一家企业的代理人在缺乏有效监督的时候，他追求的往往并不是企业利润的最大化，而是自身效用的极大化，这时，这家企业就存在低效率问题。同时，每家企业的管理层不同，他们的管理效率也是不同的。一家企业的管理层比另一家企业的管理层更有效率，当这家企业的管理层认为将自己企业的效率输出到另一家企业会给自己带来效益时，就产生了并购的效率机制。

企业并购活动能给社会收益带来潜在的增量，而且每对交易参与者都能够提高各自的效率。这一理论包含两个基本假设：一是企业并购活动的发生有利于改进管理层的业绩，二是并购会导致某种形式的协同效应。效率理论还可分为管理协同效应理论、经营协同效应理论和财务协同效应理论。

（七）代理理论

代理理论最初由简森（Jensen）和梅克林（Meckling）于 1976 年提出。代理理论主要涉及企业资源的提供者与使用者之间的契约关系。代理问题产生的基本原因在于管理者（决策或管理者）和所有者（风险承担者）的合约不可能无代价地签订和执行。解决代理问题，降低代理成本，一般可以考虑两个途径：一是组织机制方面的制度安排，二是市场机制方面的制度安排。现实中，所有者可以设计让管理者参与企业的剩余分配的报酬安排；此外，外部产品市场、资本市场以及经理市场都可以适当地缓解代理问题。股票市场则为企业股东提供了一个外部监督机制，股价水平低会给经理带来改变其行为并更多地为股东利益着想的压力，从而降低代理成本。当这些机制都不足以解决代理问题时，并购可能是最后的外部控制手段。

二、企业并购的动因

（一）追求协同效应

协同效应产生于互补资源，而这些资源与正在开发的产品或市场是兼容的。协同效应通常通过技术转移或经营活动共享来实现。根据效率理论，管理协同效应来源于管理能力不同的企业合并所带来的效率的改善。高管理效率的一方并购另一方后，通过资产重组、业务整合，可以改善低管理效率一方的管理效率以创造价值。经营协同效应主要来源于规模经济和范围经济，并购不仅可以扩大企业生产规模，达到规模经济的生产范围，降低生产成本，而且是并购企业进入新市场的途径，从而扩展现存分布网，增强对产品市场的控制力。如果两家企业具有互补的现金流，则合并后，新企业可以获得相对稳定的现金流；此外，还可能获得税收上的节约或者成本更低的融资，使经营过程平滑化，减轻资金压力，从而获得财务协同效应。

（二）获取规模经济，降低交易成本

企业的规模经济是由生产规模经济和管理规模经济两个层次组成的。生产规模经济主要包括：企业通过并购对生产资本进行补充和调整，达到规模经济的要求，在保持整体产品结构不变的情况下，在各子公司实行专业化生产。管理规模经济主要表现在：管理费用可以在更大范围内分摊，使单位产品的管理费用大大减少，从而集中人力、物力和财力致力于新技术、新产品的开发。

（三）提高市场份额，提升行业战略地位

在横向购并中，通过购并可以获取竞争对手的市场份额，迅速扩大市场占有率，增强企业在市场上的竞争能力。另外，由于减少了竞争对手，尤其在市场竞争者不多的情况下，企业可以增强议价能力，以更低的价格获取原材料，以更高的价格向市场出售产品，从而扩大盈利空间，确立企业在行业中的领导地位。

（四）提高企业核心竞争力

并购活动收购的不仅是目标企业的资产，而且包括目标企业的人力资源、管理资源、技术资源、销售资源等，这些都有助于并购企业核心竞争力的提升，对企业发展战略的实现具有重要作用。

（五）实现企业价值增值

通常，目标企业股票的市盈率低于并购方，这样并购完成后市盈率维持在较高的水平上，股价上升使每股收益得到改善，增加股东财富。在实施并购后，企业的绝对规模和相对规模都得到扩大，控制成本费用、生产技术、资金来源及顾客购买行为的能力增强，风险应对能力增强，企业资信等级上升，筹资成本下降，反映在证券市场上则使并购双方股价上扬，企业价值增加，并产生财务预期效应。

（六）全球化发展

在经济全球化及“一带一路”倡议的背景下，国内越来越多的企业通过“走出去”来提升国际影响力，跨国并购是进行国际化经营的重要手段之一。跨国并购不仅能为企业开辟国际市场，提升国内企业品牌在国际市场的影响力，而且能帮助国内企业整合世界研发、制造、销售资源，实现全球化发展。

第三节　企业并购流程及风险

一、企业并购的流程

企业并购的流程可以分为四个阶段，即调研阶段、初步沟通阶段、并购项目执行阶段和业务整合阶段。

（一）调研阶段

并购项目需要符合企业的发展战略。调研阶段包括对企业自身战略发展的分析，对并购对象所处领域的分析，对并购对象经营状况的分析与意向调查等。具体来说，包含以下五个步骤：第一，并购项目的提出必须基于企业的战略规划，故需要先根据长期和短期的企业战略规划锁定被并购企业的目标范围；第二，通过对并购对象所在行业的分析，发掘目标企业，分析的主要内容包括行业经营环境、政策支持情况、行业可能的法律壁垒、竞争情况、重点企业、主要财务指标等；第三，通过网络查找、顾问咨询以及其他手段收集与并购战略匹配的企业，并进行初步筛选；第四，对筛选出的并购对象进行单独分析，重点关注其人事安排、财务状况、业务类型、重点客户等方面；第五，初步接触并购对象，了解其对并购的意向，进一步缩小谈判目标的范围。

（二）初步沟通阶段

由于被并购企业一般需要先了解并购企业的出价才能接受后续的尽职调查、提供相关财务数据，因此，并购方需要在尽职调查前根据外部信息给出初步的市盈率提议，并可在此阶段就被并购企业能够接受的投资方式、交易路径、支付方式、融资方式进行初步沟通。双方高管根据前期的沟通结果确定并购项目是否可以继续，若条件可接受，则继续进行，进入并购细节谈判阶段。之后，双方草签并购意向书和保密协议，为下一步被并购企业披露业务和财务数据等做准备。

（三）并购项目执行阶段

并购执行阶段已经进入实质性操作阶段，主要执行尽职调查，分析被并购企业的各项业务指标，商洽双方可接受的条件，调查并购交易的法律程序障碍等。

根据并购双方选择的投资方式、被并购目标为上市企业或非上市企业、是国内企业还是海外企业，有不同的流程，一般包括获取被并购企业披露的信息、尽职调查、并购条款谈判、提交双方董事会及股东大会讨论、签署并购协议、提交政府相关部门审批等。

（四）业务整合阶段

并购合同签署并通过政府相关部门审批后，项目进入最后的整合阶段，需要被并购企业配合进行，主要包括以下内容：被并购企业与并购方进行产权、财务、管理、业务方面的交接；投资方式采用购买股权的，到工商部门更改现有股权登记信息；投资方式采用成立新企业的，需要注册新企业并将原有资产进行转移登记；对内公开并购项目信息，指明企业未来发展方向，安抚企业员工；被并购企业与并购方商定组织人员变更方案，并分步执行；等等。

二、企业并购的风险及其成因

并购是企业做大做强，提高市场竞争力，进行产业转型的有效途径。并购是一把“双刃剑”，并购过程会使企业面临各类风险。

（一）溢价风险

在并购项目中，对目标企业进行估值是影响并购风险的首要因素。估值过高，并购方将支付过高的并购成本，不仅增加了后续的财务风险，而且在并购完成后，对非同一控制下的合并，交易对价高于目标企业可辨认净资产的部分形成大额商誉，目标企业如果不能实现预期目标，导致商誉减值，将使并购方遭受巨大的经济损失。

溢价风险产生的原因主要有以下三个方面：

1. 信息不对称

并购方对目标企业的估值很大程度上取决于目标企业提供的信息和资料。目标企业为了获得较高的估值，可能不配合提供信息甚至隐瞒不利的信息。

2. 中介机构的尽职调查不到位

并购方聘请证券服务机构对目标企业进行尽职调查，但如果目标企业不配合甚至刻意隐瞒，尽职调查就很难发现全部问题。此外，尽职调查过程涉及会计师、律师、评估机构等多个团队，如果专业团队沟通协作不够，就会影响尽职调查对风险的识别。

在企业跨国并购中，由于并购方与目标企业在地域上的距离，境内外在政治、经济、文化等方面的差异，以及调查与审计成本的增加，因此溢价风险可能更加突出。

3. 企业价值的评估方法不恰当

目前，常用的评估方法有资产基础法、市场法和收益法。在获取信息后，如果评估方法和参数的选择不恰当，就会导致目标企业的估值偏离其实际价值，增加并购的风险。

（二）财务风险

财务风险，即筹资风险，是指企业因借入资金而产生的丧失偿债能力的可能性和企业利润（股东收益）的可变性。并购的筹资方式主要有银行借款、发行债券、所有者投资及发行股票等。对通过举债方式进行的并购，并购方的资产负债率将提高，财务杠杆系数会变大，财务风险也随之增大。权益性筹资虽然没有到期支付本金及利息的压力，但是资金使用效益的不确定性，甚至以上两种筹资方式的筹资结构不合理，都会增加企业的财务风险。此外，并购需要支付的巨额价款将增大企业的资金压力，尤其是现金并购和杠杆并购，企业的流动性风险和偿债风险会更加突出。

（三）整合风险

并购整合风险是指根据产权的转让与重构协议，并购方取得目标企业的经营控制权，在接管、规划、整合过程中所遇到的因管理、财务、人事等因素而出现的不确定性，以及由此而导致的并购失败的可能性。并购后企业内外部条件发生变化，发展的机遇与挑战并存，双方企业文化的差异、组织机构及人员的调整、并购方对目标企业控制不利等原因可能导致企业运转效率低下，无法实现对目标企业的资产带动效应。

由于跨国并购双方的地域差异使得双方的发展战略、企业文化、财务制度、管理方式等在通常情况下差异较大，因此，跨国并购比境内并购更容易发生并购后的整合风险。

（四）法律风险

企业并购过程必然涉及当事双方的合同履行、产权转移、人事变动、信息披露等问题，还可能面临政府出于环境保护及反垄断等目的的监管调查，可以说，企业并购的过程就是在相关法律法规范围内实现企业间权利转移的过程。

法律风险一般包括合同风险、品牌价值保护风险、劳动权益保护风险、反垄断监管风险、环境风险、税务风险等。并购过程中任何与相关法律法规相抵触的情况都可能形成法律风险，甚至迫使并购主体承担不利的法律后果。法律风险的防范与管理不仅关系到并购过程的顺利进行，而且关乎并购后企业整合的效果，而政府反垄断监管甚至可以直接导致并购被禁止。2021年7月，市场监督管理总局依法禁止了虎牙公司与斗鱼国际控股有限公司的合并。

二十大报告指出："加强反垄断和反不正当竞争，破除地方保护和行政性垄断，依法规范和引导资本健康发展。"法治社会建设的深入推进，一方面为企业并购提供了良好有序的外部环境，另一方面对企业并购提出了更高的合规性要求，并购双方的法律风险意识及风险管理能力势必对并购活动产生重要影响。

三、企业并购案例——顺丰控股并购嘉里物流①

（一）公司简介

顺丰控股于2010年2月5日在深圳证券交易所中小板A股上市，股票名称为“顺丰控股”。顺丰控股以广东顺德为起点，后以合作、加盟、并购的方式将自己的触角延伸到全国各地，年销售额超过1 000亿元，员工30万人以上，是快递行业里营收规模和市值较大的公司，成为中国民营企业当之无愧的“领头羊”。随着公司规模的扩大以及市场份额的提高，顺丰控股开始进行大量的投资和收购（如表13—1所示）。

表13—1　　顺丰控股的发展及收购历程

时间（年）	发展阶段	发展及收购历程
1993—1997	创业起步期	1993年成立于中国广东省，重点依托珠三角城市群
1997—2001	高速成长期	1997年走出华南地区，开始走向全国各地
2002—2007	管理优化期	2006年覆盖国内二十多个省及直辖市，101个地级市，包括港澳台地区，提升管理能力，让客户感受更优质的服务
2008—2012	竞争领先期	2009年建自有航空公司，开拓国际市场，强化竞争优势
自2012年至今	战略转型期	2016年作价433亿元借壳鼎泰新材登陆A股市场 2018年3月注资17亿元收购新邦71%的股份 2018年8月出资9.4亿元收购夏晖香港75%的股份 2018年10月斥资55亿元收购敦豪香港、敦豪北京100%的股份 2021年以146亿元收购嘉里物流51.8%的股份 提供一体化供应链解决方案，开始在电商快递领域发力，向更高的目标进发

嘉里物流创建于2001年，总占地约6平方千米，全职员工约34 000人，其联网的办事处遍布全世界59个国家及地区，核心业务主要涵盖了国际货代、跨境电子贸易供应链等多元化服务产业，并具有横跨六大洲、覆盖世界各地的服务网络、综合物流配送服务网络和枢纽业务，于2013年12月6日在香港上市，是目前在香港联合交易所挂牌的最大规模海外综合运输企业之一，曾在2004年12月获得大同国际公司50%的股份。嘉里物流计划建立一个强大的物流服务网络，以形成协同效应，进一步提升公司经营效益，更好地服务于新老客户。

（二）并购过程

顺丰控股于2021年2月9日在巨潮资讯网发布了要约收购嘉里物流股权的相关通知。顺丰控股全资子公司计划以现金支付175.55亿港元部分要约收购嘉里物流51.8%的股本，并于9月28日完成资产交割。此价格是嘉里物流连续30个交易日在联交所所报平均收市价溢价的56.22%，溢价程度很高。顺丰控股并购嘉里物流的过程如图13—2所示。

① 柳德才，梁晓冉，陈宇奥．上市公司跨境并购财务风险与防范研究——以顺丰控股并购嘉里物流为例[J]．财会通讯，2022(14)．

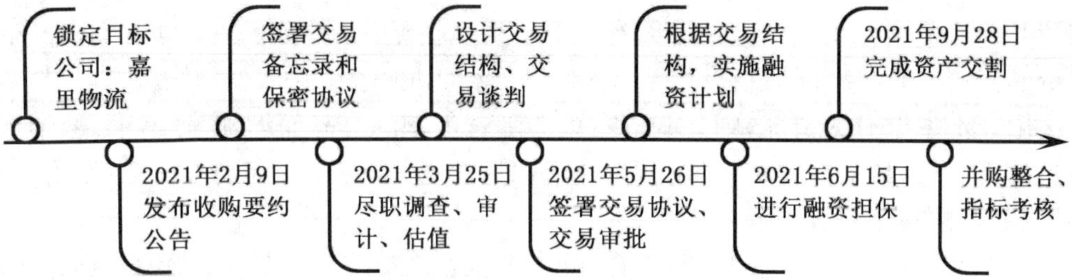

图 13—2　顺丰控股并购嘉里物流流程

（三）并购动机

1. 扩大业务规模，提高经济效益

顺丰控股并购嘉里物流有利于其扩大在物流行业的业务规模，保持其在国内快递领域的重要地位。上市公司披露的数据显示，2021 年 6 月顺丰控股的业务量与同行业相比，连续两个月增长速度最快，顺丰控股增速以 38%超过韵达、圆通等公司；顺丰控股环比增长 9.6%，远超同行业平均增长速度。顺丰控股对嘉里物流的并购可以达到优势互补、资源叠加的效果，有利于提高双方的经济效益，进一步完善国际业务的战略布局。

2. 获取竞争优势

嘉里物流是国际物流服务供应商，在大中华区及东盟地区拥有广泛的物流配送网络。顺丰控股收购嘉里物流，可以让其在国内外物流服务领域的拓展更上一层楼，加强竞争优势，扩大销售，以满足日新月异的市场需求，实现“双赢”。此次收购也是中国物流企业实现国际化的一个重要手段。

3. 扩大供应链和境外市场

随着国际经济的发展，各地竞争日益加剧，企业进入一个新的市场会面临很大的挑战，运用跨境并购的投资方式，进入新市场的壁垒可以大幅度降低。嘉里物流成了顺丰控股占领香港市场的有利武器以及拓展海外市场的主要平台。这项收购交易将帮助顺丰控股扩大其分销网络和供应链服务，使其在整个亚洲占有一席之地。

（四）顺丰控股跨境并购的财务风险分析

1. 并购前估值溢价风险

上市公司跨境并购比境内并购在确保估值的准确性方面更加困难，顺丰控股并购嘉里物流在估值方面存在一定的财务风险。一者，由于顺丰控股在境内，嘉里物流在境外，两家公司在政治、经济、文化等方面存在诸多差异，因此顺丰控股在并购嘉里物流时在估值方面的信息不对称更加显著，从而影响估值的准确性。二者，跨境双方的地域差异增加了并购企业对目标企业的调查成本和审计成本。顺丰控股发布要约收购时，其在公告中称，嘉里物流的管理层并不能向顺丰控股提供十分详尽的信息，且大多数信息是从嘉里物流的公开披露中收集到的。正是由于境内外的地域差异增加了顺丰控股的调查成本和审计成本，因此，其尽职调查、审计等才存在不充分的问题。上述两个原因可能导致估值风险的发生。

2. 并购融资中的偿债风险

上市公司跨境并购比境内并购更容易发生融资偿债风险，其原因在于跨境并购在通常情况下比境内并购的并购成本高，更高的成本意味着需要更多融资金额，进而引发融资偿债风险。跨境并购比境内并购成本高的原因有三个：第一，并购前，并购企业对目标企业的估值往往是溢价的。第二，跨境并购过程中的汇率变动会给企业财务成本带来不确定性，若目标企业所在地区出现汇率上升的情况，则并购成本就会随着汇率的升高而增加。第三，境内境外收购管理办法的不一致，如最低的要约价、是否要求保证金、是否可以用证券（股份）作为要约收购等，会导致跨境并购比一般并购的成本高。①

从顺丰控股并购嘉里物流的案例来看，顺丰控股在 2021 年 2 月 9 日要约收购嘉里物流时的汇率为 1 元人民币＝1. 201 3 港元、9 月 28 日交割日的汇率为 1 元人民币＝1. 204 7 港元，由此可以看出，顺丰控股合理地避免了汇率带来的风险。从收购管理办法来看，由《企业境外投资管理办法》第十七条可知，项目所需前期费用（包括履约保证金、保函手续费、中介服务费、资源勘探费等）规模较大的，投资主体可以对项目的前期费用提出核准、备案申请，经核准或备案的项目前期费用计入项目中方投资额，增加了顺丰控股跨境并购的成本。

综上所述，顺丰控股在并购嘉里物流时的成本较高，导致顺丰控股需要更多融资金额，进而产生一定的偿债风险。根据顺丰控股的财务报表，2020 年顺丰控股前三季度的负债明显增加，从 476 亿元增到 936 亿元，负债增加近 1/2。有负债就会产生利息，并购后负债增加，需要经营者注意防范财务风险。

3. 并购中支付现金流短缺风险

上市公司跨境并购相比境内并购，在支付方式上应更加审慎，否则很容易发生支付现金流短缺风险。一方面，支付方式会受到目标公司所在地金融体系完善程度以及资本市场发展程度的影响，若其金融体系不完善、资本市场发展程度较低，则会导致在并购支付的时候现金比例过大；另一方面，支付方式会受并购公司自身发展战略、运营情况、资产流动性等因素的影响。如果选择不合理的支付方式，就会降低跨境并购的效率，增加并购方的资金流动性风险。考察顺丰控股并购嘉里物流案例的支付风险：一方面，嘉里物流所在地——香港的资本市场呈现高度国际化特点，且香港提供了各种税收优惠政策，所以香港的资本市场发展程度相对较高，对顺丰控股跨境并购支付方式没有太大影响。另一方面，顺丰控股为了减少并购成本（如汇率变动成本等），以及稳定控制权，选择了现金支付方式，但现金支付容易导致资金流短缺问题，继而引发一定的支付风险。从实际情况看，这种风险确实在一定程度上发生了。查询其财务报表发现，此次跨境并购的收购价为 175. 55 亿港元，相当于人民币 143. 90 亿元，并购发生前一年顺丰控股的货币资金为 164 亿元，资金可以支撑其收购价，但会造成顺风控股资金流短缺等问题，影响公司的正常运营。

4. 并购后财务整合风险

上市公司跨境并购比境内并购更容易发生并购后的财务整合风险，原因在于，跨境并购双方的地域差异使得双方的发展战略、公司文化、财务制度、管理方式等在通常情况下会存在差异，这些差异的存在使得并购后的公司一旦整合不当，就极容易产生财务体系混乱，继而引发财务整合风险；相反，如果并购后的公司将财务资源与双方的技术资源、信息资源、文化资源、管理资源和人力资源进行充分融合、优势互补，就可以大大降低这种财务整合风险。从实际情

① 周冰，陈富永. 董事网络能提升企业并购绩效吗？——基于信息不对称视角[J]. 财会通讯，2019(36).

况看,顺丰控股并购后的财务整合风险很低。一方面,顺丰控股在2021年9月28日完成资产交割,并购嘉里物流前股价呈上升趋势,并购后至今,顺丰控股的股价虽呈下降状态且有所波动,但整体波动不大,说明顺丰控股在并购嘉里物流后,在整合协调方面表现较好。另一方面,从顺丰控股财报中可知,其2021年第一季度至第三季度的营业收入分别为426.21亿元、883.44亿元和1 358.61亿元,净利润分别为－11.55亿元、4.16亿元和12.65亿元。由此可见,顺丰控股的营业收入以及净利润呈持续上升状态。顺丰控股对财务资源、技术资源、信息资源、文化资源、管理资源和人力资源等资源的统筹能力较强,有效地降低了财务整合风险,具有良好的发展前景。

(五)顺丰控股跨境并购财务风险的防范措施

1.并购前充分调查并制订并购方案

在收购工作开始前,顺丰控股应以公司长期发展为主要目的,并针对公司内部环境和国内外市场环境等各种因素制定合理的并购预案。第一,为了保证信息的可信度,公司可以寻求资产评估机构、审计机构等中介机构进行核查;第二,对嘉里物流的主营业务范围、核心技术以及发展趋势等进行调查研究与分析;第三,完成估值后还需制订具体合理的并购方案,内容应当涉及对嘉里物流的价值评估、融资和支付方式等,还应包括后期的资源整合措施等。与此同时,应充分考虑各环节形成财务风险的因素和防范措施,将财务风险降至最小化。

2.并购中创新融资方式,拓宽融资渠道

在跨境并购中会需要大量资金,外部融资虽能在短时间内筹集资金,但是后期若出现资本结构恶化以及负债过高等情况,安排不当就可能陷入财务危机的旋涡;内部融资主要靠留存收益等筹集资金,会大量占用企业的流动资金,同时会削弱企业对市场环境变化的快速反应能力,造成财务风险增加的后果。为了避免不必要的资金损失,融资方式的创新就变得尤其重要。创新融资方式包括:第一,在风险可以合理控制的情况下,充分利用信贷融资以及非信贷融资;第二,时刻关注国家政策,合理利用银行和政府、保险、基金之间的合作,合理分配间接融资和直接融资之间的比例关系;第三,充分利用国际资本市场和证券市场完成跨境并购,既可以增强对外资的利用,又可以帮助企业筹集资金。顺丰控股在并购嘉里物流的时候,由于嘉里物流实力雄厚,因此顺丰控股选择外部融资方式,通过非公开发行A股的方式实施并购,这样虽然缓解了其公司内部财务压力,但是给公司带来了一定的偿债风险。所以,跨境并购时可将内部融资和外部融资相结合,有效发挥两种融资方式的优势,以有效地规避财务风险。

3.并购中选择合理的支付方式

在跨境并购中,各种支付方式各有利弊,企业应该根据自身情况以及抗风险能力选择合理的支付方式。案例中,顺丰控股选择的是全额现金支付方式,这容易导致现金流的短缺。股权支付可以有效地避免此风险,所以企业在收购流程中可同时选择现金支付与股权支付,这样既能在一定程度上抑制财务风险,也能控制股东对企业控制权的稀释程度。

4.重视资源整合,构建合理的财务组织结构

有效的资源整合可以实现协同效应,是将财务资源与技术资源、信息资源、文化资源、管理资源、人力资源等资源进行充分调配,其中,财务资源的整合起着至关重要的作用。在并购前选择目标企业时,应该考虑整合的可行性。在整合过程中,应该先了解彼此企业的情况,从技术、文化、制度、战略等各方的差异点出发,利用各方优势统一业务流程、管理机制以及发展战

略。第一，并购方需要构建可行的财务组织结构；第二，将两者的财务制度以及管理理念协调配合以降低财务风险；第三，根据构建的财务组织结构，将双方的运营模式等重新配置，取长补短、实现优势互补。案例中，顺丰控股和嘉里物流都以快递业务为主，但双方的优势业务有所不同，顺丰控股的优势业务在于国内本土快递，而嘉里物流的优势业务在于国际物流，如果把双方的优势业务加以合理的整合，就可以快速扩充规模并实现协同效应。

课程思政

【章节知识点】企业并购的动因、企业并购的流程及风险

【思政育人元素】引导学生在了解企业并购风险的基础上，树立法治意识和大局意识，恪守诚实守信、实事求是的职业道德，践行可持续发展理念。

复习思考题

1. 简述兼并与收购的区别。
2. 试述企业并购的发展历程并思考其发展启示。
3. 按照支付方式的不同，并购可以分为哪些类型？
4. 什么是杠杆并购？
5. 简述企业并购的动因。
6. 企业并购的风险有哪些？如何防范并购中的风险？

第十四章　大数据时代的财务转型

第一节　大数据时代财务管理的机遇与挑战

一、大数据及其时代特征

(一)大数据的含义及特点

大数据(Big Data)是指为了更经济、更有效地从高频率、大容量、不同结构和类型的数据中获取价值而设计的新一代架构和技术。

由此可见,大数据不仅是指海量的数据,而且是指一种技术和方法。大数据是我们无法在一定时间范围内用常规软件工具进行捕捉、管理和处理的数据集合,是需要运用新的处理模式才能使其发挥更强的决策力、洞察力和流程优化能力的海量、高增长率和多样化的信息资产。

大数据具有以下特点:

1. 数据体量巨大

大数据的规模是一个不断变化的指标,单一数据集的规模范围从几十 TB 到数 PB 不等(1 024GB=1TB,1 024TB=1PB)。传统的个人电脑处理的是 GB/TB 级别的数据体量,大数据处理的则是 PB/EB/ZB(1 024PB=1EB,1 024EB=1ZB)级别的数据体量。据国际数据公司(International Data Corporation,IDC)预测,2025 年全球数据量将高达 175ZB。其中,中国数据量增速最为迅猛,预计 2025 年将增至 48.6ZB,占全球数据圈的 27.8%,平均每年的增长速度比全球快 3%,中国将成为全球最大的数据圈。①

2. 数据多样性

在大数据时代,可利用的不仅是传统的结构化数据(数字、字符等),占数据绝大部分的非结构化数据通过云计算技术能提供更多、更有价值的信息。非结构化数据包括网络日志、社交媒体、互联网搜索、手机通话记录及传感器网络等生成的各种图片、视频、地理位置信息等。

3. 数据价值密度低

海量数据决定了数据的价值密度很低,比如,对 7×24 连续不间断的监控视频数据,对需求者有价值的信息可能仅几秒钟,甚至更短的时间。但是,利用数据挖掘技术获取及分析的数

① 数据安全总体策略及治理思路[R/OL]. 数据安全白皮书,https://51fusa.com/client/knowledge/knowledgedetail/id/3053.html.

据及其结果具有极大的商业价值。

4. 处理速度快，实效性强

大数据的更新速度极快，其利用价值具有较强的时效性，也就是说，数据的利用价值随着时间的推移而逐渐变小。

（二）大数据时代的特征

大数据时代是利用互联网、物联网等现代网络渠道，在收集广泛、大量数据资源的基础上，对海量数据进行存储、价值提炼、智能处理和展示的信息时代。大数据时代具有以下特征：

1. 数据资产化

大数据分析的核心目的是预测，即在海量数据的基础上，利用各种技术和模型来预测事情发生的可能性并采取相应措施。数据的合理使用可以让拥有这部分数据的企业获得更大的经济利益。因此，在大数据时代，数据就是资产。

2. 信息技术全面融入社会生活

随着大数据应用领域的不断扩大，信息技术全面融入了人们的社会生活。信息技术改变着人们的生活方式，人类社会活动对技术的依赖程度超过了任何一个历史时期。

3. 开放性

大数据时代，数据的来源广泛，手机、各种可穿戴数码产品、路由器、智能家电、无处不在的摄像头、商场的自助屏幕、银行的 ATM 机、加油站以及遍布各个收银台的 POS 机，都在收集和生产数据。网络的开放性使各类数据具有了高度的开放性，相互关联的数据一方面可以创造价值，另一方面会引起公众对数据安全的担忧。

4. 创新持续活跃

技术的变革、思维方式的转变以及大数据带来的预测能力的增强，极大地激发了企业和个人的创新能力，新业态、新模式、新体制不断出现，各种创新持续活跃。

（三）大数据时代应具备的思维方式

1. 总体性思维

大数据时代，人们几乎可以收集全部数据，高效的数据处理技术使总体分析成为可能，人们对事物的认识更加全面和深刻，由样本推断总体的抽样风险将成为历史。

2. 容错性思维

对于海量数据，人们不再局限于数据的精确程度，而是追求数据的利用效率，要及时向决策者提供有用的信息。容忍一定程度的数据误差，认识和了解总体的性质及其基本趋势，实现数据的及时和高效利用，这样才更有意义。

3. 相关性思维

在利用大数据前，人们习惯有针对性地分析事物的因果关系。大数据时代，人们更加关注事物的相关性，虽然相关性不能说明为什么会发生，但是可以提示人们什么正在发生，帮助人们从另一个角度认识世界，发现事物之间的规律。

二、大数据时代财务管理的发展机遇

党的二十大报告强调：“推动战略性新兴产业融合集群发展，构建新一代信息技术、人工智能、生物技术、新能源、新材料、高端装备、绿色环保等一批新的增长引擎。”信息技术的发展使企业商业模式的数据基础发生了变化，新业态、新模式不断涌现；共享经济、数字经济、跟踪经济等都对商业环境造成了深刻的影响，经济平台化发展日益显著，产业价值链从单边到多边不断重组，企业面对的网状商业关系也越来越复杂。大数据时代的技术变革一方面凸显了传统财务管理重核算、轻管理等问题，另一方面为财务管理的发展提供了新的机遇。

(一)信息技术的运用有助于财务管理提升效率

大数据时代，信息技术和通信技术的应用越来越广泛，数据处理能力和效率大幅提升。高效、先进的技术手段可以使财务人员从烦琐的日常费用报销、资金收支及会计核算工作中逐渐解放出来，集中精力从事业务规划、预算管理、过程管理、投融资管理和绩效考核评价等管理控制工作，逐步转型为更具附加价值的业务型财务和战略型财务。

(二)信息技术的运用有助于提高财务预测和预算的科学性

大数据时代，相互关联的海量数据为事物的相关性分析提供了基础。财务预测和预算不再是经验结果，大数据的分析和运用，可以帮助财务管理人员探寻数据间的相关性，发现其中的规律，使财务预测和预算具有量化的科学依据。例如，在财务共享服务流程中，从销售到收款皆与客户有关。在该流程中，分析客户付款行为、评估客户信用等级、洞察客户信用风险、预测信用额度等，对销售的预测和相关预算意义重大。

(三)信息技术的运用有助于提高财务管理的及时性

传统的财务管理多数情况下提供的是事后管理，不利于企业风险的预防和控制。大数据时代，能够利用实时、动态的数据资源及时地进行风险预警，甚至能够根据相关性分析结果为企业提供可靠的事前控制。

(四)信息技术的运用有助于增强财务管理的价值创造能力

财务管理是价值管理，目标是实现企业价值最大化。传统的财务管理多陷于烦琐的日常核算，财务分析也多是对核算结果的指标分析，决策支持能力有限，财务管理基本处于低层次循环中。大数据时代，可供分析利用的数据形式呈现多样化，财务管理人员可以利用更丰富的视频、图片等其他非结构化数据，通过探究大数据本源，从非结构化数据中发现相关性，为决策层提供更有意义的决策支持服务，创造商业价值。

三、大数据时代财务管理面临的挑战

(一)数据收集与处理的挑战

在传统的财务管理工作中，信息量有限，数据处理的总量有限。在大数据时代，各种数据不断增多，如何从海量数据中筛选出有用的信息，如何对筛选出的信息进行及时、有效的分析应用，以满足业务部门及管理层决策的信息需求？为了回答这个问题，传统的财务管理模式必然面临升级和调整。

(二)人员素质和管理模式的挑战

在大数据时代，数据收集与处理需要业财融合与信息共享，要求财务人员除了具备基本的专业技术能力外，还要具备大局观和战略观，而企业传统的管理模式导致各部门很多时候是信息孤岛。各部门之间的数据共享、相互配合，以及财务人员专业素质的提升需要企业管理者转换管理理念、创新管理模式，以适应技术变革的挑战，实现高质量、可持续发展。

（三）数据安全的挑战

在传统的财务管理工作中，财务数据的获取与保存方式比较单一，企业主要通过管理制度来保证信息的安全。在大数据时代，需要更准确、及时、高效的财务数据信息，需要对大量财务数据、业务数据进行整合分析，数据的收集、传输、存储等环节均存在安全隐患，数据的安全问题不只是财务管理工作面临的挑战，而且是整个时代面临的挑战。

第二节　财务转型的目标及路径

一、企业财务转型的目标

大数据时代，一方面，商业环境的持续变化、商业模式的推陈出新，在激发活力的同时增加了企业运营的风险，决策者需要更强有力、更科学的决策支持；另一方面，在新技术的帮助下，财务管理已经能够摆脱日常核算业务的束缚。财务管理有机会也有必要走出传统的桎梏，通过转型提升服务能力和服务水平。新形势下，财务转型的目标主要包括：

（一）提升服务层次

传统的财务管理重核算、轻管理，繁重的核算业务常常使财务限于核算、编制报表、利用报表数据进行分析的低层次循环，财务活动远离企业战略，对战略决策支持不够，服务层次不高。财务转型首先要以企业战略为核心，以改善基本财务作业流程为基础，关注企业未来、长远、整体的发展，重视企业在市场竞争中的地位，通过实施过程中的财务评估与控制，打造企业核心竞争力，提升财务管理的服务层次。

（二）提供个性化服务

大数据时代，财务管理人员不但要提升服务层次，而且要增强服务能力，要根据企业不同业务和决策的需求，提供有针对性的、个性化的财务服务。

（三）提高管理效率

财务管理人员利用实时、动态的数据信息，可以破除财务事后管理的尴尬局面，为企业提供及时、高效的服务，促进企业目标的实现。

（四）实现价值创造

大数据时代，财务管理需要具备数据管理基础和技术手段，随着财务执行中数据处理能力的增强，财务服务机构可以从原先的费用中心、报账中心、结算中心衍生出数据中心的职能，并通过对外提供培训、外包、咨询、云服务等，在价值方面实现突破，为企业创造价值。

二、企业财务转型的路径

（一）加强财务战略管理，发展战略财务

财务战略管理是指在分析财务管理环境的基础上，在服从和服务于企业战略的前提下，对企业资源筹集和配置活动进行的全局性和长远性的谋划及动态的管理过程。大数据时代，及时有效的数据分析和利用，有利于财务管理突破主要依靠经验的“事务型”财务，围绕企业战略目标，运用战略的思维，着眼于未来，以企业的筹资、投资及收益分配为对象，规划企业未来较长时期的财务活动。因此，财务战略管理不同于传统的财务管理，是动态性、全局性、外向性和长期性的财务管理活动。

传统的财务管理在转型过程中，其执行、控制和决策支持的职能目标日渐清晰，为决策提供支持的战略财务将企业的财务活动提升到战略层面，并紧密围绕企业的战略目标进行资源配置、绩效评价和风险控制等活动，在助力企业战略任务实现的同时，实现了财务的价值管理和价值创造功能。

（二）构建财务共享服务平台

财务共享服务中心（FSSC）是一种以优化规范流程和组织结构、提升流程效率、降低运营成本或创造价值为目的，依托信息技术，以流程处理为核心，以客户为导向提供专业化生产服务的集中式管理模式。财务共享服务中心主要从事日常的事务性业务，包括会计核算、编制报表、单据审核、资金管理、现金流量预测等。

财务共享服务中心使财务人员得以从低附加值的传统核算业务中解放出来，从事附加值较高的业务型财务和战略型财务。当财务共享服务中心具备了数据管理基础和技术手段后，绩效分析、预算分析、盈利分析等内容都将成为可能。除了提高财务工作效率外，财务共享还有利于财务管理延伸到业务流程，逐步通过会计流程化和标准化带动业务的流程化和标准化，进而加强企业的财务控制。

《2015 安永财务共享服务调查报告》显示：(1)（中国境内企业）财务共享服务中心的建设呈现快速增长的趋势。(2)大型企业更倾向或易于建立财务共享服务中心，小型企业在实践中也有建立的可行性。(3)成本节约并不是财务共享服务中心的首要目的，“标准化、加强管控”才是财务共享服务中心建立的核心动机和价值体现。(4)财务共享服务的成功建设必须是“一把手”工程，并辅以标准化的流程、统一高效的系统以及清晰的责任定义的支持。(5)财务共享服务中心面临的挑战是多样化的，涵盖信息系统、沟通机制、人员管理、流程优化、服务层级提升、绩效考核、人员招聘等多个方面。其中，信息系统挑战最大，人员招聘挑战最小。(6)“费用报销”“应付账款”“总账”“应收账款”“资金结算”和“财务报告”是财务共享服务中心建设过程中最易纳入且最具代表性的流程。

从 2005 年中兴通讯建立中国企业第一家财务共享服务中心开始，共享服务在国内已历经十几年的发展，据中兴新云 SSC 数据库显示，截至 2020 年底，中国境内的共享服务中心已经超过 1 000 家。2020 年 12 月 28 日，特许公认会计师公会（ACCA）携手中兴新云服务有限公司、厦门国家会计学院正式发布《2020 年中国共享服务领域调研报告》。该报告显示：共享服务在中国正处于快速发展阶段。在受调研企业中，71.28％的共享服务中心是在近几年内建成的；共享服务中心运营的成熟度平均得分为 64.37 分，处于提升期。①

财务共享服务中心作为财务管理的变革，企业需要结合自身的发展战略、行业特征、业务规模、控制环境、所处生命周期等多种因素评估实施的可行性。

（三）财务与业务深度融合

企业的职能分工导致部门间管理目标存在差异，很容易造成管理壁垒，增加运作成本。财

① ACCA. 2020 年中国共享服务领域调研报告[R/OL]. 网经社，2021－01－05. http://www.100ec.cn/index/detail－－6581819.html.

务人员如果不懂业务，财务控制仅依据预算指标和规章制度，就会缺乏说服力，很难有的放矢；业务人员也会借口不懂财务而无视财务管理的控制要求。大数据时代，业务流程的再造可以将财务管理嵌入业务流程，实现业务和财务的有机融合，生成管理合力，推动企业的价值创造。

业财融合就是业务与财务的一体化。通过业财融合，财务人员的工作由事后反映与监督转向事前预测，并为业务活动提供更有力的支持，保障企业核心竞争能力不断提升。实践中，业务与财务的深度融合可以成本管理为主线，以信息技术的运用为切入点，围绕预算管理、改进财务管理方法和手段、加强财务综合分析能力等内容，通过财务与业务的目标融合、机制融合、流程融合和标准融合，提升财务管理的服务支撑功能和决策支持功能。

（四）人员与技术保障

技术变革催生了大数据时代的到来，大数据时代为企业的财务转型提供了前提条件，财务转型也必然以其技术为先导。无论是企业财务共享平台的构建，还是企业流程再造，都需要专业的技术支持。《2020年中国共享服务领域调研报告》显示：国家政策变化（64.8%）、技术发展（58.8%）被认为是影响共享服务中心发展的主要外部挑战；数字化人才短缺（56.8%）、企业内部数据管理能力和流程再造（51.2%）是财务数字化转型面临的核心挑战。

在财务管理转型过程中，财务管理人员应当转变思维方式，逐渐培养总体性、容错性和相关性思维，逐步适应财务流程和财务组织的变革。企业可以通过培训、外部招聘、外包等方式解决财务管理转型过程中的人才需求。大数据使企业从“业务驱动”转变为“数据驱动”，数据从生产到挖掘和利用除了技术保障之外，还需要与之匹配的财务团队。例如，中兴通讯根据财务服务对象的不同，分别建设了战略财务团队，以切入经营管理循环，支持企业战略决策；建设了业务财务团队，以促进财务对业务价值链的支撑和服务；建设专家团队，以提升财务的专业化能力。

三、ChatGPT 技术对企业财务管理的影响

ChatGPT（Chat Generative Pre-trained Transformer）是由美国人工智能研究实验室OpenAI新推出的一种人工智能技术驱动的自然语言处理工具，于2022年11月30日发布。该技术是人工智能生成内容（AI-generated Content，AIGC）技术进展的成果，其引入的基于人类反馈的强化学习（Re-inforcement Learning with Human Feedback，RLHF）技术能使人工智能模型的产出与人类的常识、认知、需求等保持一致。

ChatGPT 能促进人工智能进行内容创作，提升内容生产效率与丰富度，使得 ChatGPT 不仅能与人类进行基础的对话交流，而且能根据用户的使用反馈，变换不同的风格和文体，甚至高质量地完成基于代码编辑、基础脑力工作处理的常见文本撰写工作。该技术对不同领域的影响逐渐显现，未来也必将对企业的财务管理产生重要影响。例如，利用 ChatGPT 的语义理解和自然语言生成技术，能提供和解释各类专业知识，这将有助于打破业务部门与财务部门之间的认知壁垒，优化资金使用效益，从而提高财务管理的效率和效果；利用 ChatGPT 技术对企业历史数据进行深度分析和挖掘，预测不同时间段、不同部门的收支情况和变动趋势，从而提升预算管理的精准度。

第三节　财务转型实践案例

一、中兴财务云[①]

作为中国企业最早"走出去"的代表之一，中兴通讯的全球化财务管理一直为业界称道，其全球财务共享服务中心更被誉为中国财务共享发展水平的标杆。以全球财务共享为基础，中兴通讯最早搭建了一套完整的、四位一体的全球财经管理体系，即公司层面控制和管理的战略财务、全价值链财务管理支持的业务财务、以交易处理为主的共享服务以及具备财务核心能力的专家团队，成为中兴通讯实施国际化发展战略的重要支撑力量(如图 14—1 所示)。

图 14—1　中兴通讯全球财经管理模式

中兴通讯的共享服务实践自 1999 年起步，并于 2005 年建立了中国国内第一家财务共享服务中心(中兴财务云)。经过不断的探索和实践，2013 年，中兴财务云发展成为中国第一家全球财务共享服务中心，负责全球 90 个国家的核算业务，116 个国家和地区的资金管理，服务语言多达 25 种，是中兴通讯的全球核算中心、国际资金中心、全球费用中心、全球税务中心、会计档案中心及管理数据中心。

(一)中兴财务云的构建

1. 统一全球规范标准，奠定财务共享基础

中兴财务云坚持全球五个"统一"的管理理念，即统一会计政策、统一会计科目、统一会计流程、统一信息系统、统一数据标准。在遵循会计准则和本地法律法规的基础上，中兴财务云打造集团全球统一的会计政策，实现全球会计科目名称与编码的统一，保证了财务语言的一致性；进行财务核算流程分工，搭建规范统一的信息系统平台，统一全球数据标准，实现数据一点录入、信息全程共享。

2. 立足流程管理，实现全业务流程化运作

中兴财务云以流程化、管理化的思路建立了以从采购到付款(Purchase to Payment,

① 2017 中国共享服务领域调研报告[R]. 首席财务官，2017(12).

PTP）、从订单到收款（Order to Cash，OTC）、从核算到报表（Accounting to Report，ATR）三大流程为核心的财务运作体系，从而保障了财务共享服务中心的高效运作。对所有业务进行流程梳理，输出三大主流程和超过400个子流程，对主流程、末级流程、操作动作三个层次实现全面覆盖，并按照流程进行专业化分工，打破传统工作模式。

3. 构建全球资金支付工厂，实现集团资金集中管理

中兴通讯建立了由集团财资管理、区域资金池和国家资金管理、全球资金支付工厂构成的三级资金管理架构，全球资金实现可视、可控、可调、可回。中兴财务云作为全球资金支付工厂，负责将所有账户管理集中、资金支付集中、网银操作集中。同时，按照"简单化、流程化、标准化、信息化"的管理思想，将资金支付的流程分解，对分解的各环节进行优化，并进一步标准化、信息化，满足资金支付快捷和安全的要求。

4. 搭建完整的财务信息系统架构，支持财务流程的自动化和智能化

1999年，中兴通讯开始了电子报账系统的自主开发，并逐步搭建了电子影像系统、电子档案系统、资金管理系统、发票管理系统等，形成了财务共享服务信息化平台。

在财务共享核心信息系统平台统一的基础上，财务信息系统支持将向两个方向延伸：一是不断向业务前端延伸，包括合同管理、工程管理、供应链管理等，实现财务和业务的有机融合；二是向管理和经营决策支持延伸，覆盖管理会计的全部职能，为公司战略和经营决策提供支持。最终构建了完整的财务信息系统的四层架构，即业务层、核算层、管理层、决策层，实现了业务端与财务端的高度集成和有机融合，使财务交易处理、集团财务管理更加自动化、智能化。

（二）中兴财务云的实施效益

1. 降低财务运营成本，财经管理模式全面转型

作为全球财务共享服务中心，中兴财务云以共享的方式提供财务基础服务，通过对财务人员结构进行优化，释放大量基础财务工作人员，大幅降低全球财务运营成本，并构建四位一体的组织管理模式，实现全球财经管理模式的全面转型。

2. 提升财务核算质量，增强全球风险控制能力

目前，中兴财务云已实现90个国家核算业务的集中共享，覆盖率达100%。实时掌控资金状态，全球千余账户全部纳入监管，保障全球付款时效。整合近200家经营机构的纳税规则，有效降低全球涉税风险，提升全球税务质量监管水平。基于业务流程的集中化、标准化管理，财务云建立起覆盖全球的财务质量监控体系和风险预警机制。通过统一全球核算管理、资金管理、税务管理、风险管理，不断加强风险管控能力。

3. 构建管理数据中心，推动集团数字化转型

作为公司财务大数据中心，中兴财务云通过标准化处理流程和规范操作，保障了基础数据口径的一致性。基于大数据分析，财务云为需求方提供标准化的财务分析报表，通过对财务数据的深挖，为集团战略财务和业务财务提供全方位管理数据，支持管理决策。

4. 沉淀全球财经知识库，打造国际化财务人才

通过搭建全球财务共享平台，中兴财务云沉淀并总结出完整的全球财务知识体系，形成了一个包含全球会计知识、全球税务知识、全球财资知识的知识库系列。在财务人才培养方面，财务云成为中兴通讯的财务人才资源池，培育出大量优秀的国际化财务人才。

5. 财务共享示范效应，助推集团建立全球运营中心

中兴财务云搭建的全球财务共享服务平台已在集团内树立了标杆示范效应，为其他领域共享模式的建立提供了有效的经验借鉴。目前，中兴通讯不仅在财务领域实现了共享，而且在呼叫、会议、人事、行政、IT 及合同等领域形成了综合性全球共享服务平台，为全球员工提供 5A 式支持。中兴通讯的共享服务中心已演化为 GBS 模式（全球共享服务），在未来将持续支持集团的全球化发展，为集团创造价值。凭借在管理创新、共享服务、信息技术等领域的领先实力，中兴财务云致力于帮助中国企业拥有世界级能力，至今已向中信银行、招商银行、南方航空、东方航空、中广核、万科集团、云南白药、东阿阿胶、华大基因、中芯国际、中铁建等超过 100 家大型集团企业提供财务变革及财务共享整体解决方案支持。

二、中国石化西北油田分公司财务转型升级的启示①

（一）案例概况

中国石化西北油田分公司（以下简称西北油田）是新疆第二大原油生产企业，主要从事油气勘探、开发与油气销售业务，1978 年进疆以来，先后发现了主力油气田——塔河油田和顺北油气田，目前在塔里木盆地拥有矿权区块 24 个，探区资源量 123.8 亿吨油当量，投入开发建设油气田 6 个，年产原油 670 万吨，天然气 19 亿立方米。西北油田按照“集中化决策、专业化管理、市场化运作、社会化服务、效益化考核、信息化提升”的现代油公司管理体制运行，实行扁平化管理，涵盖管理机关、生产单元、科研单元和专业化单元四大运营板块，所辖 17 个职能部门、4 个直属机构和 14 个二级单位，机构精干，运行高效。在经营管理上，西北油田始终坚持以经济效益为中心，大力实施低成本发展战略，创新完善经营管理体系，持续深化财务转型，充分发挥财务价值引领作用，实现经济效益跨越式增长，盈亏平衡油价保持石化上游领先水平，低成本核心竞争力不断增强，为油田高质量发展提供坚强支撑。

为有效推进财务转型目标的实现，西北油田以数字化的思维、方法和工具为抓手，紧扣“经营财务”职能定位，从构建业财融合数据中台和强化数字财务人才队伍建设两个方面入手开展财务数字化转型工作。

数字化是财务转型的基础保障。西北油田在数据中台建设过程中，创造性地提出“盘、规、治、融、用”的数据中台构建五步法，在统一业财数据口径，加强业务流程与系统贯通、夯实业财数据底座的基础上，成功实现了利用数据中台整合与共享业财数据，确保业务部门和财务部门使用“一把尺子”，避免“缺数据”“假数据”“哑数据”等问题，以高质量数据支撑业财数据联动应用，赋能企业经营管理。

围绕财务转型要求，基于数字化建设对人才的能力要求，西北油田重点从人才盘点、队伍建设、岗位重塑、选拔培养等方面入手，着力打造具有数据思维能力、数据管理能力、数据应用能力的新型财务岗位体系，提升财务人才的能力和素质，促进财务人才结构的转型升级；通过强化人才队伍建设，重塑财务岗位，设立数据管理岗，大大提升了数据挖潜能力与财务价值引领能力。原财务共享人员通过转型来到新型财务岗位，综合提升了人员价值。

---

① 贺小滔，孙健，梁莉. 数字化转型赋能财务转型升级——基于中国石化西北油田分公司的案例研究[J]. 管理会计研究，2021，4(Z1).

（二）案例启示

1. 数字化与信息化的内涵存在差异，对新技术的投资并不意味着数字化转型

很多企业以为对信息技术，尤其是最新的信息技术进行投资就是数字化转型，然而当前大型企业集团的“信息孤岛”现象就是大量信息技术投资造成的。数字化强调的是通过企业整体数据的有机融合，产生标准化、结构化的数据资产，从而便于企业的不同用户根据需求利用数据去创造价值。因此，数字化的核心在于数据整合，在数据整合的基础上可以驱动用户去利用数据，而不只是简单地对技术进行投资。

2. 数字化转型需要全局思维

以往企业在信息化构建之初，体现的是一种专业管理思维，通过各种各样的管理工具，将企业各个环节及相关岗位的动作管理起来。这种建立在专业管理思维下设计的信息系统，缺乏部门联动、业务联通和提高业务处理效率的思维。在数字化下，需要企业管理者具备全局思维，即企业的价值管理一定是贯穿整个企业经营过程的。通过数字化改造，借助当前的物联网、可视化分析等工具，需要打破以往的局部、专业管理思维，高度体现如何有效提升各个系统节点的效率，实现既能保证专业管理，又能切实提升工作协同效率。

3. 财务数字化转型必然伴随组织变革

在 ERP 时代，信息化建设以业务流程重构（BPR）为核心，通过利用信息技术记录、控制和集成管理生产经营活动中各个环节的各种信息，侧重业务信息的搭建与管理。数字化则以企业不同用户在价值创造目标下对数据的需求为核心，基于信息技术提供的能力，让业务和技术真正产生交互，利用数字技术驱动商业模式创新、驱动商业生态系统重构、驱动企业服务变革。数字化转型本质上是信息技术驱动下的一场业务、管理和商业模式的深度变革重构。因此，在企业的数字化转型中，需要在企业内部形成对数字化转型及其对组织变革的一致认知，如此方能上下一心，真正促进企业数字化转型，进而获取竞争优势。

课程思政

【章节知识点】 在大数据时代，财务管理的机遇与挑战、财务转型的目标及路径

【思政育人元素】 引导学生在了解大数据时代财务管理的机遇与挑战的基础上，树立职业发展的危机意识和勇于创新的担当精神。

复习思考题

1. 什么是大数据？大数据时代有哪些特征？
2. 大数据时代要求财务人员具备哪些思维方式？
3. 大数据时代企业财务管理面临哪些机遇和挑战？
4. 大数据时代企业如何实现财务管理的转型发展？
5. 在技术不断升级的新时代，如何成为一名合格的财务管理人员？请谈谈你的看法。

附录

复利终值系数表

期数	1%	2%	3%	4%	5%	6%	7%	8%	9%	10%	11%	12%	13%	14%	15%
1	1.01	1.02	1.03	1.04	1.05	1.06	1.07	1.08	1.09	1.1	1.11	1.12	1.13	1.14	1.15
2	1.0201	1.0404	1.0609	1.0816	1.1025	1.1236	1.1449	1.1664	1.1881	1.21	1.2321	1.2544	1.2769	1.2996	1.3225
3	1.0303	1.0612	1.0927	1.1249	1.1576	1.191	1.225	1.2597	1.295	1.331	1.3676	1.4049	1.4429	1.4815	1.5209
4	1.0406	1.0824	1.1255	1.1699	1.2155	1.2625	1.3108	1.3605	1.4116	1.4641	1.5181	1.5735	1.6305	1.689	1.749
5	1.051	1.1041	1.1593	1.2167	1.2763	1.3382	1.4026	1.4693	1.5386	1.6105	1.6851	1.7623	1.8424	1.9254	2.0114
6	1.0615	1.1262	1.1941	1.2653	1.3401	1.4185	1.5007	1.5869	1.6771	1.7716	1.8704	1.9738	2.082	2.195	2.3131
7	1.0721	1.1487	1.2299	1.3159	1.4071	1.5036	1.6058	1.7138	1.828	1.9487	2.0762	2.2107	2.3526	2.5023	2.66
8	1.0829	1.1717	1.2668	1.3686	1.4775	1.5938	1.7182	1.8509	1.9926	2.1436	2.3045	2.476	2.6584	2.8526	3.059
9	1.0937	1.1951	1.3048	1.4233	1.5513	1.6895	1.8385	1.999	2.1719	2.3579	2.558	2.7731	3.004	3.2519	3.5179
10	1.1046	1.219	1.3439	1.4802	1.6289	1.7908	1.9672	2.1589	2.3674	2.5937	2.8394	3.1058	3.3946	3.7072	4.0456
11	1.1157	1.2434	1.3842	1.5395	1.7103	1.8983	2.1049	2.3316	2.5804	2.8531	3.1518	3.4786	3.8359	4.2262	4.6524
12	1.1268	1.2682	1.4258	1.601	1.7959	2.0122	2.2522	2.5182	2.8127	3.1384	3.4985	3.896	4.3345	4.8179	5.3503
13	1.1381	1.2936	1.4685	1.6651	1.8856	2.1329	2.4098	2.7196	3.0658	3.4523	3.8833	4.3635	4.898	5.4924	6.1528
14	1.1495	1.3195	1.5126	1.7317	1.9799	2.2609	2.5785	2.9372	3.3417	3.7975	4.3104	4.8871	5.5348	6.2613	7.0757
15	1.161	1.3459	1.558	1.8009	2.0789	2.3966	2.759	3.1722	3.6425	4.1772	4.7846	5.4736	6.2543	7.1379	8.1371
16	1.1726	1.3728	1.6047	1.873	2.1829	2.5404	2.9522	3.4259	3.9703	4.595	5.3109	6.1304	7.0673	8.1372	9.3576
17	1.1843	1.4002	1.6528	1.9479	2.292	2.6928	3.1588	3.7	4.3276	5.0545	5.8951	6.866	7.9861	9.2765	10.7613
18	1.1961	1.4282	1.7024	2.0258	2.4066	2.8543	3.3799	3.996	4.7171	5.5599	6.5436	7.69	9.0243	10.5752	12.3755
19	1.2081	1.4568	1.7535	2.1068	2.527	3.0256	3.6165	4.3157	5.1417	6.1159	7.2633	8.6128	10.1974	12.0557	14.2318
20	1.2202	1.4859	1.8061	2.1911	2.6533	3.2071	3.8697	4.661	5.6044	6.7275	8.0623	9.6463	11.5231	13.7435	16.3665
21	1.2324	1.5157	1.8603	2.2788	2.786	3.3996	4.1406	5.0338	6.1088	7.4002	8.9492	10.8038	13.0211	15.6676	18.8215
22	1.2447	1.546	1.9161	2.3699	2.9253	3.6035	4.4304	5.4365	6.6586	8.1403	9.9336	12.1003	14.7138	17.861	21.6447
23	1.2572	1.5769	1.9736	2.4647	3.0715	3.8197	4.7405	5.8715	7.2579	8.9543	11.0263	13.5523	16.6266	20.3616	24.8915
24	1.2697	1.6084	2.0328	2.5633	3.2251	4.0489	5.0724	6.3412	7.9111	9.8497	12.2392	15.1786	18.7881	23.2122	28.6252
25	1.2824	1.6406	2.0938	2.6658	3.3864	4.2919	5.4274	6.8485	8.6231	10.8347	13.5855	17.0001	21.2305	26.4619	32.919
26	1.2953	1.6734	2.1566	2.7725	3.5557	4.5494	5.8074	7.3964	9.3992	11.9182	15.0799	19.0401	23.9905	30.1666	37.8568
27	1.3082	1.7069	2.2213	2.8834	3.7335	4.8223	6.2139	7.9881	10.2451	13.11	16.7387	21.3249	27.1093	34.3899	43.5353
28	1.3213	1.741	2.2879	2.9987	3.9201	5.1117	6.6488	8.6271	11.1671	14.421	18.5799	23.8839	30.6335	39.2045	50.0656
29	1.3345	1.7758	2.3566	3.1187	4.1161	5.4184	7.1143	9.3173	12.1722	15.8631	20.6237	26.7499	34.6158	44.6931	57.5755
30	1.3478	1.8114	2.4273	3.2434	4.3219	5.7435	7.6123	10.0627	13.2677	17.4494	22.8923	29.9599	39.1159	50.9502	66.2118

续表

期数	16%	17%	18%	19%	20%	21%	22%	23%	24%	25%	26%	27%	28%	29%	30%
1	1.16	1.17	1.18	1.19	1.2	1.21	1.22	1.23	1.24	1.25	1.26	1.27	1.28	1.29	1.3
2	1.3456	1.3689	1.3924	1.4161	1.44	1.4641	1.4884	1.5129	1.5376	1.5625	1.5876	1.6129	1.6384	1.6641	1.69
3	1.5609	1.6016	1.643	1.6852	1.728	1.7716	1.8158	1.8609	1.9066	1.9531	2.0004	2.0484	2.0972	2.1467	2.197
4	1.8106	1.8739	1.9388	2.0053	2.0736	2.1436	2.2153	2.2889	2.3642	2.4414	2.5205	2.6014	2.6844	2.7692	2.8561
5	2.1003	2.1924	2.2878	2.3864	2.4883	2.5937	2.7027	2.8153	2.9316	3.0518	3.1758	3.3038	3.436	3.5723	3.7129
6	2.4364	2.5652	2.6996	2.8398	2.986	3.1384	3.2973	3.4628	3.6352	3.8147	4.0015	4.1959	4.398	4.6083	4.8268
7	2.8262	3.0012	3.1855	3.3793	3.5832	3.7975	4.0227	4.2593	4.5077	4.7684	5.0419	5.3288	5.6295	5.9447	6.2749
8	3.2784	3.5115	3.7589	4.0214	4.2998	4.595	4.9077	5.2389	5.5895	5.9605	6.3528	6.7675	7.2058	7.6686	8.1573
9	3.803	4.1084	4.4355	4.7854	5.1598	5.5599	5.9874	6.4439	6.931	7.4506	8.0045	8.5948	9.2234	9.8925	10.6045
10	4.4114	4.8068	5.2338	5.6947	6.1917	6.7275	7.3046	7.9259	8.5944	9.3132	10.0857	10.9153	11.8059	12.7614	13.7858
11	5.1173	5.624	6.1759	6.7767	7.4301	8.1403	8.9117	9.7489	10.6571	11.6415	12.708	13.8625	15.1116	16.4622	17.9216
12	5.936	6.5801	7.2876	8.0642	8.9161	9.8497	10.8722	11.9912	13.2148	14.5519	16.012	17.6053	19.3428	21.2362	23.2981
13	6.8858	7.6987	8.5994	9.5964	10.6993	11.9182	13.2641	14.7491	16.3863	18.1899	20.1752	22.3588	24.7588	27.3947	30.2875
14	7.9875	9.0075	10.1472	11.4198	12.8392	14.421	16.1822	18.1414	20.3191	22.7374	25.4207	28.3957	31.6913	35.3391	39.3738
15	9.2655	10.5387	11.9737	13.5895	15.407	17.4494	19.7423	22.314	25.1956	28.4217	32.0301	36.0625	40.5648	45.5875	51.1859
16	10.748	12.3303	14.129	16.1715	18.4884	21.1138	24.0856	27.4462	31.2426	35.5271	40.3579	45.7994	51.923	58.8079	66.5417
17	12.4677	14.4265	16.6722	19.2441	22.1861	25.5477	29.3844	33.7588	38.7408	44.4089	50.851	58.1652	66.4614	75.8621	86.5042
18	14.4625	16.879	19.6733	22.9005	26.6233	30.9127	35.849	41.5233	48.0386	55.5112	64.0722	73.8698	85.0706	97.8622	112.4554
19	16.7765	19.7484	23.2144	27.2516	31.948	37.4043	43.7358	51.0737	59.5679	69.3889	80.731	93.8147	108.8904	126.2422	146.192
20	19.4608	23.1056	27.393	32.4294	38.3376	45.2593	53.3576	62.8206	73.8641	86.7362	101.7211	119.1446	139.3797	162.8524	190.0496
21	22.5745	27.0336	32.3238	38.591	46.0051	54.7637	65.0963	77.2694	91.5915	108.4202	128.1685	151.3137	178.406	210.0796	247.0645
22	26.1864	31.6293	38.1421	45.9233	55.2061	66.2641	79.4175	95.0413	113.5735	135.5253	161.4924	192.1683	228.3596	271.0027	321.1839
23	30.3762	37.0062	45.0076	54.6487	66.2474	80.1795	96.8894	116.9008	140.8312	169.4066	203.4804	244.0538	292.3003	349.5935	417.5391
24	35.2364	43.2973	53.109	65.032	79.4968	97.0172	118.205	143.788	174.6306	211.7582	256.3853	309.9483	374.1444	450.9756	542.8008
25	40.8742	50.6578	62.6686	77.3881	95.3962	117.3909	144.2101	176.8593	216.542	264.6978	323.0454	393.6344	478.9049	581.7585	705.641
26	47.4141	59.2697	73.949	92.0918	114.4755	142.0429	175.9364	217.5369	268.5121	330.8722	407.0373	499.9157	612.9982	750.4685	917.3333
27	55.0004	69.3455	87.2598	109.5893	137.3706	171.8719	214.6424	267.5704	332.955	413.5903	512.867	634.8929	784.6377	968.1044	1192.5333
28	63.8004	81.1342	102.9666	130.4112	164.8447	207.9651	261.8637	329.1115	412.8642	516.9879	646.2124	806.314	1004.3363	1248.8546	1550.2933
29	74.0085	94.9271	121.5005	155.1893	197.8136	251.6377	319.4737	404.8072	511.9516	646.2349	814.2276	1024.0187	1285.5504	1611.0225	2015.3813
30	85.8499	111.0647	143.3706	184.6753	237.3763	304.4816	389.7579	497.9129	634.8199	807.7936	1025.9267	1300.5038	1645.5046	2078.219	2619.9956

复利现值系数表

期数	1%	2%	3%	4%	5%	6%	7%	8%	9%	10%	11%	12%	13%	14%	15%
1	0.9901	0.9804	0.9709	0.9615	0.9524	0.9434	0.9346	0.9259	0.9174	0.9091	0.9009	0.8929	0.885	0.8772	0.8696
2	0.9803	0.9612	0.9426	0.9246	0.907	0.89	0.8734	0.8573	0.8417	0.8264	0.8116	0.7972	0.7831	0.7695	0.7561
3	0.9706	0.9423	0.9151	0.889	0.8638	0.8396	0.8163	0.7938	0.7722	0.7513	0.7312	0.7118	0.6931	0.675	0.6575
4	0.961	0.9238	0.8885	0.8548	0.8227	0.7921	0.7629	0.735	0.7084	0.683	0.6587	0.6355	0.6133	0.5921	0.5718
5	0.9515	0.9057	0.8626	0.8219	0.7835	0.7473	0.713	0.6806	0.6499	0.6209	0.5935	0.5674	0.5428	0.5194	0.4972
6	0.942	0.888	0.8375	0.7903	0.7462	0.705	0.6663	0.6302	0.5963	0.5645	0.5346	0.5066	0.4803	0.4556	0.4323
7	0.9327	0.8706	0.8131	0.7599	0.7107	0.6651	0.6227	0.5835	0.547	0.5132	0.4817	0.4523	0.4251	0.3996	0.3759
8	0.9235	0.8535	0.7894	0.7307	0.6768	0.6274	0.582	0.5403	0.5019	0.4665	0.4339	0.4039	0.3762	0.3506	0.3269
9	0.9143	0.8368	0.7664	0.7026	0.6446	0.5919	0.5439	0.5002	0.4604	0.4241	0.3909	0.3606	0.3329	0.3075	0.2843
10	0.9053	0.8203	0.7441	0.6756	0.6139	0.5584	0.5083	0.4632	0.4224	0.3855	0.3522	0.322	0.2946	0.2697	0.2472
11	0.8963	0.8043	0.7224	0.6496	0.5847	0.5268	0.4751	0.4289	0.3875	0.3505	0.3173	0.2875	0.2607	0.2366	0.2149
12	0.8874	0.7885	0.7014	0.6246	0.5568	0.497	0.444	0.3971	0.3555	0.3186	0.2858	0.2567	0.2307	0.2076	0.1869
13	0.8787	0.773	0.681	0.6006	0.5303	0.4688	0.415	0.3677	0.3262	0.2897	0.2575	0.2292	0.2042	0.1821	0.1625
14	0.87	0.7579	0.6611	0.5775	0.5051	0.4423	0.3878	0.3405	0.2992	0.2633	0.232	0.2046	0.1807	0.1597	0.1413
15	0.8613	0.743	0.6419	0.5553	0.481	0.4173	0.3624	0.3152	0.2745	0.2394	0.209	0.1827	0.1599	0.1401	0.1229
16	0.8528	0.7284	0.6232	0.5339	0.4581	0.3936	0.3387	0.2919	0.2519	0.2176	0.1883	0.1631	0.1415	0.1229	0.1069
17	0.8444	0.7142	0.605	0.5134	0.4363	0.3714	0.3166	0.2703	0.2311	0.1978	0.1696	0.1456	0.1252	0.1078	0.0929
18	0.836	0.7002	0.5874	0.4936	0.4155	0.3503	0.2959	0.2502	0.212	0.1799	0.1528	0.13	0.1108	0.0946	0.0808
19	0.8277	0.6864	0.5703	0.4746	0.3957	0.3305	0.2765	0.2317	0.1945	0.1635	0.1377	0.1161	0.0981	0.0829	0.0703
20	0.8195	0.673	0.5537	0.4564	0.3769	0.3118	0.2584	0.2145	0.1784	0.1486	0.124	0.1037	0.0868	0.0728	0.0611
21	0.8114	0.6598	0.5375	0.4388	0.3589	0.2942	0.2415	0.1987	0.1637	0.1351	0.1117	0.0926	0.0768	0.0638	0.0531
22	0.8034	0.6468	0.5219	0.422	0.3418	0.2775	0.2257	0.1839	0.1502	0.1228	0.1007	0.0826	0.068	0.056	0.0462
23	0.7954	0.6342	0.5067	0.4057	0.3256	0.2618	0.2109	0.1703	0.1378	0.1117	0.0907	0.0738	0.0601	0.0491	0.0402
24	0.7876	0.6217	0.4919	0.3901	0.3101	0.247	0.1971	0.1577	0.1264	0.1015	0.0817	0.0659	0.0532	0.0431	0.0349
25	0.7798	0.6095	0.4776	0.3751	0.2953	0.233	0.1842	0.146	0.116	0.0923	0.0736	0.0588	0.0471	0.0378	0.0304
26	0.772	0.5976	0.4637	0.3607	0.2812	0.2198	0.1722	0.1352	0.1064	0.0839	0.0663	0.0525	0.0417	0.0331	0.0264
27	0.7644	0.5859	0.4502	0.3468	0.2678	0.2074	0.1609	0.1252	0.0976	0.0763	0.0597	0.0469	0.0369	0.0291	0.023
28	0.7568	0.5744	0.4371	0.3335	0.2551	0.1956	0.1504	0.1159	0.0895	0.0693	0.0538	0.0419	0.0326	0.0255	0.02
29	0.7493	0.5631	0.4243	0.3207	0.2429	0.1846	0.1406	0.1073	0.0822	0.063	0.0485	0.0374	0.0289	0.0224	0.0174
30	0.7419	0.5521	0.412	0.3083	0.2314	0.1741	0.1314	0.0994	0.0754	0.0573	0.0437	0.0334	0.0256	0.0196	0.0151

续表

期数	16%	17%	18%	19%	20%	21%	22%	23%	24%	25%	26%	27%	28%	29%	30%
1	0.8621	0.8547	0.8475	0.8403	0.8333	0.8264	0.8197	0.813	0.8065	0.8	0.7937	0.7874	0.7813	0.7752	0.7692
2	0.7432	0.7305	0.7182	0.7062	0.6944	0.683	0.6719	0.661	0.6504	0.64	0.6299	0.62	0.6104	0.6009	0.5917
3	0.6407	0.6244	0.6086	0.5934	0.5787	0.5645	0.5507	0.5374	0.5245	0.512	0.4999	0.4882	0.4768	0.4658	0.4552
4	0.5523	0.5337	0.5158	0.4987	0.4823	0.4665	0.4514	0.4369	0.423	0.4096	0.3968	0.3844	0.3725	0.3611	0.3501
5	0.4761	0.4561	0.4371	0.419	0.4019	0.3855	0.37	0.3552	0.3411	0.3277	0.3149	0.3027	0.291	0.2799	0.2693
6	0.4104	0.3898	0.3704	0.3521	0.3349	0.3186	0.3033	0.2888	0.2751	0.2621	0.2499	0.2383	0.2274	0.217	0.2072
7	0.3538	0.3332	0.3139	0.2959	0.2791	0.2633	0.2486	0.2348	0.2218	0.2097	0.1983	0.1877	0.1776	0.1682	0.1594
8	0.305	0.2848	0.266	0.2487	0.2326	0.2176	0.2038	0.1909	0.1789	0.1678	0.1574	0.1478	0.1388	0.1304	0.1226
9	0.263	0.2434	0.2255	0.209	0.1938	0.1799	0.167	0.1552	0.1443	0.1342	0.1249	0.1164	0.1084	0.1011	0.0943
10	0.2267	0.208	0.1911	0.1756	0.1615	0.1486	0.1369	0.1262	0.1164	0.1074	0.0992	0.0916	0.0847	0.0784	0.0725
11	0.1954	0.1778	0.1619	0.1476	0.1346	0.1228	0.1122	0.1026	0.0938	0.0859	0.0787	0.0721	0.0662	0.0607	0.0558
12	0.1685	0.152	0.1372	0.124	0.1122	0.1015	0.092	0.0834	0.0757	0.0687	0.0625	0.0568	0.0517	0.0471	0.0429
13	0.1452	0.1299	0.1163	0.1042	0.0935	0.0839	0.0754	0.0678	0.061	0.055	0.0496	0.0447	0.0404	0.0365	0.033
14	0.1252	0.111	0.0985	0.0876	0.0779	0.0693	0.0618	0.0551	0.0492	0.044	0.0393	0.0352	0.0316	0.0283	0.0254
15	0.1079	0.0949	0.0835	0.0736	0.0649	0.0573	0.0507	0.0448	0.0397	0.0352	0.0312	0.0277	0.0247	0.0219	0.0195
16	0.093	0.0811	0.0708	0.0618	0.0541	0.0474	0.0415	0.0364	0.032	0.0281	0.0248	0.0218	0.0193	0.017	0.015
17	0.0802	0.0693	0.06	0.052	0.0451	0.0391	0.034	0.0296	0.0258	0.0225	0.0197	0.0172	0.015	0.0132	0.0116
18	0.0691	0.0592	0.0508	0.0437	0.0376	0.0323	0.0279	0.0241	0.0208	0.018	0.0156	0.0135	0.0118	0.0102	0.0089
19	0.0596	0.0506	0.0431	0.0367	0.0313	0.0267	0.0229	0.0196	0.0168	0.0144	0.0124	0.0107	0.0092	0.0079	0.0068
20	0.0514	0.0433	0.0365	0.0308	0.0261	0.0221	0.0187	0.0159	0.0135	0.0115	0.0098	0.0084	0.0072	0.0061	0.0053
21	0.0443	0.037	0.0309	0.0259	0.0217	0.0183	0.0154	0.0129	0.0109	0.0092	0.0078	0.0066	0.0056	0.0048	0.004
22	0.0382	0.0316	0.0262	0.0218	0.0181	0.0151	0.0126	0.0105	0.0088	0.0074	0.0062	0.0052	0.0044	0.0037	0.0031
23	0.0329	0.027	0.0222	0.0183	0.0151	0.0125	0.0103	0.0086	0.0071	0.0059	0.0049	0.0041	0.0034	0.0029	0.0024
24	0.0284	0.0231	0.0188	0.0154	0.0126	0.0103	0.0085	0.007	0.0057	0.0047	0.0039	0.0032	0.0027	0.0022	0.0018
25	0.0245	0.0197	0.016	0.0129	0.0105	0.0085	0.0069	0.0057	0.0046	0.0038	0.0031	0.0025	0.0021	0.0017	0.0014
26	0.0211	0.0169	0.0135	0.0109	0.0087	0.007	0.0057	0.0046	0.0037	0.003	0.0025	0.002	0.0016	0.0013	0.0011
27	0.0182	0.0144	0.0115	0.0091	0.0073	0.0058	0.0047	0.0037	0.003	0.0024	0.0019	0.0016	0.0013	0.001	0.0008
28	0.0157	0.0123	0.0097	0.0077	0.0061	0.0048	0.0038	0.003	0.0024	0.0019	0.0015	0.0012	0.001	0.0008	0.0006
29	0.0135	0.0105	0.0082	0.0064	0.0051	0.004	0.0031	0.0025	0.002	0.0015	0.0012	0.001	0.0008	0.0006	0.0005
30	0.0116	0.009	0.007	0.0054	0.0042	0.0033	0.0026	0.002	0.0016	0.0012	0.001	0.0008	0.0006	0.0005	0.0004

年金终值系数表

期数	1%	2%	3%	4%	5%	6%	7%	8%	9%	10%	11%	12%	13%	14%	15%
1	1	1	1	1	1	1	1	1	1	1	1	1	1	1	1
2	2.01	2.02	2.03	2.04	2.05	2.06	2.07	2.08	2.09	2.1	2.11	2.12	2.13	2.14	2.15
3	3.0301	3.0604	3.0909	3.1216	3.1525	3.1836	3.2149	3.2464	3.2781	3.31	3.3421	3.3744	3.4069	3.4396	3.4725
4	4.0604	4.1216	4.1836	4.2465	4.3101	4.3746	4.4399	4.5061	4.5731	4.641	4.7097	4.7793	4.8498	4.9211	4.9934
5	5.101	5.204	5.3091	5.4163	5.5256	5.6371	5.7507	5.8666	5.9847	6.1051	6.2278	6.3528	6.4803	6.6101	6.7424
6	6.152	6.3081	6.4684	6.633	6.8019	6.9753	7.1533	7.3359	7.5233	7.7156	7.9129	8.1152	8.3227	8.5355	8.7537
7	7.2135	7.4343	7.6625	7.8983	8.142	8.3938	8.654	8.9228	9.2004	9.4872	9.7833	10.089	10.4047	10.7305	11.0668
8	8.2857	8.583	8.8923	9.2142	9.5491	9.8975	10.2598	10.6366	11.0285	11.4359	11.8594	12.2997	12.7573	13.2328	13.7268
9	9.3685	9.7546	10.1591	10.5828	11.0266	11.4913	11.978	12.4876	13.021	13.5795	14.164	14.7757	15.4157	16.0853	16.7858
10	10.4622	10.9497	11.4639	12.0061	12.5779	13.1808	13.8164	14.4866	15.1929	15.9374	16.722	17.5487	18.4197	19.3373	20.3037
11	11.5668	12.1687	12.8078	13.4864	14.2068	14.9716	15.7836	16.6455	17.5603	18.5312	19.5614	20.6546	21.8143	23.0445	24.3493
12	12.6825	13.4121	14.192	15.0258	15.9171	16.8699	17.8885	18.9771	20.1407	21.3843	22.7132	24.1331	25.6502	27.2707	29.0017
13	13.8093	14.6803	15.6178	16.6268	17.713	18.8821	20.1406	21.4953	22.9534	24.5227	26.2116	28.0291	29.9847	32.0887	34.3519
14	14.9474	15.9739	17.0863	18.2919	19.5986	21.0151	22.5505	24.2149	26.0192	27.975	30.0949	32.3926	34.8827	37.5811	40.5047
15	16.0969	17.2934	18.5989	20.0236	21.5786	23.276	25.129	27.1521	29.3609	31.7725	34.4054	37.2797	40.4175	43.8424	47.5804
16	17.2579	18.6393	20.1569	21.8245	23.6575	25.6725	27.8881	30.3243	33.0034	35.9497	39.1899	42.7533	46.6717	50.9804	55.7175
17	18.4304	20.0121	21.7616	23.6975	25.8404	28.2129	30.8402	33.7502	36.9737	40.5447	44.5008	48.8837	53.7391	59.1176	65.0751
18	19.6147	21.4123	23.4144	25.6454	28.1324	30.9057	33.999	37.4502	41.3013	45.5992	50.3959	55.7497	61.7251	68.3941	75.8364
19	20.8109	22.8406	25.1169	27.6712	30.539	33.76	37.379	41.4463	46.0185	51.1591	56.9395	63.4397	70.7494	78.9692	88.2118
20	22.019	24.2974	26.8704	29.7781	33.066	36.7856	40.9955	45.762	51.1601	57.275	64.2028	72.0524	80.9468	91.0249	102.4436
21	23.2392	25.7833	28.6765	31.9692	35.7193	39.9927	44.8652	50.4229	56.7645	64.0025	72.2651	81.6987	92.4699	104.7684	118.8101
22	24.4716	27.299	30.5368	34.248	38.5052	43.3923	49.0057	55.4568	62.8733	71.4027	81.2143	92.5026	105.491	120.436	137.6316
23	25.7163	28.845	32.4529	36.6179	41.4305	46.9958	53.4361	60.8933	69.5319	79.543	91.1479	104.6029	120.2048	138.297	159.2764
24	26.9735	30.4219	34.4265	39.0826	44.502	50.8156	58.1767	66.7648	76.7898	88.4973	102.1742	118.1552	136.8315	158.6586	184.1678
25	28.2432	32.0303	36.4593	41.6459	47.7271	54.8645	63.249	73.1059	84.7009	98.3471	114.4133	133.3339	155.6196	181.8708	212.793
26	29.5256	33.6709	38.553	44.3117	51.1135	59.1564	68.6765	79.9544	93.324	109.1818	127.9988	150.3339	176.8501	208.3327	245.712
27	30.8209	35.3443	40.7096	47.0842	54.6691	63.7058	74.4838	87.3508	102.7231	121.0999	143.0786	169.374	200.8406	238.4993	283.5688
28	32.1291	37.0512	42.9309	49.9676	58.4026	68.5281	80.6977	95.3388	112.9682	134.2099	159.8173	190.6989	227.9499	272.8892	327.1041
29	33.4504	38.7922	45.2189	52.9663	62.3227	73.6398	87.3465	103.9659	124.1354	148.6309	178.3972	214.5828	258.5834	312.0937	377.1697
30	34.7849	40.5681	47.5754	56.0849	66.4388	79.0582	94.4608	113.2832	136.3075	164.494	199.0209	241.3327	293.1992	356.7868	434.7451

续表

期数	16%	17%	18%	19%	20%	21%	22%	23%	24%	25%	26%	27%	28%	29%	30%
1	1	1	1	1	1	1	1	1	1	1	1	1	1	1	1
2	2.16	2.17	2.18	2.19	2.2	2.21	2.22	2.23	2.24	2.25	2.26	2.27	2.28	2.29	2.3
3	3.5056	3.5389	3.5724	3.6061	3.64	3.6741	3.7084	3.7429	3.7776	3.8125	3.8476	3.8829	3.9184	3.9541	3.99
4	5.0665	5.1405	5.2154	5.2913	5.368	5.4457	5.5242	5.6038	5.6842	5.7656	5.848	5.9313	6.0156	6.1008	6.187
5	6.8771	7.0144	7.1542	7.2966	7.4416	7.5892	7.7396	7.8926	8.0484	8.207	8.3684	8.5327	8.6999	8.87	9.0431
6	8.9775	9.2068	9.442	9.683	9.9299	10.183	10.4423	10.7079	10.9801	11.2588	11.5442	11.8366	12.1359	12.4423	12.756
7	11.4139	11.772	12.1415	12.5227	12.9159	13.3214	13.7396	14.1708	14.6153	15.0735	15.5458	16.0324	16.5339	17.0506	17.5828
8	14.2401	14.7733	15.327	15.902	16.4991	17.1189	17.7623	18.43	19.1229	19.8419	20.5876	21.3612	22.1634	22.9953	23.8577
9	17.5185	18.2847	19.0859	19.9234	20.7989	21.7139	22.67	23.669	24.7125	25.8023	26.9404	28.1287	29.3692	30.6639	32.015
10	21.3215	22.3931	23.5213	24.7089	25.9587	27.2738	28.6574	30.1128	31.6434	33.2529	34.9449	36.7235	38.5926	40.5564	42.6195
11	25.7329	27.1999	28.7551	30.4035	32.1504	34.0013	35.962	38.0388	40.2379	42.5661	45.0306	47.6388	50.3985	53.3178	56.4053
12	30.8502	32.8239	34.9311	37.1802	39.5805	42.1416	44.8737	47.7877	50.895	54.2077	57.7386	61.5013	65.51	69.78	74.327
13	36.7862	39.404	42.2187	45.2445	48.4966	51.9913	55.7459	59.7788	64.1097	68.7596	73.7506	79.1066	84.8529	91.0161	97.625
14	43.672	47.1027	50.818	54.8409	59.1959	63.9095	69.01	74.528	80.4961	86.9495	93.9258	101.4654	109.6117	118.4108	127.9125
15	51.6595	56.1101	60.9653	66.2607	72.0351	78.3305	85.1922	92.6694	100.8151	109.6868	119.3465	129.8611	141.3029	153.75	167.2863
16	60.925	66.6488	72.939	79.8502	87.4421	95.7799	104.9345	114.9834	126.0108	138.1085	151.3766	165.9236	181.8677	199.3374	218.4722
17	71.673	78.9792	87.068	96.0218	105.9306	116.8937	129.0201	142.4295	157.2534	173.6357	191.7345	211.723	233.7907	258.1453	285.0139
18	84.1407	93.4056	103.7403	115.2659	128.1167	142.4413	158.4045	176.1883	195.9942	218.0446	242.5855	269.8882	300.2521	334.0074	371.518
19	98.6032	110.2846	123.4135	138.1664	154.74	173.354	194.2535	217.7116	244.0328	273.5558	306.6577	343.758	385.3227	431.8696	483.9734
20	115.3797	130.0329	146.628	165.418	186.688	210.7584	237.9893	268.7853	303.6006	342.9447	387.3887	437.5726	494.2131	558.1118	630.1655
21	134.8405	153.1385	174.021	197.8474	225.0256	256.0176	291.3469	331.6059	377.4648	429.6809	489.1098	556.7173	633.5927	720.9642	820.2151
22	157.415	180.1721	206.3448	236.4385	271.0307	310.7813	356.4432	408.8753	469.0563	538.1011	617.2783	708.0309	811.9987	931.0438	1067.2796
23	183.6014	211.8013	244.4868	282.3618	326.2369	377.0454	435.8607	503.9166	582.6298	673.6264	778.7707	900.1993	1040.3583	1202.0465	1388.4635
24	213.9776	248.8076	289.4945	337.0105	392.4842	457.2249	532.7501	620.8174	723.461	843.0329	982.2511	1144.2531	1332.6586	1551.64	1806.0026
25	249.214	292.1049	342.6035	402.0425	471.9811	554.2422	650.9551	764.6054	898.0916	1054.7912	1238.6363	1454.2014	1706.8031	2002.6156	2348.8033
26	290.0883	342.7627	405.2721	479.4306	567.3773	671.633	795.1653	941.4647	1114.6336	1319.489	1561.6818	1847.8358	2185.7079	2584.3741	3054.4443
27	337.5024	402.0323	479.2211	571.5224	681.8528	813.6759	971.1016	1159.0016	1383.1457	1650.3612	1968.7191	2347.7515	2798.7061	3334.8426	3971.7776
28	392.5028	471.3778	566.4809	681.1116	819.2233	985.5479	1185.744	1426.5719	1716.1007	2063.9515	2481.586	2982.6444	3583.3438	4302.947	5164.3109
29	456.3032	552.5121	669.4475	811.5228	984.068	1193.5129	1447.6077	1755.6835	2128.9648	2580.9394	3127.7984	3788.9583	4587.6801	5551.8016	6714.6042
30	530.3117	647.4391	790.948	966.7122	1181.8816	1445.1507	1767.0813	2160.4907	2640.9164	3227.1743	3942.026	4812.9771	5873.2306	7162.8241	8729.9855

年金现值系数表

期数	1%	2%	3%	4%	5%	6%	7%	8%	9%	10%	11%	12%	13%	14%	15%
1	0.9901	0.9804	0.9709	0.9615	0.9524	0.9434	0.9346	0.9259	0.9174	0.9091	0.9009	0.8929	0.885	0.8772	0.8696
2	1.9704	1.9416	1.9135	1.8861	1.8594	1.8334	1.808	1.7833	1.7591	1.7355	1.7125	1.6901	1.6681	1.6467	1.6257
3	2.941	2.8839	2.8286	2.7751	2.7232	2.673	2.6243	2.5771	2.5313	2.4869	2.4437	2.4018	2.3612	2.3216	2.2832
4	3.902	3.8077	3.7171	3.6299	3.546	3.4651	3.3872	3.3121	3.2397	3.1699	3.1024	3.0373	2.9745	2.9137	2.855
5	4.8534	4.7135	4.5797	4.4518	4.3295	4.2124	4.1002	3.9927	3.8897	3.7908	3.6959	3.6048	3.5172	3.4331	3.3522
6	5.7955	5.6014	5.4172	5.2421	5.0757	4.9173	4.7665	4.6229	4.4859	4.3553	4.2305	4.1114	3.9975	3.8887	3.7845
7	6.7282	6.472	6.2303	6.0021	5.7864	5.5824	5.3893	5.2064	5.033	4.8684	4.7122	4.5638	4.4226	4.2883	4.1604
8	7.6517	7.3255	7.0197	6.7327	6.4632	6.2098	5.9713	5.7466	5.5348	5.3349	5.1461	4.9676	4.7988	4.6389	4.4873
9	8.566	8.1622	7.7861	7.4353	7.1078	6.8017	6.5152	6.2469	5.9952	5.759	5.537	5.3282	5.1317	4.9464	4.7716
10	9.4713	8.9826	8.5302	8.1109	7.7217	7.3601	7.0236	6.7101	6.4177	6.1446	5.8892	5.6502	5.4262	5.2161	5.0188
11	10.3676	9.7868	9.2526	8.7605	8.3064	7.8869	7.4987	7.139	6.8052	6.4951	6.2065	5.9377	5.6869	5.4527	5.2337
12	11.2551	10.5753	9.954	9.3851	8.8633	8.3838	7.9427	7.5361	7.1607	6.8137	6.4924	6.1944	5.9176	5.6603	5.4206
13	12.1337	11.3484	10.635	9.9856	9.3936	8.8527	8.3577	7.9038	7.4869	7.1034	6.7499	6.4235	6.1218	5.8424	5.5831
14	13.0037	12.1062	11.2961	10.5631	9.8986	9.295	8.7455	8.2442	7.7862	7.3667	6.9819	6.6282	6.3025	6.0021	5.7245
15	13.8651	12.8493	11.9379	11.1184	10.3797	9.7122	9.1079	8.5595	8.0607	7.6061	7.1909	6.8109	6.4624	6.1422	5.8474
16	14.7179	13.5777	12.5611	11.6523	10.8378	10.1059	9.4466	8.8514	8.3126	7.8237	7.3792	6.974	6.6039	6.2651	5.9542
17	15.5623	14.2919	13.1661	12.1657	11.2741	10.4773	9.7632	9.1216	8.5436	8.0216	7.5488	7.1196	6.7291	6.3729	6.0472
18	16.3983	14.992	13.7535	12.6593	11.6896	10.8276	10.0591	9.3719	8.7556	8.2014	7.7016	7.2497	6.8399	6.4674	6.128
19	17.226	15.6785	14.3238	13.1339	12.0853	11.1581	10.3356	9.6036	8.9501	8.3649	7.8393	7.3658	6.938	6.5504	6.1982
20	18.0456	16.3514	14.8775	13.5903	12.4622	11.4699	10.594	9.8181	9.1285	8.5136	7.9633	7.4694	7.0248	6.6231	6.2593
21	18.857	17.0112	15.415	14.0292	12.8212	11.7641	10.8355	10.0168	9.2922	8.6487	8.0751	7.562	7.1016	6.687	6.3125
22	19.6604	17.658	15.9369	14.4511	13.163	12.0416	11.0612	10.2007	9.4424	8.7715	8.1757	7.6446	7.1695	6.7429	6.3587
23	20.4558	18.2922	16.4436	14.8568	13.4886	12.3034	11.2722	10.3711	9.5802	8.8832	8.2664	7.7184	7.2297	6.7921	6.3988
24	21.2434	18.9139	16.9355	15.247	13.7986	12.5504	11.4693	10.5288	9.7066	8.9847	8.3481	7.7843	7.2829	6.8351	6.4338
25	22.0232	19.5235	17.4131	15.6221	14.0939	12.7834	11.6536	10.6748	9.8226	9.077	8.4217	7.8431	7.33	6.8729	6.4641
26	22.7952	20.121	17.8768	15.9828	14.3752	13.0032	11.8258	10.81	9.929	9.1609	8.4881	7.8957	7.3717	6.9061	6.4906
27	23.5596	20.7069	18.327	16.3296	14.643	13.2105	11.9867	10.9352	10.0266	9.2372	8.5478	7.9426	7.4086	6.9352	6.5135
28	24.3164	21.2813	18.7641	16.6631	14.8981	13.4062	12.1371	11.0511	10.1161	9.3066	8.6016	7.9844	7.4412	6.9607	6.5335
29	25.0658	21.8444	19.1885	16.9837	15.1411	13.5907	12.2777	11.1584	10.1983	9.3696	8.6501	8.0218	7.4701	6.983	6.5509
30	25.8077	22.3965	19.6004	17.292	15.3725	13.7648	12.409	11.2578	10.2737	9.4269	8.6938	8.0552	7.4957	7.0027	6.566

续表

期数	16%	17%	18%	19%	20%	21%	22%	23%	24%	25%	26%	27%	28%	29%	30%
1	0.8621	0.8547	0.8475	0.8403	0.8333	0.8264	0.8197	0.813	0.8065	0.8	0.7937	0.7874	0.7813	0.7752	0.7692
2	1.6052	1.5852	1.5656	1.5465	1.5278	1.5095	1.4915	1.474	1.4568	1.44	1.4235	1.4074	1.3916	1.3761	1.3609
3	2.2459	2.2096	2.1743	2.1399	2.1065	2.0739	2.0422	2.0114	1.9813	1.952	1.9234	1.8956	1.8684	1.842	1.8161
4	2.7982	2.7432	2.6901	2.6386	2.5887	2.5404	2.4936	2.4483	2.4043	2.3616	2.3202	2.28	2.241	2.2031	2.1662
5	3.2743	3.1993	3.1272	3.0576	2.9906	2.926	2.8636	2.8035	2.7454	2.6893	2.6351	2.5827	2.532	2.483	2.4356
6	3.6847	3.5892	3.4976	3.4098	3.3255	3.2446	3.1669	3.0923	3.0205	2.9514	2.885	2.821	2.7594	2.7	2.6427
7	4.0386	3.9224	3.8115	3.7057	3.6046	3.5079	3.4155	3.327	3.2423	3.1611	3.0833	3.0087	2.937	2.8682	2.8021
8	4.3436	4.2072	4.0776	3.9544	3.8372	3.7256	3.6193	3.5179	3.4212	3.3289	3.2407	3.1564	3.0758	2.9986	2.9247
9	4.6065	4.4506	4.303	4.1633	4.031	3.9054	3.7863	3.6731	3.5655	3.4631	3.3657	3.2728	3.1842	3.0997	3.019
10	4.8332	4.6586	4.4941	4.3389	4.1925	4.0541	3.9232	3.7993	3.6819	3.5705	3.4648	3.3644	3.2689	3.1781	3.0915
11	5.0286	4.8364	4.656	4.4865	4.3271	4.1769	4.0354	3.9018	3.7757	3.6564	3.5435	3.4365	3.3351	3.2388	3.1473
12	5.1971	4.9884	4.7932	4.6105	4.4392	4.2784	4.1274	3.9852	3.8514	3.7251	3.6059	3.4933	3.3868	3.2859	3.1903
13	5.3423	5.1183	4.9095	4.7147	4.5327	4.3624	4.2028	4.053	3.9124	3.7801	3.6555	3.5381	3.4272	3.3224	3.2233
14	5.4675	5.2293	5.0081	4.8023	4.6106	4.4317	4.2646	4.1082	3.9616	3.8241	3.6949	3.5733	3.4587	3.3507	3.2487
15	5.5755	5.3242	5.0916	4.8759	4.6755	4.489	4.3152	4.153	4.0013	3.8593	3.7261	3.601	3.4834	3.3726	3.2682
16	5.6685	5.4053	5.1624	4.9377	4.7296	4.5364	4.3567	4.1894	4.0333	3.8874	3.7509	3.6228	3.5026	3.3896	3.2832
17	5.7487	5.4746	5.2223	4.9897	4.7746	4.5755	4.3908	4.219	4.0591	3.9099	3.7705	3.64	3.5177	3.4028	3.2948
18	5.8178	5.5339	5.2732	5.0333	4.8122	4.6079	4.4187	4.2431	4.0799	3.9279	3.7861	3.6536	3.5294	3.413	3.3037
19	5.8775	5.5845	5.3162	5.07	4.8435	4.6346	4.4415	4.2627	4.0967	3.9424	3.7985	3.6642	3.5386	3.421	3.3105
20	5.9288	5.6278	5.3527	5.1009	4.8696	4.6567	4.4603	4.2786	4.1103	3.9539	3.8083	3.6726	3.5458	3.4271	3.3158
21	5.9731	5.6648	5.3837	5.1268	4.8913	4.675	4.4756	4.2916	4.1212	3.9631	3.8161	3.6792	3.5514	3.4319	3.3198
22	6.0113	5.6964	5.4099	5.1486	4.9094	4.69	4.4882	4.3021	4.13	3.9705	3.8223	3.6844	3.5558	3.4356	3.323
23	6.0442	5.7234	5.4321	5.1668	4.9245	4.7025	4.4985	4.3106	4.1371	3.9764	3.8273	3.6885	3.5592	3.4384	3.3254
24	6.0726	5.7465	5.4509	5.1822	4.9371	4.7128	4.507	4.3176	4.1428	3.9811	3.8312	3.6918	3.5619	3.4406	3.3272
25	6.0971	5.7662	5.4669	5.1951	4.9476	4.7213	4.5139	4.3232	4.1474	3.9849	3.8342	3.6943	3.564	3.4423	3.3286
26	6.1182	5.7831	5.4804	5.206	4.9563	4.7284	4.5196	4.3278	4.1511	3.9879	3.8367	3.6963	3.5656	3.4437	3.3297
27	16.1364	5.7975	5.4919	5.2151	4.9636	4.7342	4.5243	4.3316	4.1542	3.9903	3.8387	3.6979	3.5669	3.4447	3.3305
28	6.152	5.8099	5.5016	5.2228	4.9697	4.739	4.5281	4.3346	4.1566	3.9923	3.8402	3.6991	3.5679	3.4455	3.3312
29	6.1656	5.8204	5.5098	5.2292	4.9747	4.743	4.5312	4.3371	4.1585	3.9938	3.8414	3.7001	3.5687	3.4461	3.3317
30	6.1772	5.8294	5.5168	5.2347	4.9789	4.7463	4.5338	4.3391	4.1601	3.995	3.8424	3.7009	3.5693	3.4466	3.3321

参考文献

1. 财政部会计资格评价中心. 财务管理（中级会计资格）[M]. 北京：中国财政经济出版社，2023.

2. 贺小滔，孙健，梁莉. 数字化转型赋能财务转型升级——基于中国石化西北油田分公司的案例研究[J]. 管理会计研究，2021，4(Z1).

3. 荆新，王化成. 财务管理学[M]. 北京：中国人民大学出版社，2015.

4. 柳德才，梁晓冉，陈宇奥. 上市公司跨境并购财务风险与防范研究———以顺丰控股并购嘉里物流为例[J]. 财会通讯，2022(14).

5. 陆兴凤. 基于业财融合的新型财务信息化系统构建思考——以新零售为例[J]. 财会月刊，2018(09).

6. 邵新智. 互联网时代的海尔财务共享之路[J]. 财务与会计，2016(21).

7. 师宏. “互联网＋”在会计领域带来的变革——对中兴财务云的几点思考[J]. 西部会计，2017(05).

8. 王满，何新宇. 企业财务战略转型之路的探索与实践[J]. 财务与会计，2017(04).

9. 王世渝. 全球并购 中国整合——第六次并购浪潮[M]. 北京：中国民主法制出版社，2016.

10. 吴大军，牛彦秀. 管理会计[M]. 大连：东北财经大学出版社，2017.

11. 杨淑娥. 财务管理学[M]. 北京：高等教育出版社，2014.

12. 赵团结，张有雯，杜凯欣. 企业并购风险及其经济后果研究——以科华生物并购天隆科技为例[J]. 商业会计，2023(01).

13. 张庆龙. 财务转型始于共享服务[J]. 首席财务官，2017(13).

14. 张庆龙. 中国财务共享服务中心典型案例[M]. 北京：电子工业出版社，2016.

15. 张先治，池国华. 企业价值评估[M]. 大连：东北财经大学出版社，2017.

16. 张新民，钱爱民. 财务报表分析[M]. 北京：中国人民大学出版社，2017.

17. 中国注册会计师协会. 财务成本管理[M]. 北京：中国财政经济出版社，2023.